EL LIBRO ROJO DE JUNG PARA NUESTROS TIEMPOS

la búsqueda del alma bajo condiciones posmodernas

MURRAY STEIN Y THOMAS ARZT
Editores

Traducción de Patricia Michan

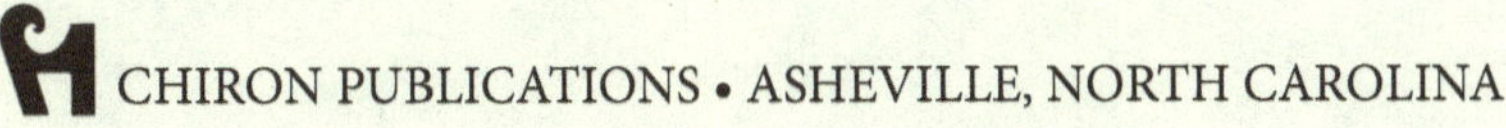
CHIRON PUBLICATIONS • ASHEVILLE, NORTH CAROLINA

www.ChironPublications.com

Traducción de Patricia Michan
Diseño de portada e interior del libro por Danijela Mijailovic
Impreso principalmente en los Estados Unidos de América.

ISBN 978-1-68503-125-1 pasta suave
ISBN 978-1-68503-126-8 pasta dura
ISBN 978-1-68503-127-5 versión electrónica
ISBN 978-1-68503-128-2 edición limitada en pasta suave

Datos pendientes de catalogación en publicación de la Biblioteca del Congreso

Introducción
Murray Stein

Cuando Thomas Arzt primero me habló sobre reunir una recopilación de ensayos originales sobre *El libro rojo* de Jung para nuestro tiempo, no estaba seguro si era una buena idea o incluso si iba a ser posible. ¿Acaso no se ha escrito suficiente sobre *El libro rojo*? Parecía una redundancia agregar más a lo que ya se ha dicho y publicado. ¿Qué más hay por decir? ¿Acaso los analistas junguianos y los investigadores académicos no estaban ya cansados de discutir *El libro rojo* y listos para seguir adelante? Sin embargo, conforme profundizamos en el concepto, llegué a entender qué era lo que estaba buscando.

La mayoría de los artículos y libros escritos sobre *El libro rojo* hasta el momento se han enfocado en consideraciones sobre lo que significaba para Jung mismo o lo que significa para la historia de la psicología analítica. Por otro lado, *El libro rojo* es una especie de diario fabuloso, un registro de las experiencias internas de Jung durante un momento crítico en su vida, cuando rompió con Freud y el psicoanálisis y andaba en búsqueda de un tipo de futuro nuevo y diferente para sí mismo. De muchas maneras, *El libro rojo* es un resumen de cómo Jung se hizo junguiano, en contraposición a freudiano. Es un recuento de su crisis de mediana edad y de su transición hacia ser el pensador independiente que llegaría a ser el resto de sus días. Es una historia personal.

También se puede considerar que forma la base de las teorías que fuera a desarrollar Jung en sus posteriores escritos psicológicos y seminarios. Sin embargo, ¿hay algo más que esto? ¿Hay algo en *El libro rojo* que sea para nosotros hoy en día? ¿Algo a considerar ahora que estamos enfrentando los desafíos de vivir "bajo las condiciones de la posmodernidad"? ¿Acaso *El libro rojo* es para hoy y no sólo para ayer, para la historia? ¿Sigue siendo un *Liber Novus*?

Una de las cosas sorprendentes que descubrió Jung acerca de su viaje interior tan personal, que se inició en 1913 con las demoledoras visiones de devastación que tuvo, es que no se trataba sólo de él. Esta toma de conciencia resultó un choque para Jung, pero también un alivio, ya que implicó que mientras que estaba atravesando por un gran proceso de transformación en la mitad de su vida y enfrentaba el riesgo de perder la cordura, toda la cultura a la que pertenecía —Europa— estaba atravesando por el mismo tipo de crisis profunda. Tomó conciencia de esto cuando estalló la Gran Guerra en 1914. Jung recuerda las visiones que tuvo mientras un día viajaba en tren desde Schaffhausen a Zúrich y vio el mapa de Europa inundada y bañada en sangre. Una posterior visión similar de Europa cubierta de hielo sólido, se le vino a la mente al ver lo que estaba sucediendo en el continente en los primeros años de la guerra que iría a cambiar a Europa de manera decisiva. De hecho, el mundo europeo estaba enloqueciendo y descendiendo por un vórtice de brutalidad incesante y muerte sinsentido de sus jóvenes, su futuro. Conforme Jung realizaba su propio proceso interior, buscando por dónde avanzar y emanciparse del pasado para construir un futuro nuevo, se le debe de haber ocurrido que lo que estaba haciendo podría servir a la cultura como un todo y no sólo para sí mismo. De hecho, fue esta convicción la que lo llevó a invertir su energía en transmitir sus visiones a través de un lenguaje que le llegara al público. Se trata del lenguaje de la psicología profunda, una extensión de lo que Freud había iniciado en Viena una generación antes.

La pregunta que me hice a mí mismo y que discutí con Arzt fue la siguiente: ¿Acaso *El libro rojo*, recién publicado -después de más de cien años desde su concepción- para que todo el mundo lo pueda leer, ofrece un recurso que pueda servir de orientación a este mundo turbulento y perturbado de hoy? Tal cual lo vemos, este mundo está lleno de grandes desafíos, realineamientos geoestratégicos, graves cambios climáticos y la imperiosa necesidad de una transición fundamental de energía, amenazas de la pandemia global, escasez de recursos y amenazas de un colapso financiero.

El mundo de Jung pasaba por una turbulencia semejante en 1913, aunque también existen grandes diferencias entre las condiciones culturales y sociales que había heredado en sus tiempos y la época actual. Al periodo de la historia cultural occidental en el que le tocó vivir a Jung se le designa como la época "moderna", a la nuestra como la época "posmoderna". ¿Acaso los problemas con los que lidió Jung en su época son suficientemente parecidos a los de nuestros días como para que las soluciones que plantea sigan siendo viables y relevantes hoy en día? Thomas Arzt y yo decidimos pedirle a un grupo global de analistas junguianos y académicos que reflexionaran sobre esta cuestión. Los invitamos a considerar escribir un ensayo sobre el siguiente tema: "*El libro rojo* de Jung para nuestros tiempos: la búsqueda del alma bajo condiciones posmodernas".

Esta invitación recibió una respuesta avasalladoramente positiva y entusiasta. Los resultados se publicaron en una serie de cinco volúmenes y el volumen que está en sus manos es una colección de ensayos de los primeros cuatro volúmenes traducidos al español.

Esta es la propuesta que les enviamos a los autores como una guía para sus reflexiones al redactar los ensayos para esta recopilación:

> Hoy en día muchas personas comparten la impresión de que vivimos una fase histórica de volatilidad global combinada con una profunda incertidumbre acerca del futuro. Es muy probable que esta sensación de consternación perdure por años. El problema es que no tenemos un entendimiento suficientemente profundo del proceso de transformación global en el que hemos entrado que se inició hace muchos años como ya había registrado y reflejado Jung en *El libro rojo* a inicios del siglo XX. Algunos han especulado que la publicación de *El libro rojo* en el año 2009 fue un acontecimiento sincronístico. La sincronización del tiempo fue extraordinaria.
>
> Cuando Jung emprendió su viaje interior en busca del alma, vivía una época igual de inestable que ahora. Volcando la mirada hacia su interior, Jung creó una obra que le dio a su trabajo y a su vida no sólo sentido sino también una dirección cargada de un amplio significado cultural.
>
> Estamos convencidos de que esta obra nos puede guiar en los tiempos turbulentos y llenos de incertidumbre que

estamos viviendo. Hoy en día, podríamos especular que *El libro rojo* tiene un enorme potencial para llegar a ser una obra histórica para un mundo que está viviendo las condiciones posmodernas del siglo XXI. Por lo tanto, el que se haya publicado en este momento, está cargado de un sentido inesperado.

El enfoque de este proyecto: *El libro rojo de Jung para nuestros tiempos,* yace primordialmente no en volcar la mirada hacia atrás y enfocarnos en las cuestiones biográficas personales que Jung enfrentaba en su propia vida conforme iba creando su obra, sino más bien en considerar cómo *El libro rojo* le puede servir a las generaciones actuales y futuras, que se encuentran desorientadas y en necesidad de orientación psicológica para sí mismas, tanto individual como culturalmente.

Con este objetivo, nos gustaría que los ensayos en este libro reflexionen sobre cuestiones como los siguientes temas (entre otros): ¿Nos puede ayudar *El libro rojo* de Jung a navegar -de manera cargada de sentido- las aguas turbulentas en las que nos encontramos hoy, individual, profesional, política y culturalmente? ¿Cuáles son los "espíritus de nuestros tiempos" hoy y cómo se puede encontrar al "espíritu de las profundidades" de una manera que tenga sentido en nuestro mundo contemporáneo? ¿Acaso *El libro rojo* nos puede ayudar a formular una nueva visión del mundo y una nueva imagen de Dios que sirva de sostén en la crisis actual en la que se encuentra el mundo?

Con su ayuda de ustedes, queremos evaluar la importancia que tiene *El libro rojo* para nuestros tiempos y el valor potencial que tiene como recurso en nuestro mundo postmoderno.

La perspectiva de los ensayos puede variar desde lo clínico y lo terapéutico, pasando por lo cultural y lo literario, lo religioso y lo espiritual, hasta lo político y lo económico y más allá.

> Podrán incluir en estas reflexiones cualquier territorio que toque *El libro rojo* que tenga un impacto útil y transformador.

Alrededor de medio centenar de estudiosos junguianos respondieron de manera positiva a nuestra invitación y ahora tenemos el placer de ofrecerles una selección de estos ensayos en español.

Los ensayos incluidos en este volumen en español varían mucho tanto en su perspectiva como en el ángulo desde el que se aborda la temática en cuestión.

Como editores de esta selección de obras, deseamos reiterar que ha sido un placer enorme y un gran privilegio trabajar con todos los autores que han contribuido con este proyecto hasta ahora. Podemos resumir nuestra experiencia a través de confesar que ha aumentado inmensamente nuestra apreciación de la obra de Jung en todos los niveles: lo que significaba para él personalmente, lo que significaba para sus tiempos como una respuesta desde el espíritu de las profundidades al espíritu de sus tiempos, y lo que significa como un eslabón nuevo de la *aurea catena* de la literatura para toda la humanidad. Vemos a Jung como partero de la Nueva Era y a *Liber Novus* como la fuente bibliográfica de una nueva gran narrativa que puede servir a las necesidades espirituales de los seres humanos en las generaciones por venir. Jung se veía a sí mismo de pie a fines de la Era de Piscis y en transición hacia la Era de Acuario. A través de su sufrimiento, el precio a pagar por haber parido una nueva conciencia, se convirtió en el Hombre Nuevo. *El libro rojo* es una narrativa de su viaje interior y de sus descubrimientos, además, puede ser una guía para la posmodernidad, para encontrar el camino hacia un mito nuevo para nuestro tiempo.

Me gustaría reconocer nuestra deuda de gratitud con una serie de personas que hicieron que fuera posible este ambicioso trabajo. Antes que nada, agradezco profundamente a los autores de estos ensayos por sus esfuerzos esmerados y reflexivos al escribir sobre el desafiante tema de la relevancia de *El libro rojo* de Jung para nuestra época. Ha sido un placer trabajar con ellos y sin excepción alguna han cumplido con el trabajo prometido de manera oportuna.

Además, deseo expresar mi gratitud a Jennifer Fitzgerald, editora de Publicaciones Chiron, por el cuidado escrupuloso que invirtió en la multiplicidad de textos de tantos autores tan diferentes, cada uno con su propio estilo y voz. También a Steve Buser y Len Cruz, los publicadores de Chiron, me gustaría comunicarles mi más profundo agradecimiento de corazón por su inmediata y espontánea reacción positiva a nuestra propuesta que para ellos implica una prolongada inversión de tiempo y recursos. Por último, deseo agradecer a Thomas Arzt, mi co-editor de esta serie de ensayos y confesar que esta obra no hubiera sido posible si no hubiera sido por su constante e inspirador entusiasmo por este proyecto que a primera vista parecía improbablemente ambicioso y que de manera gradual se fue concretando.

Prefacio

A inicios del año 2020 Murray me comentó que contar con una traducción al español de una selección de los ensayos de los cinco volúmenes de *El libro rojo de Jung para nuestros tiempos: la búsqueda del alma bajo condiciones posmodernas* cubriría una necesidad importante. Me propuso que yo tradujera esta selección de ensayos al español para que se publicaran en un solo volumen por parte de la editorial Chiron. Me pareció una idea fascinante y personalmente me sentí profundamente honrada que Murray me invitara a participar. Thomas, Murray y yo de inmediato nos dedicamos a la tarea de proponer los títulos de los ensayos que aquí estamos presentando como el primer volumen de 15 ensayos traducidos al español. De inmediato, nos resultó evidente que la traducción al español era la clave del éxito de este proyecto.

Mi trabajo de investigación en el campo de la psicología analítica y como maestra y directora del programa de formación del Centro Mexicano C. G. Jung en la ciudad de México, me permitían anticipar la labor a la que me iba a enfrentar. Estaba plenamente consciente de los retos que implica traducir el pensamiento junguiano y, en particular, estos invaluables ensayos. Mi meta siempre ha sido honrar las complejidades tanto del lenguaje junguiano como del pensamiento junguiano.

Cuestiones relacionadas con la traducción

Mi habilidad para servir a estas complejidades se sustenta en el intenso mandato de sembrar la semilla de la formación junguiana en México. El trabajo de traducir al español esta selección de artículos dependió en gran medida del acceso a la obra de Jung traducida al inglés.

La realización de esta tarea de traducción se enraíza en mi profunda experiencia de haber formado a varias generaciones de psicoterapeutas junguianos, de impartir conferencias y seminarios, además de escribir y publicar artículos y ensayos en inglés. Mi trabajo en el campo tanto de la formación junguiana como de preparar conferencias y artículos me había exigido que profundizara en mis conocimientos de la lengua inglesa y en la interrelación entre el inglés y el español. Los más de treintaicinco años que le he dedicado a este trabajo han representado un compromiso profundamente gratificante y fueron un importante apoyo en este delicado y complejo desafío de la traducción.

En general, se le ha dedicado mucha atención a los problemas de traducir la literatura junguiana. El mismo Jung en 1946 expresó gran preocupación sobre los problemas especiales que enfrenta cualquier traducción de su obra: "*Una y otra vez, me di cuenta que los traductores que no entienden el pleno valor de algunas palabras, malinterpretan o traducen de manera equivocada algunos aspectos de mis textos*".[1]

En una carta que Jung escribiera en 1952, afirma: "*el lenguaje que yo hablo debe poder interpretarse de diversas maneras, es decir, debe ser ambiguo, para hacerle justicia a la doble naturaleza de la psique. De manera consciente y deliberada, me esfuerzo por utilizar expresiones ambiguas ya que son superiores a lo inequívoco y corresponden a la naturaleza del ser*".[2] Por lo tanto, es imperativo que cualquier traducción de obras que se relacione con el pensamiento de Jung refleje un entendimiento de la doble naturaleza de la psique y del funcionamiento psíquico: el potencial psíquico innato dirigido hacia el proceso yace en la ambigüedad, la contradicción y las paradojas, incluyendo la paradoja de la multiplicidad y la unidad.

Como he podido atestiguar, estas características del pensamiento junguiano dificultan el poder lograr una expresión adecuada y precisa del texto traducido. En este sentido, Jung tenía razón en preocuparse de que se pudieran malinterpretar algunas de sus ideas o se les tradujera de manera equivocada. De hecho, muchos han considerado que su pensamiento es vago y contradictorio y, por lo mismo, literalmente se le ha calumniado y rechazado. La insistencia de Jung en ceñirse a la complejidad de la psique tal cual la entendía, es un aspecto central de la tarea de traducir su obra.

Siguiendo la noción alquímica de que un libro abre otro libro, resulta útil considerar la resonancia entre el pensamiento de Jung y el de otros pensadores. Mi tarea, por ejemplo, se informa en la perspectiva de Walter Benjamin con respecto a la multiplicidad fragmentada de los idiomas y cómo la traducción misma forma parte de la función de *religare*, así como de la reconexión de los fragmentos, que tiene como fin restablecer la unidad rota.[3] Las reflexiones de Walter Benjamin con respecto al lenguaje y la traducción están en profunda resonancia con nociones centrales sobre la psique en el pensamiento de Jung. Para él, una traducción debe ir más allá de buscar transmitir un mensaje. Para entender el pensamiento de un autor, la traducción debe tener la misma intención que el texto original. Una traducción que procede de un original, está destinada a servir al lector a través de conservar la semilla vital del original y permitir que se siga desenvolviendo la vida del texto. Una traducción, al igual que el material simbólico y las expresiones de las formas concretas manifestadas en la práctica clínica, necesita tener suficiente distancia con respecto al original con el fin de no intentar reducirlo por medio de la interpretación, sino mantenerlo como algo inefable, como algo que tiene múltiples significados. Esto es indispensable para conservar la vida de un texto. Además, el hecho de que muchas manos diferentes hayan traducido la obra de Jung al español y que los traductores de Jung provengan de una miríada de diferentes historias culturales y académicas, le imprime una mayor complejidad a los desafíos y obstáculos para llegar a una *lingua franca* junguiana en la lengua española.

Así, me enfrenté a la necesidad de construir un puente entre las múltiples diferencias existentes en las versiones de la obra de Jung en español que permitiera que la intención del texto original resonara armónica y complementariamente con el idioma al que se traduce. Esto fue de crucial importancia para honrar el significado, conservar la vida del texto original, permitir que se transmita la luz del original y mantener su potencial para seguirse desenvolviendo de manera continua. Aunque me encantaría tener referencias cruzadas de los números de párrafo y página entre las diversas traducciones al español y las obras de Jung en inglés, elegí no hacerlo debido al inmanejable número de traducciones que existen.

Además, hay que tener en cuenta que todas las traducciones existentes de la obra de Jung al español provienen de los originales en alemán. Dadas estas complicaciones, cada vez que se citan pasajes de los escritos de Jung, me pareció necesario usar principalmente las traducciones aceptadas al inglés y comparar y contrastar esos textos con las traducciones publicadas en español. En algunos casos, me resultó útil consultar a estudiosos de la obra de Jung que tienen un dominio tanto del inglés como del alemán.

Mi objetivo al traducir estos ensayos al español es doble: uno, minimizar las confusiones, distorsiones, malas interpretaciones e incluso traiciones inevitables tan endémicas a la tarea de traducir; en segundo lugar, honrar lo más profundamente posible tanto los escritos de Jung como los textos de los ensayos.

Al esforzarme por honrar el doble aspecto de la naturaleza de la psique, es decir, en tanto equívoca y ambigua, constantemente enfoqué la atención en la naturaleza dada de estos hechos psíquicos. Esta tarea es de central importancia para la difusión del pensamiento de Jung y la continuidad de su existencia en el mundo en su conjunto y, en particular, en el mundo hispano-hablante. He aquí algunos ejemplos de este proceso.

La noción del *self* ejemplifica estas complicaciones en muchos niveles. Incluso en la lengua inglesa, resulta complicada la traducción de la noción de *self* debido a malentendidos en el uso de las mayúsculas en los sustantivos en alemán.

En las traducciones de la obra de Jung al inglés, así como en materiales secundarios escritos y/o publicados en inglés, a veces se escribe *Self* con mayúscula y, a veces, con minúscula (nótese que muchos escritores junguianos han estado en desacuerdo al respecto). No obstante, esta diferencia sí está expresando una dualidad: *Self* con "S" mayúscula sugiere una referencia unilateral a lo divino, mientras que *self* con "s" minúscula, sugiere una referencia unilateral a lo mundano. Como tal, ninguno de los dos contiene el punto crucial de la ambigüedad y el potencial del proceso psíquico. Habiendo dicho eso, en el proceso clínico, a veces cambiamos el énfasis ya sea al aspecto divino del *Self* o bien al aspecto mundano del *self* como nos informa la referencia de Jung en el volumen 14 referente a "el uno-después-del-otro" … [en tanto] un preludio tolerable al conocimiento más profundo que se obtiene del lado-a-lado."[4] Con el fin de conservar la necesaria ambigüedad del concepto, decidí mantener la palabra *self* en inglés, en itálicas y en minúsculas. Al usar esta forma, estoy haciendo referencia a la totalidad de la psique, incluyendo los polos de los aspectos divinos y mundanos.

También es importante notar que la traducción de *self* al español como "*sí-mismo*", transmite un significado totalmente diferente del significado de *self*, desde el punto de vista junguiano, como la totalidad de la psique, que incluye tanto el centro como la circunferencia. Incluso, en español, se le puede leer como equivalente a la conciencia del ego.

De ahí la importancia en la traducción de usar *self* en cursivas y minúsculas para referirse a la totalidad psíquica incluyente y diferenciarlo de la traducción en español del *self* como "sí mismo" o conciencia de ego.

Otro ejemplo tiene que ver con la diferencia entre la formalidad requerida del español que se usa en España y el español usado en Latinoamérica, el cual, a diferencia del castellano usado en España, ha evolucionado más libremente. En España, la construcción del pronombre para referirse a la segunda persona es más formal: "vosotros/vuestro". He elegido traducir el pronombre de la segunda persona con la forma más convencional y menos formal utilizada en la mayoría de los países latinoamericanos, "tú/tu".

Un tercer ejemplo de una distorsión que se da en algunas traducciones es el uso de la palabra "arquetipal", la cual, aunque suena más cercana a la palabra "*archetypal*" en inglés, de hecho no existe en la lengua española. Por lo tanto, opté por utilizar la forma correcta de la palabra: "arquetípico". La creación de un léxico junguiano en español, es por necesidad una labor continua.

La relevancia actual de *El libro rojo* de Jung tanto para lo colectivo como para lo individual

Una de las razones por las cuales es tan importante el experimento de *El libro rojo* de Jung para el mundo actual es que, de manera visionaria, refleja el amplio espectro de las agonías y desmembramientos característicos del periodo de tiempo que va desde los inicios de la era de la ansiedad, alrededor de 1860, extendiéndose hasta los inicios mismos de la era de Acuario, aproximadamente en el año 2060. Para más información al respecto, ver los artículos de Thomas Artz y de Liz Greene en esta colección de ensayos.

En esta época, nuestro mundo en su conjunto continúa en gran medida viviendo las agonías globales de energías de desmembramiento. Al igual que en el mismo proceso personal de Jung, no se puede asegurar que el resultado vaya a ser destructivo o creativo. En otras palabras, por más abundantes y poderosas que sean los potenciales positivos, no hay garantía de que se lleguen a materializar.

La valentía de Jung de enfrentar las profundidades en su encuentro con la oscuridad y la luz al interior de su propia psique nos proporciona un modelo. Aunque no de manera completa ni perfecta, Jung extrajo las semillas de oro que se encontraban en el centro mismo de este encuentro y las hizo fructificar a través de materializar los contenidos en su obra completa. Esto concuerda con la insistencia de Jung en enfocarse en la "totalidad", más que en la perfección, en honrar la realidad de los potenciales existentes en el interior de la psique. La labor de contactar la totalidad consciente, tal cual aparece en *El libro rojo* de Jung, no es para los débiles de corazón. A nivel personal, todos nos enfrentamos a la oscuridad que va desde una oscuridad relativamente moderada hasta una oscuridad innombrable. A nivel colectivo, literalmente enfrentamos horrores: la pandemia del covid, las consecuencias devastadores de la codicia y de la irresponsabilidad en nuestro planeta, así como la innombrable y maligna corrupción de muchos regímenes políticos.

Jung mismo, en su experimento de *El libro rojo*, enfrentó sus propios terrores personales que además estaban en sintonía con los terrores colectivos de sus tiempos. Seguramente nuestra esperanza es que tanto individual como colectivamente, al igual que Jung, terminemos realizando gran parte del potencial positivo enraizado en estos tiempos tan difíciles, independientemente de que las potencialidades, al igual que la expresión simbólica, nunca se realizan plenamente.

Sinopsis de los capítulos

Mi objetivo al presentar una sinopsis de cada uno de los ensayos es proporcionarle al lector un mapa para que elija los ensayos en los que se quiera enfocar o el orden en el que desee leer los ensayos.

Es con gran pesar que introduzco el artículo de Thomas Arzt: "'*El camino de lo que está por venir*': *En busca del alma bajo condiciones de la posmodernidad*". Tristemente, Thomas Arzt pasó a mejor vida inesperadamente el 12 de abril, el domingo de Pascua de 2020. Como científico al igual que como estudioso junguiano, Arzt nos legó sus brillantes pensamientos y escritos. Este ensayo es uno de sus escritos más extraordinarios. En él, delinea tres patrones energéticos independientes entre sí, aunque tienen punto de coincidencia: el movimiento desde meta-narrativas unificadoras de un periodo previo a la década de los años ochenta del siglo XIX hasta los albores de la era de la ansiedad; una irrupción vasta y desintegradora de la globalización y los avances tecnológicos que hicieron añicos el mito central de unidad que anteriormente cargaba la sociedad; un doble camino de pluralidad posmoderna y fragmentación, por un lado, y una experiencia y conexión emergente con el Dios interior, por el otro.

Arzt argumenta que con la pérdida del mito central unificador, la gente ya no pudo manejar sus necesidades inherentes de significado y orientación sin ponerle atención a la psique. Habiendo sido lanzado hacia este mundo, Jung sintió el impulso de la necesidad de involucrarse en su experimento personal.

En su discusión sobre el pensamiento filosófico en el siglo XX, Arzt describe los "ataques de la destrucción filosófica" expresados en la "modernidad, la pos-modernidad y la '*pos-historia*'." Más aún, contextualiza el experimento de *El libro rojo* de Jung dentro del desarrollo del nihilismo posmoderno. Se ha leído el experimento psíquico de Jung como la creación de una contrafuerza. Como escribe Arzt: "...quien experimenta la psique objetiva ... no será víctima de los embates de la deconstrucción filosófica". A través de su propio experimento (la imaginación activa, el trabajo con los sueños, encontrar y hacer su propio mito personal), Jung modela la capacidad de la psique para tolerar la confrontación con el inconsciente y experimentar la Divinidad en el interior.

En este extraordinario ensayo, Arzt logra describir el misterio del enredo dinámico de la "'pluralidad radical' posmoderna y la *incarnatio continua,*" refiriéndose a la tensión entre la pobreza espiritual del mundo posmoderno y la dimensión infinita del mundo interior.

Arzt concluye su ensayo citando el siguiente enunciado de Jung: "El hombre vive en dos mundos". Celebramos la contribución a la vez abstracta y concreta de Thomas Arzt a esta discusión de *El libro rojo* de Jung para nuestro tiempo.

Greene empieza su ensayo con una revisión significativa de la idea de la Nueva Era, mapeando desde que brota esta idea a mediados del siglo XIX hasta el inicio de la Era de Acuario, que se anticipa tendrá lugar en el año 2060. Ella identifica el sentido que le atribuye Jung a la Nueva Era de equiparar el conocimiento de Dios con el autoconocimiento, hallando sus raíces en la antigua literatura esotérica hermética, neoplatónica, gnóstica y judía. Describe detalladamente el aspecto dual del dios mitriaco bajo la forma de *aionos* (la eternidad) y *chronos* (el movimiento en el tiempo). Jung aborda la idea del eón tanto en el sentido de era astrológica como de imagen de Dios.

Greene, con una fuerte brújula moral y académica, de manera espectacular logra trazar el mapa de las hebras duales de lo individual y lo colectivo, en particular, el papel central que desempeña la responsabilidad individual en los procesos colectivos. Aunque se trata de un ensayo denso y muy académico, bien valen la pena todos los esfuerzos que se invierten para cosechar sus frutos.

En la última sección de *Liber Novus* titulada Escrutinios (la revelación gnóstica de Jung), Hoeller describe la relación imaginal de Jung con Basílides, el histórico maestro gnóstico en Alejandría. Hoeller opina que la elección de Jung de no permitir que su texto estuviera disponible, se liga al repudio del gnosticismo por parte del cristianismo temprano que, a su vez, llevó a la necesidad de crear una nueva imagen de lo sagrado trascendente. Aunque todavía no se habían descubierto los manuscritos de Nag Hammadi, los gnósticos y Jung coincidían en el hecho de que la psique es una fuente de conocimiento.

El mito gnóstico del demiurgo se origina con Platón y traza un mapa de la misteriosa relación entre el demiurgo (las formas intermedias) y la suprema fuente trascendental (el Pleroma). En "Escrutinios", de manera imaginativa, Jung se apropió del nombre antiguo de Abraxas para referirse al demiurgo. Hoeller describe la dificultad colectiva de entender la relación compleja entre los aspectos trascendentales e intermedios de la psique (el dios "compuesto"). La obra de Hoeller contribuye al entendimiento de estas complejidades en la psique.

Owens articula el reconocimiento por parte de Jung de su experimento durante el breve periodo del otoño de 1913 a la primavera de 1914, como un regalo así como una gran responsabilidad que, de hecho, tiene la calidad de una profecía. Al señalar las funciones naturales autónomas de la vista y la imaginación, Owens permite entender la insistencia de Jung en que su experimento no era arte, sino que, de hecho, era una revelación profética. Owens desglosa cuatro etapas del experimento de Jung: 1) los acontecimientos visionarios que van del otoño de 1913 a la primavera de 1914 y del verano de 1915 a lo largo de 1916; 2) El subsiguiente proceso de reflexionar y comentar estos acontecimientos; 3) Su traducción en una forma sensorial (*El libro rojo*); y 4) la aplicación de su experimento hermenéutico como los cimientos escondidos de su obra a lo largo del resto de sus días.

Owens mapea la evolución de la figura de Filemón en la psique de Jung desde un gurú viviente (*Recuerdos, sueños, reflexiones*) hasta el padre de los profetas (*El libro rojo*/el mural en la Torre de

Bollingen). Jung aceptó la responsabilidad de establecer un nuevo enfoque interpretativo para el material de sus visiones. El experimento subjetivo de Jung y el trabajo que lo llevó a crear su método, dejaron al descubierto una cualidad inquietante parecida a las recientes "teorías unitarias pan-psíquicas de la conciencia y la materia". Owen concluye su artículo reconociendo que sólo el futuro revelará las profecías (la visión de Jung del camino de lo que está por venir).

En su ensayo, Wahba considera la experiencia que narra Jung en su experimento de *El libro rojo* en la cual enfrenta el mal y reconoce la existencia del mal como una de las sustancias de la naturaleza humana, reconociendo también los peligros de adoptar una actitud consciente unilateral de inocencia e ingenuidad. Wahba traza un mapa de cómo entiende Jung la "*impenetrable interpenetración entre el bien y el mal*", la unidad paradójica entre el mal y la sustancia de la virtud, además de la inevitable emergencia de la fuerza del mal cuando se le niega. Wahba también cita la referencia de Jung a la presencia de "*la oscuridad que también desea convertirse en hombre*".

La forma en la que Wahba trata la indescriptible imagen de la mujer mutilada, describe el curso de una posible respuesta psíquica y de la responsabilidad que cabe adoptar ante esta extraña disyuntiva. En otras palabras, Wahba señala que debemos permanecer conscientes entre la inocencia y el pecado, entre el bien y el mal ya que sin esta postura intermedia, la atracción desde el mal y hacia el mal, forzosamente nos deja sometidos al mal.

Màdera en su ensayo "La búsqueda de sentido después de la muerte de Dios en una era de caos" analiza cómo es que tanto Nietzsche como Jung entienden la "muerte de Dios". Empieza su artículo con dos extensas citas de los escritos de Jung. En la primera (la conferencia de Terry de 1937), Jung describe cómo es que las imágenes que se habían proyectado de manera predominante sobre Dios, se habían "extinguido" y, en consecuencia, el hombre estaba enfrentando el dilema de dónde (en qué imágenes) se podía volver a encontrar a Dios. Mientras que Nietzsche inevitablemente presiona hacia las esferas elevadas del superhombre, cayendo presa del impulso a inflarse, la experiencia de Jung revela una etapa de inflación, la subsiguiente necesidad de una pérdida de piso (un viaje descendente), así como una renovación.

Màdera también entreteje un mapeo interesante de los procesos interrelacionados referentes a la historia de la imagen de Dios y el desarrollo de la responsabilidad y la conciencia humanas en muchos aspectos de la tradición religiosa. Esto lo hace a través de articular las conexiones entre el sueño de Jung sobre la paloma/muchachita (*Recuerdos, sueños, reflexiones*) y los conceptos de *complexio oppositorum*, la apocatástatis y la *incarnatio continua*.

David Tacey, con profundidad matizada, mapea la dinámica de "desatar" y "atar el caos" en la respuesta del alma ante la pérdida de lo sagrado y el terror que resulta de esta pérdida. Hace una diferenciación importante de que el *mysterium tremendum facinans* necesariamente no sólo fascina, sino que además aterra.

Tacey detalla la coincidencia de opuestos dentro del *tremendum* y el papel del ego en relacionarse con esta dinámica. Mapea la supresión de lo sagrado como un fenómeno que nos deja atados unilateralmente a lo destructivo. Elabora su sentido de los procesos energéticos entre lo sagrado y el ego, con el alma como intermediario. Tacey contextualiza esta dinámica en la historia de lo sagrado en las tradiciones cristiana, hebraica, y helénica. Él enfatiza los orígenes del lado oscuro de lo sagrado como emergente de la crisis religiosa de sus tiempos.

Dourley empieza su ensayo haciendo una sinopsis del repudio radical de Jung a la forma en que tanto él mismo como su época habían de manera ponzoñosa elevado unilateralmente a la ciencia a expensas del alma. Describe la buena fortuna de Jung de haber tenido la experiencia de que su alma lo hubiera forzado a abrirse a las profundidades de la psique. Dourley, de manera premonitoria y única enfatiza que el experimento de Jung creó un paradigma viviente del proceso psíquico continuo. A través de su profundo conocimiento del gnosticismo, trae claridad a la noción de la paradoja que ocupa un lugar central en el pensamiento junguiano y al hecho de que la imperfección en lo paradójico constituye una "rasgadura", que es una condición determinada del proceso. Además señala la co-existencia paradójica de los opuestos como un trampolín hacia participar en ese espacio entre lo finito y lo infinito. Con gran estética, Dourley articula la interdependencia del Pleroma y el ego, la cual, en el proceso psíquico, es un apoyo determinado para los procesos que se encuentran entre lo finito y lo infinito.

Murray Stein propone que *El libro rojo* de Jung es un eslabón nuevo en la *aurea catena* (cadena de oro) de la literatura imaginativa que se extiende desde narrativas antiguas como la Epopeya de Gilgamesh hasta obras modernas y posmodernas. Se pregunta: "¿Qué representa *El libro rojo* para la psicología analítica?" y responde que no es tan solo un libro más que se agrega a la sección del librero donde se encuentran las obras de C. G. Jung y a la biblioteca de miles de obras de generaciones sucesivas que han contribuido al campo de la psicología analítica, sino que se trata de una obra única en tanto que es "profética", en el sentido de los profetas bíblicos que hablan en nombre de Dios. Aunque esto no le confiere un carácter sagrado a *El libro rojo* como el que los creyentes proyectan sobre otros escritos sagrados, sí desafía al lector a vislumbrar el espíritu que motivó la creación del campo de la psicología analítica y que la sigue sustentando.

El ensayo de Paul Brutsche propone que *El libro rojo* demuestra la creatividad de la imaginación, que se encuentra inserta en el inconsciente y la dirige una potencialidad o agenciamiento llamado "Alma". Esta figura es de crucial importancia en la narrativa que fluye con tanta riqueza desde la imaginación de Jung conforme deja al "espíritu de este tiempo" y sigue al "espíritu de las profundidades" hacia los espacios interiores de la psique. El alma, omnipresente a lo largo de la narrativa, desafía tanto al pensamiento como a los sentimientos de Jung desde su primera aparición en *Liber Primus* hasta la última en "Escrutinios".

Toshio Kawai considera *El libro rojo* como un capítulo en el proceso de individuación personal de Jung y reflexiona sobre las posibilidades que tiene el despliegue de la imaginación de Jung de desmantelar las barreras entre las narrativas escritas conscientemente y las perspectivas del inconsciente que son más abiertas y más generosamente dotadas, además de que no se limitan a las restricciones de la cultura. Con un profundo sentimiento de aprecio y respeto, Kawai describe su asombro ante la manera en la que Jung logra navegar el influjo de imágenes que le llegaron durante su viaje por las profundidades del mundo interior.

Patricia Michan explora la idea seminal en el pensamiento junguiano de la semilla de oro, esencial para la elaboración de la medicina para la transformación que yace dentro de las expresiones psíquicas y los patrones de vida positivos, pero que, de manera más importante, también se encuentra dentro de lo negativo, incluso dentro de lo profundamente negativo. La perspectiva que adopta en este ensayo incluye tanto las profundidades de la teoría como la aplicación clínica. Retomando la distinción que realiza Jung entre la imaginación verdadera y la imaginación falsa, considera dos tipos de imaginación. Re-elabora esta dicotomía con una refinada sensibilidad con respecto a las posibilidades creativas de las imágenes psíquicas y patrones que, a primera vista, parecen ser patológicos y carentes de valor. Mapea la práctica de buscar la semilla de oro en la escoria y ofrece ejemplos enraizados en su práctica de analista junguiana en la Ciudad de México. Su exploración se enraiza en la explicación de Jung de su experimento de *El libro rojo*, así como en su *Obra Completa*.

Christine Maillard, académica junguiana francesa, profesora universitaria en Estudios religiosos con muchos años de experiencia académica y numerosas publicaciones en francés, su lengua nativa, echa una mirada a la revisión que realiza Jung de la doctrina cristiana del Cristo y la tradición cristiana. Maillard analiza la cristología de Jung y sus propuestas de cómo integrar este símbolo religioso en la conciencia moderna y posmoderna. Su ensayo considera *El libro rojo* como una contribución central a la vida y el pensamiento religiosos tanto actualmente como en el futuro.

El ensayo de Linda Carter ve el cuidado meticuloso con el que Jung construye su *Libro rojo* como la obra de un artista-artesano. Marca una diferencia importante entre la labor artesanal y el arte y reflexiona cómo es que la mano de artesano en Jung le ofreció a su imaginación la oportunidad de revelar sus contenidos y fijarlos en el tiempo y el espacio. Se refiere a la labor artesanal como el poder de conocer con las manos y la compara con la obra de los alquimistas en sus laboratorios. Su ensayo aborda la transformación a través de la imaginación que fluye por las manos.

El ensayo de Maria Helena R. Mandacarú Guerra resalta a *El libro rojo* como un símbolo de sanación para nuestro tiempo. Maria Helena Mandacarú Guerra, una psicoterapeuta junguiana proveniente de Brasil, pone en primer plano cómo el viaje de Jung pone al lector en contacto con "el otro interior", así como "el otro exterior", en una relación de alteridad. Mandacarú Guerra liga las ideas de Jung con las ideas de su difunto esposo, Carlos Byington, cuyo esquema de desarrollo se basa en las obras de Jung y Erich Neumann.

Una nota final

Aunque la versión en inglés de la colección de cinco volúmenes de *El libro rojo de Jung para nuestros tiempos: la búsqueda del alma bajo condiciones posmodernas* incluye un total de 87 ensayos, esta primera traducción al español se limita a 15 ensayos.

Espero que todos los ensayos en la colección finalmente lleguen a traducirse al español. Su valor es testimonio de las semillas vitales existentes en el interior de *El libro rojo* y de la teoría junguiana.

Más aún, a través del pensamiento y los escritos de estos autores, se expresa un potencial continuo. Este es un proyecto muy cercano a mi corazón y al amor que le tengo a mi país y a mi idioma, la lengua española. Para mí es un gran honor haber desempeñado el papel de poner textos a disposición del mundo hispanohablante.

Notas finales

[1] Shamdasani, S. (2007). "The incomplete works of Jung." En Casement, A. (ed), *Who Owns Jung?* Londres: Karnac Books, pp. 173-188, p. 174.
[2] Ibid., p. 174.
[3] Walter Benjamin. "The Translator's Task." Trad. Steven Rendall. *TTR: traduction, terminologie, rédaction*, Vol. 10, No. 2, 1997, Association Canadienne de Traductologie, Ottawa, pp. 151-165.
[4] C. G. Jung, *Mysterium Coniuntionis, Obra Completa*, Vol. 14, trad. J. Rivera y J. Navarro. Madrid: Editorial Trotta, 2002, párr. 200.

TABLA DE CONTENIDO

"El camino de lo que está por venir": la búsqueda del alma en condiciones posmodernas

Thomas Arzt

> Nuestra época está buscando una nueva fuente de vida.
> Encontré una, de ahí bebí y el agua tenía un buen sabor.[1]
>
> C. G. Jung

Hoy en día, un fantasma acecha nuestro mundo; se llama Angustia. No hay de qué extrañarse. Como señalara recientemente el exsecretario de Estado alemán Frank-Walter Steinmeier: "El mundo está desarticulado".[2] Al mismo tiempo, algunos diplomáticos alemanes, como Wolfgang Ischinger, han señalado que se ha acelerado la desintegración de las estructuras de seguridad internacional y que los responsables de la toma de decisiones en la política y en los negocios se ven rebasados por acontecimientos inesperados que suceden todos los días. Quienes realizan diagnósticos de nuestros tiempos, como el filósofo alemán Peter Sloterdijk, ven que el mundo está "avanzando contra viento y marea".[3] El *Informe de Riesgos Mundiales 2017* del Foro Económico Mundial, identifica un panorama riesgoso y peligroso para el planeta que no evoca mucha alegría ni serenidad. Nuestra época actual, a la que podemos llamar "posmodernidad", se caracteriza por una abrumadora inestabilidad y volatilidad no sólo a escala global, sino también a nivel de la vida cotidiana de los individuos. Los cínicos de la era contemporánea hablan incluso de un "punto muerto que avanza a toda velocidad"; a pesar de que nada permanece igual, de hecho, nada sustancial cambia tampoco.[4] Incluso, aunque no podemos ver la dirección en la que nos lleva este tren rápido y desenfrenado llamado globalización, el mundo de hoy está evidentemente atravesando transformaciones históricas que probablemente sean de una magnitud y escala únicas. Como comentara la madre de Napoleón Bonaparte mientras presenciaba la coronación de su hijo: "*Pourvu que cela dure*" ("*Si tan sólo esto saliera bien a largo plazo*").[5]

De hecho, siempre ha habido avances turbulentos, grietas, fallas y "estados sociales febriles"; los cuales los historiadores contemporáneos suelen atribuir exclusivamente a cambios e innovaciones tecnológicas. Por ejemplo, si consideramos la década anterior a 1914 -como muestra de manera impresionante la obra de Philipp Blom *Años de vértigo: cultura y cambio en Occidente, 1900-1914*- encontramos que los primeros 14 años del siglo XX fueron testigo de desarrollos socio-económicos acelerados que crearon un estado de gran agitación tanto entre individuos, como entre muchas sociedades europeas.[6] El "espíritu de este tiempo", como C. G. Jung lo denominó en su *Libro rojo*, llevó en ese entonces a los europeos, como sonámbulos, a una agotadora guerra de trincheras y a una movilización tecnológica, que dieron lugar a realineamientos geopolíticos. La siguiente observación de Blom resulta desconcertante:

> Entonces como ahora, en las conversaciones y en los artículos periodísticos se hablaba sobre todo del veloz avance de la tecnología, de la globalización, de los progresos en el ámbito de la comunicación y de los cambios que afectaban el entramado social; entonces como ahora, dejaba su sello en la época la cultura del consumo de masas; entonces como ahora, la sensación de vivir en un mundo en imparable aceleración, de estar lanzándose vertiginosamente a lo desconocido, era arrolladora".[7]

El remecimiento causado por la Primera Guerra Mundial llevó a la Segunda Guerra Mundial. En nuestros tiempos, la "*Movilización total*"[8] ya ha alcanzado el nivel planetario, otra vuelta ascendente de la espiral. Una vez más, nos encontramos desorientados en una "época de angustia"[9] y ahora, cien años después de *la era de la ansiedad*, nos encontramos nuevamente intranquilos ante *la era del agotamiento.*[10]

Artistas y personas sensibles que vivieron entre 1880 y 1914, como el filósofo alemán Friedrich Nietzsche, intuyeron que estaba por llegar un cambio de magnitud sísmica. Desconcertados por el rumbo que estaba siguiendo el desarrollo de la sociedad y por el desánimo generacional del mundo, atrapados en la "prisión de la razón" y anhelando encontrar un significado que estaba ausente, las mejores mentes buscaban nuevas formas de superar el malestar espiritual de su tiempo. Hugo Ball, uno de los fundadores del dadaísmo, describe la condición colectiva de su generación de la siguiente manera:

> El mundo y la sociedad en 1913 lucían así: la vida está completamente confinada y encadenada. Prevalece una especie de fatalismo económico; cada individuo, se resista o no, tiene asignado un rol específico y, con él, sus intereses y su carácter. La Iglesia es vista como una "fábrica de redención" de poca importancia; la literatura, como una válvula de seguridad... La cuestión más candente día y noche es: ¿existe en algún lugar una fuerza lo suficientemente poderosa como para poner fin a este estado de cosas? Y si no la hay, ¿cómo se puede escapar de él?[11]

Como anunciara Nietzsche: "Dios ha muerto", y estaba instalada la "jaula de hierro" de la modernidad (en el ínterin convertida en un omnipresente marco - "*Gestell*"- digitalizado[12]). Los contemporáneos de esa época, percibieron las severas implicaciones de la erosión del mito cristiano: dejar de sentirse en casa en la época en la que les tocó vivir. Entonces como ahora, la situación colectiva obligó a la búsqueda de trascendencia y significado para resistir la resaca del caos posmoderno que, sin lugar a dudas, lleva un sello nihilista.

El psicólogo suizo C. G. Jung emprendió quizá la más desafiante "inmersión profunda" en búsqueda de respuestas a las preguntas planteadas por la época. Alarmado por visiones y sueños que reflejaban las tensiones de su época y presagiaban la próxima guerra mundial, Jung audazmente emprendió la búsqueda de su alma a través de un "experimento" para encontrar su "mito personal".

Después de su descenso al "inframundo", Jung no sólo formuló su propio mito, sino que también logró proponer un marco para un nuevo mito colectivo. Como se ilustrará más adelante, *El libro rojo: Liber Novus* de Jung es tanto un testimonio profundamente íntimo como una referencia al marco de este nuevo mito colectivo.

Si bien es difícil de definir el término "posmodernidad" y contiene un alto grado de ambigüedad debido a su notoria falta de claridad conceptual, los esfuerzos por realizar un análisis diagnóstico han mostrado varias características generales, como el deconstruccionismo, la pluralidad radical, la arbitrariedad, la fluidez, la fragmentación, la descanonización; la aceleración, la capacidad de "salir del embrollo a como dé lugar", además de un aumento de la complejidad, de la ambigüedad y de las "pendientes resbaladizas". En pocas palabras, el escritor alemán Hans Magnus Enzensberger con gran maestría retrata nuestra condición posmoderna contemporánea, en la cual hasta en nuestro propio patio trasero podemos atestiguar cómo ha aumentado la entropía:

> Las poblaciones con mercado de la Baja Baviera, las aldeas de los Montes Eifel, los pequeños pueblos de Holstein, los habitan unos personajes que nadie habría imaginado tan solo treinta años atrás. Por ejemplo, carniceros jugando al golf, esposas importadas de Tailandia, agentes de contraespionaje jubilados, *mulahs* turcos, farmacéuticas que militan en comités pro Nicaragua; vagabundos al volante de un Mercedes-Benz, independentistas con jardines orgánicos, funcionarios de Hacienda que coleccionan armas, minifundistas que crían pavorreales, lesbianas militantes, vendedores de helados tamiles, humanistas que operan en mercados de futuros, mercenarios de permiso, activistas de los derechos de los animales, traficantes de cocaína con soláriums, "dominatrices" con clientes de la alta administración, piratas informáticos que actúan a la vez con bancos de datos de California y reservas naturales de Hesse, carpinteros que fabrican puertas de oro para Arabia Saudita, falsificadores de objetos de arte, partidarios

de tesis sobre Karl May, guardaespaldas, expertos en jazz, partidarios de la eutanasia y especialistas en porno. En los zapatos de los solitarios y de los tontos del pueblo, de los bichos raros y demás tipos excéntricos, se ha medido el desviado mediocre, que ya no destaca de entre millones como él".[13]

En un aspecto importante -y este es el punto esencial con respecto a *El libro rojo* de Jung- los diagnósticos de nuestro tiempo parecen converger: según el filósofo y sociólogo francés Jean-François Lyotard -un marxista decepcionado, como él mismo lo reconoce- ya no hay una metanarrativa trascendente, significativa e integradora, ni una "gran narrativa" que sea capaz de impartir una concepción global del papel de la humanidad en el mundo.[14] A cualquier "gran narrativa" como las que se ofrecen, por ejemplo, en la *Épica de Gilgamesh, la Biblia, la Odisea*, la Ilustración, la creencia en la ciencia o el marxismo, se le puede aplicar el siguiente análisis posmoderno:

> Simplificando al máximo, se tiene por "postmoderna" la incredulidad con respecto a los metarrelatos. Ésta es sin duda, un efecto del progreso de las ciencias; pero ese progreso, a su vez, la presupone. A la obsolescencia del dispositivo metanarrativo de legitimación corresponde especialmente la crisis de la filosofía metafísica, y la crisis de la institución universitaria que en el pasado dependía de ella. La función narrativa pierde sus functores, el gran héroe, los grandes peligros, los grandes periplos y el gran propósito. Se dispersa en nubes de elementos lingüísticos narrativos, etc., cada uno de ellos vehiculando consigo valencias pragmáticas sui generis. Cada uno de nosotros vive en la encrucijada de muchas de ellas".[15]

Desde el punto de vista espiritual, parece haberse perdido el horizonte de significado que ofrece un orden divino, el "gran orden del Ser"; mientras que desde la perspectiva del sujeto posmoderno, el mundo y la vida misma ya no se les pueden leer, entender, o dar forma.[16]

Mientras que las épocas anteriores contaban con una "gran narrativa" significativa -por ejemplo, *La Divina Comedia* de Dante, *Fausto* de Johann Wolfgang von Goethe y *Así hablaba Zaratustra* de Nietzsche- el hombre moderno o posmoderno se ha quedado sin un mito central, vital y que corresponda a su tiempo. Según Edward Edinger, esta condición de desamparo espiritual y metafísico, un estado de ser, quizás mejor captado en "el último hombre" de Nietzsche o "Ellos" de Martin Heidegger, tan solo se ha profundizado en los tiempos más recientes:

> Es evidente para la gente pensante que la sociedad occidental ya no tiene un mito viable y funcional. De hecho, todas las principales culturas del mundo se están acercando, en mayor o menor medida, al estado de ausencia de mitos. La desintegración de un mito central es como una vasija que contiene una esencia preciosa y se hace añicos; ... El significado se pierde".[17]

Refiriéndose al trabajo de Jung, Edinger continúa: "... así como el descubrimiento de Jung de su propia carencia de mito fue paralelo a la pérdida del mito de la sociedad moderna, así también el descubrimiento de Jung de su propio mito individual demostrará ser el primer surgimiento de nuestro nuevo mito colectivo".[18]

La afirmación de Edinger sólo se puede entender si se deja de lado el discurso de los sociólogos académicos, los teóricos de la cultura, y los filósofos de profesión. Abrirnos al ámbito de la *experiencia individual medular* [*Kern-Erfahrung*] en el sentido que le da Karlfried Graf Dürckheim o a la experiencia del *self* de Jung, nos acerca a la esfera psicológica, religioso-espiritual y metafísica de la vida, generalmente consideradas zonas prohibidas por el sistema académico posmoderno actual. Nada causa más tedio, y, al mismo tiempo desprecia las cuestiones medulares de nuestro tiempo, que la ignorancia y la efervescencia imperante que se observa en las cátedras autorreferenciales y obsesivamente detallistas de nuestras instituciones universitarias. Es altamente probable que de su discurso no surja nada revelador.

Es muy probable que lo que está impulsando el creciente interés en Jung a nivel mundial, sea precisamente esta omisión casi universal de las cuestiones medulares de nuestra era actual. El siglo XXI podría ser el "siglo de Jung",[19] un siglo en el que un estado mental posmoderno y la desaparición de la concepción secular de lo humano, estimulan una intensa búsqueda de alternativas sostenibles a una época dominada por el positivismo, el materialismo, el reduccionismo y el ateísmo.[20] Después de todo, en un conjuro de "pneumafobia" [miedo al espíritu], la entronización de la *Déesse Raison* (la deidad de la razón) por parte de la modernidad, llevó a la opresión de todo lo relativo al "espíritu" o lo "sagrado". En consecuencia, el espíritu (así como también el *anima mundi*, según Wolfgang Pauli, físico ganador del Premio Nobel) se sumerge en el inconsciente.[21] En *El problema anímico del hombre moderno* Jung describe así este proceso:

> Cuando existe alguna forma externa, ya sea un ideal o un ritual, por medio de la cual se expresen adecuadamente todos los anhelos y esperanzas del alma, -como por ejemplo en una religión viviente- entonces podemos decir que la psique está afuera y que no hay un problema psíquico, así como tampoco existe el inconsciente en nuestro sentido de la palabra. ... En consonancia con esta verdad, el descubrimiento de la psicología se sitúa por completo en las últimas décadas, aunque mucho antes de eso, el hombre fuese lo suficientemente introspectivo e inteligente como para reconocer los hechos que son temas de la psicología. ... Así que también es una necesidad espiritual la que ha producido en nuestros tiempos el "descubrimiento" de la psicología. Por supuesto que los hechos psíquicos ya existían anteriormente, pero no llamaban la atención, nadie los notaba. La gente se las arreglaba sin ellos. Sin embargo, hoy en día ya no podemos lidiar con la vida a menos que le prestemos atención a la psique.[22]

Dieu se retire (*Dios se retira*), no obstante, según la opinión del escritor alemán Ernst Jünger, uno debe seguir a Dios. Por lo tanto, la relación con el inconsciente se convierte en una necesidad vital no sólo para el individuo sino para lo colectivo social, ya que se ha convertido en una cuestión de supervivencia. Irónicamente, el momento histórico de la proclamación de la "jaula de hierro" por parte del sociólogo y filósofo Max Weber, coincidió con los inicios de la psicología profunda, que probablemente se puede considerar una inesperada "Astucia de la razón". Desde la perspectiva de la concepción de Jung de la evolución de la conciencia humana, el proyecto de modernidad sólo podría conducir, como dijera Heidegger, al "oscurecimiento del mundo" (*die Verdüsterung der Welt*).[23] Jung postuló:

> ... porque todas las épocas anteriores a nosotros seguían creyendo en dioses de un modo u otro. Sólo un empobrecimiento sin precedente del simbolismo podría permitirnos redescubrir a los dioses como factores psíquicos, es decir, como arquetipos del inconsciente. ...
> Desde que cayeron del cielo las estrellas y empalidecieron nuestros símbolos más altos, domina una vida secreta en el inconsciente. Por esta razón, hoy tenemos una psicología, y por esta misma razón hablamos del inconsciente. Todo esto sería bastante superfluo en una época o cultura que poseyera símbolos. Los símbolos son el espíritu del plano superior, y bajo estas condiciones el espíritu también está en lo alto. Por lo tanto, para tales personas sería una iniciativa absurda y sin sentido querer vivir o investigar un inconsciente que no contenga sino el dominio silencioso e imperturbable de la naturaleza. En cambio, nuestro inconsciente oculta agua viva, espíritu convertido en naturaleza, y por esa razón está alterado. Para nosotros, el cielo se ha convertido en el espacio cósmico de los físicos y en un paraíso divino, un bello recuerdo de las cosas que alguna vez fueron. Sin embargo, "el corazón brilla" y una inquietud secreta corroe las raíces de nuestro ser".[24]

El "espíritu" se encuentra en el inconsciente colectivo esperando a que se le reconozca, se le integre en la conciencia colectiva de nuestros tiempos posmodernos. Hoy en día, el espíritu está "llamando a nuestra puerta" o, como dijera Jünger, la "esencia primordial está viva".[25] Muchas patologías de nuestra época surgen por la falta de un "vasija alquímica" que integre estas energías arquetípicas-espirituales en el contexto sociocultural. Si el individuo o la sociedad les niegan a estas energías la oportunidad de expresarse, se transformarán en confusión, destrucción y violencia. Fue la alquimia la que encontró el término adecuado para expresar este proceso: *Mercurius duplex* - lo bueno con lo bueno y lo malo con lo malo. Sin embargo, mientras tanto, sigue siendo un misterio cómo es que las sociedades occidentales deberían abordar este desafío monumental cuando están sobresaturadas, exageradamente envejecidas y sobre-reglamentadas, además de estar dirigidas por guardianes del *status quo* político, mediático y empresarial, desorientados y sin imaginación alguna. No contamos con una visión del futuro. Durante los tiempos de Jung, William Butler Yeats se lamentaba: "Los mejores carecen de toda convicción, mientras que los peores están llenos de intensidad apasionada". Mientras tanto, mucho se ganaría si se pudieran interpretar las turbulencias planetarias de la posmodernidad como una fase en la que se está gestando una iniciación, es decir, como un *rito de pasaje.*

En este sentido, las generaciones futuras se inclinarían retrospectivamente a entender nuestra era posmoderna como una fase de *nigredo* [de putrefacción u oscuridad]; como una época de desorientación y confusión colectiva, con una actitud hacia el mundo que oscila de manera obsesiva entre una lujuria barroca a favor de la vida y un presagio apocalíptico de la muerte. Desde la perspectiva de Jung, sin embargo, es importante enfrentar la inseguridad y el abismo de la vida posmoderna, además de aceptar nuestra "desnudez espiritual", así como la obvia disolución de los sistemas de creencias tradicionales. También es crucial que haya una apertura hacia la psique, con el fin de que se puedan concientizar sus desafíos. Más aún, tenemos que aprender cómo lidiar con la inseguridad, la incertidumbre y la ambivalencia existenciales porque en el centro de la ansiedad es probable que haya algo que tenga el impulso de comunicarse con nosotros. Si estamos en un estado de "oscuridad", se trata de una "oscuridad divina". Si nos sentimos atrapados en un estado de "vacío", se trata de un "vacío divino". Desde un punto de vista similar, el filósofo alemán Leopold Ziegler considera el estado occidental de "*Seinsvergessenheit*" (olvido del Ser) como una *gestalt* [un todo organizado que se percibe como más que la suma de sus partes] de un ser divino *in absconditus* [es decir, en lo oculto]. Dentro de la soledad metafísica de la conciencia moderna, Jung detecta una "providencia divina", o más bien una oportunidad para tener una experiencia que renueve la espiritualidad, especialmente en la medida en que el espíritu viviente intenta resucitar de las ruinas del edificio de creencias del cristianismo.[26] En este sentido, se podría entender el "frenesí deconstructivo del siglo XX; en los términos que señala Richard Tarnas: "... el colapso masivo y radical durante el siglo XX de tantas estructuras -culturales, filosóficas, científicas, religiosas, morales, artísticas, sociales, económicas, políticas, atómicas, ecológicas- todo esto sugiere una deconstrucción necesaria antes de que se dé un nuevo nacimiento".[27] Si lo que señala Tarnas es correcto, ojalá que las generaciones por venir puedan algún día, cuando estén viviendo ellos también una fase de *rubedo* [la fase culminante de la obra magna de la alquimia], ver en retrospectiva el surgimiento de una nueva espiritualidad pos-cristiana.

¿Cómo continuar ahora? Actualmente estamos viviendo un momento histórico en el que todos los aspectos de la existencia humana deben ser concebidos de nuevo y puestos a prueba de manera radical con respecto a la vida secreta del espíritu viviente. La "ley psicológica de la conservación de la energía" formulada por Jung nos puede servir de apoyo; esta ley afirma que "si algo de importancia se devalúa en nuestra vida consciente y muere -así lo dice la ley- en el inconsciente surge una compensación".[28] Lo que Jung está señalando es que si una cosmovisión puramente materialista ignora el mundo arquetípico del espíritu durante demasiado tiempo, posteriormente este se activará en el inconsciente colectivo con un valor energético proporcionalmente mayor. Incluso para los ingenuos, esto debería ser plausible en la medida en que los "impulsos religiosos" del alma -*anima naturaliter religiosa*- no pueden simplemente desvanecerse; más bien la sobredosis de racionalidad moderna los forzará a cambiar de ubicación. "Es posible que se pueda suprimir, pero esto no puede alterar su naturaleza, y lo que se suprime puede emerger de nuevo en otro lugar de forma modificada, esta vez cargada de resentimiento, lo cual hace que el impulso natural, por lo demás inofensivo, se vuelva nuestro enemigo".[29] Dado que no se puede suprimir el mundo arquetípico sin que haya consecuencias sustanciales, y dado que la sociedad y la cultura contemporáneas no tienen la capacidad de enfrentar los problemas reales y mucho menos de idear soluciones viables, es el individuo quien en última instancia tiene que enfrentar este conflicto. Son los individuos sensatos, sensibles, e incluso "perturbados" de la época contemporánea quienes una vez más tienen que restablecer el anclaje espiritual que ha sido socavado por las categorías posmodernas de interpretación que llevaron a la consiguiente crisis psicológica.

El desafío hoy, por lo tanto, es, por un lado, no descartar nuestra tradición cristiana ni su herencia y, por el otro, enfrentar el estado de *nigredo* [de putrefacción u oscuridad] al que hemos descendido. Desde el punto de vista de Jung, estamos al inicio de una nueva cultura psicológica y de una nueva era, para la cual, sin embargo, aún no existen imágenes, símbolos, rituales o mitos que nos guíen colectivamente. La experiencia de entrar en territorio inexplorado dentro de esta nueva cultura va acompañada de las siguientes precondiciones que ya están en marcha: nuevos esfuerzos de integración que tienen que ver con la inclusión del "mal", así como de lo antiestético y lo banal, dentro de la manera en la que se entiende la totalidad; la integración de lo femenino y de la naturaleza como dimensiones significativas que el cristianismo ha reprimido e ignorado; la reinterpretación de las escrituras religiosas como escritos poéticos y simbólicos, más que meramente históricos y literales; la reinterpretación de la figura de Cristo como expresión simbólica de la dinámica interior del alma.[30] A estas alturas, parece claro que bajo condiciones posmodernas, sólo se puede transitar por un camino: si hemos interpretado correctamente los signos de nuestro tiempo, la "metamorfosis de los dioses" requiere del máximo compromiso del individuo con un proceso continuo para el cual Jung propuso el término de "individuación". *El libro rojo* contiene la narrativa que corresponde a este proceso, con la cual comienza el nuevo mito de Jung que muestra "El camino de lo que está por venir".

"Alma mía, ¿dónde estás? ¿Me escuchas? Te hablo, te llamo, ¿estás ahí?"[31] El 12 de noviembre de 1913, Jung inició su trabajo interior con respecto a lo que finalmente llegaría a ser *El libro rojo*. Este dramático pasaje ocurre en el capítulo titulado "El reencuentro del alma". En un comentario preliminar, Jung señaló que había alcanzado "honor, poder, riqueza, conocimiento y toda la felicidad humana", mientras que debido a la aflicción en su mundo interior y exterior el "horror" lo habían rebasado.[32] La aflicción que sentía Jung se logra entender en el contexto de su ruptura con Sigmund Freud y el estado resultante de cuestionar su entendimiento previo de la psique. También tenían un gran peso una serie de extraordinarios sueños, visiones y fantasías en estado de vigilia que dejaron a Jung tan desconcertado que llegó a sospechar que podía caer en una inminente psicosis. Sin embargo, lentamente Jung comenzó a darse cuenta que, por ejemplo, las fantasías en estado de vigilia que tuvo en octubre de 1913 en las que Europa aparecía devastada por inundaciones, describían en forma precognitiva eventos que estaban a punto de suceder no sólo a él, sino a toda Europa colectivamente con el estallido de la Primera Guerra Mundial.[33] Como parte de este estado mental personal, altamente perturbado y dentro de la catastrófica situación mundial, otra cosa que ya había molestado a Jung después de ponerle los toques finales a *Wandlungen und Symbole der Libido* (*Psicología del Inconsciente*) nuevamente se hizo dolorosamente evidente para él; concretamente, que "quien piense que puede vivir sin un mito, o al margen de él es una excepción. Es como si lo hubieran arrancado desde sus raíces, sin tener ningún vínculo con el pasado, ni con la vida ancestral (que continua en su interior), ni con la sociedad contemporánea." Partiendo de su propio dilema personal, Jung prosigue:

> Sentí el impulso de preguntarme a mí mismo con absoluta seriedad: "¿Cuál es el mito que estás viviendo?" No encontré

respuesta a esta pregunta, y tuve que reconocer que no estaba viviendo con un mito, y ni siquiera en un mito, sino antes bien en una nube incierta de posibilidades teóricas que estaba empezando a ver con creciente desconfianza. No sabía que estaba viviendo un mito, y aunque lo hubiese sabido, no hubiera sabido qué tipo de mito estaba ordenando mi vida sin mi conocimiento. Así que, de la manera más natural, me di a la tarea de conocer "mi" mito, y la consideré como la tarea de tareas, así que me dije a mí mismo: ¿Cómo puedo -cuando estoy tratando a mis pacientes- tener en cuenta el factor personal, es decir, mi ecuación personal, tan indispensable, sin embargo, para conocer al otro, si yo estuviera inconsciente de esto? Era necesario que supiera qué mito inconsciente y/o preconsciente me había configurado, es decir, de qué rizoma emané".[34]

Así, en noviembre de 1913, Jung inició la búsqueda de su propio mito a través de un experimento de autodescubrimiento, "mi experimento más difícil". Esta búsqueda lo llevaría a "una nueva fuente de vida",[35] sobre la cual le escribiría posteriormente a Victor White: "Quería la prueba de un Espíritu viviente y la obtuve. No me preguntes a qué precio".[36]

Inicialmente Jung anotó sus fantasías e imaginaciones activas en los llamados *Libros Negros*, los cuales se consideran como un protocolo personal de su experimento consigo mismo. De ahí, Jung los copió a un volumen de folio encuadernado en piel roja, para el cual él mismo revisó el material, y, al mismo tiempo, lo realzó con comentarios e ilustraciones cuidadosamente trazadas y meticulosamente organizadas.[37] En la opinión resumida de Sonu Shamdasani, *El libro rojo* presenta ... "un conjunto de imaginaciones activas acompañadas por un esfuerzo de Jung por entender su significado. Este trabajo de interpretación abarca un número de hilos entrelazados entre sí: un intento por entenderse a sí mismo, y por integrar y desarrollar los distintos componentes de su personalidad; un intento por entender la estructura de la personalidad humana en general; la relación del individuo con la sociedad actual y con la comunidad de los muertos; y los efectos psicológicos e históricos del cristianismo; además de un intento por captar el futuro desarrollo religioso de Occidente. Jung discute muchos otros temas en el libro, incluyendo la naturaleza del autoconocimiento, la naturaleza del alma, las relaciones entre el pensamiento, el sentimiento y los tipos psicológicos, la relación entre masculinidad y feminidad tanto internas como externas, la unificación de los opuestos, la soledad, el valor de la erudición y el aprendizaje, el prestigio de la ciencia, el significado de los símbolos y cómo se deben entender, el significado de la guerra, la locura, la locura divina y la psiquiatría, cómo debe entenderse hoy la Imitación de Cristo, la muerte de Dios, el significado histórico de Nietzsche y la relación entre magia y razón".[38]

Wolfgang Giegerich argumenta que *El libro rojo* debe leerse como la respuesta de Jung a Nietzsche.[39] Como tantos pensadores de su generación, Jung trató de confrontar las implicaciones de la modernidad de manera frontal; aquí, por cierto, puede uno recordar el debate entre Heidegger y Jünger, *Sobre la línea,* en el que ambos navegan en la estela de Nietzsche con respecto a la cuestión del nihilismo. Sin embargo, Jung no consideró que la solución que él había encontrado se viera representada por el *Übermensch* de Nietzsche [el Superhombre]. Más bien Jung consideró que la solución se encontraba en la formulación de una nueva espiritualidad. El título de esta solución es el proceso de individuación:

> El tema general del libro gira alrededor de cómo Jung recupera su alma y supera el malestar contemporáneo de la enajenación espiritual. En última instancia, lo logró a través de permitir que renaciera una nueva imagen de Dios en su alma y se desarrollara una nueva visión del mundo bajo la forma de una cosmología psicológica y teológica. *Liber Novus* presenta el prototipo de la concepción de Jung del proceso de individuación; el cual, según sostiene Jung, constituye la forma universal del desarrollo psicológico individual. Se puede entender el *Liber Novus* mismo, por un lado, como una representación del proceso de

individuación de Jung y, por el otro, como su elaboración de este concepto en tanto esquema psicológico general.[40]

Junto con la narrativa de Jung sobre la individuación, en *El libro rojo* se plantean muchas cuestiones filosóficas, teológicas y psicológicas relacionadas con temas como Dios, el conocimiento, el lenguaje, la lógica, el significado, el caos, la muerte y el mal. Varios temas y conceptos distintos circunscriben el intento de Jung por concebir una nueva cosmología,[41] entre otros:

El encuentro del alma: Al inicio de su auto-experimento, el "espíritu de las profundidades" instruye a Jung a alejarse del "espíritu de este tiempo", que representa la cosmovisión científico-materialista del mundo y, en cambio, lo impulsa a seguir al "espíritu de las profundidades", el cuál como gobernante de las profundidades de los asuntos del mundo "desde tiempos inmemoriales y para todos los futuros, posee un poder mayor al del espíritu de este tiempo, que va cambiando con las generaciones".[42] No se debe considerar el alma como un objeto de la ciencia, un objeto de un "sistema muerto" o una "fórmula muerta", sino más bien como "un ser viviente y existente en sí mismo".[43] El camino hacia el alma es difícil y está plagado de peligros, porque "las señalizaciones del camino se han caído, ante nosotros hay senderos sin explorar ... Que cada uno siga su propio camino."[44] Jung continua: "Amigos míos, es sabio nutrir el alma, de lo contrario, estarán criando dragones y demonios en su corazón".[45] *El libro rojo* documenta el viaje de Jung hacia el redescubrimiento de su alma perdida, así como su método de imaginación activa, el cual utiliza para entrar en diálogo con lo que va descubriendo. *El alma y la experiencia de Dios*: todo *El libro rojo* está impregnado de la perspectiva de que el alma es un "lugar" para experienciar a Dios. "... soy un ignorante de tu misterio. Disculpa si hablo como en un sueño, como un borracho, ¿acaso eres Dios?"[46] En el encuentro de Jung con el alma, "Dios" no se revela a sí mismo como el "Dios de los teólogos", que está "muerto" y tiene la necesidad de renovarse, sino a través de experiencias abrumadoras de dicotomías paradójicas que se encuentran en su interior. Por ejemplo, "el Dios que está por venir" es la "fusión de sentido y sinsentido"[47] en el "significado supremo", y "así como el día requiere de la noche y la noche requiere del día, el significado requiere del absurdo y el absurdo requiere del significado."[48] Así, lo divino abarca tanto el significado como lo absurdo, lo más grande y lo más pequeño, y el "significado supremo es mayor y menor, es tan amplio como el espacio del cielo estrellado y tan estrecho como la célula del cuerpo viviente."[49] El "nuevo Dios" es una *coincidentia oppositorum* [coincidencia de opuestos], y el nacimiento de Dios se da en el mundo interior: "Vi un nuevo Dios, un niño.... El Dios sostiene en su poder los principios separados y los unifica. El Dios se desarrolla a través de la unión de los principios en mí. Él es su unión".[50] Visto en el contexto más amplio de la historia intelectual de Occidente, a fines del siglo XIX Nietzsche proclama la muerte de Dios, mientras que Jung en *Liber Novus,* describe el renacimiento de Dios a principios del siglo XX.[51]

La renovación de la imagen de Dios. En el encuentro con Izdubar, la figura mítica herida a quien Jung le gustaría sanar, se puede encontrar una de las claves para entender la obra de Jung. Al igual que lo que le sucede al hombre moderno, el veneno de la ciencia paraliza a Izdubar, ya que esta "magia despiadada" sólo deja palabras en vez de dioses. La ciencia ha destruido la capacidad de los hombres de tener una creencia:

> Izdubar: "Pero esta ciencia es la magia despiadada que me ha dejado lisiado. ¿Cómo es posible que continúes con vida a pesar de que bebes de este veneno todos los días?"
>
> Jung: "Con el paso del tiempo, nos hemos ido acostumbrando a esto, porque los hombres se acostumbran a todo. Sin embargo, seguimos estando algo lisiados. Por otro lado, como has visto, esta ciencia también tiene grandes ventajas. Lo que hemos perdido en términos de fuerza, lo hemos redescubierto muchas veces a través de dominar la fuerza de la naturaleza" ...
>
> Jung: "Ahora quizás veas que no teníamos otra opción. Tuvimos que tragarnos el veneno de la ciencia. De lo contrario, nuestro destino hubiera sido el mismo que el tuyo: estaríamos totalmente lisiados, si nos lo hubiésemos

> encontrado desprevenidos y mal preparados. Este veneno es tan insuperablemente fuerte que todos, incluso los más fuertes, y hasta los dioses eternos perecen a causa de él. Si amamos nuestra vida, preferimos sacrificar una parte de nuestra fuerza vital antes que abandonarnos a una muerte segura".[52]

Jung sabe que tiene que permanecer al lado de Izdubar, que está enfermo y lisiado y que es su hermano, para sanarlo.[53] Después de compactar a Izdubar hasta quedar del tamaño de un huevo y guardárselo en su bolsillo, Jung logra sanarlo y transformarlo, lo que conduce así a un renacimiento de la sensibilidad mítica. En las enseñanzas de *El libro rojo*, el hombre encarna: "el umbral a través del cual pasa la procesión de los dioses y el ir y venir de todos los tiempos".[54] Con el renacimiento de Izdubar, se hace visible una comprensión del alma, del *self* y de Dios, que Jung formularía mucho más tarde en *Respuesta a Job* como el deseo de Dios de encarnar de forma continua. Sin embargo, ya en su *Libro rojo* esta idea se expresa de la siguiente manera:

> Así como los discípulos de Cristo reconocieron que Dios encarnó y vivió entre ellos como hombre, así nosotros reconocemos ahora que el ungido de esta época es un Dios que no aparece encarnado ni es hombre y, sin embargo, es hijo del hombre, mas en espíritu y no en carne; de ahí que sólo puede nacer a través del espíritu de los hombres como matriz engendradora de Dios.[55]

Por lo tanto, el "nuevo Dios" de Jung es un "Dios pneumático" [es decir, un Dios espiritual], como Jung elabora en una carta a Joan Corrie el 29 de febrero de 1919:

> El creador primordial del mundo, la ciega libido creadora, se transforma en humano a través de la individuación y de este proceso, que se parece a un embarazo, surge un niño divino, un Dios que renace y que ya no está disperso entre

millones de criaturas, sino que es uno, y este individuo, al igual que todos los individuos, es el mismo en ti que en mí. El Dr. L[ong] tiene un libro pequeño: *VII sermones ad mortuos* [Siete sermones a los muertos]. En él se describe cómo el Creador se difunde a través de sus criaturas, y en el último sermón se encuentra el comienzo de la individuación, de la que emerge el niño divino ... El niño es un Dios nuevo que de hecho nace en muchos individuos, aunque ellos no lo sepan. Es un Dios espiritual. Un espíritu en muchos individuos, aunque es uno y el mismo en todas partes. Mantente dentro del marco de tu tiempo y experimentarás Sus cualidades".[56]

Imitatio Christi [la imitación de Cristo]: *El libro rojo* identifica el proceso de individuación como el camino real hacia el redescubrimiento del alma y de "Dios". Esto le permite a Jung reconsiderar la enseñanza cristiana tradicional de la *imitatio Christi*. Ya no basta con sólo ser un cristiano devoto. En cambio, la nueva forma de espiritualidad requiere la búsqueda del *Cristo interior*, que representa el sacrificio y la voluntad que se necesitan para tomar las riendas de la *vida de uno mismo* en las *propias manos*, mientras uno permanece fiel a su propia esencia y al amor a uno mismo.[57] En contraposición a permanecer en una actitud de imitación infantil, se le pide al individuo que encuentre un lugar para Cristo en su corazón y posteriormente siga su camino independiente durante un proceso de crecimiento personal, viviendo su propia vida tal como Cristo vivió la suya.[58] "El nuevo Dios se ríe de la imitación y de sus seguidores. No necesita imitadores ni discípulos".[59] El siguiente texto de Jung muestra que además de la dimensión individual, también es relevante una dimensión escatológica:

> ... Creo que has acabado tu obra, pues quien entregó su vida, toda su verdad, todo su amor, toda su alma, ha concluido su obra... Ha llegado el momento en que cada uno debe hacer su propia obra de redención. La humanidad ha envejecido y ha comenzado un nuevo mes.[60]

En los escritos posteriores de Jung, como *Mysterium Coniunctionis* y *Aion*, juega un papel significativo el símbolo de Cristo en tanto símbolo del *self*.

La unión de los opuestos: La unificación de los opuestos es un tema central de *El libro rojo* y, al igual que el símbolo de Cristo, Jung lo elabora a mayor profundidad en sus obras posteriores. Este tema aborda el reconocimiento de los aspectos descuidados e ignorados de la psique, así como la consideración del polo opuesto como la mitad faltante de la totalidad. "Cuando acoges el principio opuesto, empiezas a tener el presentimiento de la totalidad, ya que el todo pertenece a ambos principios, que crecen de una misma raíz".[61] Jung mismo considera la elaboración psicológica del problema de los opuestos como una "renovación". En *El libro rojo* se encuentran numerosos pares de opuestos: sentido y sinsentido; plenitud y vacío; creación y destrucción; amor y odio; espíritu y materia; locura y cordura; arriba y abajo; orden y caos. A las fases del orden psíquico le siguen las fases del caos psíquico que desafían cualquier forma de racionalidad o de control, sin dejar de ser la *conditio sine qua non* [condición imprescindible] del misterio transformador que es la individuación:

> Reconocimos que el mundo está compuesto de lo racional y lo irracional; y también entendimos que nuestro camino necesita no sólo de lo racional sino también de lo irracional … Sin embargo, uno puede estar seguro de que la mayor parte del mundo escapa a nuestro entendimiento. Debemos valorar lo incomprensible y lo irrazonable por igual, aunque no necesariamente sean iguales en sí mismos; sin embargo, una parte de lo incomprensible, es sólo incomprensible en el presente y podría coincidir con la razón el día de mañana. Pero mientras uno no lo entienda, sigue siendo irracional. En la medida en que lo incomprensible concuerde con lo racional, uno puede intentar pensarlo con éxito; pero en la medida en que sea irracional, se necesitan prácticas mágicas para abrirlo... Si uno ha hecho todo lo mejor posible por maniobrar el antiguo carro de guerra y uno se

> da cuenta de que un ser superior lo está conduciendo, entonces se da una operación mágica ... Pero la condición es que uno lo acepte por completo y no lo rechace, con el fin de transferir todo al crecimiento del árbol.[62]

"La cuestión de fondo", escribe Shamdasani, "... era cómo se podía resolver el problema de los opuestos a través de la producción del símbolo que une o reconcilia. Este constituye uno de los temas centrales de *Liber Novus*".[63] Ambos polos de cada par de opuestos - bueno *y* malo, espíritu *y* materia, lo racional *y* lo irracional, etc.- deben ser reconocidos en la vida con el fin de obtener una cosmovisión holística durante el misterioso proceso de individuación. El mundo es un lienzo de opuestos. La perspectiva de Jung aquí, ante todo, se basa en Heráclito y Nicolás de Cusa. Junto con los principios de la *enantiodromia* y la función trascendente, el concepto de los opuestos y la unificación de los opuestos representan la base de las elaboraciones posteriores de Jung en la psicología analítica.

El eón por venir: En su *Libro rojo*, Jung adopta un tono profético. Sin embargo, a pesar de tener la certeza de que es una obra importante de carácter revelador que -debido a sus elementos visionarios- a la larga atraería un público más amplio, Jung no se ve a sí mismo como un profeta. "No seré para ustedes un salvador, ni un legislador, ni un maestro. Ustedes ya no son niños pequeños".[64] Tras una revisión más detallada, la primera imagen hecha por Jung al comienzo del capítulo "El camino de lo que está por venir", insinúa su noción de pensar en términos astronómicos y astrológicos. Su narrativa sobre el proceso de individuación corresponde directamente a la percepción de que la era cristiana, la era de Piscis, está llegando a su fin y que la humanidad se encuentra ante el umbral de una nueva era, la Era de Acuario. La humanidad está experimentando dolores de parto ya que se está revelando una nueva imagen de Dios.

El libro rojo es un volumen extremadamente complejo; de hecho, es un volumen enorme y está lejos de ser una lectura ligera. No se presta para una hojeada rápida, sino que, para los lectores persistentes, crece en sustancia como sucede con las dosis homeopáticas y los pequeños bocados. Si bien es susceptible de numerosas perspectivas e interpretaciones, seguramente *El libro rojo* nos va a exigir que tengamos una nueva visión de la vida y obra de Jung. Además, se puede asumir con seguridad que se tendrá que reevaluar el lugar que ocupa Jung en la historia intelectual del siglo XX, ya que la búsqueda de su "propio mito" llega en un momento crucial de la historia de la humanidad y de la historia de la conciencia humana. En este sentido, *El libro rojo* tiene la función de un documento sobre el descubrimiento que hace Jung de su propio mito personal *-la vida como el desenvolvimiento del proceso de individuación-* que simultáneamente representa una narrativa de las condiciones necesarias para el desarrollo de un nuevo mito colectivo que tanto se necesita. Planteado a modo de tesis: el "proceso de individuación personal" de Jung se podría parecer al "*petit récit*" [la pequeña narrativa] de Lyotard, en tanto que el nuevo mito de un "proceso de individuación colectiva" tiene el potencial de ser el "*grand récit*," una "*gran narrativa*" de Lyotard.

En una carta que Jung le enviara a Sir Herbert Read el 2 de septiembre de 1960, unos meses antes de morir, Jung escribe:

> El gran problema de nuestro tiempo es que no entendemos lo que le está sucediendo al mundo. La oscuridad de nuestra alma, el inconsciente, nos confronta. Nos envía sus impulsos oscuros e irreconocibles. Vacía y despedaza las formas de nuestra cultura y sus dominantes históricos. Ya no tenemos dominantes, se encuentran en el futuro. Nuestros valores están cambiando, todo pierde su certidumbre, incluso la *sanctissima causalitas* [la ley empírica de causa y efecto] ha descendido del trono del axioma y se ha convertido en un mero campo de probabilidad. ¿Quién es el imponente huésped que llama prodigiosamente a nuestra puerta? El miedo le precede, mostrando que los valores supremos ya fluyen hacia él. Los valores en los que hasta ahora habíamos creído, decaen en consecuencia y nuestra única certeza es que el nuevo mundo será algo diferente de lo que estábamos acostumbrados.[65]

Pareciera como si las sensibilidades, perplejidades e intuiciones posmodernas ya estuvieran reluciendo en esta carta. De manera similar, cuando la espiritualidad y la filosofía pierden fuerza, posteriormente al colapso de la metafísica occidental y las ideologías políticas maestras, Jean-François Lyotard llegó al entendimiento filosófico de que la posmodernidad ya no ofrece una metanarrativa integradora cargada de significado. Después del "fin de la modernidad", no logró encontrar una "gran narrativa" que proporcionara una explicación global de su lugar en el mundo. Desde el punto de vista actual, se puede argumentar que en un nivel psicológico, *El libro rojo*, con su prototipo del concepto del proceso de individuación, se puede considerar como modelo para el desarrollo de un nuevo mito colectivo en la sociedad posmoderna. *El libro rojo* fomenta el descubrimiento del cosmos del mundo interior y como parte de este, el nacimiento del "nuevo dios". La visión proporcionada por la psicología junguiana, ayuda a los individuos a "desarrollar" su propio mito personal y a redescubrir el alma. La máxima fundamental de Graf Dürckheim de "la vida cotidiana como ejercicio espiritual" podría servir como una señal que apunta hacia el camino a seguir.[66]

"Caer en las manos del Dios vivo, infunde terror".[67] En el experimento que Jung hiciera consigo mismo, no sólo encontró su "propio mito" sino también el "nuevo Dios" y una "nueva religión", sobre la cual permanecería en silencio durante décadas. Sólo un grupo selecto de la familia de Jung y de su círculo íntimo, tuvo acceso a *El libro rojo,* el cual por años se mantuvo en privado en su biblioteca personal. En retrospectiva, como narraría Jung al final de su vida en *Recuerdos, sueños, pensamientos*: las experiencias que tuvo desde 1912 hasta 1928, finalmente se convirtieron en los cimientos de la psicología analítica:

> Me ha tomado prácticamente cuarenta y cinco años destilar dentro de la vasija de mi obra científica las cosas que experimenté y escribí en ese momento. Cuando era joven, mi meta había sido sobresalir en el campo científico. Pero en ese momento, me topé con este río de lava y el calor de sus fuegos reconfiguró mi vida. Esa fue la sustancia primor-

> dial que me impulsó a trabajar en ella, y mis obras son un esfuerzo más o menos exitoso por incorporar esta materia incandescente en la imagen contemporánea del mundo. Los años en los que me dediqué a mis imágenes interiores fueron los más importantes de mi vida, en ellos se decidió todo lo esencial. Todo empezó entonces; los detalles posteriores son tan sólo complementos y aclaraciones del material que irrumpió del inconsciente y que al principio me inundó. Fue la *prima materia* para la obra de toda una vida".[68]

Aunque su *Libro rojo* estaba destinado de alguna manera a lectores del futuro, Jung estaba indeciso respecto a su publicación. No fue sino hasta la experiencia cercana a la muerte que Jung vivió en 1944 y las visiones que tuvo en esos momentos, que tomó la decisión de desarrollar un diálogo con el alma en la publicación de *Aion*:

> Antes de mi enfermedad (en 1944), a menudo me preguntaba si me permitiría publicar o incluso hablar de mis conocimientos secretos. Posteriormente, los dejé plasmados en *Aion*. Me di cuenta de que era mi deber comunicar estos pensamientos, aún así dudaba que se me permitiría expresarlos. Durante mi enfermedad, recibí la confirmación y supe que todo tenía sentido y que todo era perfecto.[69]

Aion, por lo tanto, se puede leer como el comentario de Jung sobre sus experiencias anotadas en *El libro rojo*.[70] La primera imagen en *Liber Novus* con la que Jung inicia el capítulo "El camino de lo que está por venir", ilustra estos "conocimientos secretos". Después de aproximadamente 2,150 años, el eón cristiano, la Era de Piscis, está llegando a su fin. La humanidad enfrenta ahora un período de transición, el amanecer de una nueva era. Un examen más detenido de la ilustración en la primera página de *Liber Novus* revela la visión de Jung del universo y del viaje del ser humano a través del tiempo. En el centro de la imagen, un viejo barco está por zarpar; una ciudad medieval está presente en el fondo. Debajo de la superficie del agua, se pueden distinguir habitantes de las profundidades del mar; debajo de los cuales yace el "ardiente basalto líquido" del interior volcánico de la Tierra. En la parte superior de la imagen, se ve un sol con cuatro rayos en el cielo, viajando en su trayectoria eclíptica a través de los signos del Zodíaco. En la ilustración de Jung, el sol está posicionado entre los signos de Piscis y Acuario, mientras que uno de los cuatro rayos se proyecta hacia el signo astrológico de Acuario, la era que está por venir. Jung se refiere aquí claramente al fenómeno astronómico de la "precesión de los equinoccios" a través de los signos zodiacales. Aproximadamente cada 2,150 años, un período conocido como "mes platónico", la precesión de los equinoccios provoca un cambio gradual del equinoccio de primavera hacia el signo del zodiaco que le precede.[71] En el periodo helenístico tardío, se calculaba que el equinoccio se movería -o "precesaría"- a través de todo el círculo de las doce constelaciones del Zodíaco durante un período de más o menos 25,800 años. A este período se le llegó a llamar un "año platónico". (Recientemente, la Unión Astronómica Internacional calculó que la precesión a través de todo el Zodíaco toma exactamente 25,771.58 años).[72] En el último cambio de los tiempos, que ocurrió alrededor del año 200 antes de la era actual, el equinoccio de la primavera pasó del signo de Aries al signo de Piscis; este fue el inicio de la Era de Piscis. En este momento, más de dos milenios después, hemos llegado al final de esta era. Al observar estos fenómenos astronómicos desde una perspectiva sincronístico acausal, Jung vio que la humanidad se encontraba en el umbral de una nueva era: la Era de Acuario. En esta difícil fase de transición de un eón a otro, se puede esperar que se den inmensas dificultades. Jung percibió que las transiciones de época entre los "meses platónicos" van de la mano con una "metamorfosis de los dioses". Por lo tanto, el período de transición entre un eón y otro siempre va acompañado de ansiedad, confusión y melancolía pronunciadas:

> Mis pensamientos sobre "este mundo" no fueron, ni son, placenteros. El impulso del inconsciente hacia el asesinato masivo a escala global no es exactamente una perspectiva alentadora. Las transiciones entre un eón y otro siempre

> parecen haber sido tiempos de melancolía y desesperación, como por ejemplo el colapso del Reino Antiguo en Egipto… entre Tauro y Aries, o la melancolía de la era de Augusto entre Aries y Piscis. Y ahora estamos transitando hacia Acuario…
> … ¡Y estamos tan solo al inicio de este desarrollo apocalíptico! Ya soy dos veces bisabuelo y veo crecer a esas generaciones distantes que, mucho después de que nos hayamos ido, pasarán sus vidas en esa oscuridad".[73]

Se debe entender el desarrollo... con su tendencia aparentemente nihilista hacia la desintegración, como el síntoma y el símbolo de un estado de ánimo de destrucción y renovación universal que ha dejado su huella en nuestra época. Este estado de ánimo se hace sentir en todas partes, a nivel político, social y filosófico. Vivimos en lo que los griegos llamaban καιρός (kairós) -el momento oportuno- para una "metamorfosis de los dioses", una metamorfosis de los principios y símbolos fundamentales. Esta peculiaridad de nuestro tiempo, que ciertamente no hemos elegido conscientemente, es expresión del hombre inconsciente dentro de nosotros mismos que está cambiando. Las generaciones por venir deberán tomar en cuenta esta transformación trascendental si la humanidad no ha de destruirse a sí misma a través del poderío de su propia ciencia y tecnología".[74]

La era cristiana está llegando a su fin y somos testigos de este momento crucial en la conciencia humana. La nueva era, *El camino de lo que está por venir*, corresponde a la elaboración de una nueva imagen de Dios. El pronóstico de Jung apunta al Paráclito, el Espíritu Santo que:

> …es el espíritu de la procreación física y espiritual que de ahora en adelante habitará en la criatura humana. … La futura morada del Espíritu Santo en el hombre equivale a una encarnación continua de Dios. ... Es tarea del Paráclito, el "espíritu de la verdad", habitar y trabajar en los seres humanos individuales, para recordarles las enseñanzas de Cristo y guiarlos hacia a la luz".[75]

La *incarnatio continua*, la encarnación continua del Espíritu Santo en el hombre mortal, se convierte así en el sello de una nueva espiritualidad en el eón que está por llegar:

> Todavía seguimos volteando a ver aturdidos los eventos del Pentecostés, en vez de enfocar la mirada hacia la meta a la que el Espíritu nos está llevando. Por lo tanto, la humanidad no está preparada en absoluto para lo que está por venir. Las fuerzas divinas impulsan al hombre a aumentar su conciencia y su facultad cognitiva, alejándose cada vez más de sus antecedentes religiosos porque ha dejado de entenderlos. Sus maestros y líderes religiosos siguen hipnotizados por los inicios de un nuevo eón de conciencia en vez de entender el eón y sus implicaciones. Lo que alguna vez se llamara 'Espíritu Santo' es un impulso que crea una conciencia y una responsabilidad más amplias y, por ende, enriquece su cognición. La verdadera historia del mundo parece ser la encarnación progresiva de la deidad".[76]

La Era del Espíritu Santo: Ciertamente, sería una tarea valiosa investigar el grado de influencia que pudo haber tenido sobre los escritos de Jung el abad calabrés Joaquín de Fiore. Con su "*Teoría de las edades*", la perspectiva escatológica de Fiore tuvo una influencia significativa sobre la historia occidental de las ideas. En una carta, el mismo Jung se refiere directamente a la era del Espíritu Santo:

> En la época en la que la gran ruptura recién comenzaba, Gioacchino da Fiori le llamó *evangelium aeternum* (evangelio eterno) al desarrollo posterior del eón cristiano hacia el del S. spiritus (Espíritu Santo). Parece ser que la gracia divina otorga esa visión como una especie de *consolamentum*, para que el hombre no quede en un estado de total desesperación durante el tiempo de la oscuridad. Desde la perspectiva de la historia, de hecho, nos encontramos en un estado de oscuridad. Todavía estamos dentro del eón cristiano y recién estamos empezando a darnos

> cuenta de que estamos en la era de la oscuridad en la que tendremos que recurrir *al máximo* a las virtudes cristianas.[77]

Elaborando el comentario de Jung, Edinger señala en su libro *Aion Lectures* (que se podría traducir como *Las conferencias sobre Aion*):

> En la medida en que la gente se da cuenta gradualmente, uno por uno, de que la transformación de Dios no es sólo una idea interesante, sino una realidad viva, puede comenzar a funcionar como un mito nuevo. Quienquiera que reconozca este mito como su propia realidad personal, pondrá su vida al servicio de este proceso. Tal individuo se ofrece a sí mismo como un recipiente para la encarnación de la deidad y, por lo tanto, promueve la transformación continua de Dios al darle a Él una manifestación humana. Tal individuo experimentará su vida como significativa y será un ejemplo de la declaración de Jung: "La morada del Espíritu Santo, la tercera Divina Persona, en el hombre, produce la cristificación de muchos".[78]

El proceso de individuación, en términos psicológicos, se asemeja a la "morada del Espíritu Santo" en la "vasija" del individuo. En su *Libro rojo*, Jung no sólo inscribió su "propio mito", sino que además formuló una nueva narrativa, el proceso de individuación del hombre y la humanidad, que podría ser el valor especial de *El libro rojo* para nuestros tiempos, ya que se puede considerar esta nueva narrativa como el antídoto al análisis que hace Lyotard de nuestra época. En la medida en que la obra de Jung de toda una vida plantea la cura para el malestar espiritual actual, ¿qué es lo que queda como "tarea de tareas", para aquellos que pueden sentir y así compartir la pérdida de "sustancia espiritual" dentro de las contingencias de una posmodernidad convertida en caos? Al buscar ayudar a una paciente a encontrar un camino hacia su proceso de individuación y el redescubrimiento del alma, Jung le recomendó que creara un *Libro rojo* personal:

> Te debo aconsejar que lo plasmes todo tan bellamente como puedas, en algún libro hermosamente encuadernado. Parecerá como si estuvieras banalizando las visiones, pero de todas maneras necesitas hacerlo, así te liberarás del poder que tienen sobre ti. Si lo haces con esos ojos, por ejemplo, te dejarán de jalar. Nunca debes intentar hacer que las visiones vuelvan. Piensa sobre ellas en tu imaginación y trata de pintarlas. Entonces, cuando estas cosas queden plasmadas en algún libro precioso, puedes ir al libro, darle vuelta a las hojas, y será para ti tu templo -tu catedral-, los lugares silenciosos de tu espíritu donde encontrarás renovación. Si alguien te dice que es algo morboso o neurótico y los escuchas, entonces perderás el alma, ya que en ese libro se encuentra tu alma.[79]

"Tu catedral", el "propio templo" de cada quien como *ecclesia spiritualis*, según Jung, es hoy en día el tema más urgente. Estamos en un período de transiciones turbulentas, en un momento transitorio de la historia. Sin embargo, sigue siendo un misterio cómo se entrelazan la "pluralidad radical" posmoderna y la *incarnatio continua*. Quizás esta contradicción lógica sea el signo de una verdad más profunda. Incluso si pasan siglos, como sospechaba Jung, antes de que la nueva imagen de Dios se constituya a sí misma, el nuevo mito colectivo ya está delineado y el individuo, en consecuencia, es llamado a contribuir activamente a la fundación de una "nueva religión" bajo la forma de una "Iglesia invisible". El mismo Jung describe este proceso en un sueño y en una conversación subsecuente con Max Zeller:

> Un templo de vastas dimensiones estaba en proceso de construcción. Por lo que podía ver, en frente, detrás, a la derecha y a la izquierda, había un número extraordinario de personas construyendo sobre pilares gigantescos. Yo también estaba construyendo sobre un pilar. Todo el proceso de construcción estaba en sus primeros inicios, pero los cimientos ya estaban allí, el resto del edificio estaba

> comenzando a erigirse y yo y muchos otros estábamos trabajando en él.[80]
> Jung dijo: "Sí, ya sabes, ese es el templo sobre el que todos construimos. No conocemos a la gente porque, créeme, construyen en la India, en China, en Rusia y en todo el mundo. Esa es la nueva religión. ¿Sabes cuánto tiempo se llevará hasta que esté construido?" A lo cual respondí: "¿Cómo habría de saberlo? ¿Acaso lo sabes tú?" Él dijo: "Yo sé". Le pregunté cuánto tiempo tomará. Y dijo: "Aproimadamente seiscientos años". "¿De dónde sabes esto?", pregunté yo. Me dijo: "De los sueños. De los sueños tanto de otras personas como de los míos. Hasta donde podamos ver, esta nueva religión se unificará.[81]

Entonces, ¿dónde nos deja esto? Sloterdijk definitivamente tiene razón, por supuesto, cuando señala que nadie tiene una idea de la situación actual con su titanismo tecnológico: no sabemos lo qué nos está pasando; estamos demasiado atorados en el proceso mismo para poder verlo en su totalidad; estamos atrapados volando a ciegas, por así decirlo.[82] ¿Acaso los complejos acelerados, llenos de energía e interconectados que estamos viviendo son capaces de hacer algo más que avanzar contra viento y marea? ... Aquel que fuese capaz de discernir entre caminar, ir a la deriva y sumergirse tendría que tener un don profético. Este es el estado que Heidegger insinuó cuando hizo la observación de que solo un Dios nos puede salvar".[83] Como el mismo Heidegger explica con más detalle durante su famosa entrevista con el periódico alemán *Der Spiegel*: "La única posibilidad disponible para nosotros es que al pensar y poetizar nos preparemos para estar listos para que aparezca un dios, o para la ausencia de un dios en [nuestro] declive".[84] Refiriéndose a la conocida "metamorfosis de los dioses", Jean-Luc Nancy, alumno de Jacques Derrida, afirma:

> Estamos en la misma situación en la que se encontraban los romanos durante el siglo VI después de Cristo: sabían que algo estaba llegando a su fin — la antigüedad. Sin embargo, la Edad Media cristiana no era ni previsible ni

> concebible. Así como hoy tampoco podemos imaginar lo que pueda venir después de nuestra fase actual de agitación. Y esto es exactamente lo que crea tanta confusión ... .[85]

Dado que aquí hemos incorporado las discusiones en curso sobre la modernidad, la posmodernidad y la "*posthistoire*" (pos-historia),[86] dentro del contexto más amplio de la especulación de Jung sobre un cambio de era, también creemos que es seguro decir que quien experimenta la psique objetiva, lo que sea que revele, no será víctima de los embates de la deconstrucción filosófica. Además, desde la perspectiva de Jung, incluso en medio de la agitación catastrófica de una globalización paradójica y después del colapso de las narrativas maestras, a nosotros los contemporáneos todavía nos quedan oportunidades y formas de experimentar la esfera de lo divino: nuevos caminos para experiencias místicas, la imaginación activa, los sueños y los mitos, como modos de percepción que también se pueden encontrar en tiempos del nihilismo posmoderno. Para formular esta idea con mayor claridad, el "propio mito" de Jung apunta a la antigüedad, y sus excavaciones psicohistóricas finalmente lo llevaron a una interpretación gnóstica del mundo, de modo que como remedio para las turbulencias posmodernas, será la *gnosis* la que represente el puente hacia lo que está por venir. Como dijera Ernst Jünger: "Recibimos mucha más fuerza vital de la que por el momento podemos absorber y mucho menos administrar. Esta fuerza vital no tiene cualidades específicas y su origen se encuentra en las grandes profundidades desde las cuales se va difundiendo en una multiplicidad de fenómenos, los cuales muchas veces se encuentran justo ahí donde ni los pronósticos ni el utopismo llevarían a sospechar. Solamente el mismo tipo de profundidad puede contener y responder a esta fuerza vital."[87] "El hombre vive en dos mundos".[88]

Notas finales

Este ensayo está dedicado a la Dra. Maria Hippius-Gräfin Dürckheim (1909-2003; *Existential-psychologische Bildungs- und Begegnungsstätte Todtmoos-Rütte*, Selva Negra, Alemania) y a Walter Schwery (1927-2016, Berna, Suiza). Es una versión traducida y ligeramente modificada de mi ensayo en alemán "Der Weg des Kommenden: Das Rote Buch und Jungs Ecclesia Spiritualis", en Thomas Arzt, ed., *Das Rote Buch: C.G. Jungs Reise zum "anderen Pol der Welt". Studienreihe zur Analytischen Psychologie,* Bd. 5 (Würzburg: Königshausen y Neumann, 2015), pp. 13-38. Gracias también a Fabian Kanthak y Cita Lotz por el trabajo de traducción y a Sonngard Doose por las inspiraciones.

[1] Citado en C. G. Jung, *El libro rojo: Liber Novus*, ed. Sonu Shamdasani, edición castellana a cargo de Bernardo Nantes, trads. Romina Scheuschner y Valentín Romero (Buenos Aires: El hilo de Ariadna, 2012), p. 123.

[2] Entrevista con Frank-Walter Steinmeier en el periódico alemán *Handelsblatt* (1 de septiembre de 2014).

[3] Peter Sloterdijk, *Die schrecklichen Kinder der Neuzeit* (Berlín: Suhrkamp, 2014), p. 221.

[4] Hartmut Rosa, *Beschleunigung. Die Veränderung der Zeitstrukturen in der Moderne* (Fráncfort/Main: Suhrkamp, 2005), p. 479.

[5] Sloterdijk cita a la madre de Napoleón, Leticia Ramolino. Ver Peter Sloterdijk, *Die schrecklichen Kinder der Neuzeit*, p. 488.

[6] Philipp Blom, *Años de vértigo: cultura y cambio en Occidente, 1900-1914*, trad. Daniel Najmías Bentolila (Barcelona: Editorial Anagrama, 2010).

[7] Ibid., p. 14.

[8] "Movilización total" es la traducción al español de un ensayo de Ernst Jünger, *Die Totale Mobilmachung* (1930). En tanto elemento distintivo de la modernidad y del "progreso", Jünger describe el sometimiento de todos los recursos de la sociedad moderna bajo un *solo* principio rector, es decir, el "trabajo" y la tecnología.

[9] Heinz Bude, *La sociedad del miedo*, trad. Alberto Ciria (Barcelona: Herder Editorial, 2017).

[10] Joachim Radkau, *Das Zeitalter der Nervosität. Deutschland zwischen Bismarck und Hitler* (Múnich: Propyläen, 1998).

[11] Citado en C. G. Jung, *El libro rojo*, pp. 78-79.

[12] Martin Heidegger utiliza el término "Gestell" (marco, soporte, armazón, emplazamiento) para describir lo que yace "detrás" de la tecnología moderna. La palabra "Gestell", no sólo representa la esencia de la tecnología, sino que también describe una visión exhaustiva de la tecnología y una forma de existencia humana. Ver lo que dice Wikipedia sobre la palabra "Gestell".

[13] Ver Hans Magnus Enzensberger, *Mediocridad y delirio: Gesammelte Zerstreuungen* trad. Michael Faber-Kaiser (Barcelona: Editorial Anagrama, 1992), p. 179.

[14] Jean-François Lyotard, *La condición postmoderna: informe sobre el saber*, trad. Mariano Antolín Rato (Buenos Aires: Editorial R.E.I., 1991).

[15] Ibid., XXIV.

[16] Rosa, *Beschleunigung*, p. 334.

[17] Edward Edinger, *The Creation of Consciousness. Jung's Myth for Modern Man* (Toronto, Inner City Books, 1984), p. 9.

[18] Ibid., p. 12.

[19] "Sin embargo, si al siglo pasado se le llamó 'el siglo freudiano', hay razones para pensar que este siglo pudiera ser el de Jung. Parece que ya le toca su turno". *The Guardian* (25 de enero de 2012). Ver además: Edward Edinger, *The Aion Lectures. Exploring the Self in C.G. Jung's Aion* (Toronto: Inner City Books, 1996), p. 192.

[20] David Tacey, *The Darkening Spirit. Jung, Spirituality, Religion* (Londres/Nueva York: Routledge, 2013), p. 2.

[21] Ibid., p. 130.

[22] C. G. Jung, "El problema anímico del hombre moderno" (1933), en *Obras completas*, Vol. 10 (Madrid: Editorial Trotta, 2014), párr. 159.

[23] Martin Heidegger, *Einführung in die Metaphysik*. Gesamtausgabe, Bd. 40 (Fráncfort/Main: Vittorio Klostermann, 1983), p. 41.

[24] C. G. Jung, "Los arquetipos y lo inconsciente colectivo" (1954), en *Obra Completa*, Vol. 9/1 (Madrid: Editorial Trotta, 2003), párr. 50.

[25] Traducción del autor. Ernst Jünger, *An der Zeitmauer*. Sämtliche Werke, Bd. 8 (Stuttgart: Klett-Cotta, 1981), p. 639.

[26] Ver Tacey, *The Darkening Spirit*, p. 38ss.

[27] Richard Tarnas, *The Passion of the Western Mind: Understanding the Ideas that Have Shaped Our World View* (Nueva York: Random House, 1991), p. 440.

[28] C. G. Jung, "El problema anímico del hombre moderno". *Civilización en transición, Obra Completa, Vol.* 10, trad. Carlos Martín (Madrid, Editorial Trotta, 2014), párr. 175.

[29] C. G. Jung, *Aion: Contribuciones al simbolismo del sí mismo*, en *Obra Completa*, Vol. 9/2, trad. Carlos Martín Ramírez (Madrid: Editorial Trotta, 2011), párr. 51.

[30] Tacey, *The Darkening Spirit*, p. 62.

[31] C. G. Jung, *El libro rojo*, p. 173.

[32] *Ibid*. p. 172.

[33] *Ibid*. p.170.

[34] C. G. Jung, *Símbolos de transformación* (1952), en *Obra Completa*, Vol. 5 (Madrid: Editorial Trotta, 2012), Prólogo a la cuarta edición, p. 6.

[35] Citado en C. G. Jung, *El libro rojo*, p. 123.

[36] Ann Conrad Lammers y Adrian Cunningham, eds., *The Jung-White Letters*. (Londres: Routledge, 2007), p. 117.

[37] *Ibid*., p. 103.

[38] *Ibid*., pp. 115-16.

[39] Wolfgang Giegerich, "*Liber Novus*, That is, The New Bible: A First Analysis of C. G. Jung's *Red Book*," *Spring: A Journal of Archetype and Culture*, No. 83 (primavera de 2010), p. 376.

[40] *Ibid*., p. 116.

[41] Lance Owens, Stephan A. Hoeller, "Carl Gustav Jung and *The Red Book: Liber Novus*," en *Encyclopedia of Psychology and Religion* (Nueva York/Heidelberg/Dordrecht/Londres: Springer Reference, 2014), p. 4.

[42] C. G. Jung, *El libro rojo*, p. 167.

[43] *Ibid*., p. 173.

[44] *Ibid*., pp. 171-172.

[45] *Ibid*., p. 174.

[46] *Ibid*., p. 175.

[47] *Ibid*., p. 177.

[48] *Ibid*., p. 197.

[49] *Ibid*., p. 168.

[50] *Ibid*., p. 225.

[51] *Ibid*., p. 101

[52] *Ibid*., p. 288.

[53] *Ibid*., p. 294.

[54] *Ibid*., p. 482.

[55] *Ibid*., p. 343.

[56] *Ibid*., p. 624 n121.

[57] *Ibid*., p. 487.

[58] Ver Sanford L. Drob, *Reading the Red Book. An Interpretive Guide to C.G. Jung's Liber Novus* (Nueva Orleans: Spring Journal, 2012), p. 251.
[59] *Ibid.*, p. 204.
[60] *Ibid.*, p. 488.
[61] *Ibid.*, p. 212.
[62] *Ibid.*, p. 379-380.
[63] *Ibid.*, p. 125.
[64] *Ibid.*, p. 172.
[65] Gerhard Adler, *C. G. Jung Letters*. Trad. R. F. C. Hull. Vol. 2, 1951- 1961 (Princeton, NJ: Princeton University Press, 1975), p. 590.
[66] Karlfried Graf Dürckheim, *Alltag als Übung* (Berna: Huber, 2012).
[67] *Hebreos* 10:31.
[68] C. G. Jung, *Recuerdos, sueños, pensamientos*, ed. Aniela Jaffé, trad. Ma. Rosa Borras, (Barcelona: Editorial Seix Barral, 2001), p. 237.
[69] Citado en Edinger, *The Aion Lectures*, p. 13.
[70] Lance S. Owens, "Jung and Aion: Time, Vision, and a Wayfaring Man", en *Psychological Perspectives: A Quarterly Journal of Jungian Thought* 54:3 (2011), S. 275.
[71] *Ibid.*, p. 271.
[72] Capitaine, N., Wallace, P. T. y Chapront, J., "Expressions for IAU 2000 precession quantities," en *Astronomy & Astrophysics*, 2003, 412, pp. 567-586. Además ver: https://en.wikipedia.org/wiki/Axial_precession (visitado el 17 de julio de 2017).
[73] Adler, *C. G. Jung Letters*, Vol. 2, 1951-1961, p. 229.
[74] C. G. Jung, "Presente y futuro" (1958), en *Obra Completa*, Vol. 10, trad. Carlos Martín Ramírez (Madrid: Editorial Trotta, 2014), párr. 585.
[75] C. G. Jung, *Respuesta a Job* (1952), en *Obra Completa*, Vol. 11, trad. Rafael Fernández de Maruri (Madrid: Editorial Trotta, 2016), párrs. 692-696.
[76] Adler, *C. G. Jung Letters*, Vol. 2, 1951-1961, p. 436.
[77] Ibid., p. 136.
[78] Edward F. Edinger, *The Creation of Consciousness. Jung's Myth for Modern Man*, p. 113. En otro escrito Edinger afirma: "Jung es el eón nuevo, es el que anuncia la llegada del eón nuevo —lo que llamo y creo que en el futuro se va a llamar el eón junguiano. ... Si mi lectura del simbolismo es correcta, el eón de Acuario generará aguadores individuales. Ya no serán las comunidades religiosas —la iglesia, la sinagoga o la mezquita— las que carguen la realidad numinosa de la psique, sino que en vez serán los individuos conscientes quienes la carguen. Esta es la idea que Jung plantea a través de la noción de la

encarnación continua, la idea de que los individuos han de transformarse, de manera continua, en vasijas en las que encarna el Espíritu Santo". Ver Edinger, *The Aion Lectures*, p. 192. Russell A. Lockhart tiene un punto de vista parecido sobre la era por venir: "¿Acaso la 'Era de Acuario' es esta 'era por venir'? Se representa al signo de Acuario como un aguador que está vertiendo agua en un estanque. Me gusta pensar en esto como una imagen de la era por venir en la cual todos y cada uno de nosotros reunimos en una reserva común el agua que hemos ido juntando de nuestras fuentes únicas e individuales, proveniente de nuestros encuentros con el inconsciente. A través de crear un fondo común de aquello que vamos acumulando de esos momentos, a través de compartir entre todos las experiencias que hemos tenido ahí, a través de actuar con base en las enseñanzas que nos sugieren estas experiencias ... confío en que comenzaremos a crear ese canto de bienvenida al huesped que llega." Ver Russell A. Lockhart, *Psyche Speaks: A Jungian Approach to Self and World* (Wilmette, Illinois: Chiron Publications, 1987), p. 79.

[79] C. G. Jung, *El libro rojo*, pp. 140-41.

[80] Tacey, *The Darkening Spirit*, p. 157ss.

[81] Ibid., en *El libro rojo*, capítulo "Las tres profecías", Jung habla de 800 años: "¿Cómo puedo asir en mí mismo lo que se realizará en los próximos ochocientos años, hasta el tiempo en que el Uno comience su dominio? Yo sólo estoy hablando de lo que está por venir". Ver Jung, *El libro rojo*, p. 594 n231.

[82] Peter Sloterdijk, *Eurotaoismus. Zur Kritik der politischen Kinetik* (Fráncfort/Main: Suhrkamp, 1989), pp. 26 y 298 ss.

[83] Traducción del autor. "Peter Sloterdijk". *Die schrecklichen Kinder der Neuzeit*, p. 487f.

[84] Traducción del autor. "Heidegger-Interview". *Der Spiegel*, No. 23, 31 de mayo de 1976.

[85] Traducción del autor. Jean-Luc Nancy, *Die Zeit*, No. 12/2012, 15 de marzo de 2012.

[86] Además de las discusiones sobre la "modernidad" y la "posmodernidad" que se han estado dando desde la Segunda Guerra Mundial, existe una escuela de pensamiento más radical (Arnold Gehlen, Francis Fukuyama, Jean Baudrillard, etcétera) que clama que nos encontramos en los "finales de la historia"—en la "*pos-historia*", la historia ha llegado a su final y dentro de esta fase de "cristalización cultural" no es posible que se dé ninguna innovación, lo cual indica que hemos llegado a un agotamiento cultural general. Como ya lo

anticipara Max Weber en 1904, con su famosa afirmación: "Nadie sabe quién va a vivir en esta jaula en el futuro, o si al final de este gran desarrollo surgirán profetas completamente nuevos, o si habrá un renacimiento de ideas e ideales viejos, o si ninguna se da, si habrá una petrificación mecanizada, embellecida con una especie de autoimportancia convulsiva".

[87] Traducción del autor. Ernst Jünger, *Typus, Name, Gestalt.* Sämtliche Werke, Bd. 13 (Stuttgart: Klett-Cotta, 1981), p. 172.

[88] C. G. Jung, *El libro rojo*, p. 244.

"El camino de lo que está por venir": la visión de Jung de la Era de Acuario

Liz Greene

> Cuando hablamos del nuevo tipo acuariano de persona, de hecho, nos estamos refiriendo a seres humanos por cuyo conducto se liberarán ... las energías, la fe, el entusiasmo alicaído y las revelaciones de la Nueva Era ... Estos auténticos 'acuarianos'... son voceros del espíritu nuevo, y puede que a muchos de ellos casi se les considere 'médiums' innatos para la liberación de ese espíritu al inicio de un ciclo nuevo.[1]
>
> Dane Rudhyar

> Cuando el mes de Géminis llegó a su fin, los hombres dijeron a sus sombras: 'Tú eres yo' ... Así los dos se hicieron uno y, a través de esta colisión, irrumpió lo poderoso, precisamente ese manantial donde brota la conciencia que se llama cultura y que perduró hasta la época de Cristo. Sin embargo, el pez señaló el instante en que aquello que estaba unido se escindió, según la eterna ley de la enantiodromía en un inframundo y el supramundo ... Mas, lo separado no puede permanecer separado para siempre. Se volverá a unir y el mes del pez pronto llegará a su fin.[2]
>
> C. G. Jung

La idea de la "Nueva Era"

En las últimas décadas, se ha dedicado una cantidad considerable de escritos académicos a la influencia que ha ejercido Jung sobre las creencias y prácticas de la llamada Nueva Era.[3] Olav Hammer, siguiendo a Richard Noll, utiliza el término "junguianismo" para describir una forma de "psico-religión moderna" basada en un rol a manera de culto asignado a Jung, como si fuera un gurú de la Nueva Era.[4] Paul Heelas ha identificado a Jung como una de las tres figuras clave en el desarrollo del pensamiento de la Nueva Era, junto con Helena Petrovna Blavatsky (1831-1891), fundadora de la Sociedad Teosófica, y Georges Ivanovich Gurdjieff (1866-1949), cuyo sistema espiritual, conocido como el "Cuarto camino", se enfoca en el desarrollo de estados superiores de conciencia.[5] Wouter Hanegraaff, quien también se basa en los escritos de Noll, ve a Jung como "un esotérico moderno que representa un vínculo crucial entre las cosmovisiones esotéricas tradicionales ... y el movimiento de la Nueva Era".[6]

Entre los modelos psicológicos de Jung y los de las corrientes de pensamiento de la "Nueva Era", se encuentran amplios paralelismos que enfatizan la expansión de la conciencia en la nueva época que está por nacer. Esto se puede explicar, en parte, por el hecho de que tanto Jung como el resurgimiento del ocultismo de finales del siglo XIX (que sentó las bases de muchas de las ideas primordiales de la Nueva Era), se inspiraron en la misma colección de fuentes: especulaciones y prácticas esotéricas herméticas, platónicas, neoplatónicas, gnósticas y cabalísticas, salpicadas con generosos toques del pensamiento hinduista y budista. Así, para fines del siglo XIX, ya se habían formado plenamente muchos enfoques religiosos de la Nueva Era. En un artículo sobre la relación entre las ideas de Jung y el pensamiento de la Nueva Era, Roderick Main comenta:

> Es posible interpretar que puede que la psicología junguiana, incluso como la expuso originalmente Jung, haya recibido la influencia del pensamiento de la Nueva Era. ... Si bien Jung ciertamente tuvo una influencia sobre el movimiento de la Nueva Era, es muy probable que la religión de la Nueva Era lo haya influido o que incluso él mismo haya sido uno de sus representantes.[7]

La idea de la Nueva Era como una época definida astrológicamente -que en los tiempos modernos se supone es la "Era de Acuario" que está por llegar- comenzó a cobrar forma a finales del siglo XVIII, y se cristalizó en el XIX, teniendo aún popularidad hoy en día. Dane Rudhyar (1895-1985), astrólogo estadounidense, creía que la Era de Acuario comenzaría en el año 2060, aunque consideraba que "el periodo de gestación" había iniciado entre 1844 y 1846.[8] El historiador Wouter Hanegraaff, en su importante obra *New Age Religion and Western Culture*, [que se podría traducir como *La religión de la Nueva Era y la cultura occidental*] se refiere a la Nueva Era, *in sensu strictu*, en el sentido estricto de la palabra, como aquellas corrientes de pensamiento que se enfocan en la expectativa de una inminente Era Acuariana que se acompaña de un viraje radical en la conciencia que refleja el significado de la constelación astrológica. Hanegraaff concibe a la Nueva Era *in sensu lato*, en el sentido amplio de la palabra, como un movimiento innovador "en un sentido general" que no necesariamente conlleva una connotación específicamente astrológica.[9]

Este es un enfoque útil a través del cual se pueden explorar muchas corrientes espirituales contemporáneas. Sin embargo, resulta difícil encontrar un acuerdo entre los autores sobre lo que constituye exactamente la Nueva Era en un sentido amplio. Muchas de las ideas que forman la base del pensamiento de la Nueva Era son ideas muy antiguas y no han sido modificadas significativamente por otro término excesivamente ambiguo: la "modernidad". Por eso igualmente se les puede ver como pertenecientes a la "Vieja Era", ya que reflejan ciertos temas cosmológicos y antropológicos consistentes que poseen un gran potencial y una inmensa adaptabilidad cultural, y, a la vez, han mantenido una integridad estructural por más de dos milenios. Estas ideas no necesariamente se han "secularizado", en el sentido de que sus adeptos actuales se hayan vuelto "irreligiosos", ni en el sentido de que eviten una específica forma organizada de religión. Jung veía a este tipo de ideas como arquetípicas: pertenecen al "espíritu de las profundidades", como Jung le llama en *El libro rojo*, y no, como se podría suponer, al "espíritu de este tiempo".

Algunos académicos presuponen que las ideas que sustentan esta corriente -en particular la convicción de que no se puede distinguir entre la conciencia de sí mismo y la conciencia de Dios y que se puede encontrar a Dios en el interior- son exclusivas de las espiritualidades "modernas", categoría dentro de la cual muchas veces se incluyen las propias ideas de Jung. Esta premisa, sin embargo, no está sustentada por ninguna evidencia textual, aunque la antigua literatura esotérica hermética, neoplatónica, gnóstica y cabalística expresa claramente la equiparación entre el "conocimiento de Dios" y el "conocimiento de sí mismo".[10] En este sentido, puede resultar engañosa la suposición de Hanegraaff sobre la modernidad del pensamiento de la Nueva Era, lo que conlleva a postular agudas divisiones artificiales entre periodos históricos, culturas y esferas de expresión humana; donde una perspectiva más matizada podría resultar de mayor utilidad. Sin embargo, por problemáticas que sean las definiciones de lo que es la Nueva Era *in sensu lato*, el pensamiento de Jung sobre la Nueva Era por venir, claramente pertenece a la categoría que Hanegraaff llama *in sensu strictu*, ya que al parecer, Jung creía de todo corazón que estaba por surgir una época nueva que reflejaría el simbolismo de la constelación de Acuario y que su psicología podría hacer una importante contribución a los conflictos que de manera inevitable surgirían frente a un viraje tan profundo en la psique colectiva.

Dios en el huevo

En 1951, después de sufrir dos infartos cardiacos, Jung escribió la obra titulada *Aion*.[11] Para el frontispicio eligió una escultura romana del siglo II de la era actual del dios mitráico conocido por los académicos como Aion, Eón, Cronos, Chronos, o Zurvan:[12] un ser alado con cabeza de león y cuerpo humano. En su cuerpo se enrosca una serpiente y se encuentra parado encima de un huevo o emergiendo de él. Para cuando concluyera *Aion*, Jung llevaba por lo menos 40 años de estar familiarizado con las creencias e iconografía mitráica. Mientras elaboraba *El libro rojo*, Jung se apoyó en un texto mágico antiguo, conocido como *La liturgia de Mitra*, traducido al alemán por Albrecht Dieterich y al inglés por G. R. S. Mead.[13] También había adquirido dos libros sobre mitraísmo escritos por el historiador religioso belga Franz Cumont: *Die Mysterien des Mithra* [*Los misterios de Mitra*] y una obra anterior, mucho más larga, titulada: *Textes et monuments figurés relatifs aux mystères de Mythra.*[14] Jung se refería a Cumont como "uno de los más sobresalientes conocedores del culto de Mitra".[15] Sin embargo, Cumont rechazaba que la astrología tuviera una importancia central en el culto mitráico romano, interpretando su iconografía astrológica como perteneciente más bien a la forma de culto "caldea" de una época anterior y culpando a esta corriente religiosa "oriental" más antigua de haber infectado las creencias occidentales con "la larga cadena de errores y terrores"[16] de la astrología. Parece que Jung no estaba de acuerdo con esta interpretación.

En años más recientes, Roger Beck y David Ulansey han cuestionado las presuposiciones de Cumont, enfocándose de manera específica en las bases astrológicas del mitraísmo romano.[17] La fuente principal de sus investigaciones son los hallazgos arqueológicos mitráicos, toda vez que los rituales de iniciación de este culto se mantenían en un secreto bien guardado, además de que no existe ningún elemento bibliográfico producido directamente por sus miembros. Sólo sobreviven algunas alusiones, a menudo basadas en rumores, en los escritos de autores de la antigüedad como Orígenes y Porfirio.[18] Sin embargo, numerosas imágenes de Aion han sobrevivido el paso de los siglos, habiendo sido descubiertas en templos mitráicos romanos en diferentes partes de Europa. Por lo general, muestran la misma figura que Jung utilizó en el frontispicio de su libro: una figura masculina alada, con cabeza de león, que porta usualmente un báculo en la mano, con una serpiente enroscada en su cuerpo en espiral, frecuentemente -aunque no invariablemente- se encuentra rodeado de los signos del zodiaco o bien los porta en su cuerpo.[19]

La palabra griega *aionos* tiene diversos significados y usos, todos los cuales son relevantes para el entendimiento de Jung del inminente cambio en la psique colectiva que él visualiza en *El libro rojo.*[20] Homero y Heródoto utilizaban esta palabra griega para describir el ciclo de vida de un individuo.[21] Eurípides, al igual que algunos tratados herméticos, personifica a Aion como un ser divino, llamándolo el "hijo del tiempo" quien "hace que sucedan las cosas".[22]

Esquilo y Demóstenes aluden a este término para describir tanto una época como una generación.[23] Sófocles lo entendía como el destino o la suerte, afín a la idea de las *moiras* o la fatalidad.[24] Hesíodo lo utilizó para definir una era o época, como la Era de Oro o la Era de Hierro.[25] San Pablo lo utilizó para referirse al mundo actual, así como a una era o época.[26] En *Timeo* de Platón, *aionos* se refiere a la eternidad, mientras que *chronos* expresa a *aionos* temporalmente a través de los movimientos de los cuerpos celestes:

> Si bien la naturaleza del ser ideal era eterna, resultaba imposible conferir plenamente este atributo a una criatura. De ahí que decidiera tener una imagen de la eternidad [αιονοσ] en movimiento y cuando hubo puesto el cielo en orden, hizo que esta imagen fuera eterna, pero en movimiento según los números, mientras que la eternidad misma se basa en la unidad; y a esta imagen le llamamos tiempo [χηρονοσ].[27]

Jung parece haber favorecido la idea de un eón, para referirse tanto a una era astrológica con una duración de aproximadamente 2,165 años, o una doceava parte de lo que él creía que era el gran "año platónico" de 26,000 años, como a una imagen de Dios que surge de la imaginación religiosa humana y encarna cualidades específicas de esa época. Las eras astrológicas son reflejo del fenómeno astronómico de la precesión de los equinoccios: el movimiento gradual regresivo del punto equinoccial de la primavera (el momento de cada año en el cual el Sol entra al signo zodiacal de Aries), pasando a través de las estrellas de las doce constelaciones del zodiaco.[28]

El texto gnóstico *Pistis Sophia*, con el cual Jung también estaba familiarizado (a través de la traducción al inglés de Mead), describe las acciones en términos tanto de los poderes celestiales que rigen regiones específicas del cosmos como de las regiones celestes mismas: las constelaciones zodiacales con umbrales o portales a través de los cuales pasa el dios-redentor conforme va realizando su tarea de salvación.[29] En contraste, *La liturgia de Mitra* presenta la noción de Aion no como una constelación zodiacal, un arconte o regente planetario, o una era, sino como un dios primigenio de fuego, también llamado Helios-Mitra, al cual Jung entendía como una imagen de la libido, o fuerza de vida.[30] El objetivo de este ritual es alcanzar una visión de este ser eterno, que lleve a la "inmortalización" temporal del iniciado:[31]

> Porque hoy he de contemplar con Ojos Inmortales —Yo, un mortal, nacido de un vientre mortal, mas [ahora] perfeccionado por el Poder de la Fuerza Omnipotente, sí, por la Mano Derecha Incorruptible— [Hoy he de ver] en virtud del Espíritu Inmortal del Eón Inmortal [αθανατον Αιωνα], al maestro de las Diademas de Fuego.[32]

Posteriormente, en el ritual, se ofrecen rezos a las "siete Parcas del cielo", las divinidades planetarias que rigen a la *Heimarmene*, o el destino astral y se dirige posteriormente una invocación a Aion en la que se nombran sus atributos y funciones primordiales:

> ¡Dador de luz [y] sembrador de fuego; desencadenador del fuego, cuya Vida está en la Luz, que haces torbellinos con el fuego y pones a la Luz en Movimiento, Provocador del Trueno. ¡Oh! Gloria de la Luz, Amplificador de la Luz, Controlador de la Luz del Empíreo. ¡Oh! ¡Domador de las Estrellas![33]

Aion, el *"domador de las estrellas"* emana y controla las esferas celestes, y la visión que le permite al iniciado en la *Liturgia de Mitra* identificarse con la divinidad, por lo menos durante un tiempo, rompe el poder de *Heimarmene.*[34] Jung asocia esta liberación del yugo de la compulsión de las estrellas con la potencia integradora de una experiencia directa del *self*. Sin embargo, al igual que la *Liturgia*, estipuló que no había ninguna garantía de la permanencia de ese estado. Hacer una comparación entre la figura de Aion en la *Liturgia* y las palabras expresadas por el gigante Izdubar en *El libro rojo*, quien surge desde un huevo de fuego, revelándose como el dios-Sol, sugiere el impacto tan profundo que tuvo la *Liturgia de Mitra* sobre la comprensión de Jung acerca del poder solar como símbolo tanto de un Cosmocrator divino [Señor creador de los universos] como de un *self* individual central.

> Dice Izdubar:
> Ríos de fuego se liberaron de mi cuerpo irradiante - surgí a través de llamas ardientes -
> Nadé en un mar que me envolvió en llamas vivas - Lleno de luz, lleno de añoranza, pleno de eternidad -
> Yo era antiguo y en perpetua renovación ... Yo soy el sol.[35]

La descripción que hace Jung de Aion incluye el nombre de Cronos (Saturno), pero la intercambió con *chronos* (el tiempo) y enfatizó los atributos leoninos de la figura:

> En la religión mitráica, nos encontramos con un extraño dios del tiempo, Aion, al cual se le llama también Cronos o Deus Leontocephalus, por ser su representación estereotipada de una figura humana con cabeza de león. El dios se alza en actitud rígida, y lo rodea una serpiente. ... en ocasiones la figura presenta además, repartidos por su cuerpo, los signos del Zodíaco. ... es un símbolo del tiempo, compuesto de manera muy interesante por evidentes imágenes de la libido. El león, el signo del Zodíaco del gran calor del verano, es el símbolo de los deseos más intensos.[36]

Paradójicamente, Jung asoció a este "Deus Leontocephalus" no sólo con el Sol, sino también con el arconte gnóstico Yaldabaoth, y con Saturno, el planeta del arconte.[37] Aion representa muchas cosas para Jung: un símbolo del fuego de la libido que abarca todos los opuestos; un símbolo del tiempo expresado a través del sendero solar de la rueda del Zodíaco, y una personificación de la deidad planetaria Saturno-Cronos, el regente de la carta astrológica de Jung, ya que nació bajo el signo de Acuario regido por Saturno en el ascendente. Se podría entender también a Aion como el aspecto universal o colectivo de Filemón, el "daimón personal" de Jung, el "amo de la casa" o regente del horóscopo en la astrología helenística.[38] Además, para Jung, Aion también encarna una era astrológica -la Era de Acuario- que combina tanto en su imágenes como en su significado, la forma humana del aguador con la constelación opuesta del signo de Leo, el león. William Butler Yeats, atento a esta misma polaridad zodiacal, describe su propia visión de la Nueva Era que se aproxima en su poema, *La segunda venida*, escrito poco después del Armagedón de la Gran Guerra, con un pesimismo profético bastante parecido al de Jung, alude a un ser aterrador con cuerpo de león y cabeza de hombre, que "se encamina cabizbajo hacia Belén para nacer" en medio del caos y la desintegración del orden social.[39]

En *El libro rojo*, Jung describe su propia transformación en una deidad leontocefálica en la que se enrosca una serpiente, con "los brazos extendidos como un crucificado".[40] Posteriormente, de manera explícita relaciona esta visión con la iconografía mitráica de Aion:[41]

> El rostro animal en el que yo sentí que se transformó mi cara era el del famoso [Deus] Leontocéfalus de los misterios mitráicos. Es la figura representada por una serpiente enroscada alrededor del hombre, con la cabeza de la serpiente descansando sobre la cabeza del hombre y la cara del hombre es la de un león.[42]

Esta alusión sugiere un significado profundamente personal subyacente a la elección que hizo Jung del frontispicio para el libro *Aion*. La visión en *El libro rojo*, al igual que la de la *Liturgia de Mitra*, describe una experiencia interna transitoria aunque profundamente transformadora, que resulta en una amplificación de la conciencia y, usando la terminología de Jung, una integración más plena de la personalidad. En el horóscopo natal de Jung, tal cual él estaba consciente, predominan los opuestos de los signos de Acuario y Leo. A la hora en que nació Jung, el signo de Acuario se encontraba en el ascendente y el Sol se encontraba en Leo. No es de sorprender que sintiera que el simbolismo de Aion fuese relevante, no sólo para la psique colectiva, sino también para Jung mismo.

La Era de Acuario

En la imagen número uno (que aparece en la primera página de *El libro Rojo*) se incorpora la letra D ilustrada al estilo de un manuscrito medieval alemán, e introduce la frase inicial de la obra *Der Weg des Kommenden* ("El camino de lo que está por venir").[43] En la parte superior de la ilustración aparece un "franja" astrológica pintada de un color azul más claro que el cielo con sus cuerpos celestes.[44] A lo largo de este "franja" están representadas las constelaciones del zodiaco con sus glifos tradicionales que corren en dirección contraria a las manecillas del reloj, empezando con el signo de Cáncer, en el extremo izquierdo, seguido por los signos de Géminis, Tauro, Aries y Piscis, y concluyendo con el signo de Acuario en el extremo derecho. Se coloca una gran estrella de cuatro puntas en el punto preciso de encuentro entre la constelación representada por el glifo de Piscis y la constelación simbolizada por el glifo de Acuario. La estrella evidentemente representa el Sol en el momento del equinoccio anual de la primavera. El punto equinoccial, que retrocede lentamente a través del conjunto de las constelaciones a lo largo de los siglos, ya ha llegado, según Jung, al final de la constelación de Piscis y está a punto de iniciar su viaje de 2,165 años a través de la constelación de Acuario. Jung se refirió a este evento astronómico como el Aion nuevo, el "camino de lo que está por venir". Posteriormente le llamó "καιροϛ (*kairós*) -el momento y condiciones precisas- para que se dé una 'metamorfosis de los dioses.'"[45]

El tema central del libro de *Aion* es el cambio en la conciencia humana y un viraje simultáneo en la imagen de la divinidad, reflejada en el final del Aion de Piscis. Desde la perspectiva de Jung, el signo de Piscis se asocia con los símbolos cristianos de Jesús y Satanás como los dos Peces, y el advenimiento del Aion de Acuario se asocia con un símbolo nuevo: la humanidad como el Aguador. En *El libro rojo*, Fanes es el dios que preside este nuevo Aion, el antiguo dios primordial andrógino órfico que reconcilia todos los opuestos. Lance Owens ha sugerido que es necesario hacer una referencia cruzada entre *Aion* y *El libro rojo* con el fin de entender tanto que *Aion* es un esfuerzo por parte de Jung, en una etapa tardía de su vida, de proporcionar una exégesis racional de las revelaciones de *El libro rojo*, como el hecho de que las dos obras están "fundamentalmente casadas entre sí".[46] *Aion* parece presentar una relación más impersonal con la astrología que la atención que le dedica Jung a su propio horóscopo, una búsqueda evidente dado el número de interpretaciones de su carta natal y las progresiones halladas en sus archivos privados, proporcionados por astrólogos como John Thorburn y Liliane Frey a petición de Jung mismo.[47] Sin embargo, la forma en la que Jung aborda los ciclos colectivos incorpora los mismos modelos psicológicos que su percepción de la dinámica psíquica en el individuo: los arquetipos, las tipologías, los complejos y los significadores astrológicos como símbolos de las cualidades del tiempo. Jung creía que cada uno de los grandes virajes representados por un nuevo Aion astrológico, se reflejaba en las imágenes de la constelación zodiacal que le presidía y su regente planetario:

> Son al parecer, cambios en las constelaciones de las dominantes psíquicas, de los arquetipos, o 'dioses' como se les solía llamar, que provocan duraderas transformaciones de la psique colectiva o las acompañan. Este cambio se inicio dentro de la era histórica y ha dejado sus huellas en ella, primeramente en el paso de la era de Tauro a la de Aries, y luego en el de Aries a Piscis, cuyos inicios coinciden con el surgimiento del cristianismo. Ahora nos estamos aproximando a la gran transformación que cabe esperar con la entrada del punto vernal en Acuario.[48]

En tanto que *Aion* discute la naturaleza histórica de estas transformaciones tal cual se expresan en las representaciones religiosas de la era pisciana, *El libro rojo* revela el entendimiento que tiene Jung de su propio papel en el inminente viraje hacia la Era de Acuario, según su convicción de que cada individuo es parte del colectivo y que el futuro de lo colectivo depende de la conciencia de cada individuo.[49]

Ha habido gran especulación en torno al origen de la idea de Jung acerca de una Nueva Era relacionada con el movimiento del punto equinoccial vernal, asunto de particular importancia ya que se le ha atribuido a Jung ser la primera persona en los tiempos modernos en difundir la idea de que la Nueva Era tan anticipada sería Acuariana. Como antecedente, cabe mencionar que la idea de una Era Acuariana tiene sus raíces en el período de la Ilustración (siglo XVIII), cuando se desarrollaron un gran número de obras académicas que se enfocaban en la figura cristiana de Jesús como parte de una larga sucesión de deidades solares.[50] Según Nicholas Campion, se pueden dividir las ideas presentadas en estas obras en tres categorías diferentes. Primero, está el intento de establecer el origen común de las religiones. En segundo lugar, está la teoría de que este origen compartido yace en el culto a los cuerpos celestes, sobre todo el sol. En tercer lugar, está el uso de la precesión de los equinoccios para establecer la fecha del surgimiento de los textos sagrados de la India, conocidos como los Vedas.[51] Aunque ninguno de los autores de estas obras del siglo XVIII proporcionan el tipo de interpretaciones ofrecidas por los astrólogos contemporáneos a Jung, todos enfatizan la importancia del ciclo precesional en el desarrollo histórico de las imágenes e ideas religiosas.

En 1775, el astrónomo y matemático francés Jean Sylvain Bailly (1736-1793) propuso que todas las formas religiosas tienen un origen astral.[52] A Bailly le siguió Charles François Dupuis, abogado y profesor de retórica francés (1742-1809), quien en su libro *Origine de tous les cultes*, [*Origen de todos los cultos*], argumenta que todas las religiones surgen a partir del culto al sol y que el cristianismo era tan solo otra variación del mito solar.[53] Dupuis, como Jung mismo más de un siglo después, notó los paralelismos entre la constelación astrológica del signo de Virgo y la madre del Mesías solar. Al describir el grabado que encargó hacer para el frontispicio de su libro, Dupuis señala: "Una mujer sosteniendo a un bebé, coronada con estrellas, parada sobre una serpiente, y llamada la Virgen celestial. ... Se le ha llamado sucesivamente Isis, Temis, Ceres, Erígone, la madre de Cristo".[54]

El grabado del frontispicio de Dupuis combina la idea de una religión solar universal con temas religiosos relacionados con la precesión de los equinoccios. En la esquina superior izquierda, en los cielos, se encuentra una franja sobre la que se despliegan las imágenes de las constelaciones zodiacales de Aries (el carnero) y Tauro (el toro), con el Sol brillando en el punto medio entre las constelaciones. El punto equinoccial vernal, cruza así de Tauro a Aries, lo cual se refleja en el cambio de varias formas religiosas del signo de Tauro representadas en el grabado (Mitras dando muerte al toro cósmico, el toro-Apis egipcio, el becerro dorado) hacia aquellas de Aries (Zeus sentado en su trono como dios del cielo, el Supremo sacerdote israelita ante el Arca de la Alianza). En la parte central superior del frontispicio están los símbolos de la bendición cristiana: la "Virgen Celestial" coronada de estrellas, y el Cristo-infante como el Sol recién nacido. Aunque el grabado se enfoca primordialmente en el cambio de Tauro a Aries más que el de Piscis a Acuario, existe un asombroso parecido entre la ilustración de Dupuis del Sol en el punto intermedio entre las constelaciones del signo de Tauro y el de Aries y la estrella solar de cuatro puntas de Jung en el punto intermedio entre las constelaciones de Piscis y Acuario en la primera página de *El libro rojo*. Jung nunca menciona a Dupuis en su obra publicada y tampoco se ha registrado una copia de *Orígenes* en el catálogo de las obras que se encontraban en su biblioteca. Sin embargo, la semejanza entre las imágenes de la precesión equinoccial es tal, que es probable que Jung haya estado familiarizado con el libro de Dupuis.

Las especulaciones sobre la probable existencia de un vínculo entre la precesión del punto equinoccial vernal y el cambio de las formas religiosas continuaron desde fines del siglo XVIII y a lo largo del siglo XIX. François-Henri-Stanislas de l'Aulnaye (1739-1830) quien escribiera dos libros sobre la masonería, escribió un texto en 1791 llamado *L'histoire générale et particulière des religions et du cultes* [*La historia general y particular de las religiones y los cultos*].[55] Esta obra fue la primera en considerar las implicaciones de la precesión del punto equinoccial vernal hacia el signo de Acuario, el cual de l'Aulnaye creía había ocurrido en 1726.[56] Godfrey Higgins (1772-1833), un historiador de las religiones cuya obra ejerció una gran influencia sobre H. P. Blavatsky,[57] afirma en su obra *Anacalypsis*, publicada en 1836, que el cambio equinoccial de Tauro a Aries es el momento en que el "cordero sacrificado" remplazó al "toro inmolado".[58] A finales del siglo XIX, Gerald Massey (1828-1907), poeta inglés y egiptólogo autodidacta, ofreció un esquema detallado de la evolución de las formas religiosas según la precesión de los equinoccios a través de las constelaciones zodiacales.[59] Es en uno de los escritos de Massey, *El Jesús histórico y el Cristo mítico* (publicado en edición privada en 1887) que aparece la primera referencia a la Era de Acuario en la lengua inglesa:[60]

> Los cimientos de un cielo nuevo se erigieron en el signo del Cordero en el año 2410 AC; y nuevamente cuando el Equinoccio entró en el signo de los Peces, en el año 255 AC. La profecía se cumplirá *nuevamente* cuando el Equinoccio entre en el signo del Aguador alrededor de finales del siglo [XIX].[61]

Todos estos autores -Dupuis, de l'Aulnaye, Higgins y Massey- utilizaron imágenes míticas para ilustrar cambios colectivos profundos en las formas y percepciones religiosas y asocian a los mitos a constelaciones zodiacales específicas en el ciclo de la precesión. Aunque Jung no cita ninguno de sus escritos en su propia obra publicada, sin embargo, las mismas ideas ocupan un lugar central tanto en *Aion* como en *El libro rojo*. No es de sorprenderse que nadie parezca estar de acuerdo en la fecha de inicio del nuevo Aion de Acuario. Como afirmara el mismo Jung: "...como es sabido, la delimitación de las constelaciones es bastante arbitraria".[62]

Fuentes antiguas de la Nueva Era

Es muy probable que los textos que relacionan explícitamente el amanecer de una Nueva Era con la precesión de los equinoccios sólo hayan surgido en la época moderna. Sin embargo, Jung creía que fuentes de épocas anteriores apoyaban su creencia de que un Aion astrológico nuevo estaba por comenzar. Su búsqueda de evidencia histórica de la idea de la llegada de la Era Acuariana, algunas veces llevó a Jung a presuponer conexiones que hubiera evitado hacer un académico del siglo XXI, temeroso de caer en una especulación de tipo "universalista". No obstante, los saltos intuitivos de Jung frecuentemente parecen haber sido más válidos que equívocos, aunque les faltara precisión a sus datos históricos. Un ejemplo de la búsqueda de Jung de validar la Era de Acuario en los textos alquímicos, es la argumentación del alquimista y médico del siglo XVI Heinrich Khunrath (1560-1605),[63] quien postulaba que en un momento no específico del futuro no tan distante, empezaría una "era de Saturno", que le abriría las puertas a una época en la cual los secretos de la alquimia estarían disponibles para todos:

> Todavía no llega la era de Saturno, en la cual todo lo privado se convertirá en propiedad pública: ya que uno aún no toma ni utiliza aquello que tiene una buena intención y se hace bien con el mismo espíritu.[64]

En ningún lugar en su texto, menciona Khunrath la precesión de los equinoccios ni la constelación zodiacal de Acuario. Tampoco aparece la idea en ningún otro texto alquímico de los inicios de la era moderna, a pesar de lo empapada que estaba la alquimia en la astrología. Sin embargo, Jung creía que Khunrath se estaba refiriendo a la Era de Acuario porque tradicionalmente se considera que esta constelación está regida por Saturno. En una conferencia impartida por Jung en el Instituto Tecnológico Federal Suizo (ETH) (Zúrich, 1940), Jung citó la afirmación de Khunrath y comentó:

> Khunrath quiere decir que la era de Saturno aún no ha comenzado. ... Evidentemente, la pregunta es: ¿qué quiere decir Khunrath por la era de Saturno? Los antiguos alquimistas por supuesto también eran astrólogos y pensaban de manera astrológica. Saturno es el regente del signo de Acuario, y es muy posible que Khunrath se haya estado refiriendo a la era que estaba por venir, la Era de Acuario, el aguador, que casi está a punto de iniciar. Se puede concebir que él pensara que la humanidad hubiera cambiado para entonces y fuera capaz de entender el misterio de los alquimistas.[65]

Jung halló en el trabajo de este prestigioso alquimista lo que él percibe como evidencia de que la Era de Acuario se ocuparía de las revelaciones de naturaleza esotérica y psicológica, "secretos" que se habían perdido o bien que nunca se habían conocido y cuyo surgimiento en la conciencia colectiva resultaría en una importante transformación de la auto-conciencia humana. A pesar de su pesimismo en torno a la capacidad de autodestrucción global inherente a la interiorización del arquetipo de Dios, Jung se mostraba cautelosamente optimista respecto al potencial psicológico de la Nueva Era.

Puede ser que Jung también haya encontrado en la literatura gnóstica "evidencia" similar de una creencia en la precesión como la que anuncia grandes cambios religiosos …….. aunque aquí, como en los escritos de Khunrath, no haya una referencia explícita a los aiones astrológicos en relación con la precesión del punto equinoccial. El texto gnóstico conocido como *Trimorphic Protennoia* se refiere a una gran disrupción de los dominios de los arcontes y sus poderes. Horace Jeffery Hodges, en un artículo en el que discute el interés de los gnósticos en la *Heimarmene*, sugiere que esta profecía sobre un gran cambio en las esferas celestes refleja el conocimiento de los gnósticos sobre el movimiento del punto equinoccial vernal de la constelación de Aries a la de Piscis.[66] Considerando que desde el año 130 antes de nuestra era, ya se había reconocido la precesión, pudiera ser que los gnósticos de los primeros siglos de la era actual que tenían una inclinación astrológica, hayan tenido conocimiento de ella, aunque no sobrevive ningún texto como evidencia de que la hayan asociado con el "año platónico" o bien con los aiones astrológicos. Sin embargo, incluso si el texto titulado *Trimorphic Protennoia* realmente se refiriere a la precesión, Jung no se hubiera enterado sobre esto durante las primeras décadas del siglo XX, ya que no fue sino hasta 1945 que se encontró la única copia existente del tratado en Nag Hammadi, Egipto. Otros dos textos gnósticos a los que Jung sí tuvo acceso, se refieren a una gran "conmoción" en las esferas celestes. El *Evangelio apócrifo de San Juan*, cual lo describe Ireneo, el heresiólogo cristiano del siglo II,[67] se refiere a cómo el advenimiento del Redentor rompe con las cadenas del hado astral:

> Él [Cristo] descendió por los siete cielos ... y gradualmente los vació de su poder.[68]

Pistis Sophia también proporciona descripciones de una gran "conmoción" en los cielos. Sin embargo, al igual que el *Evangelio apócrifo de San Juan*, en el texto no aparece ninguna referencia explícita a la precesión equinoccial.

David Ulansey ha argumentado que la precesión de los equinoccios proporcionó la base de la imagen central de los misterios mitráicos: la Tauroctonía, o el sacrificio del toro cósmico.[69] Sin embargo, no se publicó la obra de Ulansey sino hasta 1989, veintiocho años después de la muerte de Jung. Incluso antes de su ruptura con Freud, Jung había vinculado el simbolismo del toro en los misterios mitráicos con la polaridad del signo de Tauro y su constelación opuesta, el signo de Escorpio, describiéndolos como "la sexualidad destruyéndose a sí misma" bajo la forma de la "libido activa" y la "libido resistente (incestuosa)".[70] Para cuando hubo publicado *Psicología del inconsciente* (*Wandlungen und Symbole der Libido*) en 1912,[71] Jung estaba muy consciente del movimiento del punto equinoccial a través de las constelaciones:

> Tauro y Escorpio son signos equinocciales, lo cual indica claramente que la escena sacrificial [la Tauroctonía] se refiere primordialmente al ciclo del Sol ... Tauro y Escorpio son signos equinocciales correspondientes al periodo que va del año 4300 al 2150 a.C. Incluso en la era cristiana, se conservaron estos dos signos, que habían sido dejados atrás desde hacía mucho tiempo.[72]

Para 1912, Jung ya había empezado a llegar a ciertas realizaciones sobre la precesión de los equinoccios en relación a la importancia de la iconografía mitráica. Sin embargo, los estudios académicos sobre el mitraísmo disponibles en ese momento -primordialmente la obra de Cumont y Richard Reitzenstein,[73] y la traducción de Dieterich de *La liturgia de Mitra*- no discuten la precesión. Tampoco la discute Mead en su propia exégesis del mitraísmo. No obstante, Jung parece haber estado convencido de que los signos de Tauro y Escorpio -los aiones astrológicos que él creía habían regido el periodo de 4300 a 2150 antes de la era común- a pesar de haber sido "dejados atrás hace mucho tiempo", seguían teniendo relevancia como símbolos poderosos de generación y regeneración, incluso en la Era de Piscis, cuando surgió por primera vez el culto romano de Mitras.

Platón nunca describió el llamado "año platónico" de 26,000 años, ya que en sus tiempos aún no se había descubierto la precesión. Platón definió el "año perfecto" como el retorno de los cuerpos celestes y la rotación diurna de las estrellas fijas a sus posiciones originales en el momento de la creación.[74] El astrólogo romano Julius Firmicus Maternus, haciendo eco de Platón, discutió un gran ciclo de 300,000 años después del cual los cuerpos celestes regresan a las posiciones que tenían cuando se creó el mundo inicialmente.[75] Firmicus Maternus parece haber combinado el "año perfecto" de Platón con la creencia estoica de que el mundo pasa a través de sucesivas conflagraciones de fuego y agua, después de las cuales se regenera. Sin embargo, los estoicos no describieron ninguna transformación de la conciencia, como hiciera Jung; sólo realizaron una réplica precisa de lo que había acontecido anteriormente.[76] Otros autores de la antigüedad estimaron diferentes duraciones del Gran Año, variando desde 15,000 hasta 2,484 años. Sin embargo, ninguna de estas especulaciones se basaron en el movimiento del punto equinoccial vernal a través de las constelaciones.[77] Aunque Jung estaba familiarizado con la obra de Firmicus Maternus, así como con la de muchos otros autores de la antigüedad, es en la literatura astrológica moderna, teosófica y ocultista, que encontró inspiración para su propia interpretación extremadamente individual del Aion de Acuario.

Fuentes nuevas de la Nueva Era

El entendimiento singular que tenía Jung respecto al significado de Acuario como la constelación del Aion que está por llegar, no se puede rastrear a ninguna fuente antigua o medieval. Su principal percepción del Aion de Acuario se basa en la idea de la unión de opuestos, la interiorización de la imagen de Dios y la lucha por reconocer y reconciliar el bien y el mal como dimensiones de la psique humana.

> Ya contamos con un símbolo nuevo en lugar del pez [pisciano]: un concepto psicológico de la totalidad humana.[78]

En una carta dirigida a Walter Robert Corti, escrita en 1929, Jung profetiza una época de confusión que precede a la nueva conciencia:

> Vivimos en la época del declive del cristianismo, en la cual se están colapsando las premisas metafísicas de la moralidad. ... eso provoca reacciones en el inconsciente, inquietud y añoranza por la culminación de los tiempos. ... Cuando la confusión llega a su máxima expresión, llega una nueva revelación, es decir, el inicio del cuarto mes de la historia del mundo.[79]

El "cuarto mes de la historia mundial" es el Aion de Acuario; en el contexto de Jung, "la historia mundial" empieza con la historia registrada del Aion de Tauro, el cual Jung creía que había ocurrido entre el año 4300 y 2150 antes de la era común. Desde el punto de vista de Jung, la inminente transformación colectiva requiere de un proceso de integración prolongado y potencialmente peligroso, ya que se debe de dar en el interior de cada individuo. *El libro rojo*, con la imagen inicial del movimiento del punto equinoccial hacia Acuario y sus frecuentes referencias a Fanes-Abraxas, el dios andrógino de la luz-oscuridad del nuevo aion, podría entenderse como una narrativa muy personal precisamente de ese proceso integrador en el interior del propio Jung. Es muy probable que el interés de Jung en la obra de Nietzsche haya contribuido a la idea de que el aguador celestial -una de las únicas tres imágenes del Zodiaco que tienen una forma humana[80]- pudiera ser un símbolo del *Über-mensch*, el "super-hombre", el que va más allá de lo humano, quien trasciende los opuestos. La convicción de Nietzsche de que la humanidad estaba avanzando hacia una meta que se encontraba "más allá del bien y el mal" alude a la idea de un ser humano plenamente individuado que Jung esperaba emergiera en el Aion nuevo.[81] Sin embargo, Nietzsche nunca asoció su *Übermensch* con el signo de Acuario.

Una fuente moderna evidente que alimentó las expectativas de Jung de una transformación de la conciencia basada en la precesión de los equinoccios, parecería que podrían ser los teósofos, quienes ciertamente proclamaron la idea de una Nueva Era inminente. Blavatsky estaba familiarizada con autores como Higgins y Massey. Sin embargo, ella no equiparaba su Nueva Era con la entrada del punto equinoccial vernal en la constelación de Acuario, prefiriendo utilizar lo que ella denominaba "la idea hinduista de la cosmogonía" (el concepto de los yugas) combinada con ciertas estrellas fijas en relación al punto equinoccial.[82] Según Blavatsky, se producirán doce transformaciones del mundo luego de una destrucción parcial por el agua o el fuego (una idea proveniente de los estoicos) y de la generación de un nuevo mundo con un nuevo ciclo de doce etapas. Identifica esta idea como "la verdadera doctrina astrológica de los sabeos", la cual describe estas doce transformaciones como reflejos de las doce constelaciones zodiacales.[83] No obstante, este enfoque no involucra la precesión y las doce transformaciones no incluyen el ciclo precesional de 26,000 años, sino que abarcan la totalidad de la historia del planeta a lo largo de muchos millones de años.

En un artículo sobre la historia de la idea de la Nueva Era, Shepherd Simpson señala que Jung, a quien atribuye la primera promulgación de la idea de una "Era Acuariana" en los tiempos modernos, no puede haber obtenido la idea de Blavatsky.[84] Rudolf Steiner, el esotérico alemán cuya Sociedad Antroposófica rechazó las inclinaciones orientales de los teósofos -aunque conservó muchas de sus ideas- igualmente se adhería a la idea de una Nueva Era a la que se refería como "la era de la Segunda Venida de Cristo". Sin embargo, esta Nueva Era, que desde la perspectiva de Steiner se inicia en 1899, no es acuariana.

Se hacen muchas referencias a los periodos de transición. De hecho, vivimos justo en la época en la que la Era de la Oscuridad ha seguido su curso y una nueva época apenas está empezando, en el cual los seres humanos lenta y gradualmente desarrollarán facultades nuevas. ... Lo que está empezando en este momento, está lentamente preparando a la humanidad para nuevas facultades del alma.[85]

Estas "nuevas facultades del alma" de hecho pertenecen a la Era Acuariana, pero son tan solo una preparación. Según las estimaciones idiosincráticas de Steiner, la Era de Acuario no va a empezar sino hasta el año 3573, y el mundo actualmente sigue viviendo en la Era de Piscis, que empezó en 1413.[86] Steiner escribió extensamente sobre el problema del mal; al igual que Jung, creía que el mal era una realidad más que una simple "privación del bien" y, también, como Jung, le fascinaban las ideas de Nietzsche, aunque, a la vez, las rechazaba.[87] Steiner también entendía la necesidad de que los humanos se hicieran responsables del mal:

> Hasta ahora, los dioses han cuidado de los seres humanos. Ahora, sin embargo, en esta quinta era pos-Atlantes, nuestro destino, nuestro poder para hacer el bien y el mal, se nos cederá cada vez más. Por lo tanto, es necesario saber lo que significa el bien y el mal y poder reconocerlos en el mundo.[88]

Sin embargo, Steiner estaba mucho más cerca de las percepciones gnósticas que Jung y entendía que el mal pertenecía al mundo encarnado y a las potencias espirituales de la oscuridad (Lucifer y Ahriman) quienes, como los arcontes gnósticos, trabajan para inflar el egoísmo y la destructividad innatos del ser humano. Tampoco asoció la integración del bien y el mal con una inminente Era Acuariana. Aunque Jung estaba bastante familiarizado con el trabajo de Steiner, es muy probable que ni Steiner ni Blavatsky hayan sido fuente del entendimiento que tenía Jung de lo que era el Aion nuevo.

En 1906, Mead ofreció su propia versión de la Nueva Era:

> Yo también aguardo el amanecer de la Nueva Era, aunque dudo que la gnosis de la Nueva Era será nueva. Ciertamente, adoptará formas nuevas, ya que las formas

> pueden ser infinitas. … De hecho, si estoy en lo justo, la esencia misma de la gnosis es la fe de que el hombre puede trascender los límites de la dualidad que lo hacen hombre y volverse un ser conscientemente divino.[89]

Esta idea de lograr una resolución del problema de la dualidad se encuentra mucho más cercana a la formulación de Jung y es probable que Mead haya contribuido con ideas importantes a la visión de Jung de "el camino de lo que está por venir". En *Aion*, Jung profundizó en la descripción de Mead en un contexto psicológico:

> …el acercamiento del siguiente mes platónico, es decir, el de Acuario, constelará el problema de la unión de los opuestos. Ya no se podrá minimizar el mal como mera *privatio boni,* (la simple privación del bien) sino que habrá que reconocer su existencia real. Este problema, no lo puede resolver ni la filosofía, ni la economía, ni la política; sino únicamente el hombre individual, lo que equivale a decir que se resolverá a partir de la experiencia original del espíritu vivo...[90]

La perspectiva de Jung del Aion nuevo que se acerca, estaba llena de aprensión y se parece muy poco a las presentaciones sentimentalizadas de la "Era de Acuario" que surgieran durante los años sesenta, ejemplificada por el primer musical "conceptual" de Broadway, *Hair*, en el cual la Nueva Era naciente será "una abundancia de armonía y entendimiento, empatía y confianza".[91] El idealismo romántico de las letras de las canciones y de su contexto cultural pertenecen a una era más optimista y menos cínica. No es de sorprender que Jung -quien en 1913, un año antes de que estallara la Gran Guerra, experimentara una visión aterradora de "ríos de sangre" que cubrían todo el norte de Europa-[92] inicialmente anticipara el comienzo del nuevo Aion como una lucha mortal que requería del reconocimiento de la "existencia real" del mal. Aunque Mead se refiere a los "ciclos del Eón",[93] en su obra publicada, no vincula a estos ciclos con la precesión de los equinoccios.

Aparentemente, para Mead, la Nueva Era, sea lo que fuere, no era una Era Acuariana. Si bien Jung recurrió a la obra de Mead en su búsqueda de observaciones respecto a un gran número de textos de la antigüedad, parece ser que buscó ideas sobre el significado del signo del aguador en otros textos.

Dos fuentes más probables de las ideas de Jung acerca de la Era de Acuario, fueron dos astrólogos con inclinaciones teosóficas, quienes compartieron con Jung gran parte de su conocimiento de astrología: Alan Leo y Max Heindel.[94] Leo acogió la idea de Blavatsky de que la humanidad se encontraba a la mitad de su ciclo evolutivo milenario. Sin embargo, como astrólogo, no podía ignorar la importancia de la precesión de los equinoccios y directamente asoció la Nueva Era con la constelación de Acuario. En *Astrología esotérica*, publicado por primera vez en 1913 -el mismo año en que Jung empezó a trabajar *El libro rojo*- Leo declaró:

> Me veo impulsado por el motivo primordial de expresar lo que considero que es la verdadera Astrología para la Nueva Era que ya está alboreando en el mundo.[95]

En este enunciado, no se menciona a Acuario para nada. Sin embargo, dos años antes, Leo había declarado explícitamente que creía que la Era de Acuario empezaría el 21 de marzo de 1928.[96] Leo hizo lo mejor que pudo por reconciliar la idea de Blavatsky de los yugas hinduistas con la precesión, pero al final sus conclusiones resultaron más cercanas a las de Jung:

> Al inicio del Kali Yuga, la constelación de Tauro se encontraba en el primer signo del zodiaco [es decir, en Aries] y, en consecuencia el punto equinoccial caía dentro de ese signo. En esa época, el solsticio de verano caía en Leo, el equinoccio de otoño caía en Escorpio y el solsticio de invierno caía en Acuario; y estos hechos constituyen la clave astronómica para entender la mitad de los misterios religiosos del mundo —incluyendo el esquema cristiano.[97]

Desde el punto de vista de Leo, el gran ciclo de la precesión tiene que ver con la evolución espiritual; el amanecer de la Era de Acuario marcará un punto de inflexión del ciclo: el inicio del lento ascenso de la humanidad hacia la esfera del espíritu puro.[98] Aunque Jung utilizaba modelos psicológicos y escribía sobre la totalidad y la integración de los opuestos más que de un retorno al mundo perfecto del espíritu puro, parece que, en principio, estaba de acuerdo con este punto de vista.

Leo describe la Era de Acuario en términos generales. Max Heindel es más específico. Su afirmación sobre el propósito de su Fraternidad Rosacruz, enunciada en 1911, enfatiza el carácter acuariano de la Nueva Era:

> Es [la Fraternidad Rosacruz] el heraldo de la Edad Acuariana, cuando el Sol por su paso precesional a través de la constelación de Acuario, sacará a la luz y permitirá la manifestación de todas las potencias espirituales e intelectuales en el hombre, que estén simbolizadas por tal signo.[99]

Para Heindel, estas florecientes "potencias espirituales e intelectuales" no involucraban el problema psicológico de la integración del bien y el mal. En la obra *Concepto Rosacruz del cosmos*, publicado en 1909, Heindel da una explicación detallada de la precesión de los equinoccios, llamando al ciclo completo "Año Mundial".[100] De acuerdo con la tendencia general de estar en desacuerdo con respecto a cuándo empezaría la Nueva Era, Heindel declara que la Era de Acuario todavía se tardaría "unos cuántos cientos de años" en empezar.[101]

Quizá *El mensaje de las estrellas* de Heindel le hubiera resultado más útil a Jung, ya que describe las eras astrológicas en relación a la polaridad de cada constelación zodiacal con su opuesto. La visión de Heindel de que la Era de Acuario contiene los atributos de Leo, la constelación opuesta, debe haber sido de interés considerable para Jung, quien se inclinaba por ver los procesos astrológicos, así como la psicología humana, como una tensión dinámica entre opuestos.

Heindel había presentado este tema en 1906, en *El mensaje de las estrellas*:

> Hay dos juegos de tres pares de signos. El primero formado por Cáncer y Capricornio, Géminis y Sagitario, y Tauro y Escorpio. En estos pares de signos podemos leer la historia de la evolución humana y de la religión. ... Esto es también divisible en tres periodos distintos, a saber: LA EDAD ARIA, de Moisés a Cristo, regida por Aries-Libra;[102] la EDAD DE PISCIS que transcurre en los últimos 2,000 años bajo el catolicismo regido por Piscis-Virgo; y los próximos 2,000 años, llamados la EDAD ACUARIA en la que se iluminarán los signos de Acuario y Leo y la precesión solar los animará.[103]

Heindel también discute el simbolismo religioso de las eras astrológicas:

> En el Nuevo Testamento nos encontramos con otro animal: el pez, que alcanzó gran preeminencia, y los apóstoles fueron llamados 'pescadores de hombres', pues el Sol estaba entonces, por precesión, acercándose a la cúspide del signo de Piscis (los peces) y Cristo habló de una época en la que vendrá el Hijo del Hombre (Acuario). ... un nuevo ideal se hallará en el León de Judá (el signo de Leo). El valor de la convicción, la fortaleza de carácter y las virtudes afines harán del hombre realmente el Rey de la Creación.[104]

En el *Hijo del Hombre* de Heindel, con su "valentía" y su "fortaleza" leoninas, resuenan abundantes ecos con el *Übermensch* de Nietzsche. Jung, al igual que Heindel, desarrolló la idea de que una era astrológica refleja el simbolismo de dos constelaciones opuestas.[105] Sin embargo, no tenía el mismo optimismo que Heindel al respecto del aion nuevo. Jung no supuso que la unión de los opuestos sería una transición suave hacia una etapa superior y más amorosa de conciencia espiritual, como pensaban los teósofos y los proponentes de la "Nueva Era" de finales del siglo XX. Jung previó que se daría "un nuevo avance en el desarrollo humano",[106] pero consideraba que la transición hacia el aion acuariano era un momento peligroso cargado de un potencial humano auto-destructivo. En una carta al Padre Víctor White, escrita en el mes de abril de 1954, Jung afirma que el viraje hacia el Aion de Acuario

> ... significa que el hombre será esencialmente Dios y hombre-Dios. Los signos que apuntan en esta dirección señalan el hecho de que el poder cósmico de la auto-destrucción se deja en manos del hombre.[107]

Con un pesimismo aún más evidente, un año después le escribe a Adolf Keller:

> Ahora estamos transitando hacia Acuario, signo del cual los libros sibilinos afirman: *Luciferi vires accendit Aquarius acres* [Aquarius exacerba las fuerzas salvajes de Lucifer]. ¡Y tan sólo estamos a inicios de este desarrollo apocalíptico![108]

A la luz de la historia del siglo XX y de las primeras décadas del XXI, parece que la oscura profecía de Jung resultaba incómodamente relevante.

Los tiempos del Aion nuevo

Los estudiosos de esta corriente, nunca se han puesto de acuerdo sobre la fecha en que inicia la Nueva Era. A fines del siglo XVIII, de l'Aulnaye creía que el Aion de Acuario había comenzado en 1726. A fines del siglo XIX, Gerald Massey insistía que la Era de Piscis había comenzado en el año 255 antes de la era actual, con el nacimiento "real" de Jesús y que el punto equinoccial entraría a la constelación de Acuario en 1901.[109] Alan Leo ofreció la fecha muy específica del 21 de marzo de 1928 —el día del equinoccio vernal de ese año— mientras que Dane Rudhyar, en sus escritos de 1969, sugirió que la

Era Acuariana había empezado en 1905.[110] Rudolf Steiner, en las primeras décadas del siglo XX, estaba convencido de que la Era de Acuario no empezaría sino hasta el año 3573.

En un inicio, Jung era igual de preciso e independiente con respecto a la fecha en que empezaría el nuevo Aion. En el mes de agosto de 1940, Jung le escribió a H. G. Baynes:

> Este es al año fatídico que he estado esperando más de 25 años ... 1940 es el año en el que nos acercamos al meridiano de la primera estrella en Acuario. Es el terremoto premonitorio de la Nueva Era.[111]

Esta fecha no proviene de la literatura esotérica, sino de una joven astrónoma judía-holandesa llamada Rebekka Aleida Biegel (1886-1943), quien se había mudado a Zúrich en 1911 para estudiar su doctorado en astronomía en la universidad.[112] "Betty" Biegel inicialmente fue paciente de Jung y posteriormente fue su alumna. Entre 1916 y 1918, ella presentó ponencias en la Asociación para la Psicología Analítica en Zúrich. Una de estas ponencias, presentada en 1916, se tituló "Die Mathematische Parallele zur Psychoanalyse" [El paralelo matemático del psicoanálisis]. Con base en las observaciones que Biegel hiciera en la ponencia, Jung le atribuyó a Biegel el término "función trascendental",[113] que Jung describiera poco después, en un ensayo escrito ese mismo año, como "comparable en su forma con la función matemática del mismo nombre," el cual definió como "la unión de los contenidos *conscientes* e *inconscientes*".[114] En 1917, añadió que sólo más tarde había descubierto "que la idea de la función transcendente figura también en las matemáticas avanzadas".[115]

En 1918, mientras Biegel trabajaba en el Observatorio de Zúrich -en ese entonces ubicado en la calle Gloriastrasse en el centro de la ciudad- le envió a Jung, a su petición, un sobre con materiales que Jung rotuló "Astrologie" y guardó en su escritorio en casa.[116] Biegel se esforzó en preparar una larga lista de cálculos señalando cuándo era que el punto equinoccial vernal -el momento en que el Sol entra al primer grado del signo de Aries cada año- se alinea con cada una de las estrellas en las constelaciones tanto de Piscis como de Acuario. Junto con estos cálculos, la carta de presentación de Biegel ofrece tres fechas posibles para el inicio de la Era de Acuario: 1940 (cuando el punto equinoccial se alinearía con el punto medio entre la última estrella de Piscis y la primera estrella de Acuario); 2129 y 2245, (cuando el punto equinoccial se alineara con dos estrellas diferentes en la constelación de Acuario, cualquiera de las cuales pudiera considerarse como el "inicio" de la constelación).[117] Lo que Jung llamó el "terremoto premonitor" del Aion Acuariano, según la primera fecha que sugiere Biegel, el año 1940, coincide con algunos de los peores capítulos de la Segunda Guerra Mundial. Alemania invadió y ocupó Noruega, Dinamarca, Bélgica, los Países Bajos y Francia; Hitler firmó su Pacto del Eje con Mussolini; empezó el bombardeo de Londres, conocido como el Blitz; y en Polonia se abrió el campo de concentración más grande, Auschwitz-Birkenau, en donde fueran asesinadas más de un millón de personas en el transcurso de los siguientes cinco años.

Posteriormente, Jung mostró menos certidumbre con respecto a la fecha de inicio del Aion de Acuario. En un ensayo titulado "El signo de Piscis", escrito en 1958,[118] Jung afirma que el punto equinoccial "entrará progresivamente en Acuario en el curso del tercer milenio".[119] En una nota al pie de página de este párrafo, Jung explica que "el comienzo del siguiente eón se situaría, según el punto de partida que se elija, entre 2000 y 2200," pero que "estos datos cronológicos son muy imprecisos" puesto que "la delimitación de las constelaciones es arbitraria".[120] Sin embargo, la naturaleza "imprecisa" y "arbitraria" de la fecha no desalentó a Jung de su convicción de toda la vida de que el Aion de Acuario llegaría pronto y que su impacto inicial sobre la psique colectiva no iba a ser agradable.

La carta natal de Jesús

Jung estaba igual de preocupado por descubrir la fecha de nacimiento de Jesús, quién creía que era el avatar y el principal símbolo del Aion Pisciano, que de saber la fecha de inicio del eón mismo. No estaba solo en esta búsqueda, aunque sí tenía un entendimiento único de la importancia que tenía en relación con los patrones arquetípicos en el inconsciente colectivo. Jung tenía una amplia gama de referencias que provenían desde finales del siglo XVIII en adelante, que vinculaban de manera explícita a Cristo, la imagen zodiacal del signo de Piscis y los peces como símbolo principal de la creencia cristiana. Estas referencias incluyen una obra llamada *The Zodia* de E. M. Smith, publicada en 1906, en la cual Smith declara: "La especulación astrológica moderna... asocia a los Peces con Cristo."[121]

La búsqueda de la "verdadera" natividad de Jesús, aunque de manera comprensible no fuese de particular interés para los astrólogos paganos en la antigüedad, se inició en el mundo árabe en el siglo VIII y continua hasta el presente.[122] Sin embargo, no siempre ha involucrado la equivalencia entre el horóscopo de Jesús con el advenimiento de la Era Pisciana. El interés de los astrólogos árabes en el nacimiento de Jesús más bien se relaciona con el "gran ciclo de mutación" de Júpiter y Saturno. Estos dos planetas se alinean en conjunción a lo largo de la eclíptica del Sol aproximadamente cada 20 años, aunque se tardan 960 años en regresar a una conjunción en un signo del mismo elemento. Este "gran ciclo de mutación" de casi un milenio se basó en tempranas teorías astrológicas persas sasánidas que sostienen que los grandes ciclos de la historia mundial y el ascenso y caída de los reyes se basan en las conjunciones de Júpiter y Saturno. Debido a que Jung estaba familiarizado con la obra de astrólogos árabes como Abu Ma'shar, no le pasó desapercibido el ciclo de Júpiter-Saturno.[123]

Jung tampoco ignora la existencia de los escritos del siglo XIII del astrólogo y mago Albertus Magnus, quien insiste en que Virgo estaba en el ascendente cuando nació Jesús,[124] ni las especulaciones del Cardenal Pierre d'Ailly, del siglo XVI, que concuerdan con esto.[125] Gerolamo Cardano, otro de los primeros astrólogos modernos favoritos de Jung, también calculó el horóscopo de Jesús, utilizando la fecha tradicional del 25 de diciembre, justo después del solsticio de invierno. Cardano propuso el año 1 de la era actual como el año de nacimiento de Jesús con ascendente en Libra más que en Virgo.[126] En *Aion*,[127] Jung comparó todos estos "horóscopos ideales de Cristo" y concluyó que de hecho la fecha "correcta" del nacimiento de Jesús era el año 7 antes de la era actual, ya que la conjunción de Júpiter y Saturno en Piscis en ese año, con Marte en oposición a Virgo, fue "excepcionalmente grande y, por lo tanto, de impresionante luminosidad".[128] Sin embargo, en vez de aceptar el 25 de diciembre como la fecha de nacimiento de Jesús, Jung siguió los cálculos del astrónomo alemán Oswald Gerhardt y propuso el 29 de mayo, como la fecha en la que la intervención de Júpiter, Saturno y Marte se había dado exactamente.[129] Esto resultó en que el signo solar de Jesús fuera Géminis: el "tema de los hermanos hostiles" que Jung consideraba que era uno de los temas arquetípicos dominantes del Aion de Piscis.

En las discusiones de Jung sobre el simbolismo de los peces, reveló una perspectiva de las imágenes astrológicas que se enfoca firmemente en el significado arquetípico de un símbolo zodiacal más que en sus cualidades caracterológicas y en su relación con la imagen de Dios —sinónimo de la imagen del *self*— tal cual aparece en la psique humana.

> La imagen de Dios, como el valor más elevado y la dominante suprema en la jerarquía psíquica, se relaciona de manera inmediata al *self* o bien es idéntica al *self* y todo lo que sucede a la imagen de Dios tiene un efecto sobre el *self*.[130]

De esta manera, los símbolos religiosos de cada Aion zodiacal son un fiel reflejo, a nivel de la imagen, de "el valor más elevado y la dominante suprema" en la psique colectiva de una época particular de la historia. Al principio de *El libro rojo*, Jung enfatiza la importancia de esta cambiante imagen de Dios:

> No es el Dios mismo quien viene, sino su imagen la que aparece en el significado supremo. Dios es una imagen y quienes lo veneran deben adorarlo en las imágenes del significado supremo.[131]

Con base en el movimiento del punto equinoccial, Rebekka Biegel había señalado el año 4 antes de la era actual como el inicio del Aion Pisciano. El interés de Jung en la conjunción entre Júpiter y Saturno del año 7 antes de la era actual, tan solo tres años antes, lo llevó a concluir que esta configuración era la "Estrella de Belén" que había aparecido como presagio del nacimiento de Jesús:

> Cristo nació a inicios del eón de los peces. De ninguna manera se descarta la posibilidad de que haya habido cristianos instruidos que supieran de la *coniunctio maxima* de Júpiter y Saturno en Piscis en el año 7 A.C., así como, según los relatos del evangelio, haya habido caldeos que de hecho identificaron el lugar en donde nació Cristo.[132]

Jung amalgamó la imagen de Cristo como el "significado supremo" del Aion Pisciano que estaba por empezar con la *coniunctio maxima* de Júpiter y Saturno en el signo zodiacal de Piscis.[133] Veía el Aion Acuariano que se acercaba como la época en la que los individuos interiorizarían la imagen de Dios, por lo que no anticipó un avatar nuevo para el Aion recién creado que se manifestaría "allá afuera". Se rehusó a adoptar la creencia de Steiner en la "Segunda venida" de Jesús, o bien la expectativa de Annie Besant de la llegada de un "Maestro Nuevo del mundo".

> ... reconocemos ahora que el ungido de esta época es un Dios que ni aparece encarnado, ni es hombre y, sin embargo, es un hijo del hombre, mas en espíritu y no en carne, y por eso sólo puede haber nacido a través del espíritu del hombre como matriz engendradora de Dios.[134]

Tampoco Fanes, el nuevo dios aiónico de *El libro rojo*, es de ninguna manera humano; esta imagen de Dios es andrógina y esférica, como el alma del mundo de Platón.[135] Jung no creía que una sola persona podía personificar el espíritu de la nueva dispensación; el aguador "parece representar el self".[136] Fue esta insistencia en la responsabilidad individual la que parece haber teñido las expectativas de

Jung con profundas dudas con respecto a la capacidad humana de lidiar con la falta de un objeto divino externo sobre el cual proyectar la imagen de Dios. Comprendió la importancia de su propia función, pero como individuo, no como un avatar que pudiera ayudar a iluminar el difícil proceso psicológico de la interiorización a través de su obra publicada. La forma en la que Jung entiende el Aion Acuariano, en última instancia, refleja la de Alan Leo, quien insistía en que "la naturaleza interna y el destino de este signo se expresa en la sola palabra: HUMANIDAD."[137]

Parece que Jung se consideraba a sí mismo como una "vasija" individual de la polaridad del Aion nuevo y que el trabajo que él realizaba para alcanzar su propia integración era también trabajo a favor de un colectivo, el cual Jung temía que ya estaba empezando a luchar ciega y destructivamente con los mismos dilemas: el redescubrimiento del alma; el reconocimiento del bien y el mal como potencias internas y la terrible responsabilidad que conlleva ese reconocimiento; además del reconocimiento de un *self* interior central que por sí solo puede integrar los opuestos. Una carta que Jung le escribiera a Eugene Rolfe en 1960, refleja la seriedad con la que Jung había asumido esta tarea y que conforme avanzaba hacia el final de sus días, sentía que había fallado:

> He fracasado en mi tarea más importante: abrir los ojos de la gente al hecho de que el hombre tiene un alma, que hay un tesoro enterrado en el campo y que nuestra religión y filosofía están en un estado lamentable.[138]

Como proclamara Richard Noll: percibirse a uno mismo como vasija no es lo mismo que intentar fundar un culto solar. Jung parece haber visto no solamente a sí mismo, sino también a todos aquellos con quienes trabajaba y todos aquellos a quienes sus ideas pudieran influir en el futuro, como vasijas potenciales que podrían, a través de sus esfuerzos individuales, alcanzar una mayor conciencia, ayudar a facilitar la transición colectiva hacia un aion astrológico en el cual los humanos enfrentarían el aterrador desafío de interiorizar e integrar el bien y el mal como dimensiones inherentes de una dualidad previamente proyectada de Dios y el Diablo. En su búsqueda por definirle a Aniele Jaffé la naturaleza de su psicología, Jung comentó:

> El principal interés de mi trabajo no consiste en tratar la neurosis, sino más bien en abordar lo numinoso ... El abordar lo numinoso es la verdadera terapia.[139]

El libro rojo, como es evidente para cualquier lector perceptivo, es el registro de un viaje extremadamente individual, plagado de conflictos y sufrimiento, así como de transformaciones importantes y la integración de elementos previamente rechazados o poco familiares del mundo psicológico personal de Jung. Sin embargo, *El libro rojo* también representa un viaje colectivo, y la imagen con la que abre, plasma un barco que navega hacia "lo que está por venir" bajo un cielo que revela, de manera clara e indiscutible, el viraje del moribundo Aion de Piscis hacia el nacimiento del Aion de Acuario. Jung no tenía grandes esperanzas con respecto a los problemas globales que este cambio conllevaría. Puso sus esperanzas no en los movimientos políticos o sociales de masas, sino en la capacidad del individuo de reconocer la enorme responsabilidad que implica y de desarrollar la voluntad de librar la lucha interior para alcanzar una mayor conciencia. En la época actual, las oscuras premoniciones de Jung parecen totalmente justificadas. Al igual que nosotros, Jung nunca logró saber si finalmente sería posible o no llegar a una posible resolución y transformación a nivel colectivo, ya que el destino del colectivo, desde su perspectiva, descansa sobre los hombros de cada individuo:

> Si las cosas andan mal en el mundo, es porque algo anda mal con el individuo, porque algo anda mal conmigo.[140]

Notas finales

Este ensayo es una adaptación de uno de los capítulos de mi libro, *Jung's Studies in Astrology: Prophecy, Magic, and the Qualities of Time* (Abingdon: Routledge, 2018)

[1] Dane Rudhyar, *Astrological Timing* (Nueva York, NY: Harper & Row, 1969), pp. 166-167.

[2] C. G. Jung, *El libro rojo*: *Liber Novus*, ed. Sonu Shamdasani, edición castellana a cargo de Bernardo Nante, trads. Romina Scheuschner y Valentín Romero (Buenos Aires: El hilo de Ariadna), p. 380. Todas las citas de Jung que aparecen en las siguientes páginas, están referenciadas por el número de párrafo y de volumen de la *Obras Completas* de Jung, o bien por el título abreviado en el caso de obras de Jung no incluidas en las *Obras Completas*. En la Bibliografía, se proporciona la información completa sobre los libros citados.

[3] Para una descripción general útil, incluyendo referencias, ver David John Tacey, *Jung and the New Age* (Hove: Brunner-Routledge, 2001).

[4] Olav Hammer, *Claiming Knowledge: Strategies of Epistemology from Theosophy to the New Age* (Leiden: Brill, 2004), pp. 67-70; ver también pp. 437-440 para información sobre la discusión de Hammer del concepto de los arquetipos desarrollado por Jung, el cual "se asemeja al concepto hermético de las correspondencias, más que a una teoría psicológica en el sentido común de la palabra". Richard Noll utiliza el término "junguianismo"; ver Richard Noll, *The Jung Cult: Origins of a Charismatic Movement* (Princeton, NJ: Princeton University Press, 1994), pp. 7-9 y pp. 291-94.

[5] Paul Heelas, *The New Age Movement* (Oxford: Blackwell, 1996), p. 46. Para conocer la obra de Gurdjieff, consultar G. I. Gurdjieff, *Encuentros con hombres notables* (Ciudad de México: Gaia Ediciones, 2017). Ver también P. D. Ouspensky, *Fragmentos de una enseñanza desconocida: En busca de lo milagroso* (Ciudad de México: Gaia Ediciones, 2012).

[6] Wouter J. Hanegraaff, *New Age Religion and Western Culture: Esotericism in the Mirror of Secular Thought* (Leiden: Brill, 1996), p. 497.

[7] Ver Roderick Main, "New Age Thinking in the Light of C. G. Jung's Theory of Synchronicity", *Journal of Alternative Spiritualities and New*

Age Studies 2 (2006), 8-25, p. 9; Hanegraaff, *New Age Religion*, pp. 521-22.

[8] Rudhyar, *Astrological Timing*, p. 167.

[9] Hanegraaff, *New Age Religion and Western Culture*, p. 94.

[10] Ver Hanegraaff, *New Age Religion and Western Culture*, pp. 421-513; Alex Owen, "Occultism and the 'Modern Self' in Fin-de-Siècle Britain", en Martin Daunton y Bernhard Rieger (eds.), *Meanings of Modernity* (Oxford: Berg, 201), pp. 71-96. En Plotino, *Enéadas* I:6.7 y *Enéadas* VI:9.11, en Plotinus, *The Enneads*, trad. Stephen MacKenna, 6 volúmenes (Londres: Medici Society, 1917- 30; repr. Londres: Faber & Faber, 1956) se afirma de manera explícita la idea de que se puede encontrar a Dios en el interior y que el "Dios-conocimiento" es "auto-conocimiento".

[11] C. G. Jung, *Aion. Contribuciones al simbolismo del sí-mismo, Obra Completa*, Vol. 9/2, trad. Carlos Martín Ramírez (Madrid: Editorial Trotta, 2011), originalmente publicado como *Aion: Untersuchungen zur Symbolgeschichte* (Psychologische Abhandlungen VIII, Rascher Verlag, Zúrich, 1951).

[12] *Aeon* es la escritura en latín de la palabra griega *Aion* (Αιων). Cronos (Κρονος), tal cual se describe en *Teogonía* de Hesíodo, es el antiguo Titán griego que llegó a regir a los dioses después de haber castrado a su padre Urano. Cronos se asocia con el dios romano Saturno, y es el nombre que se utiliza para el planeta Saturno en *Tetrabiblos* de Ptolemeo, que está escrito en griego. *Chronos* (χρονος) es la palabra griega para referirse al tiempo. Zervan (o Zurvan) es una deidad persa pre-zoroastriana cuyo nombre, al igual que la palabra griega *chronos*, significa "tiempo"; es el señor del tiempo finito de la historia, así como el "tiempo sin límites", la luz primordial de la cual emana todo. Esta deidad tiene muchas similitudes con el Fanes órfico; ver Liz Greene, *The Astrological World of Jung's Liber Novus* (Abingdon: Routledge, 2018), capítulo 6.

[13] Albrecht Dieterich, *Eine Mithrasliturgie* (Leipzig: Teubner, 1903); G. R. S. Mead, *A Mithraic Ritual*, Volumen 6 de *Echoes from the Gnosis* (Londres: Theosophical Publishing Society, 1907).

[14] Franz Cumont, *Textes et monuments figurés relatifs aux mystères de Mythra* (Bruselas: Lamertin, 1896).

[15] C. G. Jung, *Símbolos de transformación, Obra Completa*, Vol. 5, trad. Rafael Fernández de Maruri (Madrid: Editorial Trotta, 2012), párr. 98.

[16] Franz Cumont, *Los misterioso de Mitra y doce estudios más sobre la religión del Dios Invicto en el Imperio Romano*, (Madrid/Salamanca:

Signifier Libros, 2017)/ *The Mysteries of Mithra*, trad. Thomas J. McCormack (Chicago, IL: Open Court, 1903), pp. 125-26.

[17] David Ulansey, *The Origins of the Mithraic Mysteries* (Oxford: Oxford University Press, 1991); Roger Beck, *Planetary Gods and Planetary Orders in the Mysteries of Mithras* (Leiden: Brill, 1988); Roger Beck, *The Religion of the Mithras Cult in the Roman Empire* (Oxford: Oxford University Press, 2006).

[18] Ver Orígenes, *Contra Celso*. Ed. Biblioteca de Autores Cristianos. Madrid, 2001 / Orígenes, *Contra Celsum*, trad. Henry Chadwick (Cambridge: Cambridge University Press, 1953), 6:21-22; Porphyry, *De antro nympharum*, en Thomas Taylor (ed. y trad.), *Select Works of Porphyry* (Londres: Thomas Rodd, 1823), pp. 5-6.

[19] Ver Cumont, *The Mysteries of Mithra*, p. 105.

[20] Ver Lance S. Owens, "Jung and Aion: Time, Vision, and a Wayfaring Man," en *Psychological Perspectives: A Quarterly Journal of Jungian Thought* 54:3 (2011), p. 268.

[21] Homer, *Iliad* 5.685, 16.453, 19.27, 22.58; Homer, *Odyssey* 5.160; Herodotus, *Histories*, 1.32. Estas traducciones al inglés y las que siguen están disponibles en: <http://www.perseus.tufts.edu>.

[22] Euripides, *Heracleidae*, trad. Ralph Gladstone (Chicago, IL: University of Chicago Press, 1955), p. 900; Brian P. Copenhaver (ed. y trad.), *Hermetica: The Greek Corpus Hermeticum and the Latin Asclepius in a New English Translation* (Cambridge: Cambridge University Press, 1992), p. 11.

[23] Aeschylus, *The Seven Against Thebes*, ed. y trad. David Grene, Richmond Lattimore, Mark Griffith y Glenn W. Most (Chicago IL: University of Chicago Press, 2013), p. 219; Demosthenes, *On the Crown*, trad. A. W. Pickard-Cambridge, en A. W. Pickard-Cambridge (ed. y trad.), *Public Orations of Demosthenes*, 2 volúmenes (Oxford: Clarendon Press, 1912), pp. 181-99.

[24] Sophocles, *Trachiniae*, p. 34.

[25] Hesiod, *Theogony*, p. 609.

[26] San Pablo, *Romanos*, 12:2.

[27] Plato, *Timaeus*, p. 37d.

[28] Las constelaciones zodiacales (constituidas de estrellas fijas) y los signos del Zodiaco (divisiones de la eclíptica), como lo sabían los astrólogos desde el siglo II de la era actual, no son idénticos. Para una explicación del fenómeno de la precesión, ver Patricia Viale Wuest, *Precession of the Equinoxes* (Atlanta, GA: Georgia Southern University, 1998).

[29] G. R. S. Mead, *Pistis Sophia* (Londres: Theosophical Publishing Society, 1896), p. 14.

[30] Ver Jung, *Símbolos de transformación*, párrs. 104-5; 110-11; ; 500 n21; 520 n14.

[31] Ver Hans Dieter Betz (ed. y trad.), *The "Mithras Liturgy": Text, Translation and Commentary* (Tübingen: Mohr Siebeck, 2003), p. 1.

[32] Mead, *A Mithraic Ritual*, II.3. Ver también Betz, *The "Mithras Liturgy"*, pp. 518-521, 51.

[33] Mead, *A Mithraic Ritual*, V.3. Ver también Betz, *The "Mithras Liturgy"*, pp. 591-603, 53.

[34] "Esta inmortalización se realiza tres veces al año": Betz, *The "Mithras Liturgy"*, pp. 748, 57.

[35] Jung, *Liber Novus*, pp. 308-309.

[36] Jung, *Símbolos de transformación*, pp. 290-91. Comparar con: Mead, *The Mysteries of Mithra*, pp. 70-71.

[37] Ver Jung, *Aion, Obra Completa* 9/2, párrs. 128 y 325; C. G. Jung, *Estudios de representaciones alquímicas*, en *Obra Completa*, Vol. 13, trad. Laura S. Carugati, (Madrid: Editorial Trotta, 2015), párr. 275. Los comentarios de Jung sobre Yaldabaoth con su cabeza de león y Saturno se publicaron por primera vez en 1949, pero Wolfgang Schultz ya menciona la identidad del planeta y el arconte gnóstico en su libro *Dokumente der Gnosis* (Jena: Diederichs, 1910), p. 103, en donde Jung lo hubiera visto en una fecha no posterior que su dibujo de Izdubar en 1915. Jung posteriormente dio como referencias: *Contra Celsum* de Orígenes, *Hauptprobleme der Gnosis* de Bousset y la traducción de Mead de *Pistis Sophia*. El que Jung citara al primer libro en *Tipos psicológicos* (1921) y los otros dos en *Psicología del inconsciente* (1911-12), indica que mientras Jung trabajaba en el *Liber Novus*, ya estaba familiarizado con la idea de Saturno como *Deus Leontocephalus*. Ver arriba: n 751.

[38] Para una interpretación de Filemón como fuego solar saturnino en *El libro rojo*, ver Liz Greene, *The Astrological World of Jung's Liber Novus*, capítulo 6. Para información sobre la idea neoplatónica del regente planetario del horóscopo como daimón personal, ver Greene, *The Astrological World of Jung's Liber Novus*, capítulos 3 y 4.

[39] William Butler Yeats, *La segunda venida* (1919), trad. Juan Carlos Villavicencio, *Revista Descontexto*, Santiago de Chile, 30 de octubre de 2008. https://descontexto.blogspot.com/2008/10/la-segunda-venida-de-william-butler.html

[40] Jung, *Liber Novus*, p. 221.

[41] Para información sobre el ser leontocefálico como Yaldabaoth en la iconografía gnóstica, ver M. J. Edwards, "Gnostic Eros and Orphic Themes", *Zeitschrift für Papyrologie und Epigraphik* 88 (1991), pp. 25-40.

[42] C. G. Jung, *Analytical Psychology: Its Theory and Practice* (Londres: Routledge & Kegan Paul, 1968), p. 98.

[43] Imagen en Jung, *Liber Novus*, p. 165.

[44] Para mayores datos sobre la observación de que la imagen representa la precesión del punto equinoccial de Piscis a Acuario, ver Sonu Shamdasani, *C. G. Jung: A Biography in Books* (Nueva York: W. W. Norton, 2012), p. 117; Owens, "Jung and Aion", p. 271.

[45] C. G. Jung, "Presente y Futuro" (1958), en *Obra Completa* Vol. 10, trad. Carlos Martín Ramírez (Madrid: Editorial Trotta, 2014), párr. 585.

[46] Owens, "Jung and Aion", p. 253.

[47] Ver Liz Greene, *Jung's Studies in Astrology* (Abingdon: Routledge, 2018), capítulo 2. Para una recopilación de las afirmaciones de Jung sobre la astrología, ver C. G. Jung, *Jung on Astrology*, selección e introducción de Keiron le Grice y Safron Rossi (Abingdon: Routledge, 2017).

[48] Ver Jung, "Presente y Futuro", en *Obra Completa* Vol. 10, párr. 589.

[49] Ver Jung, "Presente y Futuro", en *Obra Completa* Vol. 10, párr. 536.

[50] Para obras más recientes que exploran este tema, ver David Fideler, *Jesus Christ, Sun of God: Ancient Cosmology and Early Christian Symbolism* (Wheaton, IL: Quest Books/Theosophical Publishing House, 1993); Herbert Cutner, *Jesus* (Nueva York: The Truth Seeker Co., 1950), pp. 129-64.

[51] Ver Nicholas Campion, *Astrology and Popular Religion in the Modern West* (Farnham: Ashgate, 2012), p. 22.

[52] Jean Sylvain Bailly, *Histoire de l'astronomie ancienne* (1775); Jean Sylvain Bailly, *Traite de l'astronomie indienne et orientale* (1787).

[53] Charles Dupuis, *Origine de tous les cultes, ou religion universelle* (París: H. Agasse, 1795).

[54] Charles Dupuis, *Planches de l'origine de tous les cultes* (París: H. Agasse, 1795), p. 6.

[55] François-Henri-Stanislas de L'Aulnaye, *L'histoire générale et particulière des religions et du cultes* (París: J. B. Fournier, 1791).

[56] Campion, *Astrology and Popular Religion*, pp. 22-23. Ver también: Joscelyn Godwin, *The Theosophical Enlightenment* (Albany, NY: SUNY Press, 1994), pp. 69 y 82.

[57] Ver William Emmette Coleman, "The Sources of Madame Blavatsky's Writings", en Vsevolod Sergyeevich Solovyoff, *A Modern Priestess of Isis* (Londres: Longmans, Green, and Co., 1895), Apéndice C, pp. 353-66.

[58] Godfrey Higgins, *Anacalypsis*, 2 volúmenes (Londres: Longman, Rees, Orme, Brown, Green y Longman, 1836), II: pp. 110-111.

[59] Gerald Massey, "The Hebrew and Other Creations, Fundamentally Explained", en *Gerald Massey's Lectures* (Londres: edición privada, 1887), pp. 105-140, en p. 114.

[60] Ver Campion, *Astrology and Popular Religion*, p. 24; Hammer, *Claiming Knowledge*, pp. 248-49.

[61] Gerald Massey, "The Historical Jesus and Mythical Christ", en *Gerald Massey's Lectures*, 1-26, p. 8.

[62] C. G. Jung, *Aion. Contribuciones al simbolismo del sí-mismo, Obra Completa*, Vol. 9/2, párr. 149, n84.

[63] Para más información sobre Khunrath, ver Peter Forshaw, "Curious Knowledge and Wonder-Working Wisdom in the Occult Works of Heinrich Khunrath", en R. J. W. Evans y Alexander Marr (eds.), *Curiosity and Wonder from the Renaissance to the Enlightenment* (Farnham: Ashgate, 2006), pp. 107-130.

[64] Heinrich Khunrath, *Von hylealischen, das ist, pri-materialischen catholischen, oder algemeinem natürlichen Chaos, der naturgemessen Alchymiae und Alchemisten* (Magdeburg, 1597), p. 36, citado en Jung, *Modern Psychology*, Vol. 5-6, p. 156. Jung adquirió la obra de Khunrath en su edición original de 1597.

[65] C. G. Jung, *Modern Psychology: Notes on Lectures Given at the Eidgenössische Technische Hochschule, Zürich by Prof. Dr. C.G. Jung, October 1933-July 1941*, 3 volúmenes, trad. y ed. Elizabeth Welsh y Barbara Hannah (Zúrich: K. Schippert & Co., 1959-60), Vol. 5- 6, p. 156.

[66] Horace Jeffery Hodges, "Gnostic Liberation from Astrological Determinism", *Vigiliae Christianae* 51:4 (1997), pp. 359-73.

[67] Irenaeus, *Irenaei episcopi lugdunensis contra omnes haereses* (Oxford: Thomas Bennett, 1702), I: pp. 29-30.

[68] Irenaeus, *Haer.* I: 30.12.

[69] Ulansey, *The Origins of the Mithraic Mysteries*, pp. 49-51, 76-81, 82-84.

[70] Carta a Sigmund Freud, 26 de junio de 1910, en Sigmund Freud y C. G. Jung, *The Freud-Jung Letters*, ed. William McGuire, trad. Ralph Manheim y R. F. C. Hull (Londres: Hogarth Press/Routledge & Kegan Paul, 1977), p. 336. Ver también C. G. Jung, *Símbolos de transformación*, en *Obra Completa*, Vol. 5, trad. Rafael Fernández de Maruri,

(Madrid: Editorial Trotta, 2012), párr. 665, n66; Richard Noll, "Jung the Leontocephalus," en Paul Bishop (ed.), *Jung in Contexts: A Reader* (Londres: Routledge, 1999), pp. 51-91, p. 67. Comparar la descripción que hace Jung del signo de Tauro con la que hace Mead en *The Mysteries of Mithra*, p. 63: "El 'Dios que se roba al Toro' [Mithra] a nivel oculto significa generación". Ver también la carta de Jung a Sigmund Freud, 22 de junio de 1910, en *The Freud-Jung Letters*, p. 334.

[71] *Psychology of the Unconscious* es la traducción original al inglés (publicada en 1916), de *Wandlungen und Symbole der Libido*, publicada primero en alemán en 1912 y posteriormente revisada, retraducida y publicada en inglés como *Símbolos de transformación* (*CW* 5) en 1956. La traducción original al inglés de Beatrice Hinkle se publicó como Volumen complementario B de la *Obra Completa* de Jung.

[72] Jung, *Símbolos de transformación*, párr. 226-7 y párr. 523, n60. La tauroctonía es la típica imagen del culto de Mitra sacrificando el toro.

[73] Richard Reitzenstein, *Poimandres: ein paganisiertes Evangelium: Studien zur griechisch-ägyptischen und frühchristlichen Literatur* (Leipzig: Teubner, 1904); Richard Reitzenstein, *Die hellenistische Mysterienreligionen* (Leipzig: Teubner, 1910); Richard Reitzenstein, *Mysterienreligionen nach ihren Grundgedanken und Wirkungen* (Leipzig: Teubner, 1910).

[74] Plato, *Timaeus*, 39d.

[75] Julius Firmicus Maternus, *Of the Thema Mundi*, en Taylor, Thomas, (trad.), *Ocellus Lucanus, On the Nature of the Universe; Taurus, the Platonic Philosopher, On the Eternity of the World; Julius Firmicus Maternus, Of the Thema Mundi; Select Theorems on the Perpetuity of Time, by Proclus* (Londres: John Bohn, 1831).

[76] Para información sobre la cosmología estoica, ver A. A. Long, *From Epicurus to Epictetus* (Oxford: Oxford University Press, 2006), pp. 256-84; John Sellars, *Stoicism* (Berkeley, CA: University of California Press, 2006), pp. 99-100.

[77] Macrobio propuso 15,000 años; Aristarco propuso 2,484 años. Ver la discusión en J. D. North, *Stars, Mind, and Fate* (Londres: Continuum, 1989), pp. 96-115.

[78] Jung, *Aion, Obra Completa* Vol. 9/2, párr. 286.

[79] Jung, carta a Walter Robert Corti, 12 de septiembre de 1929, en Gerhard Adler, *C. G. Jung Letters*, 2 volúmenes, trad. R. F. C. Hull (Princeton, NJ: Princeton University Press, 1973-75), Vol. 1, pp. 69-70.

[80] Los otros dos son Géminis (los gemelos) y Virgo (la Virgen). Las demás constelaciones están representadas por animales, excepto Libra, la Balanza inanimada.

[81] Ver Friedrich Nietzsche, *Also sprach Zarathustra* (Chemnitz: Ernst Schmeitzner, 1883-84). Existen varias traducciones de esta obra tanto al inglés como al español.

[82] Para información sobre las discusiones de Blavatsky sobre las "Edades", ver H. P. Blavatsky, *Isis Unveiled: A Master-Key to the Mysteries of Ancient and Modern Science and Theology*, 2 volumes (Londres: Theosophical Publishing Co., 1877), II: pp. 443, 455-56, 467-69; H. P. Blavatsky, *The Secret Doctrine: The Synthesis of Science, Religion, and Philosophy*, 2 volúmenes (Londres: Theosophical Publishing Co., 1888), II: pp. 198-201.

[83] Blavatsky, *Isis Unveiled*, II: p. 456.

[84] http://www.oocities.org/astrologyages/ageofaquarius.htm, octubre de 2009. Esta URL no está actualizada, pero sí está archivada.

[85] Rudolf Steiner, *The Reappearance of Christ in the Etheric* (Spring Valley, NY: Anthroposophic Press, 1983), pp. 15-19.

[86] Ver Nicholas Campion, *Astrology and Cosmology in the World's Religions* (Nueva York: NYU Press, 2012), 194-95.

[87] Rudolf Steiner, *Friedrich Nietzsche. Ein Kämpfer gegen seine Zeit* (Weimar: E. Felber, 1895).

[88] Rudolf Steiner, *Evil*, ed. Michael Kalisch (Forest Row: Rudolf Steiner Press, 1997; publicación original, *Das Mysterium des Bösen* (Stuttgart: Verlag Freies Geistesleben, 1993), p. 56.

[89] Mead, *Echoes*, I: p. 47.

[90] Jung, *Aion, Obra Completa* Vol. 9/2, párr. 142.

[91] *Hair* (1967), libreto y letra de James Rado y Gerome Ragni, y música de Galt MacDermot.

[92] Jung, *Recuerdos, sueños, pensamientos*, pp. 209-210.

[93] Mead, *Echoes*, I:46.

[94] Para una exploración detallada del uso que hace Jung de las obras de Alan Leo y Max Heindel, ver Greene, *Jung's Studies in Astrology*, capítulo 2.

[95] Alan Leo, *Astrología esotérica* (Barcelona: Visión Libros, 1980), p. 6.

[96] Alan Leo, "The Age of Aquarius," *Modern Astrology* 8:7 (1911), p. 272.

[97] Alan Leo, *Diccionario de astrología*, ed. Vivian Robson (Barcelona: Modern Astrology Offices/L. N. Fowler, 1999), p. 204.

[98] Para obtener más información sobre la idea de Leo sobre la Era Acuariana, ver Nicholas Campion, *What Do Astrologers Believe?* (Londres: Granta Publications, 2006), p. 36.

[99] Max Heindel, *Los Misterios Rosacruces* (Oceanside, CA: Rosicrucian Fellowship, 1911), p. 15.

[100] Max Heindel, *Concepto Rosacruz del Cosmos o ciencia oculta cristiana* (Oceanside, CA: Rosicrucian Fellowship, 1909), p. 85.

[101] Heindel, *Concepto Rosacruz del Cosmos*, p. 305.

[102] Puede que el error ortográfico de Heindel de escribir "Aryan" con "y" (que en español quiere decir ario) en vez de con "i" latina: "Arian" (ariano de Aries), sea un reflejo de su propia agenda socio-religiosa, aunque la primera palabra no tiene nada que ver con el signo de Aries, la constelación zodiacal del Carnero.

[103] Max Heindel, *El mensaje de las estrellas: una exposición esotérica de astrología natal y médica explicando el arte de leer los horóscopos y diagnosticar las enfermedades* (Oceanside, CA: Rosicrucian Fellowship, 1918), p. 10.

[104] Heindel, *El mensaje de las estrellas*, p. 14.

[105] Ver las diversas discusiones de Jung sobre el signo de Piscis y su constelación opuesta, Virgo, en Jung, *Aion, Obra Completa* Vol. 9/2.

[106] Jung, *Aion, Obra Completa* Vol. 9/2, párr. 141.

[107] Carta al Padre Victor White, 10 de abril de 1954, en *C. G. Jung Letters*, II, p. 167.

[108] Carta a Adolf Keller, 25 de febrero de 1955, en *C. G. Jung Letters*, II, p. 229.

[109] Gerald Massey, *The Natural Genesis*, 2 volúmenes (Londres: Williams & Norgate, 1883), Vol. 2, pp. 378-503.

[110] Rudhyar, *Astrological Timing*, p. 115.

[111] Carta a H. G. Baynes, 12 de agosto de 1940, en *C. G. Jung Letters*, I, p. 285.

[112] La tesis de Biegel sobre la astronomía egipcia, *Zur Astrognosie der alten Ägypter*, se publicó tres años después de su correspondencia con Jung (Göttingen: Dieterichsche Universitäts-Buckdruckerei, 1921). Para más información sobre Biegel, ver A. C. Rümke y Sarah de Rijcke, *Rebekka Aleida Beigel (1886-1943): Een Vrouw in de Psychologie* (Eelde: Barkhuism, 2006).

[113] Comunicación personal de Sonu Shamdasani, 28 de julio de 2014.

[114] C. G. Jung, "La función transcendente", en *Obra Completa*, Vol. 8 (Madrid: Editoria Trotta, 2004), párr. 131.

[115] C. G. Jung, "*Psicología del inconsciente*" en *Obra Completa*, Vol. 7, trad. Rafael Fernández de Maruri (Madrid: Editorial Trotta, 2013), párr. 121, n1.

[116] Nunca se ha incluido este material en un archivo oficial. Andreas Jung amablemente me permitió examinar los documentos y afirmó que el material debe de haber sido de gran importancia personal para Jung ya que no había sido archivado con otros papeles, sino que lo había guardado en un lugar especial en su escritorio.

[117] Para cuando Jung escribió *Aion*, ya había modificado los cálculos de Biegel. En *Aion, Obra Completa*, Vol. 9/2, párr. 149, n84, Jung da el año 2154: "Partiendo de la estrella *Omicron* de Piscis", y el año 1997: "partiendo de la estrella *Alfa* 113, se llegaría al año 1997. Este último se corresponde con la longitud de las estrellas según el *Almagesto* de Tolemeo". Biegel también afirma que el punto equinoccial había llegado a la primera estrella en la constelación de Piscis en el año 4 antes de la era actual, fecha que Jung inicialmente aceptó como la "verdadera" fecha de nacimiento de Cristo, pero que posteriormente modificó diciendo que había sido el año 7 antes de la era actual.

[118] Jung, *Aion, Obra Completa* Vol. 9/2, párrs. 127-147.

[119] Ibid., párr. 149, n88.

[120] Ibid., párr. 149, n84.

[121] E. M. Smith, *The Zodia, or The Cherubim in the Bible and the Cherubim in the Sky* (Londres: Elliot Stock, 1906), p. 280, citado en Jung, *Aion, Obra Completa* Vol. 9/2, párr. 149, n85.

[122] Ver James H. Holden, "Early Horoscopes of Jesus", *American Federation of Astrologers Journal of Research* 12:1 (2001).

[123] Para ver la discusión de Jung sobre el ciclo de Júpiter-Saturno y la obra de Abu Ma'shar titulada *De magnis coniunctionibus*, ver Jung, *Aion, Obra Completa* Vol. 9/2, párrs. 130-138.

[124] Para una traducción al inglés de Albertus Magnus' *Speculum astronomiae*, en donde discute el horóscopo natal de Jesús, ver Paola Zambelli, *The Speculum astronomiae and its Enigma* (Dordrecht: Kluwer Academic, 1992). Para ver las referencias de Jung a Albertus Magnus, ver Jung, *Aion, Obra Completa* 9/2, párrs. 130, 133, 143, 404.

[125] Pierre d'Ailly, *Tractatus de imagine mundi Petri de Aliaco* (Lovaina: Johannes Paderborn de Westfalia, 1483). Para ver el horóscopo de Jesús hecho por d'Ailly, consulte Ornella Pompeo Faracovi, *Gli oroscopi di Cristo* (Venecia: Marsilio Editori, 1999), p. 104. Para ver las referencias de Jung a d'Ailly, consulte Jung, *Aion, Obra Completa* Vol. 9/2, párrs. 128, 130, n35, 136, 138, 153-54, 156.

[126] Faracovi, *Gli oroscopi di Cristo*, p. 130.

[127] Ver Jung, *Aion, Obra Completa* 9/2, párr. 130, n39.

[128] Jung, *Aion, Obra Completa* 9/2, párr. 130.
[129] Oswald Gerhardt, *Der Stern des Messias* (Leipzig: Deichert, 1922).
[130] Jung, *Aion, Obra Completa*, Vol. 9/2, párr. 170.
[131] Jung, *Liber Novus*, p. 167. Para ver la distinción que hace Jung entre la imagen de Dios y la existencia ontológica de Dios, ver Jung, *Liber Novus*, p. 167 n8.
[132] Jung, *Aion, Obra Completa*, Vol. 9/2, párr. 172. "Caldeos" es un sinónimo antiguo de la palabra "astrólogos", ver Cicerón, *De divinatione*, II:44.93.
[133] Jung, *Aion, Obra Completa*, Vol. 9/2, párrs. 147 y 162.
[134] Jung, *Liber Novus*, p. 343 y n198.
[135] Para información sobre la naturaleza esférica del alma del mundo, ver Platón, *Timeo*, 37d.
[136] Jung, *Recuerdos, sueños, pensamientos*, p. 397.
[137] Alan Leo, *Astrology for All* (Londres: Modern Astrology Office, 1910), p. 44.
[138] C. G. Jung, carta a Eugene Rolfe, en Eugene Rolfe, *Encounter with Jung* (Boston, MA: Sigo Press, 1989), p. 158.
[139] Aniela Jaffé, *Was C.G. Jung a Mystic?* (Einsiedeln: Daimon Verlag, 1989), p. 16.
[140] C. G. Jung, "El significado de la psicología para el presente" (1934), en *Obra Completa* Vol. 10, trad. Carlos Martín Ramírez (Madrid: Editorial Trotta, 2014), párr. 329.

Abraxas: el demiurgo gnóstico de Jung en *Liber Novus*

Stephan A. Hoeller

C. G. Jung tenía un interés intenso y empático en una alternativa cristiana temprana que ahora se conoce como gnosticismo. Tanto en sus escritos publicados como en sus reminicencias privadas, se encuentran comentarios frecuentes y reveladores sobre la tradición gnóstica, aunque durante gran parte de su vida el tema del gnosticismo era prácticamente desconocido, excepto para unos cuantos estudiosos de la religión.

Uno de los documentos clave que da testimonio del interés vital de Jung en el gnosticismo desde una época temprana, es su libro (magníficamente diseñado) titulado *Septem Sermones ad Mortuos*, (*Siete sermones a los muertos*) que mandó publicar en 1916 en una edición privada, el cual en las décadas siguientes regaló a un número selecto de amigos y asociados. Con el consentimiento de Jung, H. G. Baynes tradujo el texto de los *Sermones* al inglés; esta edición se publicó en 1925,[1] también en edición privada. Nuevamente, Jung distribuyó la versión en inglés tan solo entre las personas que él consideró que tenían la debida preparación para entender el mensaje que transmitía.

Un hecho prácticamente desconocido, fue que alrededor de 1917 Jung también transcribió una versión mucho más extensa de los *Septem Sermones* en la tercera y última parte del borrador de su manuscrito de *Liber Novus*, la sección titulada *Escrutinios*. En esta, los Sermones aparecen como un resumen de la revelación contenida en el *Liber Novus*. Jung nunca reveló públicamente la existencia de esta versión ampliada de los Sermones y hasta la publicación en 2009 de *El libro rojo: Liber Novus*, permaneció completamente inaccesible para el público lector.[2]

Los lectores que tuvieron la suerte de conocer *Septem Sermones ad Mortuos*, por lo general, lo encontraron enigmático, aunque a menudo quedaban en cierta forma desconcertados por su contenido. La autoría del libro no se le atribuía a Jung, sino a un histórico maestro gnóstico llamado Basílides; se decía que había sido escrito en "Alejandría, la ciudad en donde se encuentran el oriente y el occidente". A lo largo de los años subsiguientes, quienes leyeron el texto a veces se referían a él como la revelación gnóstica de Jung. Sin embargo, en la época en la que vivió Jung, muy pocas personas sabían sobre el gnosticismo, ni tampoco entendían lo que realmente hacía que este pequeño libro fuera gnóstico. No obstante, después de la publicación de *Liber Novus*, se hizo evidente que los *Sermones* son en realidad la revelación del mito gnóstico de C. G. Jung. De hecho, los *Sermones* se podrían considerar como el corazón de su nuevo libro, *El libro rojo: Liber Novus.*

Desde que Jung murió en 1961, hay una mayor disponibilidad de información sobre el gnosticismo y se ha convertido en un tema de gran interés tanto popular como académico. La publicación en 1977 de la biblioteca de los evangelios gnósticos de Nag Hammadi, la colección más extensa de escritos originales de los antiguos gnósticos que se haya descubierto hasta el momento,[3] le dio un gran impulso al despertar de este interés. Los textos del Nag Hammadi han arrojado nueva luz sobre muchos detalles del *mythos* gnóstico que habían permanecido en la oscuridad. Además, también ayudan a colocar el tratado gnóstico de Jung en un contexto más amplio.

En los últimos años, *Septem Sermones ad Mortuos* ha probado ser un libro difícil de clasificar. Algunos escritores lo consideran una "cosmología", aunque se trata de una definición inapropiada. Puede que sea más exacto designarlo como una "psicocosmología". Considerando que los evangelios gnósticos abordan temas psico-espirituales como si fueran mitos, se podría proponer que los *Septem Sermones* ilustran la formulación contemporánea de un mito gnóstico. Aunque el texto de Jung no se parece a ningún mito gnóstico pre-existente, no obstante, su forma se relaciona con muchos textos gnósticos antiguos que salieran a la luz a lo largo del siglo pasado.

Jung desarrolló a mayor profundidad los temas gnósticos de los *Septem Sermones* en otro documento escrito por él durante el período en el que plasmó los *Sermones.* A principios de 1916, Jung creó una imagen o -mandala- detallada y artísticamente impresionante que representa gráficamente muchos de los elementos que se discuten posteriormente en los *Sermones.* Lo tituló *Systema Munditotius*, "El sistema de la totalidad del mundo". Jung no incluyó esta imagen entre las muchas ilustraciones de su *Libro rojo*; no obstante, mucho después, en 1955 permitió que se publicara en un número de la revista alemana *Du* dedicado a las conferencias de Eranos (aunque Jung no permitió que se le mencionara explícitamente por su nombre como el creador de la imagen). Posteriormente, se incluyó la ilustración como una lámina de página entera en su libro *C. G. Jung: Word and Image,*[4] [que se podría traducir como *C. G. Jung: palabra e imagen*]. En el Apéndice A de *El libro rojo: Liber Novus,*[5] aparece una hermosa reproducción del diagrama *Systema Munditotius.* Tanto el texto ampliado de los sermones en *Liber Novus* como el diagrama del *Systema Munditotius* constituyen la base para la discusión que sigue a continuación.

A lo largo de todas las publicaciones de Jung, se encuentran afirmaciones que corroboran su afinidad con la tradición gnóstica. Jung consideraba que durante gran parte de la historia de la cultura occidental, la realidad de la psique y su papel en la transformación del ser humano habían recibido muy poco reconocimiento. Por el contrario, los gnósticos de antaño y su posterior progenie velada –que para Jung, incluye a los alquimistas y otros movimientos espirituales alternativos– reafirmaron la importancia reveladora de la psique. Jung afirmó claramente: "Para los gnósticos, y este es su verdadero secreto, la psique existía como fuente de conocimiento". A la pregunta recurrente de si Jung era un gnóstico o no, se debe responder: "Ciertamente lo era, ya que 'gnóstico' significa 'conocedor', y según sus propias declaraciones, Jung era *alguien que sabía*." Las visiones, los mitos y las metáforas de los gnósticos eran una confirmación de las propias experiencias de Jung plasmadas en *Liber Novus*, y esta circunstancia creó un vínculo que lo unió a los gnósticos de todos los tiempos y lugares.

El mito del demiurgo

El mito del demiurgo tiene su origen en Platón. En su obra *El Timeo*, Platón postula la existencia de una deidad creadora o "demiurgo" que le dio forma al universo material. El término *demiurgo*, se deriva de una palabra griega que significa "artesano". Si bien el demiurgo era artífice y diseñador, es importante entender que no es idéntico a la figura del creador monoteísta; tanto el demiurgo como el material con el que este moldeó el universo eran consecuencia secundaria de otro factor primordial. El demiurgo es, por lo tanto, un arquitecto intermediario, no la fuente suprema.

En la antigüedad, se consideraba a Platón como el parangón de toda la sabiduría y, posteriormente, su modelo de demiurgo o diseñador cósmico fue adaptado y elaborado a mayor profundidad por muchas escuelas de pensamiento posteriores, incluyendo los mitos de los gnósticos[6] quienes realmente lo visualizan como un poder sobrenatural subordinado, que no era idéntico a la divinidad verdadera, suprema y trascendente. La presencia de un mito sobre el demiurgo se volvió un signo característico de los sistemas gnósticos. Tomando en cuenta el carácter y el comportamiento, a veces reprochable, de la deidad del Antiguo Testamento, los gnósticos muchas veces lo identificaron como el demiurgo, un ser que no era malo, pero que aun así tenía una estatura moral cuestionable y una sabiduría limitada.

Por mucho tiempo, a algunos discípulos de Jung les ha sido evidente que en *Respuesta a Job*, Jung caracteriza a la divinidad tiránica que atormentó a Job como un demiurgo gnóstico clásico. Esta deidad, como la describe Jung, era un ser que carecía de sabiduría porque había perdido u olvidado su lado femenino, su *Sofía* ("sabiduría"). A pesar de esta y otras evidencias, algunos lectores de Jung argumentan que su *mythos* en *Septem Sermones* no incluía la controvertida figura gnóstica del demiurgo, y, por lo tanto, no debería ser propiamente denominado como gnóstico. La publicación de *El libro rojo: Liber Novus* deja en claro que el demiurgo sí *está* presente en el mito de Jung. En efecto, *Respuesta a Job* es de manera inequívoca un replanteamiento del mito gnóstico revelado a Jung en *Liber Novus* y en *Septem Sermones.*[7]

Antes de que estuviera disponible la versión ampliada de los Sermones que aparece en *Liber Novus*, la figura de Abraxas —tal cual se representa en la edición de 1916 de los *Sermones*— seguía siendo ambigua. En mi libro, *The Gnostic Jung and the Seven Sermons to the Dead* [*Jung gnóstico y los siete sermones a los muertos*], publicado por primera vez en 1982, brindo un comentario inicial sobre el lugar que ocupa Abraxas en el mito de Jung.[8] Ahora que finalmente está disponible el texto de *Liber Novus*, después de años de permanecer oculto, me gustaría corregir y ampliar los comentarios previos que elaborara hace casi cuatro décadas. Con base en la documentación en *Liber Novus*, la figura que Jung identifica como "Abraxas" se ha revelado final e indiscutiblemente como un demiurgo gnóstico clásico. El misterioso ser llamado "Abraxas" aparece por primera vez en *Septem Sermones* en la última parte del Segundo Sermón; los pasajes que lo describen continúan a lo largo del Tercer y Cuarto Sermones. Inicialmente, se le caracteriza como "un dios del que no se sabe nada porque los hombres lo han olvidado". Ciertamente, se podría interpretar que esta afirmación se aplica a una deidad intermedia, como la que siempre está presente en un gran número de escritos gnósticos.

Durante unos dos mil años, la imagen monoteísta de Dios que nos resulta tan familiar, hoy en día, ha dominado en las culturas de Occidente y del Medio Oriente. Sin embargo, antes de los primeros siglos de la era actual, muchas culturas mediterráneas albergaban religiones de naturaleza pluralista en las cuales la imagen de una suprema realidad divina impersonal coexistía con un número de deidades menores o intermedias. En tales sistemas pluralistas antiguos, muchas veces jugaba un papel importante la imagen de un demiurgo materialmente poderoso aunque moral y espiritualmente limitado.

Hoy en día, los investigadores afirman ampliamente que la incipiente religión cristiana albergaba varias formas alternativas; por lo general, a los movimientos del cristianismo temprano que incluían un mito del demiurgo se les caracteriza colectivamente como "gnósticos", y aunque el nombre de Abraxas sí llega a aparecer en algunos textos gnósticos antiguos (en los cuales se le suele identificar como un gran arconte), no existe ninguna evidencia de que el demiurgo del gnosticismo clásico se llamara específicamente Abraxas. El que Jung le asignara al demiurgo el antiguo nombre de Abraxas fue, por lo tanto, producto de su propia apropiación imaginativa.[9]

Abraxas y el demiurgo

Entonces, ¿era acaso Abraxas el demiurgo en el mito de Jung? Lo que Jung anota en su diario el *Libro negro* el 16 de enero de 1916, que se reproduce como el Apéndice C en *Liber Novus*, elimina todas las preguntas sobre este tema: en el mito de Jung, Abraxas es el demiurgo. Como había señalado anteriormente el doctor Lance Owens, Jung escribió esta anotación en su diario al tiempo en el que estaba desarrollando un esbozo del *Systema Munditotius*, y unas dos semanas antes de que escribiera su primera versión de *Septem Sermones* en su diario, en la cual registra las siguientes palabras que Jung le dice al alma, la cual adopta la voz de la figura de *Sophia* en la tradición gnóstica.[10] Las palabras que Sofía le dirige a Jung son innegablemente un recuento del mito gnóstico primordial del demiurgo, aquí llamado Abraxas:

> *Deberías alabar a un solo Dios.* Los otros dioses carecen de importancia. *Abraxas es de temer.* Por lo tanto, fue una liberación cuando él se separó de mí.

Nótese que la separación del demiurgo de *Sofía* –"cuando él se separó de mí"– es un elemento clave del mito gnóstico clásico de *Sofía* y el demiurgo.[11] Sofía posteriormente lanza el siguiente exhorto:

> No necesitas ir a buscarlo. Al igual que Eros, él te encontrará. Es el Dios del cosmos, extremadamente poderoso y temible. Él es el impulso creativo, es la forma y la figura, así como la materia y el poder, por lo tanto, está por encima

de los Dioses de la luz y la oscuridad. Él arranca las almas y las arroja a la procreación. Él es lo creativo y lo creado. Es el Dios que siempre se renueva en cuestión de días, meses, años, en lo que dura una vida humana, en eras, en los pueblos, en los seres vivientes, en los cuerpos celestes. Él coerciona, es implacable. Si lo veneras, aumentas el poder que tiene sobre de ti, por lo que se vuelve insoportable. Tendrás dificultades atroces para librarte de él. . . Así que recuérdalo, no lo veneres, pero tampoco imagines que puedes huir de él, ya que está a tu alrededor. Debes permanecer en el centro de la vida, rodeado de muerte por todos lados. Tendido, como un crucificado, le cuelgas, lo que te aterra, lo que te agobia".[12]

Esta anotación en el diario identifica inequívocamente la figura de Abraxas, quién apareció unas semanas más tarde en la versión inicial de los *Sermones* del diario de Jung como el demiurgo de la mitología gnóstica clásica. La identificación de Abraxas con el demiurgo queda asentada además en el borrador del manuscrito de *Liber Novus* en donde en varios pasajes Jung reemplazó el término "señor de este mundo" con el nombre "Abraxas", que aparece originalmente en su diario del *Libro negro* .[13]

Al principio de *Septem Sermones ad Mortuos*, la teogonía gnóstica de Jung, describe el origen supremo y totalmente trascendental llamado Pleroma, seguido de una serie de deidades intermedias, incluyendo al Dios solar, el Diablo, Eros y el Árbol de la Vida. Además de estos registros, todo el Tercer Sermón está dedicado a la introducción de la figura demiúrgica de Abraxas. En el cuarto sermón Jung resume lo siguiente:

> Inconmensurable, como la multitud de estrellas, es el número de dioses y demonios. Cada estrella es un dios, y cada espacio que ocupa una estrella es un diablo. Sin embargo, el Pleroma es la vacuidad del todo. Abraxas es el efecto de la totalidad; sólo lo irreal se le opone.[14]

La versión de los *Septem Sermones ad Mortuos* incluida en *Liber Novus* contiene algunas adiciones de importancia crucial al texto original, publicado en 1916. En la versión ampliada del manuscrito de 1917, se identifica a Filemón como el orador que pronunció los sermones a los muertos (Basílides era el orador de los sermones en la versión impresa). El texto incorpora las preguntas que Jung le hace a Filemón sobre cada sermón, junto con las respuestas de Filemón, quien también agrega extensos comentarios homiléticos sobre el contenido de sus sermones. Todo este material adicional enriquece y profundiza el significado de los sermones.

Después del Primer Sermón, la pregunta inicial que Jung le dirige a Filemón expresa su preocupación de que se pudiera considerar que las enseñanzas contenidas en los Sermones fueran una "herejía repudiable" (interrogante que tiene la cualidad de una pregunta retórica). Filemón responde que la audiencia a la que se dirigen los sermones -"los muertos"- eran cristianos cuya fe, que en ese momento ya habían abandonado, había declarado mucho tiempo atrás que estas enseñanzas eran herejía. El comentario podría interpretarse en el sentido de que implica que un gran número de personas de nuestra cultura están abandonando su religión tradicional y, por lo tanto, están dispuestas a escuchar herejías antiguas, en las que pueden encontrar respuestas a sus propias preguntas ominosas. La declaración de Filemón es clara y al grano:

> Pero ¿por qué imparto esta doctrina de los antiguos? Enseño de esta manera porque su fe cristiana una vez rechazó y persiguió precisamente esta enseñanza. Sin embargo, repudiaron la fe cristiana y, por ende, fueron rechazados por esa fe. Ellos no saben esto y, por lo tanto, se los debo de enseñar..."[15]

Las palabras de Filemón son eminentemente aplicables al problema de la religión en la cultura occidental contemporánea. En gran parte de Europa, la religión ha llegado a un punto bajo sin precedentes en su historia , y en Estados Unidos, la adhesión a la tradición cristiana parece estar disminuyendo. Jung frecuentemente señala que la imagen de Dios en una religión y una cultura es de crucial importancia para el bienestar de la psique colectiva y, por lo tanto, también para el bienestar del individuo. Un factor importante que está induciendo el declive de la religión cristiana en Occidente es, indudablemente, la desilusión que la gente ha llegado a sentir con el Dios monoteísta tradicional.

La profecía de una Nueva Era y una nueva imagen de Dios

Según la opinión unánime de los lectores informados, *Liber Novus* de Jung es un libro profético que trascendió a su época. En el primer folio de *Liber Novus*, Jung presenta la imagen de un complejo paisaje coronado por el zodiaco, anunciando el paso eónico del sol desde el signo de Piscis al de Acuario. Esta imagen alude a su título *"El camino de lo que está por venir"*. El lector se encuentra enseguida con varias citas proféticas de los escritos del profeta Isaías y del prólogo del Evangelio de San Juan. *Liber Novus* de Jung prepara así el escenario para revelar su nueva profecía.[16]

Tanto en *Liber Primus* como en *Liber Secundus* de *Liber Novus*, encontramos referencias recurrentes a la llegada de la nueva Era de Acuario. En un impresionante pasaje que Jung tituló "Las tres profecías", el alma de Jung le revela tres periodos de la era por venir: la guerra, la magia y la religión.[17] En un comentario sobre esta visión, Jung escribió:

> Estas tres significan el desencadenamiento del caos y su fuerza, así como también significan lo que vincula al caos. La guerra es evidente y todo el mundo la ve. La magia es oscura y nadie la ve. La religión está aún por llegar, pero se hará evidente... Sentí la carga del monstruoso trabajo de los tiempos por venir. Vi el dónde y el cómo, mas ninguna palabra es capaz de definirlo, ninguna voluntad puede dominarlo. ... Mas lo vi y su recuerdo no me suelta".[18]

Al estudiar los muchos pasajes proféticos en *Liber Novus*, queda claro que en el fondo de la experiencia de Jung mora una visión de la formación de una nueva imagen de Dios. Pero, ¿qué indicios dio Jung con respecto a la naturaleza de esta nueva imagen de Dios, y más aún, cómo podrían las personas contemporáneas facilitar el surgimiento de una nueva imagen de Dios en su propia naturaleza y en la nueva religión que está por venir?

Liber Novus ofrece varias afirmaciones que se refieren a la imagen de Dios que está por venir. La primera parte de *Liber Primus*, marca la pauta; ahí, Jung narra varias visiones que tuvo que anunciaron el momento en que "estalló la gran guerra entre los pueblos de Europa". Posteriormente afirma:

> En nosotros está el camino, la verdad y la vida ...Las señalizaciones se han caído, frente a nosotros yacen senderos indefinidos. No estén ávidos de engullir los frutos de los campos ajenos. ¿Acaso no saben que ustedes mismos son el campo fértil que tiene todo lo que les sirve?[19]

Desde el principio del misterioso libro profético de Jung, queda claro que la futura imagen de Dios no es más que el ser divino esencial que habita en el alma humana. Aquí, nuevamente debemos recurrir a la versión ampliada de *Septem Sermones ad Mortuos* para obtener un comentario aclaratorio. Al concluir el Primer Sermón, Filemón instruye a sus oyentes a emprender la búsqueda de lo que él llama sus *esencias*. Prosigue:

> Así, en principio solo existe una aspiración, a saber, la aspiración a la propia esencia. Si tuvieran esta aspiración, no necesitarían saber nada sobre el Pleroma y sus propiedades, y aún así llegarían a la meta correcta en virtud de su propia esencia. Sin embargo, debido a que el pensamiento nos separa de nuestra esencia, les debo de enseñar ese conocimiento con el que podrán ponerle freno a sus pensamientos.[20]

Muchos escritos gnósticos afirman explícitamente que la *esencia* del ser humano es el fragmento de la realidad suprema que mora en el centro de su ser. Cuando el ser humano puede acceder a esta esencia, sale sobrando cualquier otra búsqueda religiosa o espiritual. El que este acceso esté tan plagado de dificultades, se debe en gran medida al demiurgo, o por lo menos eso creían los viejos amigos de Jung, los gnósticos. En los *Sermones*, Filemón, el espíritu mentor de Jung, le ofrece consejos sobre cómo los humanos se pueden liberar del yugo del demiurgo de una manera razonable. A diferencia de algunos de los gnósticos más radicales de antaño, Filemón nos aconseja que no huyamos de Abraxas el demiurgo, ni lo busquemos. En uno de los pasajes de los *Sermones*, Filemón dice sobre Abraxas: "No resistírsele es la liberación".

El demiurgo gnóstico, como quiera que se le llame, es omnipresente en el mundo exterior. Mientras los humanos estén en su encarnación terrenal, deberán aceptar tanto la presencia del demiurgo como, a la vez, esforzarse por contrarrestar su influencia poniéndose en contacto con su propia esencia innata. En el Séptimo Sermón, Jung describe esta esencia innata como la "estrella solitaria" que se encuentra en el cielo. Esta afirmación se complementa con la revelación que Jung anotó en su diario *El libro Negro*, el 16 de enero de 1916, en la cual su alma le señala:

> Tienes en ti al Dios *único*, el maravillosamente bello y amable, el solitario, el radiante, el constante, aquel que es más viejo y más sabio que el padre, el que tiene una mano segura, el que te guía a través de todo tipo de oscuridad y de los temores mortales que infunde el terrible Abraxas. Él proporciona alegría y paz, ya que está más allá de la muerte y más allá de lo que podría cambiar. No es servidor ni amigo de Abraxas".[21]

¿Cuál es entonces la principal deficiencia del dios del Eón antiguo, el Dios al que hay que trascender? Si utilizamos la nomenclatura de los Sermones y otros enunciados de Jung, podríamos decir que el dios de las religiones monoteístas es una mezcla en la que el dios supremo (llamado Pleroma en *Septem Sermones*) se combina *inconscientemente* con el demiurgo, a cual Jung llama Abraxas.

Debido a las numerosas acciones y manifestaciones paradójicas e incluso ostensiblemente malvadas de la deidad del Antiguo Testamento y al hecho de que se transfirió esta deidad al cristianismo ortodoxo, surge la tentación de concluir (como lo hizo Jung en *Respuesta a Job*) que el dios judeocristiano es, en el mejor de los casos, un ser que encarna tanto la arrogancia como la inconsciencia. Parece casi imposible creer que este Dios sea a la vez todopoderoso y bondadoso, ya que su bondad tendría que combinarse con una falta de poder o bien, alternativamente, su omnipotencia se conjugaría con falta de bondad. Así, una parte considerable de la humanidad ha llegado al punto en que ya no puede tolerar la tensión inconsciente que encarna la fe ciega en una imagen de Dios completamente misteriosa e irrisoria. Esta circunstancia está causando un auge sin precedentes de ateísmo y laicismo en la cultura occidental. A lo largo del siglo XX, la humanidad experimentó una miríada de eventos terribles que socavaron la capacidad de muchas personas de tener fe en un dios benévolo. La brutalidad medieval de los terroristas de la era moderna, motivados por su devoción a un dios monoteísta, solo ha reforzado el rechazo de tales imágenes tradicionales de Dios en la sociedad laica. Nuestra época clama por un nuevo entendimiento de la divinidad y una nueva imagen de Dios. Esta es la profecía de Jung en *Liber Novus*. Como también hace notar, este desarrollo puede tardar siglos. Hasta que se constele una nueva imagen de Dios, atravesaremos por una época de caos y violencia.

Cuando el cristianismo rechazó el mito de la salvación de la gnosis a favor de un literalismo poco imaginativo, se empobreció espiritualmente. Nuestro empobrecimiento ha llegado a su fin. Estamos en espera a que se forme nuestro mito nuevo, un mito que redescubra las imágenes primordiales y el mito de la gnosis. Como declarara Jung:

> Espero que el lector no se ofenda si mi exposición suena como un mito gnóstico. Nos estamos moviendo en esos territorios psicológicos en los cuales, de hecho, está

arraigada la gnosis. El mensaje del símbolo cristiano es la gnosis, y [la respuesta] del inconsciente a este mensaje es la gnosis a un nivel más elevado. El mito es el lenguaje primordial que de manera natural expresa estos procesos psíquicos, y ninguna forma de exposición intelectual se acerca ni siquiera a la riqueza y fuerza expresiva de las imágenes míticas. Tales procesos tienen que ver con las imágenes primordiales que se reproducen mejor y de manera más sucinta a través del lenguaje figurativo.[22]

El *self*, el demiurgo y la nueva imagen de Dios

En décadas recientes, la cuestión de la imagen de Dios que está por venir ha captado la atención de varios estudiosos de Jung. Es probable que Edward Edinger haya hecho la afirmación más completa sobre la declaración de Jung en su innovador libro *The New God-Image* [23] [que se podría traducir como *La nueva imagen de Dios*]. Como señala Edinger, Jung reconoce una imagen antigua y esotérica de una conciencia deificada que habita en el alma. Esta afirmación está presente en *Liber Novus* y se repite de diversas maneras en los escritos posteriores de Jung. En *Liber Novus*, Jung ofreció una profecía sorprendente: la imagen de Dios que habita en el alma y que había sido descuidada por mucho tiempo se convertiría finalmente en la imagen del Dios que nos guía hacia el futuro. En la primera página de *Liber Novus,* Jung deja en claro que esta predicción estaba coordinada con la transición sincrónica del mundo de la era astrológica de Piscis a la de Acuario.

Actualmente resulta evidente que las bases esenciales del lenguaje de científicos y psicológicos utilizado por Jung yacen en el *Liber Novus*, libro que permaneciera oculto por largo tiempo. Una revelación clave presente en *Liber Novus* y que posteriormente surgiera como una afirmación medular en su psicología -y como un manifiesto espiritual y arquetípico- fue la afirmación de la presencia de un arquetipo central en la psique humana alrededor del cual se constelan otros arquetipos. Jung le llamó a este principio central o arquetipo el "*self*". En *Psicología y alquimia* -publicado en 1944 y basado en las conferencias que diera en 1935- Jung afirma:

> …me he visto obligado a dar a [este] arquetipo el nombre psicológico del "sí-mismo", "self", un concepto, por un lado, suficientemente definido como para transmitir la esencia de la totalidad humana, y por otro, es una palabra lo suficientemente indeterminada como para expresar la naturaleza indescriptible e indeterminable de esa totalidad... De ahí, que el uso científico del término "*self*" no se refiera ni al Cristo ni al Buda, sino a la totalidad de las figuras que le son equivalentes y cada una de estas figuras es un símbolo del self". Esta forma de expresión es una necesidad intelectual de la psicología científica y en modo alguno denota un prejuicio trascendental. Al contrario, … esta actitud objetiva permite a unos decidirse por Cristo, y a otros por Buda, y así sucesivamente.[24]

Mientras que los seguidores de Jung aceptan ampliamente la existencia de una imagen divina en el interior de la psique, a la que Jung denomina el "self", el arquetipo opuesto del demiurgo es mucho menos conocido. Jung argumenta que en el corazón del cristianismo primitivo existía la visión de la gnosis; él mismo había encontrado esta gnosis en las experiencias registradas en sus diarios del *Libro negro* y desde luego en *Liber Novus* y en *Septem Sermones*. Una parte esencial del mito arquetípico de la gnosis es la presencia de una dualidad tanto interna en el alma como externa en el cosmos. Esta dualidad está compuesta de una chispa divina en lo más profundo del alma y una fuerza demiúrgica externa. *El self y el demiurgo se encuentran en oposición uno del otro.*

El mandala que dibujara Jung en 1916, titulado *Systema Munditotius* ilustra claramente esta oposición simbólica.[25] En el punto inferior del mandala circular, sentado en el círculo exterior, hay un ser cuyo cuerpo inferior es el de una gran serpiente, con un torso de color claro, sobre el cual aparece la cabeza dorada de un león, coronada por un halo dorado de diez rayos. En el polo opuesto del mandala, en el ápice del diseño, encontramos un huevo alado dentro del cual aparece de pie la figura del niño dios Fanes. El león-serpiente se describe como *abraxas dominus mundi* (Abraxas, Señor del Mundo). Este poderoso *demiurgo* domina la creación inferior, mientras que el niño dios Fanes en la parte superior está a punto de alcanzar su más plena expresión. La imagen indiferenciada y primitiva del dios está a punto de ser reemplazada por el promisorio dios-niño, el cual aún se está desarrollando.

El *Systema Munditotius* está poblado por imágenes de seres arquetípicos que se ordenan en pares de opuestos en los polos del mandala. Estos incluyen a *deus sol* (el Dios Sol) y *deus luna satanus* (el Dios Luna, Satanás), acompañados de un roedor alado identificado como *scientia* (la ciencia) y una oruga alada llamada *ars* (el arte). A pesar de la abundancia de estas imágenes simbólicas —muchas de las cuales aparecen posteriormente como figuras en el texto de *Septem Sermones*— los dos puntos focales principales del diagrama son claramente Abraxas y Fanes.

Una imagen vale más que mil palabras, y las imágenes de Jung ilustran aquí la naturaleza y el papel de los arquetipos representados, especialmente el demiurgo primordial de Abraxas y de Fanes, la imagen del nuevo dios que está esperando nacer. Por supuesto, junto con esta imagen, las descripciones verbales de Abraxas en *Septem Sermones* también nos informan:

> Abraxas es el dios a quien es difícil llegar a conocer. Su poder es el más grande de todos, porque el hombre no lo percibe en absoluto. Es magnífico, como un león en el momento mismo en que somete a su presa. Su belleza es como la belleza de una mañana de primavera.[26]
>
> Verlo enceguece; conocerlo enferma; rendirle culto es la muerte; temerle es sabio; no oponerle resistencia implica la liberación.... ... Así es el terrible Abraxas... Es tanto el resplandor como la sombra oscura del hombre. Es la realidad engañosa.[27]

Como señala Jung en el Segundo Sermón, la gente no sabe nada sobre el demiurgo porque lo han olvidado. Los autoproclamados arquitectos de los primeros siglos cristianos: los heresiólogos Padres de la Iglesia de la ortodoxia contribuyeron a que se diera este olvido. A partir de entonces, la mera idea de un demiurgo se convirtió en una abominación herética para el cristianismo ortodoxo. Las reflexiones de Jung, registradas en *Liber Novus* y especialmente en los *Sermones*, explican que para avanzar hacia una mayor totalidad, debemos voltear a ver la nueva imagen de Dios que está por venir. Sin embargo, para ello, debemos reconocer también al demiurgo olvidado, el Dios que Jung declaró que era "difícil de conocer".

La humanidad actual gradualmente está cobrando conciencia de una realidad psíquica interna, un hecho que nos centra, al que Jung identifica como el arquetipo salvífico del *self*. En *Liber Novus*, proclamó proféticamente que en la humanidad se está desarrollando una nueva imagen de Dios, y que tal vez una nueva imagen de Dios ya ha despertado en algunas personas de nuestros tiempos, como le sucedió a Jung. El incipiente desarrollo eónico exige una mayor conciencia y una unificación consciente de los opuestos. A través de utilizar el lenguaje de *Liber Novus* y del *Systema Munditotius* podríamos proclamar que Fanes se está moviendo al interior del cascarón y está a punto de romperlo para salir. Sin embargo, para que esto suceda, los seres humanos también debemos reconocer conscientemente la realidad de su opuesto, el demiurgo Abraxas.

La cultura occidental ha estado sufriendo una unilateralidad desastrosa por demasiado tiempo. Un elemento poderoso de esta perspectiva unilateral es la renuencia militante a reconocer la realidad efectiva del demiurgo. Con una visión simbólica única, los gnósticos de la antigüedad observaron cómo el espíritu humano está confinado en la tierra en una prisión hecha de opuestos desconcertantes. Una realidad demiúrgica nos ha colocado trás de estas rejas carcelarias, que de manera alternada asumen la forma en una lucha inexorable entre la luz y la oscuridad, el bien y el mal, o entre componentes sabios y carentes de sabiduría. Negar esta realidad simplemente hace que persista nuestro encierro.

Nuestra inmersión extrovertida en el mundo, tanto en sus aspectos naturales como culturales, perpetúa la servidumbre al Abraxas olvidado. Sus poderes ardientes, cautivadores e infinitamente creativos nos embelesan. Veneramos al terrible Abraxas en las funestas ideologías políticas de nuestra época. Cada vez más, nos mantiene atrapados en centellos mágicos de la red de la tecnología moderna. Sólo una mayor conciencia psicológica, que conduzca a la individuación de nuestra psique, ofrece un camino hacia la liberación del dominio de los complejos internos y las fascinaciones externas que son la esencia de Abraxas. Nos corresponde a nosotros aceptar la realidad de esta fuerza arquetípica, ya que en las palabras de los Sermones dice: "*venerarle es la muerte; temerle es sabiduría; no oponerle resistencia es la liberación*".

Ha llegado el momento para incorporar las percepciones epocales de Jung a nuestra vida. Debemos enfrentar las enseñanzas de *Liber Novus* como una forma de disciplina espiritual. Unos meses antes de morir, en 1961, Jung le escribió a un conocido:

> No logré hacer que la gente entendiera lo que estoy buscando. Estoy casi solo. Algunos pocos entienden esto y aquello, pero casi nadie ve la totalidad... He fallado en mi tarea más importante: abrirles los ojos a la gente para que vean que los seres humanos tenemos alma, que hay un tesoro enterrado en el campo, y que nuestra religión y filosofía están en un estado lamentable"[28].

Hoy, después de la publicación de su monumental obra clásica espiritual, *Liber Novus*, finalmente le podemos responder a Jung que para nada ha fallado; que inspirados ahora por su mensaje visionario, nosotros también estamos listos para "parir lo antiguo en una época nueva".[29] En algún misterioso lugar arquetípico, el sabio doctor C. G. Jung espera una respuesta de este tipo a su gran trabajo.

Notas finales

Me gustaría agradecer al doctor Lance Owens por su colaboración editorial en la preparación de este artículo y a Vicky Jo Varner por su ayuda en la corrección del texto final.

[1] La traducción de *Septem Sermones ad Mortuos* aparece como apéndice en C. G. Jung, *Recuerdos, sueños, pensamientos*, Aniela Jaffé, Ed., trad. María Rosa Borras (Buenos Aires: Grupo Editorial Planeta/Seix Barral, 2002).

[2] C. G. Jung, *El libro rojo*: *Liber Novus*, ed. Sonu Shamdasani, edición castellana a cargo de Bernardo Nante, trads. Romina Scheuschner y Valentín Romero (Buenos Aires: El hilo de Ariadna, 2012); en adelante citado como *Liber Novus*. Para la versión ampliada de *Septem Sermones* de Jung, ver *Liber Novus*, pp. 462-480.

[3] Marvin Meyer, ed., *The Nag Hammadi Writings: The International Edition* (San Francisco: Harper, 2007).

[4] Aniela Jaffé, ed., *C. G. Jung: Word and Image* (Princeton, NJ: Princeton University Press, 1979).

[5] *Liber Novus*, Anexo A, p. 631.

[6] Margaret Barker ha argumentado que la primitiva mitología judía también estaba compuesta de una figura demiúrgica; Margaret Barker, *The Great Angel: A Study of Israel's Second God* (Louisville, Kentucky: Westminster/John Knox, 1992).

[7] Sonu Shamdasani ha descrito *Respuesta a Job* de Jung como una articulación de la teología del *Liber Novus*; Sonu Shamdasani, "Prefacio a la edición de 2010", *Response to Job* (Princeton, Nueva Jersey: Princeton University Press; re-edición, 2010), p. ix.

[8] Stephan A. Hoeller, *The Gnostic Jung and the Seven Sermons to the Dead* (Wheaton, Illinois: Quest, 1982).

[9] Existe una ambigüedad considerable en las escrituras gnósticas con respecto al ser mitológico arquetípico llamado Abraxas. En algunos escritos especulativos, basados en su mayoría en escritos académicos populares del siglo XIX, Abraxas se representa como la suprema deidad de los gnósticos. Fuentes de autoridad, incluyendo dos tratados de Nag Hammadi, *Hipóstasis de los Arcontes* y *Sobre el origen del mundo*, indican que la deidad representada como Abraxas y también

como Sabaoth es a veces percibida como una figura demiúrgica y otras veces como un demiurgo converso que llegó a ser regidor benévolo del séptimo cielo.

[10] Agradezco al Dr. Lance Owens por estas notas sobre las entradas del diario: Lance R. Owens, "Prefacio" en Alfred Ribi, *The Search for Roots: C.G. Jung and the Tradition of Gnosis* (Los Ángeles: Gnosis Archive Books, 2013), pp. 26-27.

[11] Para una discusión del mito gnóstico de *Sofía* y el demiurgo, ver Stephan A. Hoeller, *Jung and the Lost Gospels: Insights into the Dead Sea Scrolls and the Nag Hammadi Library* (Wheaton, Illinois: Quest, 1989). pp. 62-77, 136-152.

[12] *Liber Novus,* Anexo C, p. 649.

[13] Estas entradas en el *Libro negro* 5 aparecieron el 18 de enero, dos días después del comentario sobre Abraxas del 16 de enero de 1916. El nombre Abraxas no habría tenido sentido para los lectores; por lo tanto, Jung reemplazó un término descriptivo para referirse al demiurgo como: "señor de este mundo". *Liber Novus*, p. 461 n74.

[14] Hoeller, *The Gnostic Jung*, p. 53; aquí y más adelante he utilizado mi propia traducción de la edición de Jung de 1916 de *Septem Sermones ad Mortuos*; para mi traducción completa, ver: *The Gnostic Jung and the Seven Sermons to the Dead*, pp. 44-58.

[15] *Liber Novus,* p. 466.

[16] Para una discusión detallada de este material, ver Lance S. Owens, "Jung and *Aion*: Time, Vision and a Wayfaring Man"; *Psychological Perspectives* (Journal of the C.G. Jung Institute of Los Angeles, 2011) Núm. 54: pp. 253-89.

[17] *Liber Novus,* p. 356.

[18] *Ibid.*, p. 356-7.

[19] *Ibid.*, p. 171.

[20] *Ibid.*, p. 466.

[21] *Ibid.*, Anexo C, p. 653.

[22] C.G. Jung, *Psicología y alquimia* (1935/1936), *Obra Completa* Vol. 12, trad. Alberto Luis Bixio (Madrid: Editorial Trotta, 2015), párr. 28.

[23] Edward F. Edinger, *The New God-Image* (Wilmette, Illinois: Chiron Publications, 1996).

[24] Jung, *Psicología y Alquimia, Obra Completa,* Vol. 12, párr. 20.

[25] *Liber Novus*, Anexo A, p. 630.

[26] Hoeller, *The Gnostic Jung*, p. 50.

[27] *Ibid.*, p. 52.

[28] Carta del 13 de noviembre de 1960, Eugene Rolfe, *Encounter with Jung* (Boston, Massachusettes: Sigo Press, 1989), p. 158.

[29] Jung escribió en *Liber Novus*: "Parir lo antiquísimo en una época nueva es creación. Eso es creación de lo nuevo y eso me redime. La redención es la solución de la tarea. La tarea es dar a luz lo viejo en una época nueva". *Liber Novus*, p. 371.

C. G. Jung y el enigma del profeta

Lance S. Owens

El libro rojo: Liber Novus es un volumen imposible de clasificar o comparar; en él resuenan voces que están más allá de nuestra comprensión.[1] Aunque se trata de un documento singularmente moderno, no obstante, se transcribió y presentó bajo la forma de un manuscrito medieval. Además, desde su publicación tardía en 2009, ha demostrado ser una obra que deja perplejos a la mayoría de quienes incursionan en su ámbito visionario. Ya sea que se aborde *Liber Novus* como historiador, psicólogo, crítico literario, o simplemente como lector interesado, el enigma es el mismo: ¿Qué estaba haciendo Carl Gustav Jung? ¿Qué le estaba sucediendo? ¿Se debe interpretar este registro como una creación literaria imaginativa, el producto de una psicosis incipiente, o bien como una obra psicológica oculta tras el velo de un lenguaje profético?

Por supuesto que *Liber Novus* no es nada de lo anterior. Para tener un encuentro con esta obra, el lector debe comprender que C. G. Jung desarrolló *Liber Novus* como una revelación; es un mensaje dirigido a la humanidad en una coyuntura crítica de la historia humana. Se trata de una obra visionaria en el sentido más fundamental de la palabra: Jung basó el libro en los relatos de experiencias visionarias e imaginativas que anotara en su diario entre 1913 y 1916. A pesar de que a lo largo de 16 años, Jung trabajó laboriosamente en la transcripción caligráfica del texto, en el volumen tamaño folio, encuadernado en piel roja e ilustrado, y aunque afirmó que este libro es la base de todo su trabajo posterior, eligió no divulgarlo públicamente. Sabía que sus contemporáneos no lo entenderían. Hoy, casi cien años después, finalmente salió a la luz. ¿Acaso la gente de esta época lo entenderá? ¿En este época, se podrá entender a un hombre que tuvo la experiencia de tener visiones y mantuvo un registro cuidadoso de las mismas, las que en última instancia consideró como una revelación y reconoció como la profecía de una gran era nueva que estaba por venir?

Visión, revelación, profecía: ¿Cómo podrá el "espíritu de estos tiempos" descifrar tales palabras tan arcaicas? ¿Cómo entenderán las generaciones venideras este extraño tomo, formulado como una revelación e implícitamente dirigido como un mensaje a ellas? No puedo profetizar cómo se verá este libro en el futuro, aunque sí sé ahora que *Liber Novus* y la obra posterior de C. G. Jung están entretejidos de manera inextricable. Entender *Liber Novus* inevitablemente exige entender profundamente a Jung y sus incansables esfuerzos por despertar la conciencia moderna a la antigua y misteriosa realidad del alma.

La hermenéutica de la visión

El doctor C. G. Jung ciertamente luchó con su propia concepción de la experiencia visionaria e imaginativa que irrumpió en su vida en el otoño de 1913 y continuó durante casi todas las noches hasta la primavera de 1914.[2] En un primer momento, aceptó la posibilidad de que pudiera ser un camino hacia la locura. Todo empezó en el mes de octubre de 1913 con dos visiones espontáneas independientes, de una ola de sangre que consumía a Europa. Al enfrentar alucinaciones visuales prolongadas, Jung reconoció que se trataba de poderes internos que estaban exigiendo su atención, a los que él no podía resistirse ni ignorar. Primero, interpretó el dilema que enfrentaba en términos personales, como un llamado a conectarse con aspectos de sí mismo que se habían perdido, que había rechazado o bien que estaban escondidos. Con las primeras palabras en su diario, el 12 de noviembre de 1913, solicita un reencuentro con su "alma prácticamente olvidada". A lo largo de las cuatro semanas subsiguientes realizó una rigurosa introspección cada noche, hasta que una noche, una voz proveniente de lo más profundo de su ser comenzó a contestarle. Él le puso atención.

Como médico con una amplia formación clínica, se comprometió a mantener un registro concurrente y cuidadosamente documentado de sus experiencias nocturnas. En diciembre de 1913, dos meses después de iniciar su exploración, Jung describe su diario en términos clínicos, nombrándolo "el libro de mi experimento más difícil".[3] En este volumen y los otros cinco que le siguieron, narra de manera meticulosa lo que vio y escuchó, además de lo que él dijo en respuesta. Fue un experimento, un viaje peligroso de descubrimiento que incursionó en un territorio psíquico desconocido.

Diez años después, Cary Baynes plasmó la descripción que Jung le hiciera de manera privada en 1924, acerca de la forma en que abordó sus encuentros imaginarios:

> Dijiste que parte de este material había herido terriblemente tu sentido de la perfección de las cosas y que habías dudado en ponerlas por escrito conforme surgían, pero que como habías iniciado este registro bajo el principio de 'voluntariedad', es decir, de no hacer ninguna corrección, habías cumplido con ese principio".[4]

El desafío interpretativo inicial de Jung había sido "poner todo por escrito conforme surgía", y de esta manera registrar en su diario la voz de las profundidades a través del diálogo, de escenas visionarias y de imágenes. Se trataba de una extraordinaria tarea hermenéutica inicial.[5] Al inicio de *Liber Novus*, Jung describe el esfuerzo que está realizando: "Hablo a través de imágenes. No hay ninguna otra forma en la que pueda expresar las palabras de las profundidades".[6]

En 1957, Jung le confesó a Aniela Jaffé: "Al principio, mientras anotaba mis fantasías, una voz me susurraba al oído: 'esto es arte'". Sin embargo, Jung no lo aceptaba, protestando enérgicamente: "esto no es arte, por el contrario, es naturaleza".[7] La distinción entre arte y naturaleza es enigmática y requiere de una explicación más detallada. Jung percibía que al conectarse de manera concentrada con la imaginación, la fantasía y la visión, había logrado acceder a la esfera autónoma de la naturaleza dado que sus revelaciones eran algo real, independientes de su voluntad y tenían algo que contar. Lo que había plasmado en el papel no era *su creación artística*. Aunque el volumen ilustrado en tamaño folio ciertamente se puede ver como una obra de arte, según la interpretación de Jung, cualquier talento artístico que se hubiera materializado en *Liber Novus* era la voz de la *naturaleza*. Los eventos registrados por Jung durante los primeros meses de 1914 muchas veces ostentaban un portentoso tono profético. Sin embargo, ya para la primavera de ese mismo año, las visiones habían disminuido lentamente hasta cesar por completo a inicios del verano. Jung reconoció entonces que se le había dotado de un don extraordinario, aunque no le quedaba claro qué debía hacer con él o cómo debía interpretarlo. Cuando estalló la primera guerra mundial en agosto de 1914, su interpretación de la experiencia y lo que plasmó en su diario dieron un giro radical. Jung reconoció de inmediato que lo que había visto, escuchado y registrado a lo largo de los meses precedentes, ciertamente contenía una profecía. Al involucrarse voluntariamente con las funciones naturales autónomas de la vista y la imaginación, se le había mostrado el camino de lo que estaba por venir. Jung enfrentaba pruebas contundentes de que su incursión visionaria no había sido de relevancia exclusivamente personal o subjetiva. Tenía una relevancia histórica, marcaba un cambio de época. La narrativa que había registrado era una revelación. Era el núcleo de un libro nuevo que se dirigiría a una era por venir.

Durante los meses siguientes, Jung redactó en forma manuscrita las mil páginas del borrador de este libro nuevo. Ahí transcribió los acontecimientos visionarios que había registrado en sus diarios, agregándoles una capa adicional de reflexiones y comentarios. Fue la culminación de la hermenéutica inicial de las visiones de Jung; la condensación esencial de su experiencia visionaria en una forma sensorial. Sin embargo, su viaje interpretativo a través de estos registros primordiales, atravesaría por varias fases; de hecho, este emprendimiento hermenéutico llegó a ser el trabajo oculto de toda su vida.

Sin embargo, la revelación no terminó en 1914, como Jung podría haber supuesto. Una vez concluidos los borradores iniciales y de haber empezado la transcripción caligráfica formal del registro, a fines del verano de 1915, comenzó para Jung una segunda ola de experiencias visionarias e imaginativas. Durante este último periodo que -según quedó registrado en su manuscrito- se extendió a lo largo de 1916- se intensificó el tenor revelador y profético de la narrativa.

La última parte de la revelación quedó registrada en la sección final de *Liber Novus*, titulada "*Escrutinios*", que Jung redactara en 1917. Durante ese periodo, Filemón se convirtió en una figura central de sus encuentros imaginarios. En *Recuerdos, sueños, pensamientos,* insinúa cuál es la naturaleza de su relación con Filemón. En esa obra autobiográfica, Jung afirma: "A veces [Filemón] me parecía muy real, como si fuese una personalidad viviente. Me paseaba con él en el jardín, y era para mí lo que en la India se llama un gurú".[8]

Sin embargo, en comentarios privados compartidos con Cary Baynes en 1923, Jung describe a Filemón como algo indescriptiblemente más importante. Él era, en manifestaciones multiformes, un avatar del "Maestro ... el mismo que inspiró a Buda, a Mani, a Cristo, a Mahoma—a todos aquellos que se puede decir que comulgaron con Dios".[9] En la parte superior de la imagen de Filemón en el folio 154 de *El libro rojo*, página terminada alrededor del año 1924, Jung escribió un apelativo en griego: "Padre de los profetas, bien amado Filemón".[10] Unos pocos años más tarde, en la formidable pintura mural de Filemón en la Torre Bollingen, Jung agregó un tributo parecido: "Filemón, Padre Primigenio de los Profetas".[11]

Un libro de revelaciones

¿Acaso *Liber Novus* es una revelación? A lo largo de varias décadas de dar conferencias y seminarios sobre la vida y obra de C. G. Jung, he descubierto que las palabras *visión*, *revelación* y *profecía* resultan reactivos nocivos cuando se les incluye en el alambique del discurso académico, aunque sea en diluciones homeopáticas. Estas palabras emiten un hedor a superstición rancia. Pareciera que hace mucho venció su "fecha de caducidad" académica. Sin embargo, en los diarios del *Libro negro* y en comentarios transcritos por Aniela Jaffé en 1957, Jung sí se refiere al *Liber Novus* como una obra formulada como una revelación. Reconoció haber tenido visiones y posteriormente expuso extensamente el mensaje profético de su *Libro nuevo.*[12]

Decir que Jung rechazó el papel arcaico del profeta es, por supuesto, tanto atinado como totalmente insuficiente. Se trata de una cuestión de crucial importancia para entender a Jung, su *Liber Novus* y su hermenéutica de la visión. La solución no consiste para nada en sencillamente proclamar: "No, él no hizo *eso*".

Entre los materiales de fuentes anteriormente desconocidas que el doctor Sonu Shamdasani proporcionó en el aparato editorial de *Liber Novus*, se encuentra una sección del diario de Jung con fecha del 5 de enero de 1922, en la cual Jung entabla una conversación con su alma acerca de su vocación.[13] Cuando hiciera esta anotación en su diario, Jung llevaba siete años de estar ilustrando y transcribiendo los manuscritos de su *Liber Novus* al gran volumen tamaño folio, encuadernado en piel roja. Jung prosiguió con esta iniciativa durante por lo menos siete años más. Esta anotación en su diario ilustra cómo percibía su libro en medio de esa labor.

No habiendo logrado conciliar el sueño, Jung se dirige a su Alma para preguntarle por qué. Su Alma le dijo que no había tiempo para dormir; que él tenía una gran obra por comenzar; que debía pasar a "un nivel superior de conciencia". Jung le preguntó: "¿De qué se trata? ¡Habla!"

> *Alma*: Debes escuchar: es fácil dejar de ser cristiano. Pero, ¿qué hay después de eso? Pues han de venir más cosas. Todo te está esperando. ¿Y tú? Tú permaneces mudo y no tienes nada que decir, pero debes hablar. ¿Por qué has recibido la revelación? No debes esconderla. ¿Te ocupas de la forma? ¿Acaso es importante la forma, cuando se trata de una revelación?
>
> *Jung*: ¿No me estarás queriendo decir, por cierto, que debo publicar lo que he escrito [*Liber Novus*]? Eso sería ciertamente una desgracia. Y ¿quién habría de entenderlo?[14]

Tres días después, su Alma le explica a mayor profundidad: "Conoces todo lo que hay por conocer acerca de la revelación manifestada, pero aún no has vivido todo lo que debe ser vivido en este momento. … El camino es simbólico".[15]

Él había recibido la revelación manifiesta, pero seguía luchando por encontrar la forma adecuada de expresarla. Treinta y cinco años después de escribir esa entrada en su diario, Jung le afirma a Aniela Jaffé: "*El libro rojo* es un intento de elaborar [acontecimientos imaginarios]...como una Revelación".[16]

Una obligación ética

En su introducción a *Liber Novus*, Sonu Shamdasani asienta que a principios de la década de los años veinte, Jung seguía corrigiendo y modificando los borradores de las transcripciones mecanográficas del texto de *Liber Novus*, y que su publicación todavía estaba bajo consideración.[17] Sin embargo, seguía habiendo un impedimento insuperable: "¿Quién lo iba a entender?"

Alrededor de 1928, Jung comenzó a darse cuenta de que era posible y necesario seguir otro camino. Antes de poder exponer su libro a la mirada pública, Jung necesitaba establecer una hermenéutica -un enfoque interpretativo nuevo- para obras visionarias como la suya. Sonu Shamdasani ha descrito el intenso trabajo que desarrolló Jung durante los siguientes años para dilucidar una "psicología del proceso de creación de las religiones"[18] y producir un "estudio comparativo del proceso de individuación".[19]

Este periodo de trabajo, que se extiende hasta cerca de 1944 —el fatídico año de la grave enfermedad de Jung y de sus visiones cercanas a la muerte— se puede entender constructivamente como la siguiente fase esencial del esfuerzo hermenéutico de Jung.[20] La tarea fundacional era cristalizar su experiencia visionaria en palabras e imágenes. Sin embargo, para que las generaciones por venir pudieran entender *Liber Novus* -el magma fundido de la visión a la que Jung se esforzó en dar forma y de la cual extrajera su ciencia- era necesario que hubiera un enfoque interpretativo totalmente nuevo a la experiencia imaginativa.

Esencialmente, todo lo que Jung escribiera de 1916 en adelante, se orientó a crear un modo interpretativo que pudiera estar a la altura de la aparente locura de su *Liber Novus*. Lo que surgió en la siguiente fase del trabajo de Jung fue un desarrollo orgánico -un estrato adicional necesario- en su hermenéutica ampliada de la visión. Sus escritos durante esta época constituyen gran parte de su *Obra completa* publicada; no obstante, los lectores de esos volúmenes hasta ese momento no tenían un entendimiento cabal de lo que Jung estaba haciendo realmente o por qué lo estaba haciendo.

En comentarios registrados por Aniela Jaffé el 3 de octubre de 1957, Jung afirma que el desarrollo de su ciencia —que de manera implícita incluía su estudio comparativo del proceso de individuación y del proceso de creación de las religiones— era de hecho una *obligación ética* que el *Liber Novus* le había puesto sobre los hombros.

Como preparación para la biografía de Jung que iba a escribir, Aniela Jaffé le realizó una serie de entrevistas entre septiembre de 1956 y mayo de 1958. Jaffé realizó cuidadosos registros estenográficos de las afirmaciones espontáneas que hiciera Jung durante estas sesiones, sobre una gran variedad de temas (la transcripción de los comentarios de Jung llenan 391 hojas mecanografiadas y está disponible en la Biblioteca del Congreso de Estados Unidos). Lamentablemente, muchas de las cosas que le mencionara Jung a Jaffé quedaron excluidas del texto extensamente editado de *Recuerdos, sueños, pensamientos*. Cabe señalar que la transcripción de la sesión del 3 de octubre de 1957 incluye varios ejemplos de comentarios crucialmente importantes que no fueron incluidos en las memorias —casi-canónicas— recopiladas por Jaffé.

Ese día, Jung empezó sus comentarios afirmando que sus visiones lo habían transportado, ya sea mentalmente o en el espíritu (*geistig voraus genommen*) unos cientos de años hacia el futuro. Agregó: "Por eso se me considera 'sabio'."[21] Jung narró que al estar absorto en sus visiones, había caído de manera figurativa en un hoyo abismal; sin embargo, suponía que su mérito era que no se había perdido en este abismo. Su ciencia cobró existencia con base en las visiones y los sueños que Jung había tenido. La ciencia era "el medio aterrador" a través del cual se había logrado "escabullir del hoyo".

No obstante, añadió que las imágenes como aquellas con las que se había encontrado, implicaban una gran obligación. "Son el tipo de imágenes que le llegan al hombre con supremacía". Si uno no considera el conocimiento impartido por tales cosas como una obligación ética, uno cae en la trampa de la magia. Cuando no se ve la obligación ética, el conocimiento que se obtiene por ese medio puede ser destructivo; puede destruir a la persona y a los demás".

Jung siguió hablando y le describió a Jaffé varios eventos en *Liber Novus*: su miedo durante el encuentro visionario con el diablo[22] y su lucha por sanar a Izdubar [Gilgamesh], el dios del Oriente a quien había herido de muerte con su modernidad.[23] Para concluir, dio una descripción resumida de su *Libro rojo*:

> *El libro rojo* es un esfuerzo por elaborar [las visiones] ...en el sentido de una Revelación. Era mi hipótesis de que si yo le fuera fiel al llamado, e hiciera mi mejor esfuerzo, me liberaría.

Sin embargo, no bastó con su elaboración de la revelación y su fidelidad al llamado. Quedaba su obligación ética, la cual exigía un paso hermenéutico adicional. Prosiguió:

> Sin embargo, sólo entonces me di cuenta que esta [elaboración como Revelación] no libera. Me quedó claro que tenía que regresar al lado humano. Entendí que tenía que regresar a tierra firme, y que ésta es la ciencia. Con base en mis reflexiones, tenía que sacar conclusiones concretas. He dado la vida por esta revelación. En *El libro rojo*, era necesario pasar por el proceso de elaboración, aunque esto también me llevó a tener una visión de lo que era la obligación ética. Pagué con mi vida y con mi ciencia.

A esa afirmación, Jung le añadió un veredicto final: "Lo primero, de una manera u otra, me liberó".[24]

La elaboración de *Liber Novus*, bajo la forma de una revelación, liberó a Jung; había sido "fiel al llamado". También lo sobrecargó de pesadas obligaciones, las cuales fue abordando a lo largo de los siguientes cuarenta años de su vida y recurriendo a su ciencia. Al aceptar la responsabilidad ética que le impuso *Liber Novus*, Jung le dio origen a una extraordinaria hermenéutica de la imaginación humana y su ilimitada fuente psíquica.

Las tres profecías

A lo largo de su vida, el doctor Jung expresó muchas cosas extrañas. Entre ellas se encuentra la afirmación anteriormente citada en la que le declara a Aniela Jaffé que mentalmente había viajado varios cientos de años hacia el futuro. ¿Cómo interpretar estas palabras? ¿Se trata acaso de una forma de locura, de un delirio? ¿Es una burda falsedad? ¿Es el testimonio de un visionario y un revelador? ¿Se trata de un acontecimiento de la conciencia que las futuras generaciones interpretarán de maneras imprevisibles? Estas son preguntas que hay que abordar a través de una lectura cuidadosa de *Liber Novus*, y con una atenta evaluación de Carl Gustav Jung, el hombre.

Liber Novus documenta el sentir de Jung de haberse asomado al futuro. Aunque en sus diarios hay varias coyunturas de este tipo, quizás la más impresionante es la narrativa titulada "*Las tres profecías.*" Empezó a transcribir esta sección de *Liber Novus* con un comentario introductorio:

> Se acercaron cosas maravillosas. Llamé a mi alma y le pedí que se sumergiera en la corriente cuyo lejano estruendo podía oír. Esto sucedió el 22 de enero del año 1914, según aparece anotado en mi libro negro. Y así, mi alma traspasó la oscuridad, como un disparo, y desde la profundidad exclamó: '¿Aceptarás lo que traigo?"[25]

Esta es la única parte en el texto de *Liber Novus* donde de manera específica Jung hace referencia tanto a la narrativa de su diario *El libro negro*, como a la fecha exacta en que sucedió el acontecimiento. Los hechos dan fe de la importancia que Jung le atribuye a esta experiencia.

Su Alma traspasó las profundidades y trajo tres imágenes de vuelta: la Guerra, la Magia y la Religión.

> De la oscuridad desbordada que el hijo de la tierra había traído, mi alma me dio cosas de antaño que apuntaban hacia el futuro. Ella me dio tres cosas: las desgracias de la

> guerra, la oscuridad de la magia, y el don de la religión… Estas tres imágenes implican el desencadenamiento del caos y de su poder, así como también implican la reunificación del caos. La guerra es evidente y todo el mundo la ve. La magia es oscura y nadie la ve. Aunque la religión aún está por venir, llegará a ser evidente. ¿Pensaste acaso que nos sobrevendrían los horrores de una guerra tan atroz? ¿Pensaste que la magia existía? ¿Pensaste en una nueva religión? Pasé largas noches sentado, contemplando lo que estaba por venir, y me estremecí. ¿Me crees? No me preocupa tanto. ¿Qué debo creer? ¿Qué debería no creer? Vi y me estremecí.
>
> Mas mi espíritu no podía captar lo monstruoso, ni concebir la extensión de lo que estaba por venir… Sentí la carga del tremendo trabajo de los tiempos por venir. Vi dónde y cómo, pero ninguna palabra los puede entender, ninguna voluntad los puede conquistar.…
>
> Quisiera apartar mis ojos, tapar mis oídos y negar todos mis sentidos; desearía ser alguien entre ustedes, que no sabe nada y nunca vio nada. Es demasiado y muy inesperado. Sin embargo, lo vi y el recuerdo no me abandona.[26]

¿Acaso Jung se había asomado al futuro? Sea que le creamos o no, replicó: "No me preocupa tanto. ¿Qué he de creer? ¿Qué no he de creer? Vi y me estremecí."

La guerra, la magia y la religión. La guerra es evidente y continúa. Pero, ¿la magia? ¿Qué es eso? En la entrada a su diario, es evidente que en ese entonces Jung estaba luchando por entender la naturaleza de la magia. A la noche siguiente, del 23 de enero de 1914, el Alma exacerbó su confusión al presentarle un misterioso regalo mágico.[27] Azorado, Jung indagó: "¡Magia! ¿Qué debo de hacer con la magia? Ni creo, ni puedo creer en ella." El Alma contestó: "La magia puede hacer mucho por ti. Cuatro noches después, su viaje imaginario lo llevó a la entrada del jardín de un viejo mago llamado Filemón.[28] Filemón tenía más que enseñarle sobre la magia.

En sus escritos publicados en años posteriores, Jung frecuentemente menciona la magia, por lo general, en el contexto de la percepción e interpretación que hacen los pueblos primitivos de los fenómenos psíquicos. En un ensayo de 1928, Jung explica: "Lo 'mágico' no es más que otra palabra para referirse a lo 'psíquico'".[29] Sin embargo, para los iluminados, la "magia es oscura y nadie la ve."

"Y la religión aún está por venir, pero sí se hará evidente". El tema excepcional y predominante de las revelaciones de Jung en *Liber Novus* es que nos encontramos ante el umbral de la nueva era. En sincronía con el giro de los cielos y el pasaje de la Era Astrológica de Piscis, el eón de dos milenios de duración dominado por el cristianismo se está acercando a su fin. En la era por venir -el nuevo eón de Acuario- finalmente tomará forma una nueva imagen de Dios y una nueva religión. Esto es lo que Jung proclama en el primera página de folio de *El libro rojo:* "El camino de lo que está por venir".[30]

Tertium non datur – *El principio del tercero excluido*

Jung se tomó muy en serio su papel de científico natural. A lo largo de los años centrales de su vida, solía dirigirse específicamente a la comunidad científico-médica y psicológica de su época. Sin embargo, en realidad estas comunidades nunca acogieron o entendieron a Jung y hoy en día lo han relegado en gran medida a referencias históricas.

Muchos de los escritos de Jung se enfocan en la "experiencia de lo numinoso" y en la naturaleza de la formación de los símbolos en el desarrollo de la religión. Por otro lado, a lo largo de varias décadas, Jung se involucró en diálogos dinámicos e influyentes con prominentes académicos del siglo XX, de tradiciones religiosas tanto orientales como occidentales. Sin embargo, las deliberaciones de Jung tienen una escasa inclusión en los actuales planes de estudio de los programas académicos de estudios religiosos. Así mismo, en los claustros teológicos de la ortodoxia religiosa, por lo general, se desdeña a Jung, considerándolo como ocultista o hereje neo-gnóstico.

Parece ser que la percepción de Jung de la realidad psíquica, lo posicionó dentro de un territorio sombrío, actualmente repudiado por las academias tanto de ciencia como de religión. ¿Por qué será?

Wouter Hanegraaff recientemente identificó una fractura fundamental en la academia secular y religiosa, y me parece que su análisis contribuye a explicar la "falta de receptividad" por parte de ambas esferas. El doctor Hanegraaff -profesor de la Universidad de Ámsterdam y prominente voz académica en el campo de los estudios herméticos y religiosos- sostiene que los prototipos normativos del estudio de la religión "tienen sus raíces en prejuicios teológicos monoteístas, más concretamente cristianos, y aún más específicamente protestantes, sobre lo que es la 'verdadera' religión".[31] El estudio de las religiones se posiciona, además, en oposición a los estudios seculares. Sin embargo, ambos campos comparten un punto ciego problemático:

> Ambos piensan que la 'religión' se opone a 'lo laico'. Sin embargo, el registro histórico muestra que estos dos se definen a sí mismos no sólo uno contra el otro, sino simultáneamente en contra de un *tercer* ámbito.... A este tercer ámbito, que ambos rechazan, se le ha referido por diferentes nombres, aunque los más comunes son *superstición* y *magia*.[32]

La religión y la ciencia laica se posicionaron en una relación diádica u oposicional, pero, de hecho, ambas se definieron a sí mismas no sólo de manera explícita en contraposición a la otra, sino de manera implícita en contraposición a la magia y la superstición. Para ambos ámbitos, este otro territorio es un *tertium non datur;* un tercer hecho no examinado. "La magia es oscura y nadie la ve."

Hanegraaff utilizó los términos "superstición" y "magia" como una forma resumida de referirse a una gama de corrientes culturales alternativas, no ortodoxas, que potencialmente incluyen la magia popular, las prácticas chamánicas, la *magia* hermética, la alquimia, la medicina paracelsiana, el mesmerismo, el espiritualismo del siglo XIX y quizá, incluso la ciencia del siglo XX de C. G. Jung. Independientemente de que este último nombre se agregue debidamente a esta lista o no, Jung tenía, sin embargo, un inmenso interés en *todos* los temas anteriores.

"¿Acaso pensabas que la magia existía?"

La concepción que tenía Jung de la psique abarcaba -y concretaba- una esfera de la experiencia humana que se articula a través de términos tales como "superstición" y "magia". Para él, lo "mágico" era simplemente otro término para lo "psíquico". Como él la percibía, la psique es un hecho preternatural que permea la naturaleza y es innegablemente tenebrosa. A principios de la década de los años cincuenta, Jung reflexionaba sobre el misterio de la psique a través de términos conceptuales provenientes de la física teórica.[33]

> La psique puede funcionar como si el espacio no existiera. La psique, por ende, puede ser independiente del espacio, del tiempo y de la causalidad. Esto explica la posibilidad de la magia".[34]
>
> Si consideramos a la psique como un todo, llegamos a la conclusión de que la psique inconsciente ... existe en un continuo de tiempo-espacio, en donde el tiempo ya no es tiempo y el espacio ya no es espacio. En consecuencia, la causalidad también cesa de existir.[35]

De esta forma, la psique es tanto la base ilimitada de la conciencia, como también de manera imaginable, su fuente primordial. En su comentario al *Libro tibetano de la gran liberación*, escrito en 1939, Jung afirma:

> La psique es, por tanto, lo más importante; es el aliento que todo lo permea, la esencia de Buda; la mente de Buda, el Uno, el *Dharmakāya*. De ella emana toda la existencia y todas las formas separadas que se han manifestado, se vuelven a disolver en ella."[36]

En la sección de *Liber Novus* titulada "Las tres profecías", Jung les pregunta a los futuros lectores: "¿Pensabas que la magia existía?" Además uno podría preguntar: "¿Acaso piensas que existe la realidad psíquica?" Los puntos de vista de Jung sobre la realidad de la psique ciertamente se encuentran más allá de lo que acepta el "espíritu de estos tiempos". Sin embargo, en épocas recientes, en los bordes especulativos de la teoría cuántica, de los estudios cognitivos y de la física teórica, científicos eminentes han planteado teorías unitarias pan-psíquicas de la conciencia y la materia igual de asombrosas que las del doctor Jung.

La afirmación de Jung sobre la existencia de la realidad psíquica, no obstante, no tenía sus raíces en especulaciones teóricas filosóficas o cuánticas. Surgió orgánicamente a partir de las observaciones singulares de los procesos psíquicos y en una relación de obligación ética hacia ellos. Estas observaciones eran, por supuesto, subjetivas; en varias ocasiones confiesa Jung la suprema subjetividad de su trabajo. En una conferencia en la Clínica Tavistock en Londres, impartida en 1935, afirma: "No olvidemos que en la psicología, el *medio* con el que juzgamos y observamos la psique es la *psique* misma. … En la psicología, el observador es lo observado."[37] En la Conferencia de Eranos en 1946, Jung ahondó en su explicación:

> Lo trágico es que la psicología no dispone de ninguna matemática autoconsistente … sino tan solo de un cálculo de prejuicios subjetivos que observa desde un punto de vista psíquico lo físico … La psicología no puede reflejarse en nada; sólo puede representarse a través de sí misma y describirse a sí misma. En consecuencia, eso lógicamente es también el principio de mi propio método: en última instancia es un proceso empírico puro"…[38]

Su método científico era "un proceso basado exclusivamente en la experiencia". Las experiencias que Jung registra en forma sistemática en sus diarios en *El libro negro,* aparentemente le otorgaron la visión de un vasto continuo de tiempo: el advenimiento de las guerras, la magia y el surgimiento de una nueva religión. En ese contexto, sus afirmaciones sobre la psique como "independiente del espacio, del tiempo y de la causalidad", o existiendo "en un continuo de espacio-tiempo, en el cual el tiempo ya no es tiempo y el espacio ya no es espacio", se revela como una base empírica *subjetiva.*

Muchas veces leí la sección de *Liber Novus* titulada *"Las tres profecías"* y en diferentes ocasiones permanecí sentado hasta muy noche, reflexionando sobre sus palabras: *guerra, magia, y religión.* Jung concluye su narración sobre ese vasto futuro con palabras sombrías: "Lo vi y me puse a temblar". Por supuesto que no sé *qué* es lo que haya visto, ni logro entender *cómo* lo vio. Sin embargo, al seguir su camino, he sido testigo de lo que anuncia: "el camino de lo que está por venir."

La guerra es evidente, y todos la ven. En 1914, Jung se dio cuenta de que sus visiones predecían la llegada de la guerra. Sin embargo, ¿acaso se trataba de tan solo *una guerra*? Me asomo a través del continuo de tiempo y tengo la sensación de que la guerra no ha acabado. Todavía hay guerra por venir. Las horribles guerras libradas por los pueblos de occidente durante los últimos tres siglos, fueron típicamente causadas por la búsqueda de dominación geopolítica, o bien por ideologías políticas y agendas nacionalistas. ¿Acaso nos estamos acercando a una conflagración que marca el cambio de era, evocada al servicio de los dioses antiguos en el crepúsculo de su tiempo? Lo veo y me pongo a temblar.

La *magia* es el segundo movimiento misterioso dentro de las "Tres profecías" de Jung. ¿De qué se trata este poder oscuro e invisible, y qué papel juega en su visión del futuro? De nuevo, a falta de respuestas, sólo puedo ofrecer intuiciones. En *Liber Novus*, Jung se vio forzado a focalizar su atención en la magia; la describió subsecuentemente como un aspecto de la psique. La "magia" de la psique otorga la visión del pasado, del presente y del futuro, además de abrir estados de conciencia en los cuales "el tiempo ya no es tiempo y el espacio ya no es espacio". Sin embargo, a lo largo de la historia humana, se ha representado la magia como siguiendo dos caminos divergentes, cada uno con objetivos extremadamente diferentes. Se puede utilizar la magia para manipular la materia y a las personas para obtener beneficios personales; históricamente, a esto se le ha etiquetado como magia negra, baja o *goética*. En contraposición, el camino superior de la magia busca el conocimiento del *self* y su relación con la divinidad; este es el objetivo de la magia *teúrgica*. ¿Qué magia le espera a la gente del futuro? ¿Por cuál de estos dos caminos antiguos se andará?

Como afirmara Jung, la imaginación es el umbral que conduce a la esfera de la psique.[39] Es una fuente infinitamente creativa; puede presagiar cosas que todavía no tienen una existencia material. Al igual que la magia, se le puede utilizar para una gran variedad de propósitos distintos. La cultura tecnológica moderna ha realizado todos los esfuerzos posibles para monetizar el poder de la imaginación creativa. Actualmente, abundan los resultados. Nos envuelven como una red. Sin embargo, ¿acaso es una hambrienta araña mágica la que teje esta red? De ser así, se alimenta de nuestra atención y, en última instancia, chupa la sangre de la vida humana. La alimentación vampírica es un escuálido legado g*oético*, el método de la magia negra relacionado con los *medios*.

Se puede ordeñar la psique; y así nutrir la creatividad humana. Sin embargo, para nuestra era, sigue siendo un misterio su naturaleza y su fuente suprema. Puede ser que cuando Jung se asomó al futuro, vio un tiempo por venir que entendía y reconocía la realidad fundamental de la psique: "Toda la existencia emana de ella, y todas las formas separadas se disuelven para reintegrarse a ella". Ya sea que la humanidad siga el camino alto o el camino bajo hacia el futuro, Jung vislumbró que en algún trayecto del camino acechaba una confrontación con la magia de la psique.

"Una nueva religión aún está por venir, pero se hará evidente". Este es el último movimiento en las "Tres profecías" de Jung. A lo largo de *Liber Novus*, Jung volteó a ver la religión que estaba por venir, y la asoció con la herencia de las supuestas herejías rechazadas por la era que estaba por concluir: las tradiciones no ortodoxas suprimidas que habían reafirmado el misterio innato de la divinidad en la humanidad. "Lo que vendrá a ti, ya yace en tu interior, pero ¡qué es lo que yace ahí!" Cuando finalmente se forme una nueva religión futura, evolucionará como un reflejo de esa maravilla que mora en nuestro interior.

Como conclusión de este profundo explayamiento profético, Jung clamó exhausto:

> ¿Cómo podré entender lo que ha de suceder en los siguientes ochocientos años, hasta el momento en que el Uno empiece a gobernar? Sólo estoy hablando de lo que está por venir. ...El futuro hay que dejárselo a quienes pertenecen al futuro. Regreso a lo pequeño y a lo real, pues este es el gran camino, el camino de lo que está por venir. Regreso a mi realidad sencilla, a mi más pequeño e innegable ser".[40]

El enigma del profeta

Es difícil profetizar, sobre todo acerca del futuro.[41] No obstante, durante la intervención de Sonu Shamdasani con motivo de la publicación de *El libro rojo: Liber Novus*, el 9 de octubre de 2009, se le pidió que profetizara sobre el efecto que tendría esta obra sobre el futuro. Shamdasani contestó:

> Pienso que, ataviado con mi atuendo de profeta, diría que estoy bastante seguro de que dentro de diez años, esta obra realmente transformará nuestra manera de entender a Jung, a tal grado que ya nadie se ocupará de la literatura biográfica del periodo anterior y habrá toda una traducción nueva de la obra teórica de Jung. ... Estoy seguro de que esto transformará nuestro entendimiento de Jung por completo.[42]

Concuerdo con el doctor Shamdasani. Sin embargo, si inspeccionamos la situación a casi diez años de aquella fecha, pareciera que el marco de tiempo previsto en su profecía fue demasiado corto. Las interpretaciones estancadas no se logran destituir en tan sólo una década. La transformación de nuestro entendimiento de C. G. Jung -

ahora recién esclarecido por *Liber Novus*- es inevitablemente una tarea multigeneracional.

Jung elaboró *Liber Novus* como una revelación. Es una cristalización a partir del magma fundido de una experiencia visionaria. Contiene la profecía de una era nueva y de una religión nueva, ambas por venir. ¿Quién puede predecir cómo tales acontecimientos afectarán el entendimiento futuro de Jung o del futuro mismo (sólo un verdadero profeta podría hacerlo)? De manera inevitable, las afirmaciones anteriores evocan otra pregunta inquietante: ¿Acaso Jung era profeta? ¿Qué podría significar la arcaica palabra "profeta" en nuestros propios tiempos o bien en la era por venir? Estas son piezas del irresoluble "enigma del profeta" que nos legó Carl Gustav Jung. En *Liber Novus,* Jung profirió una visión del camino que está por venir. Sin embargo, sólo el tiempo nos podrá contar su historia.

Notas finales

Agradezco a Vicky Jo Varner que en su calidad de experta le dio todo su apoyo editorial a este ensayo.

[1] C. G. Jung, *El libro rojo*: *Liber Novus*, ed. Sonu Shamdasani, edición castellana a cargo de Bernardo Nante, trads. Romina Scheuschner y Valentín Romero (Buenos Aires: El hilo de Ariadna, 2012); p. 244-245. De aquí en adelante citado como *Liber Novus*. A esta obra muchas veces se le refiere sencillamente como "*El libro rojo*". Por motivos de claridad, se debe hacer una diferenciación entre los términos *Liber Novus* y "*El libro rojo*". *El libro rojo* es un volumen ilustrado escrito con caligrafía y encuadernado en piel roja en el cual Jung finalmente transcribió alrededor de dos terceras partes de los borradores de los manuscritos de *Liber Novus*. De aquí en adelante, cuando me refiera a "*El libro rojo*", específicamente me estoy refiriendo al volumen físico de tamaño folio transcrito e ilustrado por Jung. Las citas al *Liber Novus* se refieren a la edición publicada de los manuscritos de Jung, tal cual los editó y recopiló Sonu Shamdasani.

[2] Para una introducción detallada a estos acontecimientos, ver Lance S. Owens, "The Hermeneutics of Vision: C. G. Jung and *Liber Novus*", *The Gnostic: A Journal of Gnosticism, Western Esotericism and Spirituality*, Volumen 3 (julio de 2010), pp. 23–46 (existe una edición en línea disponible).

[3] *Black Book* p. 2, 58; *Liber Novus*, p. 96 n67; C. G. Jung, *The Black Books of C.G. Jung (1913-1932)*, ed. Sonu Shamdasani, (Stiftung der Werke von C.G. Jung & W. W. Norton), por publicarse.

[4] Cary F. Baynes papers; *Liber Novus*, p. 133.

[5] Owens, "The Hermeneutics of Vision: C. G. Jung and *Liber Novus*."

[6] *Liber Novus*, p. 170.

[7] La traducción de "Memories Protocols" de X. Roelli, p. 31; Carl G. Jung Protocols, Box 1, Library of Congress.

[8] C. G. Jung, *Recuerdos, sueños, pensamientos*, Aniela Jaffé, Ed., trad. María Rosa Borras (Buenos Aires: Grupo Editorial Planeta/Seix Barral, 2002), p. 219.

[9] Cartas de Cary F. Baynes, 26 de enero de 1924; *Liber Novus*, p. 133.

[10] Es probable que Jung haya terminado esta imagen de Filemón que aparece en *Liber Novus* a fines de 1924 o inicios de 1925; en algún

momento, Jung agregó una cita en inglés sobre la naturaleza del avatar proveniente del Bhagavad-Gita como nota marginal al cuadro: "El Bhagavad Gita dice: siempre que declina la justicia y se incrementa la iniquidad, me manifiesto. Para protección de los justos y destrucción de los que hacen el mal, para establecer la justicia, me manifiesto en todas las distintas épocas". *Liber Novus*, p. 386 n277.

[11] Jung comenzó a construir la Torre en Bollingen en 1923. Se desconoce cuándo pintó el mural de Filemón, aunque puede que haya sido antes de 1930. La inscripción que aparece en griego en el mural de la Torre lee: "ΦΙΛΗΜΩΝ ΤΩΝ ΠΡΟΦΗΤΩΝ ΠΡΟΠΑΤΩΡ". La última palabra, *Propator*, implica tanto "ancestro" como "el primer padre" o padre primordial.

[12] Las últimas cuatro obras principales de Jung, a las que nombré el "Último cuarteto", son un comentario maduro sobre *Liber Novus*. Para una discusión sobre el "Último cuarteto" de Jung, ver Lance S. Owens, *Jung in Love: The Mysterium in Liber Novus* (Gnosis Archive Books, 2015), pp. 7-9; "Jung in Love: The *Mysterium* in *Liber Novus*", en Thomas Arzt, ed., *Das Rote Buch: C. G. Jungs Reise zum "anderen Pol der Welt." Studienreihe zur Analytischen Psychologie*, Bd. 5 (Würzburg: Königshausen & Neumann, 2015), pp. 215-7 (existe una edición en línea disponible).

[13] *Liber Novus*, pp. 127-8.

[14] *Ibid.*

[15] *Ibid.*

[16] "Das Rote Buch ist der Versuch einer Elaboration im Sinne der Offenbarung." Las transcripciones de las entrevistas de Jaffé a Jung de septiembre de 1956 a mayo de 1958 están disponibles en la Biblioteca del Congreso de Estados Unidos; "Memories Protocols," Carl G. Jung Protocols, Box 1, Library of Congress, p. 148; en lo sucesivo citado como MP. Todas las traducciones y paráfrasis de MP son del autor de este artículo; he incluido anotaciones en alemán de secciones clave de la transcripción original de Jaffé.

[17] Shamdasani, *Liber Novus*, pp. 128-31.

[18] *Liber Novus*, p. 128.

[19] *Liber Novus*, p. 148.

[20] Las visiones cercanas a la muerte que Jung tuvo en 1944, reorientaron su camino. Para información acerca de la naturaleza de su trabajo durante el siguiente periodo, ver: Lance S. Owens, *Jung in Love: The Mysterium in Liber Novus* (Gnosis Archive Press, 2015), pp. 6-10; y "Jung and *Aion*: Time, Vision and a Wayfaring Man", *Psychological*

Perspectives (revista del Instituto C. G. Jung de Los Ángeles, 2011) 54: pp. 259-266 (ediciones en línea disponibles).

[21] El 3 de octubre de 1957, MP, p. 147; Jaffé transcribió: "Ich habe ja geistig einige 100 Jahre voraus genommen, das heisst, es hat mich um einige 100 Jahre in die Zukunft versetzt. Darum gelte ich für 'weise.'" [Que se podría traducir como: "Me adelanté unos 100 años mentalmente, lo que significa que me adelanto 100 años a mi época. Entonces soy 'sabio.'"]

[22] *Liber Novus*, pp. 317-318.

[23] *Liber Novus*, pp. 284-317.

[24] Ibid.

[25] *Liber Novus*, p. 355.

[26] *Liber Novus*, pp. 356-7.

[27] *Liber Novus*, p. 359.

[28] *Liber Novus*, p. 372.

[29] C. G. Jung, "Las relaciones entre el yo y el inconsciente", en *Obra Completa*, Vol. 7, trad. Rafael Fernández de Maruri (Madrid: Editorial Trotta, 2007), párr. 293.

[30] Para una discusión amplia sobre la visión de Jung del eón nuevo, ver Lance S. Owens, "Jung and *Aion*: Time, Vision and a Wayfaring Man," *Psychological Perspectives* (Journal of the C. G. Jung Institute of Los Angeles, 2011) 54: pp. 253-89 (disponible en línea).

[31] Wouter J. Hanegraaff, "Reconstructing 'Religion' from the Bottom Up," *Numen: International Review for the History of Religions,* 63 (2016), pp. 577–606.

[32] Ibid., pp. 577, 591.

[33] Jung tenía una asociación cercana e influyente con Wolfgang Pauli, el físico ganador del Premio Nobel y fundador de la teoría cuántica; su relación personal se extendió de 1932 hasta la muerte de Pauli en 1958. Cada uno valoraba altamente la visión del otro. Ver Suzanne Gieser, *The Innermost Kernel: Depth Psychology and Quantum Physics - Wolfgang Pauli's Dialogue with C. G. Jung* (Berlín: Springer, 2005).

[34] Journal of Suzanne Percheron en *C. G. Jung, Emma Jung and Toni Wolff - A Collection of Remembrances* (The Analytical Psychology Club of San Francisco, 1982), p. 62.

[35] Gerhard Adler, ed., *C. G. Jung Letters* (Princeton, NJ: Princeton University Press, 1973), Vol. 1, p. 547.

[36] C. G. Jung, "Comentario psicológico al 'Libro tibetano de la gran liberación'" (1939), en *Obra Completa,* Vol. 11, trad. Rafael Fernández de Maruri (Madrid: Editorial Trotta, 2016), párr. 771.

[37] C. G. Jung, "Las conferencias Tavistock" (1935) en *Obra Completa*, Vol. 18, trad. Jorge Navarro Pérez, (Madrid: Editorial Trotta, 1976), párr. 277.

[38] C. G. Jung, "Consideraciones teóricas acerca de la esencia de lo psíquico" (1948), en *La dinámica de lo inconsciente, Obra Completa*, Vol. 8 (Madrid: Editorial Trotta, 2004), párr. 421.

[39] C. G. Jung, *Mysterium Coniuntionis, Obra Completa*, Vol. 14, trad. J. Rivera y J. Navarro (Madrid: Editorial Trotta, 2002), párr. 752.

[40] La primera afirmación sólo aparece en el borrador del manuscrito; *Liber Novus*, p. 357 y n236.

[41] A lo largo de los últimos cincuenta años se ha atribuido este refrán danés a múltiples personas, pero nunca a C. G. Jung.

[42] Transcripción del autor; Sonu Shamdasani, 9 de octubre de 2009 conferencia impartida en la Academia de Medicina de Nueva York, Ciudad de Nueva York.

La imaginación para el mal

Liliana Liviano Wahba

"La inocencia era su anteojera".
Herman Melville, *Billy Budd*

Jung considera que la sociedad moderna tiene una necesidad urgente de alcanzar una conciencia colectiva y que la psicología analítica puede proporcionar un modelo de intervención pragmática. Idealmente, el proceso de individuación promovería acciones que se puedan generalizar para así apoyar tanto a los individuos como a la sociedad a construir una comunidad con valores y significados ligados al bienestar, a la armonía espiritual y a la naturaleza, mostrando el debido respeto a la integridad. Al estar familiarizado con la psique y los elementos sombríos (la sombra) que acompañan a los ideales más nobles, Jung previó que ciertos obstáculos y defensas afectarían a grupos e individuos no sólo en sus relaciones más íntimas y familiares, sino también en sus vínculos con la comunidad. Particularmente preocupado por los líderes políticos de su época y por el deterioro que los regímenes autoritarios le podrían causar a la sociedad, Jung dedica gran parte de sus escritos a criticar el dogmatismo, la inflación del ego, el poder psicopático, la credulidad y la inconciencia de los seguidores miopes de supuestos "líderes." Los textos en gran medida se alinean con lo que Jung llama "enfrentar la sombra", un proceso muchas veces enraizado en el tema religioso de la lucha entre el bien y el mal que aparece en las representaciones de lo divino y en las proyecciones psíquicas.

Este ensayo busca entretejer observaciones sobre el mal y la credulidad, así como la importancia de tener conciencia de estas polaridades en la época actual de intensos conflictos de naturaleza étnica, religiosa y económica, cuyos síntomas de arbitrariedad en el ejercicio del poder, en el desarrollo y uso de una tecnología desprovista de cualquier humanismo y de la desesperación suicida, refuerzan el miedo que emerge de un mundo convulsionado. El ensayo se inspira en la expresión que utilizara Jung para referirse a la importancia de permanecer en estado de alerta con respecto a la "imaginación para el mal."[1]

Un trágico incidente que ocurrió recientemente en la región sureste del interior de Brasil tiene correspondencia con el tema propuesto: el poder del mal cuando la inocencia -o la ingenuidad- se enfrentan con una psicopatía cruel. El incidente involucra a una trabajadora social de poco más de 30 años de edad, casada y madre de un bebé. Ella asistía a un hombre de 65 años de edad a quien le llamaba "abuelito"; acudía sola a su pequeña granja a enseñarle a leer y escribir, e incluso le ayudaba con sus necesidades personales, como cortarle las uñas de los pies. La catástrofe sucedió el día de su última visita: el hombre la violó y la mató de un martillazo en la cabeza. Su esposo estaba desconsolado; se sentía culpable por no haber previsto que pudiera suceder esta fatalidad y por no haberla protegido. El asesino guardaba una fotografía de la trabajadora social con palabras que describían su figura y varias notas que decían: "Te amo". Tanto él como un granjero vecino, que había sido su cómplice, tenían antecedentes penales por el delito de violación.

El cuento de *La caperucita roja* trata de la iniciación de una niña y la necesidad de perder la inocencia de la infancia, ya que los lobos tienen hambre. ¿Qué sucede cuando termina la edad de la inocencia, aunque sigue persistiendo de manera inadecuada, e incluso persiste en nombre del bien?

En nuestra práctica profesional como psicoterapeutas, nos encontramos con pacientes que culpan a todo lo que les es ajeno por su sufrimiento y les resulta tremendamente difícil percibir su propia participación en lo que les sucede, o bien se culpan a sí mismos de manera tan genérica que también permanecen inconscientes de los efectos que ellos tienen sobre los demás. En estos casos, el mal es difuso, el mundo está hecho de trampas en las que es muy probable que caigan, por lo que no tiene ningún sentido que intenten tomar conciencia de estas trampas. Estos pacientes, por lo tanto, se quedan lamentando su culpa, sea externa o interna. Sin embargo, existe otra condición, que es cuando una capa de aparente inocencia evita que reconozcamos lo que se podría considerar maligno. Como ejemplo, una paciente de 25 años de edad que era hija adoptiva, le atribuía a sus padres adoptivos y a su entorno, un aura de protección casi mágica y sentía que le era extremadamente difícil entender situaciones de conflicto. Cuando interactuaba en grupo, siempre se sorprendía y molestaba si por algún motivo la ignoraban, o bien si alguien hablaba mal de ella. A pesar de ser muy inteligente y ampliamente respetada tanto en sus estudios de posgrado como en su vida profesional, tenía cara de niña, lo que además la hacía soñar con un matrimonio feliz, aunque nunca se acercaba a los chicos ya que no sabía qué hacer ni cómo actuar. Soñaba que algún día aparecería una pareja adecuada y con buenas intenciones. En este caso específico, las defensas en contra de sentimientos de abandono y orfandad se sumaban a este estado psíquico de total pureza e inocencia.

Al margen de la dinámica psicológica subyacente, la malicia y la inocencia parecen ser factores que de hecho se entretejen en juegos peligrosos que incluso pueden llevar a resultados catastróficos, como se puede ver en el incidente periodístico mencionado anteriormente.

La última de las obras de Herman Melville -su magistral novela *Billy Budd*- retrata el carácter angelical de un joven, inocente como un "hippie", libre de toda malicia, condición que lo lleva hacia su destrucción a través de las proyecciones de un sargento de armas lleno de envidia, odio y crueldad. Melville de manera dramática, identifica su destino en el juego de dos opuestos: la inocencia y el mal encarnados en las figuras de los dos personajes. Rollo May en su obra *Poder e inocencia*, también menciona a *Billy Budd* y avala la opinión de Arthur Miller de que "la perfección de la inocencia es, ciertamente, una locura".[2] Él considera la actitud de la inocencia como una forma de rechazar el poder legítimo, convirtiendo muchas veces esa actitud en una virtud. Proporciona la etimología latina de la palabra inocencia: "*in-nocens*: no nocivo, no dañino. Estar libre de culpa o de pecado, ser inocente, puro y en acción, significa estar libre de la influencia o el efecto del mal, o bien que no actúa desde una intención maligna".[3]

May distingue entre dos tipos de inocencia: un tipo de inocencia tiene la cualidad de la imaginación, como la del poeta y el artista, y conserva la claridad infantil en la edad adulta, llevando a la espiritualidad, por lo tanto, es fuente de pureza y novedad. El otro tipo de inocencia es el infantilismo irresponsable, cuando la inocencia no puede incluir lo daimónico y se vuelve maligna.

El primer tipo de inocencia coincide con la descripción de Jung del arquetipo del niño. El personaje de Melville representa el segundo tipo de inocencia. Más bien, se trata de una pseudo inocencia, una especie de fijación en el pasado; es un infantilismo más que la naturalidad infantil. Este tipo de pseudo inocencia lleva al utopismo, en donde no se tiene que enfrentar el peligro real y aunque pretende ser una virtud, de hecho no lo es. No promueve la claridad, sino que sólo hace que sea sencillo y fácil evitar las tragedias y las complejidades de la vida. Al avalar la inocencia, no logramos reconocer la destructividad en nosotros mismos, lo cual lleva a una especie de complicidad con el mal. Billy Bud, al no ser capaz de sospechar o desconfiar del otro en suficiente medida, no logra detectar la enemistad.

Aunque se publicó *Poder e inocencia* en 1972, sigue significando mucho hoy en día. Sigue siendo una descripción perspicaz de cómo se comportan tanto los individuos como los grupos y se vuelven vulnerables por medio de "consignas de vida" simplistas, negando todo deseo de poder y supuestamente manteniéndose por encima del mal para así evitar tener que enfrentar -y asumir- la realidad del poder. Tal evasión les permite eludir la responsabilidad y crea las condiciones para que se den estallidos de violencia: "La persona religiosamente inocente, que carece de la 'sabiduría de las serpientes', puede hacer un daño considerable sin saberlo".[4] Evitando cualquier premisa religiosa, May también enfatiza que Melville ya había señalado que la espiritualidad se contrapone a la inocencia.

Al igual que Jung, May preconiza la necesidad urgente de promover la conciencia del bien y el mal en cada uno de nosotros, que inevitablemente se dan en la experiencia de la vida, así como de aceptar la responsabilidad y asumir la culpa por las acciones humanas. En pocas palabras, según May, la respuesta al problema del mal en la humanidad no yace en la inocencia y la exoneración de los pecados, sino más bien en aceptar que el mal siempre será nuestro adversario.

La problemática del mal y la destructividad permea la obra de Jung, quien a pesar de no haber postulado la noción del instinto de muerte, reconoce la polaridad agresivo-destructiva en la energía psíquica. En *Símbolos de transformación*, escribe: "...la libido no es sólo un incesante movimiento hacia adelante, una voluntad infinita de vivir,... la libido también desea su propio descenso, su propia involución: la muerte";[5] de este modo circunscribe los instintos de vida y muerte dentro de la libido misma. Además, en *El libro rojo* afirma: "No estás obligado a vivir eternamente, sino que también puedes morir, ya que hay una voluntad en ti para ambas cosas. La vida y la muerte tienen que mantener un equilibrio en tu existencia".[6]

Podemos simbolizar los ciclos de vida y muerte, así como los ciclos de creación y destrucción dentro del mito del sacrificio que alberga el dolor transformado en un acto de renovación, probablemente debido a nuestra capacidad de resiliencia. De hecho, si observamos los procesos psíquicos complejos y necesidades profundas de cambio que implican la destrucción con el fin de avanzar hacia la construcción de actitudes nuevas, veremos involuciones de naturaleza psíquica sin salida alguna: desórdenes psicopáticos, un comportamiento cruel infligido en alguien vuelto vulnerable, masacres, poder tiránico, fanatismo ciego y mortal, además de muchas otras expresiones de lo que podemos entender como un mal incurable, inalterable. La psiquiatría ha procurado nombrar lo incomprensible, el mal como *psicopatía*, aunque no todos aquellos a quienes se les considera psicópatas cometen actos criminales.

Guggenbühl-Craig explora el tema de la ausencia del sentido moral y del Eros en la psicopatía,[7] mientras que James Hillman sugiere que se debe a una deficiencia de naturaleza constitucional, como si aquellas personas que provienen de una "mala semilla" encontraran en la violencia una forma de transcender, una manera de ir más allá de lo ordinariamente humano para que se vuelva inhumano.[8] Con el fin de controlar la agresividad demoniaca "inhumana", Hillman propone la necesidad de encontrar rituales a través de las artes y de ceremonias colectivas, que permitan que la fuerza excesiva, extravagante, y demoníaca encuentre una vía de expresión.

No obstante, aniquilar sin piedad al prójimo también es humano, haya o no haya una razón causal que justifique tal acto. Independientemente de lo que decida la nosología psiquiátrica, en el ser humano existe, palpita y pulsa una abominable, aterradora e inconmensurable atracción hacia el mal.

Particularmente en los ensayos contenidos en el volumen 10 de la *Obra Completa, La civilización en transición* y en *Respuesta a Job*,[9] Jung reflexiona sobre la valencia del mal en la psique, en la sociedad e incluso enraizada en la religión. La Segunda Guerra Mundial dejó su dolorosa marca en los pensadores de esos tiempos y Jung fue testigo de la devastación producida por las dos terribles guerras en el siglo XX. En varias ocasiones, expresó su profunda preocupación por el futuro de la humanidad.

Murray Stein en su extensa revisión del trabajo de Jung sobre la cuestión del mal,[10] explora el significado que Jung le atribuyó al mal. Demuestra que Jung entiende cómo se manifiesta la energía en la psique y en la naturaleza, en términos de los ciclos de estructuración y desintegración. La pregunta planteada se refiere a la naturaleza intrínseca del inconsciente y a la realidad arquetípica del mal. Según Stein, Jung busca una visión psicológica del mal en la que adopta nociones como la sombra, los complejos, la proyección y la posesión del ego, todas las cuales en cierta medida anulan la capacidad de discernimiento moral.

Por un lado, Jung entiende el mal como un producto de la conciencia mas que algo que tenga sustancia propia, ya sea en términos de su naturaleza psíquica, física, o metafísica. En consecuencia, el bien y el mal serían polos de una discriminación contrastante utilizados para diferenciar la experiencia, así como un prerrequisito para refinar los juicios morales a través de medios cognitivos. En otras palabras, el mal no sería intrínseco a la naturaleza humana. Por otro lado, sin embargo, al proponer la encarnación del lado oscuro de Dios y el mal -contenido en la dualidad de la esencia divina y, por consiguiente, en la de los seres humanos-, el mal tendría una naturaleza intrínseca. Por lo anterior, Stein sostiene que Jung reconoce la naturaleza paradójica de esta contradicción del mal.

No tenemos una respuesta, es decir, desconocemos si el mal surge de la sombra y es el producto de una posesión e inflación arquetípicas, o bien si es un juicio de la conciencia o una realidad en sí misma. Sea como fuere, los efectos del mal siempre son reales y algunos individuos parecen dotados de una maldad intrínseca. Es probable que una conciencia que escruta -y no sólo la razón- proporcione la vacuna adecuada, o bien el antibiótico apropiado, ya sea para enfrentar el mal que existe en nosotros, o bien para aumentar las posibilidades de estar protegidos de lo que nos es ajeno y que muchas veces es imposible de solucionar.

Conocer y explorar las profundidades de la psique, como lo hacía Jung, le permitía entender que es inadmisible la ingenuidad por parte de los científicos y de los psicólogos, por lo que es necesario, incluso indispensable, adoptar una actitud de confrontación para poder lidiar con las fuerzas destructivas enraizadas en la psique humana.

En *Respuesta a Job* escrito en 1952, Jung advirtió sobre el alcance que tiene el poder destructivo otorgado al hombre y la necesidad de "templar su voluntad mediante el espíritu del amor y la sabiduría".[11]

A partir de sus tempranas experiencias personales con el inconsciente que culminaron en su *Libro rojo*, la problemática del mal ha estado presente en la obra de Jung y ha recibido un escrutinio meticuloso. Más adelante, nos referiremos a algunos pasajes importantes sobre este tema. Por lo pronto, veamos cómo Jung nos advierte sobre lo que se ha descrito anteriormente en este ensayo respecto a lo que sucede cuando estamos lidiando con un estado o actitud de inocencia, pseudo-inocencia, conveniencia, o infantilismo -"cobardía infantil"[12]- ya sea una actitud neurótica o meramente oportunista. En *Un mito moderno: de cosas que se ven en el cielo*, Jung describe el riesgo que corre una persona ingenua e inconsciente que puede imaginar que evitar el pecado es una ilusión infantil, cuando el peligro de sucumbir al mal es más fuerte si se permanece ignorante de este: "la inconciencia no es ninguna excusa, sino más bien es una transgresión, en el sentido literal de la palabra".[13]

Al igual que otros pensadores de su época, incluyendo a Freud,[14] a Jung le preocupa el fanatismo y el servilismo mental de los grupos masivos no diferenciados, dominados por premisas uniformes y unilaterales. En casos extremos, esta conducta produciría líderes sociópatas, como enfatiza Hannah Arendt en *Los orígenes del totalitarismo*: regímenes en los cuales la tendencia totalitaria es hacer que los seres humanos se vuelvan superfluos inútiles y prescindibles como individuos.[15] Debido a que no se puede evitar que el sujeto piense, sus pensamientos se vuelven impotentes e irrelevantes, como si su individualidad se hubiera desintegrado y *todos los hombres se hubieran vuelto "un solo hombre"*, una humanidad indiferenciada. Al ejercer presión sobre todos los individuos y hacer que se vuelvan los unos contra los otros, el terror absoluto destruye el espacio entre ellos y se convierte en una condición para que se dé un gobierno totalitario perfecto, en el que el mal radical surge en conexión con un sistema en el cual todos los hombres se han vuelto igualmente superfluos.

Este fenómeno, sin embargo, no sólo ocurre en situaciones de terror o de opresión totalitaria. Con frecuencia, también aparece en contextos democráticos cuando se vuelven habituales las formas de comportamiento basadas en el dominio y la subyugación conscientes o inconscientes.

La noción de la minoría de Kant se aplica a la llamada mentalidad de masas y a las relaciones caracterizadas por la subyugación: "La Ilustración es el surgimiento del ser humano de su minoría autoimpuesta".[16] Debido a la pereza y a la cobardía, muchas personas permanecen como si fueran "menores de edad" bajo la tutela de otros guardianes y no se toman la molestia de asumir sus responsabilidades.

Aquí, la presuposición es que las instrucciones ejercidas por el otro -ya sea a través de la imposición forzosa o bien aceptada libremente- reducen la capacidad de tener plena conciencia de nosotros mismos y del mundo que nos rodea. El estado de inocencia sería entonces una de las variables en una escala en la cual el individuo -sin que nadie se identifique como el que dirige- queda a merced de acciones o proyecciones que no logra percibir. En este sentido, en *Presente y futuro,* Jung se refiere a una sociedad integrada por seres humanos desindividualizados (el "hombre único" de Arendt) completamente a merced de dictadores despiadados. Señala también el estado de ensoñación infantil y poco realista del "hombre-masa" que se desliza suavemente hacia el "país de la infancia, bajo la protección paterna, hacia la despreocupación y la irresponsabilidad".[17] En pocas palabras, en esta obra reflexiona sobre la gran importancia del auto-conocimiento y la responsabilidad con respecto a ser capaz de hacerse daño a sí mismo y a los demás y la importancia de reconocer "la negra sombra colectiva de la humanidad":

> Esa negligencia constituye incluso el mejor medio para convertirse en instrumento del mal. Al igual que al enfermo de cólera y aquellos que lo rodean, no les sirve de nada permanecer inconscientes de lo contagioso de la enfermedad, así tampoco nos sirven a nosotros la inocencia y la ingenuidad ... Lo que es peor aún es que nuestra falta de visión nos priva de la capacidad de lidiar con el mal".[18]

En este texto, Jung utiliza el término "imaginación para el mal" y es en *El libro rojo* que inserta imágenes y visiones vívidas para representar este poder imaginario que saca los fuegos más extraños de las profundidades de la psique, fuegos que conocen los poetas, los artistas y los filósofos, y que no dejan lugar a duda del horror que habita en nuestro interior. Jung nombra "espíritu de las profundidades" a lo que se opone al "espíritu de estos tiempos" y proclama: "...lo que digo es la magnitud, la embriaguez y la fealdad de la locura".[19] Aquí, Jung nos prepara para las perturbadoras visiones que siguen y allanan el terreno de la "imaginación para el mal" mencionada anteriormente.

La crudeza de algunas de estas visiones levantó críticas y sospechas con respecto a la salud mental del autor, quien, no obstante, dejó en claro que el trabajo era un experimento ("mi experimento más difícil"), una apertura al inconsciente reunida a través de intuiciones a ser confrontadas con conciencia. Paul Bishop se refiere a la estética de lo inaceptablemente horrendo y repulsivo a través de pasajes perturbadores y escenas de muerte, de alguna manera comparables con los ejercicios espirituales creados para contemplar la muerte.[20] Desde la perspectiva de Jung, las fantasías ahí descritas se deben de leer de manera simbólica más que literal, es decir, con un tratamiento hermenéutico de las fantasías creativas que acepte lo irracional como un factor psicológico.[21] Se deben entender las revelaciones del inconsciente desde una perspectiva científica y ética. En la introducción a *El libro rojo*, Shamdasani señala algunos temas de la obra que él considera como un intento por entender la relación del individuo con lo social y como un esfuerzo por entender la subjetividad misma.[22] Subraya el hecho de que Jung se dio cuenta del malestar contemporáneo de la enajenación espiritual y lidió con las atrocidades de la guerra, las manifestaciones de la locura y las transformaciones religiosas. Cary Baines comenta que Jung le había comentado que él no sentía respeto alguno por inspiraciones que no tuvieran un impacto sobre la realidad, lo cual confirma su filosofía psicológica de dilucidar los fenómenos psíquicos y su deseo de darle una educación psicológica al individuo en tiempos modernos.[23]

Según Jaffé, a Jung le perturbaba profundamente la inconciencia de los seres humanos y el que estuvieran sumergidos en una masa tan irresponsable, previendo catástrofes que amenazarían la existencia de la especie humana. "Con aprehensión, veía los peligros que surgen cuando no se reconoce la verdad de las profundidades, cuando no se tolera ni ilumina su oscuridad".[24]

Si bien en la obra de Jung muchas veces la sombra interpreta la paradoja de la esencia del mal, es decir, al señalar la diferenciación de la conciencia y, como hemos visto, deja la cuestión del mal mismo sin resolver, en *El libro rojo,* la fenomenología del mal parece ser sustancial, e incluso parece acechar al autor mismo. Lo que sigue a continuación es una selección de citas que permiten apreciar mejor el pensamiento de Jung en *El libro rojo*. Con respecto a su preocupación por la agresividad de los hombres entre sí, hay que ver la descripción que Jung escribe entre la primera y la segunda guerra mundial, así como lo que Freud escribió en 1930.

> Nadie debe asombrarse de que los hombres estén tan alejados unos de otros que no se puedan entender, que se combatan y maten entre sí. Nos debe asombrar mucho más que los hombres crean estar cerca unos de otros, entenderse entre sí y amarse. Dos cosas quedan aún por descubrir. La primera es el abismo infinito que separa a los hombres entre sí. La segunda es el puente que nos podría unir. ¿Has considerado alguna vez cuánta animalidad insospechada permite la convivencia con el hombre?"[25]
>
> … el hombre no es una criatura tierna necesitada de amor, que sólo osaría a lo mucho defenderse si lo atacaran, sino, por el contrario, es un ser entre cuyas disposiciones instintivas también debe incluirse una buena porción de agresividad. Por consiguiente, el prójimo no le representa únicamente un posible colaborador u objeto sexual, sino también alguien que le hace caer en la tentación de saciar en él su agresividad, de explotar su capacidad de trabajar sin recibir una remuneración, de aprovecharlo sexualmente sin su consentimiento, de apoderarse de sus bienes, de humillarlo, de ocasionarle sufrimientos, martirizarlo y matarlo".[26]

En consecuencia, si el mal es inevitable e inherente a la naturaleza humana, lo único que podemos hacer es confrontarlo tal cual nos incita a hacer Jung después de observar que es probable que el mal abismal provenga de la estupidez y la inconciencia humana: "Una de las raíces más fuertes del mal es la inconciencia."[27]

El libro rojo contiene varios pasajes en los cuales Jung adopta el tono de un diálogo con el lector, para luego asumir una retórica afirmativa superior como vocero de este "espíritu de las profundidades". ¿Cuál es el mensaje que está transmitiendo? Lo que se revela es la constitución de las polaridades del ego, la necesidad de renovar y ajustar la conciencia y confrontar las tendencias sombreadas destructivas, pero principalmente reconocer que el mal es absolutamente "real", aunque no lo podamos entender plenamente, ya que el mal siempre nos evade. En otras palabras, el pensador, el psiquiatra, parece estar advirtiéndonos que cualquier interpretación (como la sombra o la posesión) será parcial y limitada, y, sin embargo, aun así nos corresponde enfrentar la tarea.

Al examinar cuidadosamente este ir y venir de las fantasías - algunas de las cuales son herméticas e ininteligibles- lo que se ve delineado es casi un manual de cómo confrontar el mal sin sucumbir a él. Jung exhorta a los seres humanos a ver sus defectos morales y a tomar conciencia de la ambigüedad de sus virtudes. El tono casi profético de sus palabras, nos transporta a otros planos que desafían el entendimiento. Utiliza imágenes vívidas, como: "¿sabías lo que es el mal?" "la sustancia inevitable", "el mensajero incauto", "la serpiente siseante", "el tigre sediento de sangre".

> ¿Pensaste alguna vez en el mal existente en ti? ¡Ah! Hablaste de eso, lo mencionaste y lo admitiste sonriendo, como un vicio humano común o como un malentendido recurrente. Mas, ¿sabías lo qué es el mal y que justamente se encuentra detrás de tus virtudes, que también son tus propias virtudes, en tanto su inevitable esencia?"[28]
>
> ¿Sonríes inocentemente, mi amigo? ¿Acaso no ves que un suave parpadeo de tu ojo delata el terror cuyo mensajero eres sin siquiera sospecharlo? Tu tigre, con sed de sangre, gruñe suavemente, tu serpiente ponzoñosa sisea en secreto, mientras que tú, consciente sólo de tu bondad, me ofreces tu mano humana a modo de saludo".[29]

Jung nos muestra que cuando se enfrenta este tipo de oposición tan poderosa, pueden resultar inútiles los apoyos recurrentes, incluyendo la confianza ciega en la fe. La ilusión que nos hace colocarnos en manos de un Dios facilitador benévolo se disipa como una ayuda para combatir la destructividad humana:

> El ojo único de la divinidad es ciego, el oído único de la divinidad es sordo, el caos atraviesa el orden mismo de su ser. Así que téngale paciencia a la invalidez del mundo y no sobrevaloren su belleza perfecta".[30]

Y si nos perturba profundamente el mandato de: "asimilar a ese Dios tenebroso que también quiere ser hombre",[31] de cierta manera sentimos alivio cuando Jung también afirma que el mal es necesario -equivalente aquí a la destrucción- con el fin de disolver y renovar las formas establecidas: "También vas a necesitar el mal para disolver lo que hayas formado y liberarte del poder de lo que ha sido".[32]

Posteriormente, se esfuerza por orientarnos a través de anunciar que, paradójicamente, sólo podremos desprendernos de la condición infernal de la psique, envuelta en la oscuridad y el horror, a través de confrontar el mal, en vez de negarlo:

> Quien no quiere al mal, no tendrá la posibilidad de salvar su alma del infierno. En tanto permanezca en la luz del mundo superior, se convertirá en una sombra de sí mismo".[33]

Nótese que al capítulo titulado "El infierno", le sigue una impresionante sección hermética que resulta difícil de entender y asimilar: "El asesinato sacrificial", en el que, a petición del alma, el protagonista devora el hígado de una doncella mutilada, simboliza el sacrificio del niño divino y la necesidad de expiación del alma. La niña inocente asesinada se diviniza una vez consumido el hígado. Todos y cada uno de los hombres son culpables de los horrores cometidos por los hombres. Todos y cada uno de los hombres tienen que expiar y sentir remordimiento (la metáfora del hígado); en otras palabras, nuestro sentido de responsabilidad ética se extiende más allá de lo personal hacia lo colectivo. No permanecemos ni en la inocencia ni en el pecado, tan sólo respondemos a través de nuestras obras, sean estas virtuosas o de mala fe, así como reconocemos los actos que hayamos realizado a lo largo de la historia.

Considerando la descripción cruda y "abominable",[34] podemos entender las dudas que sentía Jung con respecto a la publicación de *El libro rojo*, de las que nos informa Cary Baines, quien nos cuenta que Jung temía poner en peligro tanto su posición como científico como el respeto que le tenían como ser humano, previendo que se podría considerar que el *El libro rojo* era "pura locura".[35]

Finalmente, después de deambular por los caminos sinuosos e irracionales de la fantasía y sus intrigantes y complicadas metáforas, el mensaje de advertencia contra el mal y el esfuerzo infructuoso por ignorarlo, parece lo suficientemente coherente y alineado con la observación de Jung sobre la psique individual y colectiva. Aquí se revela la sabiduría del psicólogo y del científico humanista en un esfuerzo por abordar tanto a su propia generación como a generaciones futuras, no sólo de manera racional, aclarando las medidas profilácticas para atraer nuestra atención, ya que como analista estaba consciente de que los consejos en sí mismos no funcionan. Por lo tanto, se dio a la tarea de transmitir el mensaje a través del inconsciente, un mensaje que él esperaba que hiciera eco en cada uno, para así poder evitar la destructividad extrema, la crueldad, la opresión brutal y la aniquilación, la evasión a través de la muerte cuando la vida pierde sentido y también para evitar la ingenuidad y la negación.

Este ensayo concluye con la cita que aparece a continuación. La noción de desear el mal que llevamos en nuestro interior es una de las paradojas más extrañas de nuestra conciencia y desafía todo sentido ético. Al releer estas líneas, nos impresionan de manera profunda y desafiante; incitándonos a ofrecer respuestas singulares a una realidad universal. No se trata de rendirnos -eso sería intolerable- sino más bien de apropiarnos de manera poco usual de una forma de enfrentamiento. Lo que falta por cuestionar es qué tan factible es extender esta confrontación individual a lo colectivo:

> Padeces el mal porque lo amas en secreto y ni siquiera estás consciente de tu amor. Quieres evitarlo y comienzas a odiar el mal. Y nuevamente quedas atado al mal a través de tu odio, pues aunque lo ames o lo odies, no hace la más mínima diferencia: igual sigues atado al mal. Al mal hay que aceptarlo. Aquello que queremos, queda en nuestras manos. Aquello que no queremos y que aun así es más fuerte que nosotros, nos arrastra consigo y no podemos detenerlo sin dañarnos. Pues nuestra fuerza permanece en el mal. Por lo tanto, probablemente tengamos que aceptar nuestro mal, sin amor y sin odio, reconociendo que existe y que debe tener su cuota de participación en la vida. Así, le podemos quitar la fuerza que tiene para avasallarnos.[36]

Notas finales

Este ensayo fue traducido del portugués al inglés por James Mulholland, Río de Janeiro.

[1] C. G. Jung, "Presente y futuro" (1956), en *Obra Completa*, Vol. 10, trad. Carlos Martín Ramírez (Madrid: Editorial Trotta, 2014), párr. 559.

[2] Rollo May, *Power and Innocence* (Nueva York, NY: W. W. Norton, 1972), p. 47.

[3] Ibid., p. 48.

[4] Ibid., p. 256.

[5] C. G. Jung, *Símbolos de transformación*, en *Obra Completa*, Vol. 5 trad. Rafael Fernández de Maruri (Madrid: Editorial Trotta, 2012), párr. 680.

[6] C. G. Jung, *El libro rojo*: *Liber Novus*, ed. Sonu Shamdasani, edición castellana a cargo de Bernardo Nante, trads. Romina Scheuschner y Valentín Romero (Buenos Aires: El hilo de Ariadna, 2012), p. 275.

[7] Adolf Guggenbühl-Craig, *Eros on Crutches* (Texas: Spring, 1980).

[8] Mary Nurrie Stearns, "The Soul's Code: An Interview with James Hillman", ver: http://www.personaltransformation.com/james_hillman.html

[9] C. G. Jung, *Respuesta a Job*, en *Obra Completa*, Vol. 11, trad. de Rafael Fernández de Maruri (Madrid: Editorial Trotta, 2008), párrs. 553-756.

[10] Murray Stein, "Introduction" en *Jung on Evil* (Princeton, NJ: Princeton University Press, 1995), pp. 1-21.

[11] Jung, *Respuesta a Job*, en *Obra Completa*, Vol. 11, párr. 745.

[12] C. G. Jung, "El bien y el mal en la psicología analítica" (1960), en *Obra Completa*, Vol. 10, trad. Carlos Martín Ramírez (Madrid: Editorial Trotta, 2014), párr. 868.

[13] C. G. Jung, "El mito moderno de cosas que se ven en el cielo" (1958), en *Obra Completa*, Vol. 10. (Madrid: Editorial Trotta, 2014), párr. 677.

[14] Sigmund Freud. "Psicología de masas y análisis del yo", trad. Luis López Ballesteros, (Madrid: Alianza Editorial, 2013).

[15] Hannah Arendt, *Los orígenes del totalitarianismo* (Madrid: Alianza Editorial, 2006).

[16] Emmanuel Kant, "Respuesta a la pregunta: ¿Qué es la Ilustración?" Ver: https://geografiaunal.files.wordpress.com/2013/01/kant_ilustracion.pdf

[17] C. G. Jung, "Presente y futuro" (1956), en *Obra Completa*, Vol. 10, trad. Carlos Martín Ramírez (Madrid: Editorial Trotta, 2014), párr. 538.

[18] Ibid., párr. 572.

[19] Jung, *El libro rojo*, p. 169.

[20] Paul Bishop, "Jung and the Quest for Beauty", en Thomas Kirsch y George Hogenson (eds.), *The Red Book: Reflections on C. G. Jung's Liber Novus* (Londres: Routledge, 2014).

[21] C. G. Jung, "La estructura del inconsciente", en *Obra Completa,* Vol. 7, trad. Rafael Fernández de Maruri (Madrid: Editorial Trotta, 1966), párr. 497.

[22] Jung, *El libro rojo*, p. 116.

[23] *Ibid.*, p. 134.

[24] Aniela Jaffé, *From the Life and Work of C. G. Jung* (Einsiedeln: Daimon Verlag, 1989), pp. 186-87.

[25] Jung, *El libro rojo*, pp. 317-18.

[26] Sigmund Freud, *El malestar en la cultura,* trad. Luis López Ballesteros (Biblioteca Libe OMEGALFA, 2010), pp. 51-52. O: Sigmund Freud, *El malestar en la cultura, Obras Completas de Sigmund Freud,* Vol. 21. trad. José L. Etcheverry. (Buenos Aires: Amorrortu Editores, 1992) p. 108.

[27] C. G. Jung, "Ensayo de interpretación psicológica del dogma de la Trinidad", en *Obra Completa*, Vol. 11, trad. de Rafael Fernández de Maruri (Madrid: Editorial Trotta, 2008), párr. 291.

[28] Jung, *El libro rojo*, p. 275.

[29] Ibid., p. 317.

[30] Ibid., p. 172.

[31] Jung, *Respuesta a Job*, en *Obra Completa*, Vol. 11, párr. 742.

[32] Jung, *El libro rojo*, p. 312.

[33] Ibid., p. 312.

[34] Ibid., p. 319.

[35] Ibid., p. 131.

[36] Ibid., p. 313.

La búsqueda de sentido después de la muerte de Dios en una era de caos

Romano Màdera

En las Conferencias Terry, en un pasaje excepcionalmente cargado de significado, Jung presentó su diagnóstico de nuestra era:

> ... tal vez, podríamos decir junto con Nietzsche: 'Dios ha muerto'. Sin embargo, sería más acertado afirmar: 'Ha abandonado la imagen [que habíamos hecho de Él] y ¿dónde lo encontraremos de nuevo?' El interregno está lleno de peligros, porque los hechos naturales exigirán sus derechos bajo la forma de diversos '-ismos', que no producen más que anarquía y destrucción, ya que entre ambos, la inflación y la arrogancia humana han elegido hacer del ego, en toda su ridícula mezquindad, el señor del universo. Tal fue el caso de Nietzsche, el presagio incomprendido de toda una época.
>
> El ego individual es demasiado pequeño, su cerebro es demasiado débil para incorporar todas las proyecciones retiradas del mundo. Es consecuencia, en el esfuerzo por lograr esto, el ego y el cerebro de un estallido se hacen añicos; a esto, el psiquiatra le llama esquizofrenia. Cuando Nietzsche dijo "Dios ha muerto", enunciaba una verdad que es válida para la mayor parte de Europa. La influencia de esta afirmación, no fue porque lo dijera Nietzsche, sino porque confirmaba un hecho psicológico generalizado. Las consecuencias no se hicieron esperar: a la nebulosidad de los '-ismos', le siguió la catástrofe. A nadie se le ocurrió sacar la más mínima conclusión de esta declaración de Nietzsche.[1]

Aunque Jung dio sus conferencias Terry en la Universidad de Yale en 1937 y la edición corregida y aumentada se publicó en 1940, durante la Segunda Guerra Mundial, cuando alude al caos producido por los diferentes 'ismos', ¡se estaba refiriendo a la Primera Guerra Mundial! La tremenda importancia del anuncio que hiciera Nietzsche de la muerte de Dios exige que regresemos de manera precisa a como lo expresó en *La ciencia jovial* [también traducido como *La Gaya Ciencia*]. El título del capítulo, "*El loco*", es en sí mismo revelador:

> ¿Alguna vez has oído hablar del loco que en una mañana luminosa encendió un farol y corrió hacia la plaza del mercado gritando sin cesar: '¡Busco a Dios! ¡Busco a Dios! ... ¿A dónde se ha ido Dios?', indagaba. '¡Pretendo decírselos! ¡Ustedes y yo lo hemos matado! ¡Todos nosotros somos sus asesinos! Pero, ¿cómo lo hemos hecho? ¿Cómo pudimos bebernos el mar? ¿Quién nos dio la esponja para borrar todo el horizonte? ¿Qué hicimos cuando desatamos esta tierra de su sol? ¿Hacia dónde se moverá ahora la tierra? ¿Hacia dónde iremos nosotros? ¿Lejos de todos los soles? ¿No avanzamos a toda prisa sin cesar? ¿Hacia atrás, hacia los lados, hacia adelante, en todas direcciones? ... ¿Existe aún un arriba y un abajo? ¿No nos andamos errantes como si atravesáramos la nada infinita? ... ¡Dios ha muerto! ¡Dios sigue muerto! ¡Y nosotros lo hemos matado! ... ¿No es la magnitud de este acto demasiado grande para nosotros? ¿No tendríamos que convertirnos nosotros mismos en dioses, simplemente para parecer dignos de ello? Jamás hubo un acto más importante, en virtud del cual ¡todos los que nazcan después de nosotros formarán parte de una historia más elevada que cualquier otra historia hasta ahora!'[2]

En *Psicología y religión*, Jung da una respuesta clara: en el arquetipo cristiano, como en muchas otras tradiciones religiosas, podemos encontrar la imagen del Dios que muere y se auto-transforma y "Cristo mismo es el típico Dios que muere y se transforma a sí mismo".[3] El drama de la muerte de Dios que anunciara Nietzsche "se anticipa en forma perfecta"[4] en la vida de Cristo. Jung prosigue:

> La situación psicológica de la cual partimos es equiparable a "¿por qué buscáis entre los muertos al que vive? No está aquí" (Lucas 24: 5ss). Pero, ¿dónde encontraremos al Cristo resucitado?
>
> ... No estoy, sin embargo, dirigiéndome a los felices poseedores de la fe, sino a las muchas personas para quienes se ha apagado la luz, se ha desvanecido el misterio y Dios está muerto.
>
> … Para lograr entender los asuntos religiosos, quizá lo único que nos queda hoy es el enfoque psicológico. Por eso tomo estas formas de pensamiento que han fijado históricamente, trato de fundirlas nuevamente para verterlas en los moldes de la experiencia inmediata ...
>
> …La muerte de Dios, o su desaparición, está muy lejos de ser tan solo un símbolo cristiano. … La amplia difusión de este motivo aboga a favor de la presencia universal de este típico proceso psíquico que cabría sintetizar así: se ha perdido el valor supremo, el valor que da vida y le proporciona sentido al mundo. Se trata de una experiencia típica que se repite una y otra vez. … La muerte o la pérdida siempre se han de repetir: Cristo siempre muere, del mismo modo que siempre vuelve a nacer; pues la vida psíquica del arquetipo no tiene tiempo, en comparación con nuestra existencia individual siempre atada al plano temporal. Desconozco cuales sean las leyes que determinan qué aspecto del arquetipo se manifiesta de manera activa. Todo lo que sé –y con ello doy expresión a lo que saben otras muchas personas– es que el nuestro es un tiempo en el que Dios avanza hacia su muerte y desaparición. El mito cuenta que no se le encontraría en el lugar donde se depositó su cuerpo. El "cuerpo" corresponde a la forma externa y visible, a la versión anterior, pero efímera del valor supremo. El mito dice también que el valor resucitará de

> manera milagrosa, pero habiendo pasado por una transformación. Su aparición será como un milagro, porque cuando un valor desaparece, siempre parece irrecuperable. Por ello, su reaparición desafía todo lo esperado. El descenso a los infiernos, que tiene lugar durante los tres días que siguen a la muerte, describe cómo se hunde el valor desvanecido en el inconsciente, donde tras vencer al poder de la oscuridad, establece un orden nuevo desde donde vuelve a ascender nuevamente hasta lo más alto del cielo, es decir, hasta los más lúcidos niveles de la conciencia. El hecho de que sean pocos quienes ven al Resucitado significa que el reencuentro y el reconocimiento del valor transformado tropezarán con no pocas dificultades".[5]

Este pasaje -que afirma la dificultad de reconocer la nueva forma del Resucitado- es una referencia críptica al último capítulo del Evangelio de San Marcos, en donde el autor dice que se les apareció a los discípulos "bajo otra forma". Este proceso mítico es, por lo tanto, el contexto en el cual se debe colocar la narrativa dramática de Nietzsche sobre la muerte de Dios. *El libro rojo* expresa directamente la idea de que la muerte de Dios significa la pérdida de sentido y del valor superior. El libro en sí, junto con su paratexto (las miniaturas, la ornamentada caligrafía gótica, las dimensiones y la belleza de la portada del libro), se asemeja a un manuscrito medieval ilustrado, y no deja de ser significativo que inicia con cuatro citas bíblicas. A éstas, les sigue una dramatización de las incursiones del "sentido" (Sinn), opuesto al "contrasentido" (*Widersinn*) y al "sinsentido" (*Unsinn*), así como su conjunción en el "significado supremo" (*Übersinn*).[6] Aquí la terminología de Jung se moldea con base en y en contra de la terminología de Nietzsche, mientras que el "Superhombre" de Nietzsche se convierte aquí en "significado supremo".

Mi tesis es sencilla. Se desprende de la conclusión de la síntesis entre *El libro rojo*, Nietzsche y *Psicología y religión* que: el "sentido" representa al viejo Dios que se está muriendo; el "contrasentido" representa la crítica que lo destituye y aniquila; el "sinsentido", el resultado de este conflicto y el "significado supremo" o el "suprasentido", la reaparición de Dios bajo una forma diferente, capaz de contener el sentido y el sinsentido en la complejidad de la relación entre los opuestos, unidos pero, a la vez, diferentes dentro del proceso del que son funciones dinámicas.

Nietzsche proclamó el advenimiento del Superhombre, "el sentido de la tierra", en contra del cristianismo y de la filosofía griega desde Sócrates en adelante, en su reconstrucción unilateral y enfática de estas grandes historias que no se pueden reducir a fórmulas. En el tercer capítulo del Prólogo de *Así habló Zaratustra* (en la traducción de Thomas Common, que es la que utilizó Jung en sus seminarios sobre este texto),[7] Nietzsche escribe: "¡Te enseño el Superhombre! El Superhombre es el significado de la tierra. Deja que tu voluntad diga: ¡el Superhombre será el sentido de la tierra!"[8] Este pasaje muestra cómo es que el sentido es el heredero del Dios muerto. Sin embargo, esta vez es el sentido de la tierra, el sentido de este mundo y no del otro mundo, no de un mundo del más allá, que es una imagen de la desdichada ilusión de los débiles, de los resentidos, de los "esclavos". Se puede interpretar este postulado como una reacción necesaria contra la decadencia y la hipocresía generalizadas que predominan en las iglesias cristianas, así como contra la intelectualización anémica de la filosofía en las universidades. Jung repetidas veces nos recuerda que Nietzsche, al igual que él, era hijo de un ministro protestante, lo que implica que era inevitable su reacción a un ambiente asfixiante en casa y a una doctrina vacía basada en fórmulas prefabricadas. La interpretación de Jung del mensaje que transmite Nietzsche es consciente del movimiento reactivo que obliga a quienes viven la experiencia de la muerte de su Dios, a buscar un sustituto: se convierten a sí mismos en dioses, se inflan a través de una identificación parcial con la imagen de Dios. Desde este punto de vista, hay un paralelismo entre la doctrina de Nietzsche y su vida misma, que lo llevaron a este tipo de locura. La exaltación de la tierra es compensatoria e inconsciente: tanto en las imágenes del texto -el vuelo incongruente del águila con la serpiente atada a su cuello que involuntariamente muestra a la serpiente en una posición absurda- como en sus ideas, el sentido de la tierra es precisamente lo que le falta a Nietzsche, a pesar de sus proclamas proféticas. Esta falla es la clave para entender la crítica que le hace Jung a Nietzsche en *El libro rojo*.

El capítulo XX titulado *"El camino de la cruz"* es una de las partes más melodramáticas del libro; en él, se evoca de manera continua al Zaratustra de Nietzsche y se reconoce que tiene una identificación inconsciente con el crucificado, dominada una rabia violenta. El que aspiraba a ser profeta de la tierra, se quedó sin tierra donde pararse. En este capítulo, podemos encontrar todo lo esencial sobre la relación de Nietzsche con la muerte de Dios:

> Vi la serpiente negra, conforme se enroscaba alrededor del madero de la cruz. Penetró el cuerpo del crucificado y salió transformada por su boca. Se había vuelto blanca. Se enroscó, como diadema, alrededor de la cabeza del que había muerto, una luz irradiaba encima de su cabeza, y el sol brillante salió por el este. De pie, observé lo que ocurría; me sentía confundido y un gran peso se apoderó de mi alma. ¿Sin embargo, el ave blanca, posada sobre mi hombro, me habló: 'Deja que llueva, que sople el viento, que fluyan las aguas y arda el fuego. Deja que cada cosa se desarrolle; deja que el devenir celebre su día'.

En verdad, el camino atraviesa por el crucificado, es decir, pasa a través de aquel para quien no fue poca cosa vivir su propia vida y que, por lo tanto, se elevó a la magnificencia. No sólo enseñaba lo que era conocible y valía la pena conocer, sino que vivía sus enseñanzas en carne propia. No está claro qué tan grande debe de ser nuestra humildad para que decidamos vivir nuestra propia vida. Difícilmente se puede medir el disgusto de quienquiera que desee entrar en su propia vida. La aversión lo enfermará. Se provoca el vómito.... Preferiría idear cualquier truco para ayudarse a escapar, ya que nada se compara con el tormento de su propio camino ...

> Quien va hacia sí mismo, desciende. Al mejor profeta que haya existido antes de esta época, le aparecieron formas patéticas y absurdas, que eran las formas de su propia

> esencia. No las aceptó, sino que las exorcizó ante los demás. Finalmente, se vio obligado a celebrar una Última Cena con su propia pobreza y a aceptar -por compasión- estas formas de su propia esencia, que es precisamente esa aceptación de lo más bajo en nosotros. Mas esto enfureció al poderoso león, quien desapareció a lo perdido y lo devolvió a las tinieblas de las profundidades. Como todos aquellos que tienen poder, aquel con el gran nombre quiso irrumpir, como el sol, del vientre de la montaña. Pero, ¿qué le sucedió? Su camino lo condujo ante el crucificado y comenzó a enfurecerse. Se enfureció contra el hombre de la simulación y el dolor porque el poder de su propia esencia lo forzó a seguir precisamente este camino, como Cristo lo había hecho antes de nosotros. Sin embargo, proclamó, a viva voz, su poder y su grandeza. Nadie proclama con más fuerza su poder y grandeza que aquel que se queda sin tierra que pisar. En última instancia, ganó lo más bajo de sí mismo: su incapacidad, y esto crucificó su espíritu, de modo que, como él mismo había predicho, su alma murió antes que su cuerpo.[9]

El auto-sacrificio, que se puede identificar teóricamente en un libro temprano de Jung, *Transformaciones y símbolos de la libido,* en alemán *Wandlungen und Symbole der Libido* (en inglés *The Psychology of the Unconscious,* en la traducción de 1916 - *La psicología del inconsciente,* en español), se da aquí a través de una dialéctica de la renovación, con el símbolo de Cristo muriendo. Como escribe Shamdasani en su comentario sobre las evidentes similitudes estructurales entre *El libro rojo* y *Así habló Zaratustra*: "... mientras que Zaratustra proclamaba la muerte de Dios, *Liber Novus* representa el renacimiento de Dios en el alma".[10]

La otra forma del Resucitado que se le aparece a Jung contiene en sí misma todas las transformaciones necesarias para revivir a Cristo-el símbolo.[11] La metamorfosis incluye el papel activo de la serpiente, el símbolo ctónico por excelencia, aunque es el ave blanca la que realiza la anunciación. Esta díada de símbolos tiene una historia propia en las imágenes de *Liber Novus*, donde el ave blanca es símbolo de la dimensión del alma y, en la iconografía cristiana, del Espíritu Santo. Sin embargo, y de manera importante, la crítica hacia Nietzsche pretende subrayar la naturaleza ilusoria de la anulación de su imagen de Dios. Como se muestra en los episodios finales de *Zaratustra*, en los cuales se desprecia la vida ordinaria, las necesidades cotidianas, la aceptación de lo que es común y que devalúa la inteligencia de la aristocracia espiritual, en realidad no se da ninguna conjunción entre lo alto y lo bajo, entre lo superior y lo inferior, y la sombra queda excluida de la manía profética. Más aún, y esto se manifestará trágica y sintomáticamente en sus "cartas de locura" -en ocasiones firmadas como "Dionisio el crucificado"- la identificación inconsciente con el Cristo rechazado y el retorno de lo reprimido tuvieron un efecto devastador sobre el equilibrio mental del filósofo. Jung, por su parte, insiste en la aceptación de lo más bajo y más despreciado como *conditio sine qua non* –condición indispensable– de toda respuesta posible a la muerte de Dios y, por lo tanto, de todos los caminos posibles que conducen a la individuación y la relación con el *self*. Un pasaje de *Liber Primus* afirma que:

> El espíritu de estos tiempos en mí, quería reconocer la grandeza y la extensión del significado supremo, mas no su pequeñez. El espíritu de las profundidades, sin embargo, conquistó esta arrogancia, y tuve que tragarme lo pequeño como un medio para sanar lo inmortal en mí. Me quemó por completo las entrañas, ya que era ignominioso y poco heroico. Incluso era absurdo y repugnante. Sin embargo, las tenazas del espíritu de las profundidades me sostuvieron y tuve que beber el más amargo de todos los tragos".[12]

Se podría decir que a diferencia de Nietzsche, el significado supremo debe permanecer consciente de su inextirpable comunión con la esencia del "gusano". En el tercer párrafo del Prólogo de *Así habló Zaratustra*, el anunciador de la muerte de Dios insta a los hombres a deshacerse de lo que comparten en común con el "gusano": "Has recorrido el camino desde el gusano hasta el hombre, y una gran parte dentro de ti sigue siendo gusano".[13]

¡Qué lejos está de la visión de Jung! *Liber Novus* comienza con una cita del libro de Isaías que anuncia la profecía del varón de dolores: "Despreciado y desechado entre los hombres, varón de dolores, experimentado en flaqueza; y como que escondimos de él el rostro, fue menospreciado, y no le estimamos…"[14] En las interpretaciones cristianas de la Biblia, esta es una profecía que se refiere a la pasión de Jesús,[15] texto muy parecido a lo que Job dice de sí mismo: "Y después de deshecho mi cuerpo por los gusanos de mi piel, en mi carne he de ver a Dios....[16] En los episodios finales del *Liber Novus*, Filemón forma una especie de silogismo: el gusano y la serpiente son iguales, son el diablo; Cristo es como la serpiente; Cristo y Satanás son hermanos.

> ... Filemón respondió: "…solo sé una cosa, que aquel que alberga al gusano también necesita a su hermano. ¿Qué me traes, mi hermoso huésped? La lamentación y la abominación fueron el regalo del gusano. ¿Qué nos darás tú?" La sombra respondió: "Te traigo la belleza del sufrimiento. Eso es lo que necesita quien hospeda el gusano".[17]

Me parece que este texto es una gran intuición para nuestros tiempos y para los tiempos por venir. La dialéctica de la *enantiodromia* revierte la relación entre Cristo y Satanás: ahora, Cristo será la sombra de una era de la cultura que ya no puede reconocer la belleza del sufrimiento. Negamos la presencia del diablo y proyectamos el mal en chivos expiatorios que siempre van cambiando.

En la cita anterior, Jung dice: "El que se enfoca en sí mismo, desciende". Esta es una traducción de "*steigt hinunter*" en alemán, es decir: tienes que escalar, pero hacia abajo. Esta frase hace eco de la retórica de San Pablo en el famoso pasaje en *La epístola a los filipenses*, que declara que Cristo "se despojó a sí mismo, tomando la condición de un siervo",[18] en donde "se despojó a sí mismo" es la traducción de la palabra griega *kénosis* – el vaciamiento de sí. Este es un movimiento en la dirección opuesta al Superhombre de Nietzsche, en el sentido de oponerse a su unilateralidad. Se podría formular la respuesta de Jung de la siguiente manera: Nietzsche se ha olvidado que para ascender a ser un Superhombre, se debe descender por debajo del nivel del hombre y reconocerse en el gusano. Carece de la "extrema humildad" que se necesita para llegar a sí mismo".[19] En otras palabras, el camino atraviesa por la sombra y la experiencia necesaria de darle muerte al héroe. Volviéndolo a traducir en imágenes del mito cristiano, después de su muerte, el héroe debe atravesar por el infierno. Jung escribe al inicio del capítulo sexto de *Liber Primus* titulado "Escisión del espíritu": "Clamé: 'Viajar al infierno implica convertirse uno mismo en el infierno.'"[20] Esto me recuerda otro versículo de San Pablo: "Por nosotros lo hizo ser pecado".[21] Para Jung, por encima de todos los demás descensos míticos al inframundo, el viaje al infierno es el viaje de Cristo: "Por lo tanto, después de su muerte, Cristo tuvo que viajar al infierno, de lo contrario le hubiera resultado imposible ascender al cielo. Cristo primero se tuvo que convertir en su Anticristo, su hermano del inframundo".[22] El descenso al Infierno, la resurrección y el ascenso al cielo logran su plenitud y sus consecuencias en el Pentecostés: "La intervención continua y directa del Espíritu Santo sobre los que son llamados a ser hijos de Dios implica, de hecho, un proceso de encarnación cada vez más amplio. Cristo, el Hijo de Dios, es el primogénito a quien le suceden un número cada vez mayor de hermanos y hermanas menores".[23] Eso significa, como escribe Jung en la última página de *Respuesta a Job*:

> … La morada del Espíritu Santo, la tercera Persona de la divinidad en el hombre, cristifica a muchos, y surge la pregunta de si todos ellos son Dios-hombres completos. Una transformación de esa naturaleza, llevaría a choques insufribles entre ellos, por no mencionar la inevitable inflación a la que inmediatamente sucumbiría el común de los mortales, que no se hayan liberado del pecado original. Bajo estas circunstancias, vale la pena recordar a San Pablo y su conciencia escindida: por un lado, sentía que era el apóstol directamente elegido e iluminado por Dios y, por el otro, sentía que era un pecador incapaz de sacarse la "espina en la carne" y deshacerse del ángel satánico que lo

> acechaba. Es decir, hasta quien se haya iluminado sigue siendo lo que es, y nunca es más que su propio ego limitado ante Aquel que habita en su interior, cuya forma no tiene límites que se puedan conocer, que lo rodea por todos lados, insondable como los abismos de la tierra y vasta como el cielo".[24]

La "cristificación de muchos"[25] fue precisamente lo que Jung percibió intuitivamente muchos años antes, durante el período de su *Libro rojo*, en el que liga "el varón de los dolores" de Isaías con Cristo y la necesidad de convertirse en Cristo, realizando la cristificación, pero al mismo tiempo evitando la inflación que siguiera a la muerte de Dios, como en el caso de Nietzsche. En su *Libro rojo* escribió:

> "Su Dios no debe ser un hombre de simulación, más bien sean ustedes mismos el hombre de simulación. Deberían burlarse de sí mismos y superar esto. Si aún no han aprendido esto de los antiguos libros sagrados, entonces acudan ahí, y de Aquel que sufrió el escarnio y el tormento por los pecados de ustedes, beban su sangre y coman su cuerpo, para que adopten totalmente su naturaleza, nieguen el que su ser esté separado de ustedes; deberían ser Él mismo, no cristianos, sino Cristo, de lo contrario no le servirán al Dios que está por venir.[26]

En el simbolismo cristiano, esta afirmación es el equivalente a la individuación ya expresada en *El libro rojo* con las siguientes palabras: "*Sólo hay un camino y ese es tu camino*".[27] Después de la era de la imitación, la individuación está claramente conectada con las imágenes del Pentecostés cristiano.

> La imitación era una forma de vida cuando los hombres aún necesitaban el prototipo heroico. …
> …llegará el momento de la salvación y descenderán la paloma, el fuego eterno y la redención.[28]

En un sueño contado por Jung en *Recuerdos, sueños, pensamientos*, aparece una paloma blanca que se transforma en niña y luego se vuelve a transformar en paloma.[29] El sueño sigue a la famosa pregunta que Jung se hizo a sí mismo sobre el mito en el que el hombre y él mismo, viven hoy en día. La respuesta, como sabemos, fue que él ya no vivía en el mito cristiano. Sin embargo, alrededor de la navidad de 1912, tuvo este sueño de la niña-paloma, en el que posibles amplificaciones lo conectan con la *Tabula Smaragdina* [la Tabla Esmeralda], con *Hermes Trismegisto* y con la alquimia. Se volvió necesario encontrar una nueva respuesta a la muerte de Dios, o a los doce muertos del sueño (obviamente, esto nos recuerda los *Siete sermones a los muertos*, que mando imprimir en una edición privada en 1916). Una respuesta que podría ser anunciada por la paloma,[30] y sabemos que según Jung, la Anunciación a la Virgen María es un buen símbolo de lo que puede suceder en el análisis.[31] Seguramente, la paloma del sueño anunciaba el proceso que lo llevó un año después a las visiones de *El libro rojo.* En "Ensayo de interpretación psicológica del dogma de la Trinidad", el Espíritu Santo es un *complexio oppositorum* que "dio origen a varios movimientos heréticos" y "el aspecto dual del 'Padre' deberá reaparecer en el Espíritu Santo, que de esta manera efectúa una apocatástasis del Padre".[32] Una *apocatástasis* es una reabsorción del mal, incluso de Satanás, en la última transformación, el apocalipsis, la revelación de la realización completa de la obra (*opus*) de Dios en la nueva creación según Orígenes, citada por Jung en la misma página. Esa fue también la interpretación de Jung de la profecía de la etapa trinitaria en las obras de Joaquín de Fiore. Se trata de un plano histórico y, al mismo tiempo escatológico, que para Jung es una combinación de Orígenes y de Joaquín; que desde un punto de vista psicológico se podría entender como la necesidad de completar la Trinidad cristiana con un cuarto elemento (la tierra, lo femenino y el mal). Originalmente, el aspecto femenino estaba presente en el Espíritu Santo y sus símbolos, incluyendo la paloma, que es también un animal sagrado para Afrodita.

Aunque es bien sabido que Jung concibió la idea de la *incarnatio continua* y la discutió con eruditos como Victor White y Erich Neumann, entre otros, la figura medieval del Abad Joaquín de Fiore (Gioacchino da Fiore) fue una fuente decisiva de sus intuiciones. La imagen de Dios, además del desarrollo de la conciencia y de la responsabilidad en la historia humana, están profundamente enraizados en lo que la tradición católica, ortodoxa, y herética de diferente maneras, le atribuyen a la recepción y acción del "Espíritu Santo". Según Jung, para entender nuestro presente, tenemos que entender lo que está sucediendo inconscientemente, en un esfuerzo por reconciliar y reunificar los opuestos revelados por la imagen arquetípica del Espíritu Santo y su relación con el futuro. En el volumen 11 de las *Obras Completas* de Jung, dedicado al tema de "Psicología y religión", no encontramos ninguna referencia a Joaquín de Fiore, aunque Jung sí lo cita en *Aion*[33] y en una carta muy importante que escribe a Victor White[34] en donde supone que Joaquín vislumbró intuitivamente la transición del símbolo de Cristo hacia una imagen más completa de Dios, a través del tercer estado de la revelación, que es la etapa del Espíritu Santo: "el *adventus diaboli* [la llegada del diablo] no invalida el símbolo cristiano del *self*, al contrario, lo complementa: es la misteriosa transformación de ambos".[35] La interpretación de Jung de Joaquín de Fiore está lejos de ser convincente aunque ciertamente no filológicamente, más, para nosotros, ese no es el punto. El punto es que Jung buscó un puente para conectar la tradición cristiana del Espíritu Santo, tanto la antigua como la medieval, con nuestros tiempos y con nuestra falta de trascendencia, es decir, traducido en términos psicológicos, con nuestra falta de significado.[36]

Según Jung, el significado histórico y psicológico de estos acontecimientos arquetípicos sería lograr una compleja unificación de los opuestos, del bien y del mal, en la conciencia humana. De lo contrario, las proyecciones del mal sobre el otro conducirán finalmente a una era de *"genocidio universal"*.[37] En este sentido, la profecía de Joaquín de Fiore sobre la llegada de la era del Espíritu Santo hubiera representado una intuición inconsciente de una era de reconciliación.[38]

Ernst Benz, miembro del grupo ecuménico de Marburgo, inspirado en Rudolf Otto, fue conferencista del grupo de Eranos desde 1953 hasta 1978. Podríamos decir que Benz, en tanto discípulo y sucesor de Buonaiuti, continuó la tradición del Espíritu Santo.[39] Entre sus múltiples contribuciones al Círculo de Eranos, elegí *Norm und Heiliger Geist in der Geschichte des Christentums*[40] (*Las normas y el Espíritu Santo en la historia del cristianismo*), ya que me parece que contiene un resumen de lo que piensa sobre este tema y también tiene mucho que aportar al presente.

En primer lugar, procuré examinar esta típica expresión ambivalente del Espíritu Santo, y me gustaría resumir esta ambivalencia en dos oraciones antitéticas:

> El Espíritu Santo crea las normas, crea los derechos:
> El Espíritu Santo destruye las normas existentes, destruye los derechos existentes.
>
> También podríamos decir:
>
> El Espíritu Santo es un Espíritu del orden
>
> El Espíritu Santo es un Espíritu de la revolución.[41]

Estas cuatro frases condensan las múltiples investigaciones de este gran estudioso de la historia del papel que desempeña el Espíritu Santo en la Iglesia, y me parece que corresponden a la formulación conceptual de la idea de Jung del Espíritu Santo como una unión de opuestos desde el punto de vista de la psicología profunda. Esto también podría ser una transposición histórica de la idea teológica de la encarnación continua (*incarnatio continua*) que Jung compartió con Meister Eckhart.[42]

> Debido a su autoridad y su legitimidad interna, el Espíritu Santo crea normas. Sin embargo, ahí donde éstas no son más que una coraza externa que amenaza con encerrar la vida del Espíritu, entonces rompe la coraza y crea formas nuevas en donde puede realizar su vida de una manera más adecuada y libre. Crea normas y las hace añicos; en última instancia, sigue siendo el Espíritu creador y el único rezo seguro de los cristianos puede ser:
>
> *Veni Creator Spiritus!*
> (¡Ven Espíritu Santo creador, vuelve a nosotros!).[43]

Si esta invocación pudiera ser significativa para un cristiano que se enfrenta a la esclerosis institucional de muchas iglesias, podría parecer de escasa importancia para el diagnóstico de la condición real del espíritu occidental. Sin embargo, podemos argumentar que el Espíritu Santo es el equivalente simbólico en la tradición cristiana del posible desarrollo de diferentes y más profundos discernimientos sobre los cambios que se necesitan. Hoy queda claro que desde finales del siglo XIX los opuestos: las normas y los cambios; la tradición y la innovación; el orden y la libertad; la solidaridad y la individualidad, etc., están en guerra entre sí. Podríamos llamarle a este proceso el fin y la caída del patriarcado, entendido como una prolongada constelación histórico-cultural, cuya lenta crisis se remonta a los cimientos del mundo moderno y del capitalismo. Basta con percibir la profunda conexión que existe entre las estructuras del patriarcado y aquellas de las iglesias cristianas, especialmente la iglesia católica y la ortodoxa. Recordemos la terminología: Dios Padre, el Santo Padre, el Papa (derivado etimológicamente de un término griego que significa "papá"), los patriarcas, los padres en las órdenes religiosas. Es difícil negar que hubo una suerte de identificación entre la cultura del patriarcado y la institución de las iglesias cristianas. Al mismo tiempo, el concepto de Dios y su imagen se convirtieron en el concepto y símbolo de la inmutabilidad del ser y de las leyes morales. La fórmula de Nietzsche, "Dios ha muerto", encontró una gran resonancia precisamente por esto: resume el fin de la confiabilidad de cada idea y valor que dependen de estas premisas patriarcales tradicionales. Se ganó la guerra espiritual contra el fundamento que dice "todo eso es sólido": en realidad, se "desvaneció en el aire", como dice Marx en el *Manifiesto del Partido Comunista*, una cita utilizada por Marshall Berman para el título de su libro sobre "la experiencia de la modernidad".[44] No obstante, no se vislumbra un nuevo orden, ni un nuevo equilibrio de los opuestos: la tradición versus la innovación, las normas versus los cambios. En nuestro mundo, parece que se está propagando de manera epidémica una carencia universal de sentido. Como escribieran Adolf Portmann y Rudolf Ritsema, los editores del *Eranos Jahrbuch* de 1974 [*El Anuario de Eranos*], en su "Prefacio": "la palabra 'norma' [y] los problemas que plantea tocan el fundamento mismo de la vida social contemporánea, que, más que ninguna otra anteriormente, cuestiona la autoridad del pasado".[45] Supongo que no es una mera coincidencia que el primer ensayo de ese anuario fuera el de Gershom Scholem, "Der Nihilismus als Religiöses Phänomen" ("El nihilismo como fenómeno religioso"). Scholem escribió: "Nietzsche en 'La voluntad del poder' argumentó que el nihilismo 'el más misterioso de todos los invitados': parado ante la puerta, entra y se hace suficiente espacio para sí mismo en la misma mesa que debería haber derribado."[46]

Sin embargo, debido a que la humanidad no puede sobrevivir sin una imagen que la oriente, es decir, sin algo que le dé sentido, yo conjeturaría que lo que parece darle sentido a nuestros tiempos, en la posmodernidad, es la palabra-imagen del caos.[47] La nueva norma, el nuevo orden, es vivir sin normas ni valores reales, en un ambiente de normas, ideas, valores y gustos constantemente cambiantes. La reacción feroz contra este derrocamiento de todas las tradiciones es la ola fundamentalista de violencia en la época contemporánea. Necesitamos un nuevo equilibrio, y puede que Europa ofrezca una contribución decisiva a una nueva cultura del equilibrio debido a que vivió dos guerras mundiales en su territorio. Lamentablemente, el impulso creativo hacia la unión se ve ahora extinguido por una atmósfera espiritual y política de intereses particulares, un nacionalismo anacrónico y una burocracia asfixiante. La esperanza que teníamos en el espíritu europeo se ha debilitado, está prácticamente muerta. Por el contrario, la Iglesia Católica Romana, la institución patriarcal más tradicional y anquilosada que haya sobrevivido en el mundo moderno, después del Concilio Vaticano II y sobre todo después de la elección del Papa Francisco, parece haber vuelto a la vida gracias al aliento del Espíritu. Aquí me gustaría tan solo recordar lo que proclamó el Papa Francisco: rechazar a los migrantes que están huyendo de la violencia es "un acto de guerra". Dirigiéndose a un grupo de jóvenes, el Papa declaró que la situación en la que migrantes desesperados se trasladaban de un país a otro en busca de refugio era "un conflicto sin resolver .... y esto es guerra, esto es violencia, a esto se le llama asesinato".[48] Esta es la voz del antiguo profeta, la voz del Espíritu que advierte a las instituciones políticas y a todos y cada uno de nosotros que procuremos detener "el genocidio universal" que se sigue extendiendo, centímetro a centímetro, bajo los ojos de los ciegos poderes de este mundo.[49]

Notas finales

[1] C. G. Jung, "*Psicología y religión*," en *Obra Completa*, Vol. 11, trad. Rafael Fernández de Maruri (Madrid: Editorial Trotta, 2016), párrs. 144-145.

[2] Friedrich Nietzsche, *La ciencia jovial*, trad. José Jara (Caracas: Monte Ávila Editores, 1990), p. 115.

[3] Jung, *Psicología y religión*, *Obra Completa*, Vol. 11, párr. 146.

[4] Ibid.

[5] Ibid., párrs. 147-149.

[6] C. G. Jung, *El libro rojo*: *Liber Novus*, ed. Sonu Shamdasani, edición castellana a cargo de Bernardo Nante, trads. Romina Scheuschner y Valentín Romero (Buenos Aires: El hilo de Ariadna, 2012), p. 167.

[7] C. G. Jung, *El Zaratustra de Nietzsche; notas del seminario impartido en 1934-1939*, 2 vols. (Madrid: Editorial Trotta, 2019).

[8] Friedrich Nietzsche, *La ciencia jovial*, trad. José Jara (Caracas: Monte Ávila Editores, 1990), p. 1. / *Así habló Zaratustra*, ed. Edu Robsy (Islas Baleares: Maison Carré, 2017), p. 8.

[9] Jung, *El libro rojo*, pp. 367-368.

[10] Ibid., p. 101.

[11] Acerca de la diferenciación entre el cristianismo, la cristiandad, la cristianía y la "epifanía crística", ver Raimon Panikkar, "Christianity. The Christian Tradition," en *Opera Omnia*, Vol. III, parte I (Nueva York: Orbis Book, 2015).

[12] Jung, *El libro rojo*, p. 168.

[13] Nietzsche, *Así habló Zaratustra*, p. 8.

[14] *Isaiah* 53:3. Versión Reina-Valera, 1960, Sociedades Bíblicas Unidas, 1988.

[15] En su extraordinaria guía a *El libro rojo* de Jung, Sanford L. Drob sigue a Walter Odajnyk, quien interpreta que la primera cita de Isaías se refiere a la naturaleza del llamado profético de Jung, pero al hacerlo no logra reconocer la profunda resonancia con la diferenciación con respecto a la idea de Nietzsche del Superhombre y con la transformación junguiana positiva del símbolo del crucificado. Ver Sanford L. Drob, *Reading the Red Book. An Interpretative Guide to C.G. Jung's Liber Novus* (Nueva Orleans: Spring Journal Books, 2012), p. 2 y V. Walter Odajnyk, "Reflections on 'The Way of What is to Come,'" *Psychological Perspectives* 53:4 (octubre de 2010): pp. 437-454.

[16] *Job* 19:26. Biblia versión moderna (1929).
[17] Jung, *El libro rojo*, pp. 496-97.
[18] *Filipenses* 2:7. Versión Reina-Valera, 1960, Sociedades Bíblicas Unidas, 1988.
[19] Jung, *El libro rojo*, p. 177.
[20] Ibid., p. 193.
[21] *2 Corintios* 5: 21.
[22] Jung, *El libro rojo*, p. 200.
[23] C. G. Jung, "Respuesta a Job", *Acerca de la psicología de la religión occidental y de la religión oriental, Obra Completa*,Vol. 11, trad. Rafael Fernández de Maruri, (Madrid: Editorial Trotta, 2016), párr. 658.
[24] Ibid., párr. 758.
[25] Esta expresión nos podría recordar del principio central de la fe ortodoxa, es decir, la *theosis*, literalmente la "deificación". No obstante que "Jung constantemente comenta sobre las limitaciones del cristianismo, el cristianismo que él consideraba era la realidad de las denominaciones cristianas occidentales. Es increíble que haya ignorado toda la tradición cristiana oriental, la Iglesia Ortodoxa de Oriente". Renos K. Papadopoulos, "The other other: when the exotic other subjugates the familiar other", *Journal of Analytical Psychology* 47, 2002, p. 175.
[26] Jung, *El libro rojo*, pp. 178-79.
[27] Ibid., p. 172.
[28] Ibid., p. 204.
[29] Al principio del capítulo seis, "El análisis del inconsciente", de *Recuerdos, sueños, pensamientos*, ed. Aniela Jaffé (Buenos Aires: Grupo Editorial Planeta/Seix Barral, 2002), 205ss., Jung dice: "había escrito un libro sobre los héroes, sobre el mito en el que desde siempre vive el hombre. '¿Pero en qué mito vive el hombre hoy?' 'En el mito cristiano, podría decirse.' '¿Vives *tú* en él?' me preguntaba. Si debo ser sincero, no. … '¿Entonces ya no tenemos mito?' 'No, al parecer ya no tenemos mito.' '¿Pero cuál es, pues, *tu* mito, el mito en el que tú vives?' En ese momento, el diálogo conmigo mismo se volvió incómodo y dejé de pensar. Había llegado al límite. En 1912, durante las fiestas navideñas, tuve un sueño. … estaba yo sentado en una silla dorada estilo Renacimiento y ante mí se hallaba una mesa de exquisita belleza. Era de piedra verde, como de esmeralda. … De repente se acercó un pájaro blanco, una pequeña gaviota o una paloma. Delicadamente se posó sobre la mesa, … De pronto, la paloma se transformó en una muchachita de cabellos dorados y de unos ocho años. Salió corriendo

con los niños y jugaron juntos en el soberbio claustro del castillo. … De repente desapareció; volvió a estar allí la paloma y habló lentamente con voz humana. 'Sólo en las primeras horas de la noche puedo adquirir forma humana; mientras el palomo está ocupado con los doce muertos.'"

[30] Ver Greg Mogenson, *The Dove in the Consulting Room. Hysteria and the Anima in Bollas and Jung* (Londres: Routledge, 2004).

[31] En el *Seminario* impartido en 1925, Jung dijo que si hubiera elegido simbolizar la experiencia analítica, le parecería lo más adecuado recurrir a la Anunciación. Ver C. G. Jung, *Analytical Psychology. Notes of the Seminar given in 1925*, ed. W. McGuire (Princeton, NJ: Princeton University Press, 1991), p. 111.

[32] C. G. Jung, "Ensayo de interpretación psicológica del dogma de la trinidad", en *Obra Completa*, Vol. 11, trad. Rafael Fernández de Maruri (Madrid: Editorial Trotta, 2008), párr. 279.

[33] C. G. Jung, *Aion. Contribución a los símbolos del sí mismo*, trad. Carlos Martín Ramírez (Madrid: Editorial Trotta, 2011), párrs. 137-141.

[34] En una carta al padre Victor White con fecha del 24 de noviembre de 1953 (Gerhard Adler, *C. G. Jung Letters*. Trad. R. F. C. Hull. Vol. 2, 1951-1961 (Princeton, NJ: Princeton University Press, 1975), Jung escribe que la unión de opuestos, Cristo y Satanás, el bien y el mal, se realizará en "la Unidad del Espíritu Santo", en una era futura ya descrita por Joaquín de Fiore (1132-1202) como la era del Espíritu.

[35] Ibid., p. 136.

[36] "Me parece que con la decadencia de las creencias religiosas, las neurosis han incrementado considerablemente su número. … pero hay algo que sí sé con seguridad, y es que el equilibrio espiritual del europeo atraviesa un momento en extremo delicado … Es innegable que vivimos en una época de gran inquietud, nerviosismo, confusión y desorientación ideológica. Entre mis pacientes de muchos países, todos los cuales son personas educadas, cuento con un número no despreciable de casos en los que, si los pacientes acudieron a mi consulta no fue, acaso, porque sufrieran una neurosis, sino porque se sentían incapaces de encontrarle un sentido a su vida o se torturaban con problemas para los que nuestra filosofía y nuestra religión no tienen ninguna respuesta. … De ahí que toda persona seria experimente un gran alivio al escuchar que el psicoterapeuta no tiene tampoco nada que decirle. Esto significa que sus disparos no han acertado del todo lejos del blanco, y con frecuencia este es el momento en que el paciente empieza a confiar en su psicoterapeuta. Una de las

cosas que he descubierto es que el hombre moderno se resiste con todas sus fuerzas contra las opiniones tradicionales y las verdades heredadas. El hombre moderno es un bolchevique para quien todos los modelos y normas espirituales del pasado han perdido en cierto modo validez, por lo que su deseo es experimentar con la mente así como el bolchevique experimenta con la economía" en C. G. Jung, "Sobre la relación de la psicoterapia con la cura de almas", en *CW*, Vol. 11, trad. Rafael Fernández de Maruri (Madrid: Editorial Trotta, 2008), párrs. 514-516.

[37] "Un genocidio universal" es una cita de Jung (1957) en "Jung y la fe religiosa", en *Obra Completa,* Vol. 18/2, trad. Jorge Navarro Pérez (Madrid: Editorial Trotta, 2009), párr. 1661. John Dourley escribe: "Jung advirtió que el fracaso de la humanidad de unir los opuestos enraizados en la divinidad en sí mismo podría llevar a 'un genocidio universal'" (John Dourley, "The Jung-White dialogue and why it couldn't work and won't go away", en *Journal of Analytical Psychology*, Vol. 52, No. 3 (2006): pp. 275-95).

[38] El *Evangelium Aeternum* no es obra de Joaquín de Fiore; de hecho, el título es *Liber Introductorius in Evangelium Aeternum,* y fue escrito por Gerardo da Borgo San Donnino, miembro de la misma orden que Giovanni da Parma, Juan de Parma, general de la Orden Franciscana de 1247 a 1257. "Consiste en las tres obras fundamentales de Joaquín junto con una *Liber Introductorius* y una glosa escrita por Gerardo mismo" (Marjorie Reeves, *Joachim of Fiore and the Prophetic Future* (Londres: SPCK, 1976), p. 33.

[39] Lo extraño es que Buonaiuti y Benz pertenecían a lados opuestos del espectro político: Buonaiuti era un antifascista perseguido por el régimen; mientras que, por el otro lado, Benz era miembro de las SA, las fuerzas paramilitares de Hitler, las "camisas pardas" y del partido Nazi.

[40] Ernst Benz, "Norm und Heiliger Geist in der Geschichte des Christentums", en Rudolf Ritsema y Adolf Portmann (eds.), *Norms in Changing World.* Eranos 43-1974 (Leiden: E.J. Brill, 1977), pp. 137-182.

[41] *Ibid.*, p. 139.

[42] "Puesto que el Espíritu Santo es la tercera Persona de la Trinidad y Dios está enteramente presente en cada una de las tres Personas en todo momento, el hecho de que el Espíritu Santo haga su morada en el creyente equivale nada menos que a una aproximación de este último al *estatus* de hijo de Dios. A partir de aquí es fácil comprender

la observación: 'ustedes son dioses' (*San Juan* 10:34)"; ver a Jung, "Respuesta a Job", *Obra Completa*, Vol. 11, párr. 656.

[43] Benz, "Norm und Heiliger Geist in der Geschichte des Christentums," p. 182.

[44] Marshall Berman, *All That Is Solid Melts into Air. The Experience of Modernity* (Nueva York: Verso, 1983).

[45] Portmann y Ritsema, *Norms in a Changing World*. Eranos 43-1974, Introducción.

[46] Gershom Scholem, "Der Nihilismus als Religiöses Phänomen", en Adolf Portmann y Rudolf Ritsema, eds., *Norms in a Changing World*. Eranos 43-1974, p. 1.

[47] Con respecto a la imagen y el concepto de caos en *El libro rojo*, ver: Drob, *Reading the Red Book*, pp. 6, 13, 22-32, 46.

[48] Papa Francisco, *The Independent*, 10 de agosto de 2015.

[49] "¿Por qué, apenas ahora tenemos un Papa que se llama Francisco?" (Bruce Chilton, en www.bibleinterp.com). Esta no es una pregunta rara ya que San Francisco de Asís no sólo es el santo popular al que solemos nombrar, sino que incluso dentro de su propia orden, los franciscanos joaquinistas, se le tomaba como símbolo de la renovación de la Iglesia y del mundo apocalíptico. Se acusó a los movimientos de los "*spirituali*" y de los "*fraticelli*" de ser herejes. Al inicio de la Compañía de Jesús, algunos jesuitas hicieron eco de su profecía que anunciaba un "Papa angelical" que dirigiría la Iglesia en la Era del Espíritu, y también fueron condenados como herejes (ver a Reeves, *Joachim of Fiore and the Prophetic Future*). Otra curiosidad es que la secuencia de nombres, de Benedicto a Francisco: es una típica secuencia de Joaquín.

El retorno de lo sagrado en una era de terror

David Tacey

> … cuando no se concientiza una situación interna, se manifiesta externamente como destino … el mundo debe forzosamente escenificar el conflicto y desgajarse en dos mitades opuestas.[1]
>
> C. G. Jung

El libro rojo de Jung arroja mucha luz sobre la situación de lo sagrado en tiempos posmodernos. Cuando retorna lo sagrado, provoca una disrupción del orden social y personal. El 20 de enero de 1914, el alma de Jung emerge de las profundidades y le pregunta si aceptaría la guerra, la destrucción y el caos.[2] Su alma le muestra imágenes de armas militares, restos humanos, barcos hundidos y estados destruidos. Jung lucha por integrar estas imágenes y dice que no es capaz de "concebir la extensión de lo que estaba por venir". "Sentí la carga del trabajo más terrible de los tiempos por venir".[3] El alma traería "el desencadenamiento del caos y su poder" y "la atadura con el caos". Entre los principales regalos del alma está "el don de la religión". Cuando Jung se refiere a la *religión*, no está aludiendo a la pertenencia a una iglesia, sino a "la actitud específica de una conciencia que se ha transformado gracias a haber experimentado lo numinoso".[4] Se refiere a un encuentro con lo numinoso en su aspecto más poderoso y existencial. Este "don", reflexiona Jung, "aún está por venir, pero sí se hará evidente. Permanecí sentado noches enteras, vi lo que estaba por venir y me estremecí".[5]

Nosotros también nos estremecemos cuando examinamos el paisaje actual de lo sagrado y "lo que aún está por venir". Nuestro mundo se ha alejado tanto de lo sagrado que experimentamos cualquier acercamiento a esta realidad como algo aterrador. No es sólo que nuestra resistencia haya transformado lo sagrado en una fuerza hostil, sino que además, en nuestra época, lo sagrado muestra su rostro negativo. Rudolf Otto nombró lo sagrado como un *mysterium tremendum et fascinans.*[6] Es un misterio que fascina, pero en tanto *tremendum*, evoca terror porque se presenta como un poder ominoso y abrumador. En una era laica, en la que la única autoridad que reconocemos es nuestra voluntad humana y nuestros deseos, lo sagrado ronda sobre nosotros como una nube. Debido a la postura que sostenemos, es la oscuridad de lo sagrado la que eclipsa sus elementos positivos y creativos, y le da un cariz de destrucción.

El efecto psicológico del retorno de lo sagrado es que nuestro mundo se siente amenazado ya que, de hecho, es mucho lo que lo sagrado busca desmantelar. Se ha dicho que lo divino refleja el rostro que se vuelca hacia él, y si denunciamos lo sagrado, éste, a su vez, adoptará una actitud de aprensión. Mientras huimos de lo sagrado, de ninguna manera se podrá interpretar esta persecución como amorosa, sino que experimentaremos su enojo y su ira. Estamos viviendo una era de terrorismo y esto tiene un gran impacto sobre nuestra situación espiritual. En los tiempos actuales, la vida tanto interna como externa que vive cada quien tiene una cierta similitud, pero pocos han señalado esta sincronicidad ya que las voces predominantes son laicas y no van más allá de las apariencias. Se requiere de una actitud simbólica para leer los signos de los tiempos en busca de su significado interno. La sincronicidad es un principio de conexión acausal; no estoy afirmando que el clima espiritual sea la *causa* del terrorismo, sólo que hay un paralelismo significativo.

Hoy, lo sagrado es un campo complejo en el cual se entretejen el enojo, la violencia, el terrorismo y el conflicto con posibilidades de redimir el amor, la esperanza y la transformación. Lo sagrado está ligado con la guerra y la venganza, el fundamentalismo, las doctrinas moribundas, una epidemia de abuso sexual por parte de los sacerdotes y la pérdida de la fe. Sin embargo, en medio de todo este caos, hay un retorno de lo sagrado. Según el filósofo Jacques Derrida, se trata de una realidad urgente y apremiante, y la sociedad necesita adaptarse a las nuevas condiciones:

> Cualquiera que sea el lado que se adopte en este debate sobre el 'retorno de lo religioso' ... uno todavía debe responder. Y sin tener que esperar. Sin tener que esperar demasiado".[7]

Al igual que Derrida, no creo que tengamos el tiempo para andar postergando, ya que, el retorno de lo sagrado exige una respuesta, independientemente de las creencias que tengamos. Cuando pienso en el retorno de lo sagrado surgen imágenes de los desbordamientos de las aguas hacia el lecho del río Todd en Alice Springs, Australia, la ciudad donde me crié. Normalmente el río está seco, pero después de las tormentas, el río Todd se convierte en un torrente turbulento, aunque las aguas que emergen no son prístinas ni claras; son oscuras, lodosas, turbulentas y un muro de lodo y basura le va abriendo camino. Las aguas que emergen posteriormente en este paisaje desértico son menos turbias, aunque siempre queda la sensación de que las aguas de la inundación siguen contaminadas.

El ascenso de lo sagrado es como este río. Aunque sus aguas están destinadas a renovar la vida, existe una impureza. Lo sagrado es una realidad paradójica y ambivalente, asociada tanto con el mal como con el bien. Con razón tantos se han vuelto ateos frente a esta turbulencia de violencia, ira y terrorismo. Muchas personas no quieren que se les asocie con lo sagrado, ya que, como han argumentado Richard Dawkins, Sam Harris y Christopher Hitchens,[8] lo ven como fuente del mal. Entiendo su punto de vista, ya que desde una cierta perspectiva sí parece, como ellos argumentan, que lo sagrado es lo que contamina y le da un hedor de descomposición a nuestra vida.

Los nuevos ateos revierten la visión religiosa de que lo sagrado es fuente de bondad y de luz, y el mal se deriva de nosotros y de nuestras distorsiones pecaminosas. Personalmente, por extraño que parezca, siempre he mantenido ambos puntos de vista. Creo que lo sagrado es la fuente de la bondad y la luz, pero también entiendo que en nuestros tiempos tan distorsionados, se asocia lo sagrado con el muro de lodo, desechos y oscuridad que encabeza el desbordamiento del río.

En *Aion*, Jung escribió: "... que los símbolos de antaño ya no expresan lo que ahora está brotando del inconsciente como resultado final del desarrollo de la conciencia cristiana a través de los siglos ... Así es como se ve el espíritu post-cristiano", y comentó que está lejos de parecer sagrado.[9] Argumentó que lo sagrado había sido suprimido durante tanto tiempo, que se había contaminado con contenidos turbios que lo atravesaron a lo largo de su exilio en el inconsciente. Cuando lo sagrado regrese, lo hará como un torrente rebelde lleno de enojo e ira.

> Abrirse al inconsciente siempre implica la irrupción de un sufrimiento espiritual intenso: es como ... cuando los campos fértiles quedan expuestos, ante un embravecido torrente de agua que embiste y revienta una represa.[10]

Jung escribe como profeta cuando advierte sobre la continua profanación de lo sagrado y sus consecuencias para la psique y la sociedad:

> Con razón el mundo occidental se siente inquieto, ya que no sabe en qué medida está en manos del estruendoso inframundo y lo que ha perdido a través de la destrucción de las numinosidades. Ha perdido sus valores morales y espirituales en un grado extremadamente peligroso. Se ha colapsado su tradición moral y espiritual, dejando a todo el mundo en un estado de desorientación y disociación.[11]

Esto es lo que dijeron los profetas hebreos: si no se nutre lo sagrado, el inframundo estruendoso estallará, contaminando el mundo con el tipo equivocado de espíritus, conduciéndonos a una situación extremadamente peligrosa. "Nuestros tiempos han demostrado lo que implica abrir las puertas del inframundo psíquico de par en par".[12] Jung afirmó que nutrir lo sagrado tiene un efecto terapéutico y actúa como defensa contra las fuerzas destructivas del inconsciente. En otro escrito personifica lo numinoso como un poder iracundo:

> En busca de venganza por la violencia que le ha infligido la razón del hombre, la Naturaleza indignada solo espera el momento en que el muro divisorio se derrumbe para inundar la vida consciente con destrucción. Desde los tiempos más remotos, incluso en las etapas más primitivas de la cultura, el hombre ha tenido conciencia de este peligro para la psique. Con el fin da armarse contra esta amenaza y sanar el daño causado, el hombre desarrolló prácticas religiosas y mágicas. Por eso es que el hombre-medicina es también sacerdote; es el salvador del alma, así como del cuerpo, y las religiones son sistemas para sanar enfermedades psíquicas".[13]
>
> Las religiones se desarrollaron para someter a los poderes que la humanidad primitiva sentía que podían avasallar la vida y causar destrucción. Aunque el cristianismo había refinado su concepción de lo sagrado para enfatizar los aspectos buenos y apacibles, los judíos tenían una comprensión diferente de lo divino, y la crueldad era parte de su carácter. El cristianismo cree que su revelación reemplazó a la historia judía, pero puede ser que haya perdido algo integral cuando rechazó la imagen de Dios del "Antiguo" Testamento. En el libro del *Éxodo*, Yahvé (Jehová) le dice al pueblo judío: "Enviaré mi terror delante de ti, y sembraré confusión entre todo el pueblo.[14] En los libros de *Proverbios, Salmos* y en los escritos proféticos, vemos un énfasis en la ira divina que sobresalta a los cristianos porque perdieron contacto con este aspecto de lo numinoso.

Siglos antes del cristianismo, los griegos tenían una cruda comprensión del rostro destructivo de la divinidad. Este aspecto se evidenció cuando el pueblo se apartó de lo sagrado y dejó de verse obligado a venerar el misterio de la vida. Esta condición, a la que los griegos llamaban *hubris*, arrogancia, fue severamente castigada por los dioses. El drama y los escritos en la literatura griega están repletos de la ira aterradora que los dioses del Olimpo desataron sobre quienes los habían despreciado.[15] Puede que sea el momento de recuperar estas antiguas herencias, el hebraísmo y el helenismo, que le dieron forma a la cultura occidental. Si bien es importante no perder de vista lo sagrado como fuente de iluminación -que es la esperanza del cristianismo- en una época de oscuridad turbulenta, en la que lo sagrado está regresando después del exilio, es necesario acoplarnos a la naturaleza paradójica de la realidad divina.

Hay, sin embargo, una forma alternativa de ver esto que no depende de las especulaciones sobre la naturaleza de lo divino. Quizás no es tanto que "Dios" se vuelva maligno, sino que la figura interior dentro de nuestro ser, el alma, se vuelve maligna cuando no logramos conectarnos con lo divino. El alma es el "tercer" aspecto entre la humanidad y la divinidad, y su función es facilitar la conexión entre el cielo y la tierra. Cuando desatendemos esta relación, el alma, en tanto el órgano de la mediación, desvía su curso y se opone a nuestra resistencia. Desde donde nos encontramos, pareciera como si Dios se hubiera levantado en armas en contra de nosotros, aunque es nuestra alma la que nos contempla con ira y terror. En esta situación, el alma "ocupa el lugar" de lo divino, y tal vez nos equivoquemos si asumimos que este aspecto aterrador es la divinidad misma. No debemos suponer que podemos contemplar el rostro del Otro Total o adjudicarle atributos que surjan de un intermediario. La verdadera naturaleza de Dios sigue siendo un misterio incomprensible.

El alma, afirma Rilke, es como un ángel imponente que se enfrenta a nosotros y, sin embargo, si nos rendimos a él, nos ofrece una transformación. El alma es "el comienzo del terror que apenas somos capaces de soportar y estamos azorados porque con gran serenidad y desdén se reúsa a aniquilarnos".[16] "Todos los ángeles son terribles, por eso me contengo y reprimo el estallido de un oscuro sollozo".[17] Sospecho que eso es lo que hacemos la mayoría; nos retraemos de la oscuridad del alma, suprimimos nuestra angustia y nos rehusamos a involucrarnos. En otro poema, Rilke escribe que quienquiera que sea derrotado por el ángel, emerge fortalecido; si deseamos desarrollarnos como seres espirituales, no debemos buscar ganar, sino más bien "ser derrotados de manera decisiva por seres constantemente superiores".[18] En los mismos años en que Jung comenzó su *Libro rojo* (1913-1914) -una epopeya sobre la erupción del alma en los tiempos modernos- Rilke estaba escribiendo poesía sobre las fuerzas aniquiladoras y transformadoras que eclipsan el ego.

Hay algo en la epidemia de terrorismo de inspiración religiosa, que amerita un análisis más detenido. A primera vista, el terrorismo no tiene nada que ver con el retorno de lo sagrado; de hecho, es un signo de la desacralización del mundo y del mal uso de las ideas religiosas con fines ideológicos. Los comentaristas seculares ofrecen explicaciones basadas en la economía, la política y las condiciones culturales, pero hay una dimensión del terrorismo que no estamos notando. No estoy implicando que sea Dios quien inspira a los yihadistas, como ellos creen, sino que en su comportamiento existe un elemento simbólico que es importante entender. No están a cargo de impartir justicia divina, ni son emisarios de lo sagrado, sino más bien son portadores de una patología que tiene su origen en la crisis religiosa de nuestros tiempos. El significado del terrorismo no proviene de su atroz ideología, sino de lo que yace detrás de ella.

Derrida, quien, aunque no lo reconozca, suena parecido a Jung, escribió sobre el "retorno de lo religioso", al que definió como la "llegada del otro",[19] en donde el "otro" se refiere a todo lo que sea diferente del ego. La "fuerza explosiva" de lo religioso, afirma Derrida, puede "interrumpir la historia" y "hacerla trizas". En esta interrupción del "curso ordinario de la historia", tenemos que "estar preparados tanto para lo mejor como para lo peor, ya que uno nunca llega sin la posibilidad del otro".[20] Derrida afirma que la religión retornaría con violencia porque había sido suprimida con violencia. Se refirió a la religión como un tumor que surge de la sociedad, debido a que se había ignorado tanto de nuestra relación con la realidad. En el alma, se va acumulando una presión, que puede explotar en cualquier momento:

> Se nos impone el resurgimiento religioso para sugerir el acrecentamiento de una ola que se apropia incluso de aquello que abraza lo que parece ser lo opuesto. Se deja llevar, a veces por el terror y el terrorismo. Al aliarse con el enemigo, acogiendo a los antígenos, arrastra al otro consigo mismo, este resurgimiento crece y aumenta con el poder del adversario".[21]

Asociado originalmente con el posmodernismo nihilista y aun afirmando ser ateo, al final de su vida Derrida se sintió atraído hacia las profecías. Reconoció que era extraño encontrar "el retorno de lo religioso ... relacionado con el retorno del mal radical". Aunque los ateos célebres de los tiempos posteriores a los ataques del 11 de septiembre, argumentarían que la religión y el mal son aspectos del mismo fenómeno, esta no es la perspectiva de Derrida. Su planteamiento es que el impulso religioso se volvió maligno por las condiciones en las cuales se le violó. Hace dos mil años, la misma postura se habría enmarcado en términos metafísicos: Hemos provocado la ira de Dios debido a que lo traicionamos. Hoy en día, muchos rechazarían este lenguaje y, sin embargo, cuando miramos a los terroristas, vemos un aspecto de nuestro propio rostro desconocido. Su maldad expresa la oscuridad que se ha ido acumulando en el alma.

Slavoj Zizek, el destacado estudioso de Lacan en Europa, hizo este planteamiento después de los atentados del 11 de septiembre y habló de la necesidad que tiene Occidente de enfrentar la realidad de la oscuridad:

> Los ciudadanos estadounidenses actualmente experimentan su esfera de seguridad como si estuviera bajo la amenaza de agresores terroristas del exterior, quienes se auto-sacrifican sin piedad alguna y, a la vez, son cobardes, astutamente inteligentes y bárbaros primitivos. Cuando nos encontremos con un Exterior tan puramente malvado, debemos reunir el valor para recordar la lección hegeliana: en este Exterior puro, debemos reconocer la versión destilada de nuestra propia esencia.[22]

Un siglo antes de Derrida y Zizek, Jung estaba haciendo los mismos pronunciamientos. En su *Libro Rojo*, escribió sobre el terror de la Primera Guerra Mundial:

> Pero el espíritu de las profundidades quiere que se entienda esta lucha como un conflicto en la propia naturaleza de cada hombre.[23]

Según Jung, la modernidad nos alienta a vivir en el confinamiento del ego, y el alma, excluida e ignorada, se ve forzada a desarrollar un aspecto ambivalente. El alma se alza contra nosotros "... como algo que frustra nuestra voluntad, que nos es extraño e incluso hostil, y que es incompatible con nuestro punto de vista consciente".[24] El alma "quiere algo diferente de lo que quiere el ego y estamos en guerra con nosotros mismos". Jung argumenta que: "... cuando no se concientiza una situación interna, se manifiesta externamente como destino".[25] ¿En qué medida, entonces, es el azote del terrorismo una exteriorización de una dinámica interna? Jung dijo, "el mundo debe, forzosamente, escenificar un conflicto interno y rasgarse en dos mitades opuestas".[26] No estoy afirmando que exista una conexión *causal* entre nuestra situación espiritual y la crisis mundial. En la sincronicidad, "No se puede demostrar que se obtenga una conexión causal recíproca entre eventos paralelos ...El único vínculo reconocible y demostrable entre ellos es un significado común o equivalencia".[27]

Según los textos sufíes, la noción de "guerra santa" se aplica más al reino interno que al externo. El verdadero significado de yihad, según Hazrat Inayat Khan, se refiere a la lucha psicológica "para vencer el ego falso".[28] Cuando regresaba de la batalla en contra de los infieles, el profeta Mahoma dijo: "Hemos regresado de la Guerra Santa menor, para enfrentar la Gran Guerra Santa". Sus acompañantes le preguntaron: "¿Qué es la Gran Guerra Santa?" Mahoma respondió: "Es la guerra contra el ego."[29] Shahid Athar explica que en la tradición sufí, el ego es el enemigo del espíritu y la mejor forma de yihad es conquistar el predominio del ego, permitiendo al sufí estar en paz consigo mismo/a y acercarse al Creador.[30] Según Thomas Cheetham, los terroristas han malinterpretado la naturaleza simbólica de su búsqueda y el llamado a la yihad, y están externalizando esta batalla.[31] Wolfgang Giegerich señala que "es mucho más fácil recurrir al resentimiento y culpar a los demás por las condiciones insatisfactorias en las que uno se encuentra... que participar en una lucha a largo plazo, es mucho más fácil actuar detonando bombas que interiorizar, integrar".[32]

Parecería que el malentendido de la yihad es provocado por el rechazo occidental a involucrarse con lo sagrado. En virtud de su postura existencial profana, el Occidente se ha vuelto "infiel". Lo sagrado se ha visto obligado a asumir el papel de adversario, al que se refieren tanto Derrida como Jung. Es significativo que la filosofía posmoderna y la psicología profunda estén recuperando el aspecto oscuro de lo sagrado, que se perdió en el cristianismo, como si así fueran a rescatar lo suprimido. Jung afirma que es imposible imaginar que la religión, que ha significado tanto para tantas personas a lo largo de milenios pueda desaparecer sin dejar rastro simplemente porque lo secular, aparentemente, ha asumido el control. Él comparó el impulso religioso con un instinto, y, "... como todo instinto, tiene su energía específica, misma que no se pierde aunque la mente consciente la ignore".[33] Tan pronto como las condiciones lo permitan, el instinto regresaría, como todo lo que es inconsciente, con fuerza considerable. No solo regresaría con un poder explosivo, sino en formas distorsionadas, ya que los contenidos psíquicos, cuando se les reprime, asumen aspectos perturbadores.

La sociedad ha aceptado ampliamente la teoría de Freud acerca de que la sexualidad, cuando el individuo no la concientiza, regresa bajo formas distorsionadas como la neurosis, la histeria y la criminalidad. Le hemos reconocido esta importante contribución al psicoanálisis, sin embargo, la teoría de Jung despierta sospechas ya que está lidiando con la realidad menos tangible del impulso religioso. Si en la época de Freud, la sexualidad era "lo fuertemente reprimido", en nuestra época lo es la religión. La religión es la vida no vivida de la modernidad. Jung sostiene que la religión regresará con consecuencias devastadoras, así como en la época de Freud, la sexualidad regresó con un impacto escandalizador. Aunque los filósofos posmodernos han ignorado la obra de Jung, lo que afirman es idéntico al pensamiento de Jung de hace cien años. Gianni Vattimo, colega de Derrida, escribió:

> En espíritu, algo que habíamos pensado que se había olvidado de manera irrevocable, se vuelve a hacer presente, se vuelven a despertar los vestigios latentes, se vuelve a abrir

> una herida, regresa lo reprimido y lo que considerábamos que había sido una trascendencia, no es más que una larga convalecencia.[34]

Los secularistas imaginaban que el espíritu había muerto con el declive de la religión institucional. Para ellos, el espíritu es una idea obsoleta derrotada por la ciencia. Pero, como sostiene Vattimo, el espíritu no había sido derrotado, sino tan solo dormía. El "giro secular" colocó al espíritu en un estado de animación suspendida, y la intelectualidad pensó que la humanidad había pasado a un mundo nuevo. Sin embargo, esto no fue así; el espíritu ha permanecido en estado de coma, pero ya está saliendo de él. La mente moderna ha tenido estallidos de progreso y podido probar la libertad y ahora tiene que lidiar con las realidades arcaicas en el alma, que el materialismo secular no logra explicar. Ya desde la década de los años cincuenta, el filósofo italiano Romano Guardini había hecho esta observación profética:

> El hombre moderno buscó respuestas dentro de su alma. Poderes enigmáticos despertaron del espíritu religioso; la fuerza de lo numinoso tuvo un impacto directo sobre el espíritu humano, ya sea desde el interior del espíritu o desde el mundo en general. No sólo lo numinoso resultó benéfico, sino también desconcertante, e incluso destructivo en su impacto.[35]

En la filosofía, en la psicología y en la poesía, se encuentra la idea de que lo sagrado puede ser una fuerza destructiva que tiene que hacer trizas el tejido secular. Uno de los relatos más poderosos de esta destructividad, se encuentra en la obra del filósofo judío Emmanuel Levinas, *Dios y la filosofía*, en donde se imagina a Dios como un antagonista que deshace las estructuras defensivas del ego.[36]

Algunos se extrañaron que Jung anunciara en 1929 que "los dioses se convirtieron en enfermedades".[37] Sin embargo, tres generaciones después, Derrida sintió que el "retorno de lo religioso" estaba desbordando la mente colectiva como un tsunami. Según Derrida, la religión no es algo que hacemos, sino que es algo que se nos hace. Surge de una fuente misteriosa que necesita ser explorada. Recurriendo al lenguaje del psicoanálisis, Derrida escribió:

> ¿Cómo se puede explicar este "retorno de lo religioso" sin poner en juego algún tipo de lógica del inconsciente?[38]

El secularismo no había tomado en cuenta al inconsciente. La vida no vivida podía hacer volar al secularismo en añicos. Los secularistas asumieron que si se pudiera denunciar la religión y si la ciencia pudiera demostrar que las afirmaciones de la religión estaban erradas, la religión desaparecería, para nunca jamás volver. Sin embargo, el impulso religioso es imposible de erradicar y "... en la medida en que lo reprimamos, el peligro va en aumento".[39]

Hoy somos testigos del surgimiento del fundamentalismo en todas las religiones: el cristianismo, el judaísmo, el islamismo, y el hinduismo e incluso en el budismo. Vivimos en un mundo en el cual se han asociado permanentemente la religión y la violencia, lo cual, considerando que las escrituras de todas las religiones predican el amor y la paz, resulta una ironía impactante.[40] Sin embargo, una vez que se profana el espíritu, emerge en formas distorsionadas, y nada podrá cambiar el curso destructivo que lleva, excepto un cambio de actitud, un reajuste, o bien un acuerdo nuevo. Christopher Koch escribió: "Por supuesto que el espíritu no muere, más bien se convierte en un monstruo".[41] En las formas religiosas distorsionadas de hoy, se encuentran fragmentos de lo sagrado y los perpetradores del terror citan pasajes de las escrituras, mientras estrellan sus aviones contra el World Trade Center o atacan ferrocarriles, autobuses, hoteles, conciertos y medios de comunicación. Esta ira no es del todo de origen político, sino que tiene su origen en una predisposición arquetípica. Es por eso que la "guerra contra el terror" jamás podrá erradicar esta violencia, porque no sólo estamos hablando de portadores humanos del mal, sino además de una predisposición hacia el mal en la psique misma.

Sin embargo, no es que el blanco de los terroristas sea atacar exclusivamente a personas no religiosas o bien anti-religiosas. Se ha desatado un proceso irracional que reparte golpes a diestra y siniestra; muchas veces atacando a otras tradiciones islámicas. Hay una perturbación en la psique mundial que causará un gran daño a todas las civilizaciones. El mensaje para nosotros es que la vida religiosa se ha vuelto patológica. Los grupos islámicos militantes llevan la carga de recordarle al Occidente, al que se refieren como los "infieles", sobre los peligros de lo sagrado. No se puede jugar con esta realidad, y analizar la condición pos-secular es una prioridad urgente. Los grupos extremistas o "células de violencia" se oponen a la modernización y sus consecuencias. No es tanto que estos grupos se opongan al "Occidente", sino más bien se oponen al campo de la modernidad. Derrida nos recuerda que "se requiere discernimiento: el islam no es islamismo y nunca debemos olvidarlo, aunque el islamismo opere a nombre del islam".[42] Los grupos militantes operan en nombre de las religiones, pero hay que diferenciarlos de ellas. Un comentarista dice: "Cuando utilizo la frase 'violencia religiosa', no me refiero a la violencia que causa la religión, sino a la violencia asociada con ésta".[43] Estamos siendo testigos de una religiosidad mutante que tiene más que ver con la violencia que con el culto.

Sin embargo, se puede llegar a exagerar la separación entre el islam y el terrorismo. Algunos líderes islámicos niegan que el islam esté de alguna manera involucrado en estas atrocidades. Afirman que el islam es una religión pacífica con un interés en la justicia y la verdad. Henry Bayman, en la obra que escribió en defensa del islam, *El secreto del islam: el amor y la ley en la religión de la ética*, señala: "Sólo se puede explicar esta desviación drástica con respecto a lo que ha sido la norma islámica durante catorce siglos, por una falta o distorsión de la sensibilidad islámica, no por un exceso". Prosigue:

> Los ataques suicidas no sólo son no-islámicos, sino que son profundamente anti-islámicos. Históricamente, no han tenido ningún lugar en la cultura islámica. Los atentados suicidas fueron inventados por terceras partes y sólo durante las últimas décadas comenzaron a ser utilizados por supuestos 'musulmanes'. Su uso en el Medio Oriente no se debe a una disputa religiosa sino a disputas políticas.[44]

Otros apologistas niegan de manera flagrante que el terrorismo sea un problema islámico y afirman que más bien es un problema humano. Acepto su punto de vista, pero no me convence. No me parece que baste la simple negación.

En contraposición a aquellos que desean marcar una división definitiva entre el terrorismo y el islam, Wolfgang Giegerich, con residencia en Berlín, escribe:

> Muchos estudiosos del islam y muchos individuos bien intencionados en Occidente, advierten en contra de confundir los actos y la ideología de los terroristas islámicos con el islam como tal. Argumentan que el verdadero islam es una religión pacífica, y señalan que la 'yihad', en realidad tiene un significado estrictamente religioso muy diferente al uso que le dan al término los terroristas. Por más que se justifique académicamente esta advertencia, también es irrelevante en la situación concreta en la que nos encontramos ... Lo que hagan los terroristas inevitablemente se refleja en el islam como tal; tal vez no sobre el "islam verdadero (auténtico, original) como se le debería entender", mas sí sobre el Islam de verdad.[45]

Giegerich confronta la corrección política de nuestro tiempo y su incapacidad para enfrentar los hechos. Hacer cualquier crítica al Islam en nuestro tiempo automáticamente se interpreta como islamofobia.[46] Mi punto de vista es que el islamismo militante es una versión traumatizada del islam; un lado oscuro del islam que se debe integrar. Todas las culturas religiosas tienen que reconocer su lado sombreado y no encubrirlo con promesas de bondad y piedad. El psiquiatra Henry Krystal afirma que el trauma produce una regresión afectiva, un déficit en la capacidad de representación simbólica y un aumento en la formación de fantasías.[47] Los terroristas sufren de un déficit de conciencia simbólica y de formación de fantasías y muchos de ellos se inspiran en la idea de que en el cielo recibirán una recompensa irreal. El Ku Klux Klan no representa al cristianismo; sin embargo, tampoco se le puede separar por completo de él; representa el mal, el rostro demoníaco de esta cultura. La primera regla de la psicología es no negar la oscuridad cuando aparezca: "Reconozco que esta oscuridad es mía".[48]

Giegerich ha argumentado que la ola de violencia terrorista no es una lucha de clases entre ricos y pobres, ni es una batalla entre el islam y el cristianismo. Más bien, es una batalla entre la mentalidad moderna y la mentalidad medieval.[49] El Occidente ha librado una larga batalla con su sistema religioso tradicional, por lo que ha luchado contra la tendencia natural de cualquier religión de verse a sí misma como superior a los demás y ha ganado esta batalla. Eso es lo que hace que el mundo occidental sea "moderno": una larga crítica histórica y filosófica de su sistema religioso, en la que se destruyó la hegemonía teológica y los derechos individuales emergieron como una fuerza moral poderosa. "En el mundo islámico, no se produjo un desarrollo equivalente". "No se dio una lucha crítica con sí mismo, ni contra sí mismo y su propia ortodoxia".[50] Como resultado, encontramos que siguen persistiendo cualidades pre-modernas: la prevalencia de viejas emociones de vergüenza y honor en una cultura en la cual los derechos humanos no se respetan abiertamente. La vergüenza y el honor son más importantes que las vidas individuales, por eso es tan fácil sacrificar vidas. El mayor pecado no es quitar vidas, sino criticar los fundamentos santificados del sistema religioso islámico.

Esto se expresó en la fetua [un pronunciamiento legal islámico] emitida en contra del novelista Salman Rushdie. En 1989, el Ayatolá Jomeini emitió una fetua ordenando a los musulmanes matar a Rushdie supuestamente por haber expresado una blasfemia en *Los versos satánicos*. Los gobiernos de todo el mundo occidental condenaron la fetua emitida por Jomeini, argumentando que era una violación a los derechos a la libertad de pensamiento y de expresión. Sin embargo, en Irán no se aceptaron los derechos humanos como base para administrar la justicia. Se argumentó que el problema había sembrado división entre los musulmanes y los occidentales a lo largo de una fractura cultural.[51] En 1990, el ayatolá declaró: "Aunque Rushdie se arrepienta y se vuelva el hombre más devoto de todos los tiempos, es el deber de cada musulmán utilizar todo lo que tenga, su vida y su riqueza, para enviarlo al infierno". He aquí un ejemplo del cómo se roza lo medieval con lo moderno: "El problema detrás del terrorismo islámico es el conflicto entre dos etapas históricas diferentes del desarrollo cultural".[52]

El Islam ve el experimento moderno como algo decadente, ya que ha sacudido de manera radical las convicciones de todos los sistemas religiosos. Lo moderno ha hecho que la mentalidad medieval se indigne y se enoje por la relativización de los valores, el aniquilamiento de las estructuras tradicionales y las arbitrariedades resultantes de una sociedad libre y abierta. A modo de defensa, la mentalidad medieval se vuelve contra la moderna y trata de destruirla. Estamos siendo testigos de la rabia contra lo moderno, incluyendo el enojo contra los elementos que hacen que el mundo medieval se sienta inseguro, como la pérdida de la superioridad masculina y del código de honor; el declive del patriarcado; la disolución de los roles sexuales fijos y las nuevas libertades otorgadas a las mujeres. Todo esto, junto con la desestabilización de la autoridad religiosa, hace que la mentalidad medieval vea a la modernidad como decadente y perversa. Lo que encontramos en la "fraternidad" terrorista es una "protesta masculina" contra un mundo nuevo rechazado por el mundo viejo.

El Occidente ha logrado suprimir su propia respuesta negativa al menosprecio que la religión siente por la modernidad. La pérdida de la religión en el occidente no queda registrada como un trauma; al contrario, los occidentales, en general, han estado dispuestos a prescindir de ésta, ya que ven la religión como una carga de la que pueden prescindir. Siguiendo el guion de la modernidad, la religión es un vestigio de una mentalidad supersticiosa que el Occidente ha superado. Es sólo cuando los occidentales sufren un trauma personal o colectivo que llega a cuestionar el encapsulamiento en la que se encuentra el ego, que aparece la religión como algo importante que se ha perdido. En este contexto, la religión traumatizada del islamismo es la que lleva a cuestas la carga que el occidente no ha podido aceptar. Lo moderno remece una parte de nosotros, pero en el escenario mundial, son fuerzas hostiles las que lo escenifican. Como dijera Goya: "El sueño de la razón produce monstruos".[53] En su encuentro con el islamismo, el occidente choca con su ser antagónico que desea retroceder a una visión medieval del mundo. Al cometer atrocidades, los terroristas gritan "Allahu Akbar", Dios es más grande, que se puede ver como un contraataque del instinto religioso herido. Bajo esta forma terrorista, el instinto se ha vuelto psicótico.

Es difícil saber cómo se pudiera redimir algo de esta situación. Los estallidos psicóticos llevan de una atrocidad a la otra y no hacen nada por ofrecer la posibilidad de sanar o de reintegrar lo sagrado. Los terroristas presentan a "Dios" bajo una forma a la que se debe de oponer la civilización. Esto acentúa la carga de desesperación y confusión que enfrenta el occidente. Los laicos y los humanistas ven en el islamismo la imagen de la religión que más odian. Ven la imposibilidad de integrar una sacralidad que hierve de rabia, se enfurece por el abandono y se vuelve anárquica ante tanta supresión. La modernidad no puede asimilar lo sagrado engañoso y si lo vemos como un drama del alma del mundo, no se vislumbra ninguna síntesis en el horizonte. La "guerra contra el terror" refuerza el estancamiento y perpetúa la perspectiva que pudo haber precipitado la crisis; así, estamos condenados a dar vueltas en círculos, así que ¿qué es lo que va a romper este circuito? Es más fácil formular la pregunta que encontrar una respuesta. Sin embargo, sabemos que esta crisis va más allá de los factores sociales o políticos.

Lo moderno no puede rendirse ante una demanda pre-moderna de que se le rinda culto a una expresión totalitaria de lo sagrado. No podemos inclinarnos ante el Dios de los terroristas, aunque algunos entusiastas enajenados encuentren que es una proposición atractiva. El islamismo presenta lo sagrado de formas que a la modernidad le resultan inasimilables. La conciencia occidental enfrenta un gran problema: ¿cómo asimilar lo religioso de manera aceptable, de modo que se transforme la conciencia? Derrida insistió en que el impulso religioso no encajaría perfectamente en las formas existentes, sino que probablemente las haría explotar:

> El supuesto 'retorno de lo religioso' no es un simple retorno, pues conlleva, como una de sus dos tendencias, una destrucción radical de lo religioso. Esto hace que esta tarea sea mucho más urgente y problemática.[54]

El retorno de lo religioso no va a llenar los bancas de las iglesias ni se va a dar de acuerdo con algún plan evangélico. Derrida sintió que lo que se despertó en el inconsciente es más arcaico que aquello que cualquier religión tradicional hubiera reconocido *como* religioso. Por lo tanto, seguiría habiendo una falta de correspondencia entre las formas religiosas existentes y los impulsos atávicos.

Lo secular está demasiado arraigado como para permitir un "simple retorno" a la religión. La gente no va a regresar a las tradiciones si eso implica darle la espalda a las libertades laicas, tales como dudar, cuestionar y lidiar con la religión en un ambiente crítico y abierto. A occidente sólo le va a atraer una religión que respete el escepticismo, el ateísmo y el agnosticismo. Algunos estarán dispuestos a adoptar diferentes tipos de fundamentalismo, pero esto no concuerda con el espíritu de la era que busca una solución possecular. Esto es lo que hace que *El libro rojo* de Jung sea una obra seminal para nuestros tiempos. Reconoce que el secularismo nos ha fallado y que la religión tradicional, también nos ha fallado. Es sólo a través de conectarnos con el espíritu de las profundidades que podemos encontrar una cosmología adecuada para el futuro. Tal cosmología tendrá sus raíces en fuentes antiguas, la ciencia contemporánea y la experiencia personal. En el crisol de la experiencia se forjará la religión del futuro.

Notas finales

[1] C. G. Jung, *Aion. Contribución a los símbolos del sí mismo*, *Obras Completas*, Vol. 9/II, trad. Carlos Martín Ramírez (Madrid: Editorial Trotta, 2011), párr. 126.

[2] C. G. Jung, *El libro rojo: Liber Novus*, ed. Sonu Shamdasani, edición castellana a cargo de Bernardo Nantes, trads. Romina Scheuschner y Valentín Romero (Buenos Aires: El hilo de Ariadna, 2012), p. 356.

[3] Ibid.

[4] C. G. Jung, "Psicología y religión," en *Obra Completa*, Vol. 11, trad. Rafael Fernández de Maruri (Madrid: Editorial Trotta, 2008), párr. 9.

[5] Jung, *El libro rojo*, p. 356.

[6] Rudolf Otto, *Lo santo: lo racional y lo irracional en la idea de Dios*, trad. Fernando Vela (Madrid: Alianza Editorial, 1996).

[7] Jacques Derrida, "Faith and Knowledge: The Two Sources of 'Religion' at the Limits of Reason Alone" (1996), en Jacques Derrida y Gianni Vattimo, eds., *Religion* (Stanford, CA: Stanford University Press, 1998), p. 38.

[8] Richard Dawkins, *The God Delusion* (Londres: Bantam Press, 2006); Christopher Hitchens, *God is Not Great: How Religion Poisons Everything* (Nueva York,: Hatchette Book Group, 2007); Sam Harris, *The End of Faith: Religion, Terror and the Future of Reason* (Nueva York: W.W. Norton, 2004).

[9] Jung, *Aion, Obra Completa*, Vol. 9/II, párr. 67.

[10] C. G. Jung, "Sobre la relación de la psicoterapia con la cura de almas", en *Obra Completa*, Vol. 11, trad. Rafael Fernández de Maruri, (Madrid: Editorial Trotta, 2008), párr. 531.

[11] C. G. Jung, "Los símbolos y la interpretación de los sueños", en *Obra Completa*, Vol. 18/I, trad. Jorge Navarro Pérez (Madrid: Editorial Trotta, 2009), párr. 581.

[12] Ibid.

[13] C. G. Jung, "Sobre la relación de la psicoterapia con la cura de almas", en *Obra Completa*, Vol. 11, párr. 531.

[14] *Éxodo* 23:27.

[15] René Girard, *Violence and the Sacred* (Baltimore, MD: Johns Hopkins University Press, 1979).

[16] Rainer Maria Rilke, "Elegía primera" en *Selección de poemas*, trad. Salvador Echavarría (México: Coordinación de Difusión Cultural,

Dirección de Literatura, Universidad Nacional Autónoma de México, 2009), p. 26.

[17] Ibid.

[18] Rainer Maria Rilke, "The Man Watching," en *Selected Poems of Rainer Maria Rilke*, trad. Robert Bly (Nueva York: Harper & Row, 1981).

[19] Jacques Derrida, "Faith and Knowledge", pp. 2 y 18.

[20] Ibid., p. 18.

[21] Jacques Derrida, en Gil Anidjar, ed., *Acts of Religion* (Londres y Nueva York: Routledge, 2002), p. 82.

[22] Slavoj Zizek, "The Desert of the Real: Is this the end of fantasy?" Disponible en: https://inthesetimes.com/issue/25/24/zizek2524.html

[23] Jung, *El libro rojo*, p. 222.

[24] C. G. Jung, "El problema anímico del hombre moderno", en *Obra Completa*, Vol. 10, trad. Carlos Martín Ramírez (Madrid: Editorial Trotta, 1964), párr. 160.

[25] Jung, *Aion, Obra Completa*, Vol. 9/2, párr. 126.

[26] Ibid.

[27] C. G. Jung, "Sobre sincronicidad", en *Obra Completa*, Vol. 8, trad. Dolores Ávalos (Madrid: Editorial Trotta, 2004), párr. 985.

[28] Hazrat Inayat Khan, *The Sufi Message*, Vol. 1 (Delhi: Motilal Banarsidass Publishers, 2011), p. 21.

[29] Martin Lings, *What is Sufism?* (Londres: George Allen & Unwin, 1975), p. 27.

[30] Shahid Athar, "Inner Jihad: Striving Toward Harmony," *The Sufism Journal* 10:3, 2010, disponible en: www.sufijournal.org/practice/practicejihad.html

[31] Thomas Cheetham, *The World Turned Inside Out: Henry Corbin and Islamic Mysticism* (Nueva Orleans: Spring Journal Books, 2003), p. 82.

[32] Wolfgang Giegerich, "Islamic Terrorism", en *Soul-Violence, Collected English Papers, Vol. 3* (Nueva Orleans: Spring Journal Books, 2008), p. 428.

[33] C. G. Jung, "Sobre el arquetipo: con especial consideración del concepto de anima", en *Obra Completa*, Vol. 9/1, trad. Carmen Gauger (Madrid: Editorial Trotta, 2015), párr. 129.

[34] Gianni Vattimo, en Derrida y Vattimo, eds., *Religion*, p. 79.

[35] Romano Guardini, *The End of the Modern World* (Wilmington, Delaware: ISI Books, 1998), pp. 48-49.

[36] Emmanuel Levinas, "God and Philosophy," en Sean Hand, ed., *The Levinas Reader* (Oxford: Basil Blackwell, 1989).

[37] C. G. Jung, "Comentario sobre 'El secreto de la flor de oro'," en *Obra Completa*, Vol. 13, trad. Laura S. Carugati (Madrid: Ediciones Trotta, 2015), párr. 54.

[38] Derrida, *Acts of Religion*, p. 89.

[39] C. G. Jung, "La aplicabilidad práctica del análisis de lo sueños", en *Obra Completa*, Vol. 16, trad. Jorge Navarro Pérez (Madrid: Ediciones Trotta, 2006), párr. 329.

[40] Gil Bailie, *Violence Unveiled: Humanity at the Crossroads* (Nueva York: Crossroad Publishing, 1996).

[41] Christopher Koch, *The Year of Living Dangerously* (Londres: Michael Joseph, 1978), p. 236.

[42] Derrida, "Faith and Knowledge," p. 6.

[43] Mark Juergensmeyer, *Terror in the Mind of God: The Global Rise of Religious Violence* (Oakland, California: University of California Press, 2017), p. xiv.

[44] Henry Bayman, *The Secret of Islam: Love and Law in the Religion of Ethics* (Berkeley, California: North Atlantic Books, 2003), p. 56.

[45] Giegerich, "Islamic Terrorism," pp. 418-419.

[46] Chris Allen, *Islamophobia* (Farnham, Surrey: Ashgate, 2011).

[47] Henry Krystal, *Integration and Self-Healing: Affect, Trauma and Alexithymia* (Hillsdale, Nueva Jersey: Analytic Press, 1988), p. 28.

[48] Próspero en *La tempestad* de Shakespeare, Acto 5, escena 1, líneas pp. 274-275.

[49] Giegerich, "Islamic Terrorism," pp. 422-427.

[50] Giegerich, "Islamic Terrorism," p. 425.

[51] Kenan Malik, *From Fatwa to Jihad: The Rushdie Affair and its Aftermath* (Nueva York: Melville House, 2010).

[52] Giegerich, "Islamic Terrorism," p. 432.

[53] "El sueño de la razón produce monstruos", título de un grabado del artista español Francisco Goya de 1798.

[54] Derrida, *Acts of Religion*, p. 78.

Jung: la nada y el todo

John Dourley

En las primeras páginas de *El libro rojo: Liber Novus*, Jung identifica la ruptura entre "el espíritu de estos tiempos" y "el espíritu de las profundidades" como la principal patología del individuo y la cultura en su entorno.[1] Confiesa que él mismo había sido su víctima. "Tuve que darme cuenta de que había perdido mi alma".[2] Había objetivado el alma en nombre de la psicología en tanto ciencia. La había retirado de la totalidad de la experiencia humana, reduciéndola a la mente en interacción con los sentidos y a un enfoque académico estéril para abordar las profundidades de su propio ser. Con esa investigación se le concibió nada más y nada menos como un asesino del alma.[3] Posteriormente, en *Liber Novus*, la imagen que proyecta del científico es un retrato deprimente de un hombre encerrado en su biblioteca, cual cárcel, dentro de un castillo aislado en medio de un pantano. El ermitaño casi ni percibe que se le acerca Jung ni la presencia de su propia hija en un cuarto contiguo.[4] En la imaginación de Jung, el alejamiento del hombre de conocimiento tanto de su anima como de su alma, se vuelve el mismo movimiento de alejamiento. Sería difícil encontrar una representación más contundente de cómo es vivir en un intelecto bajo cuarentena que le impide acceder a aquellas vitalidades a las que se accede sólo a través del fluir de una vida psíquica y espiritual más profunda.

La experiencia personal y social aquí descrita, llevó a una relación ambivalente con la ciencia misma que se expresa tanto en *Liber Novus,* como en lo que se va transmitiendo a través de trabajos posteriores publicados en la *Obra Completa.* Por un lado, haciendo una reverencia ante el cientificismo de su época: Jung describe su trabajo como "científico" y, por lo tanto, se representa a sí mismo como científico. Sin embargo, en su *Libro rojo*, en un diálogo con un gigante oriental imaginario que va al occidente en busca de sabiduría, condena a la ciencia por ser "veneno" social.[5] Sus conocimientos se limitan a "cosas externas" y sus conocimientos sobre el mundo interior de la divinidad dadora de vida son limitados o nulos. La ciencia ha eliminado de su ámbito la capacidad de creer, no en el sentido de un compromiso con un credo o doctrina formal, sino en el de una experiencia directa, no mediada, de las profundidades de la razón misma. Está constituida exclusivamente de "palabras" y es una magia extremadamente nociva para su entorno. Este veneno ha paralizado a los "iluminados", que han bebido profundamente de él. En su pobreza autoimpuesta, la investigación científica ha perdido la capacidad de lidiar con "... la vida real ..." y ha reducido a la psique al nivel de una mente alejada del vigor e interación de toda la gama de la totalidad de la psique.[6]

En sus escritos posteriores tampoco suavizó su crítica a la ciencia, ya que le fue quedando más clara la historia de los factores que contribuyeron a la discapacitación psicológica de la ciencia. Jung siguió criticando a la ciencia como la religión dominante de su época y, por lo tanto, como el nuevo "opio del pueblo".[7] En particular, la ciencia era la droga preferida de los devotos de la Diosa de la Razón y el racionalismo ilustrado, cuya superficial claridad era tan susceptible a la posesión arquetípica y, por ende, a la violencia colectiva.[8] Si bien esta crítica permaneció implacablemente severa, debe quedar lo más claro posible que Jung de ninguna manera se oponía a la ciencia, a la Ilustración o a la razón en sí mismas. Lo que provocó su mordacidad fue la reducción perversa de la cognición y el afecto humanos a la "ciencia", como la única actividad válida de la conciencia. Su verdadero enemigo es la obra *El libro de Urizen* de William Blake. La historia más reciente de la mente humana había producido una soberanía de la razón que se inclina hacia la ciencia y la tecnología, frente a las cuales resultaba posible descartar de manera fácil y feliz la oposición de una religión en gran medida fundamentalista y literal. La consecuencia fue una sociedad basada en un sinsentido racional superficial, una ciencia reducida a una colección impresionante de dispositivos y una religión enraizada en una "ininteligibilidad sacrosanta".[9] En anticipación de su obra posterior, *Liber Novus* es un registro del diagnóstico más temprano que Jung hace del problema.

Por fortuna, el alma que Jung perdió a favor de una conciencia apartada de esta, se negó a ceder ante tal afección. Efectivamente, el alma se impuso sobre Jung y la interacción con ella se convirtió en un viaje extraordinario hacia lo "...insondable, lo que llamamos lo divino".[10] Las profundidades insistieron en que se les admitiera a la conciencia y, aunque la cura que formularon nunca se desligó del sufrimiento, la vida que le restituyeron a Jung, tal cual se describe en su *Libro rojo*- se convertiría en la estructura rudimentaria y la fuerza de sus posteriores escritos más discursivos.[11] Fue mucho lo que llegó a cambiar. A medida que emergieron las profundidades, llegaron acompañadas de su naturaleza sagrada. Se les podía orar: "... rézale a tus profundidades, despierta a los muertos".[12] Jung llegó a ver las profundidades expresadas en la revelación personal del sueño que señala y permite una vida mucho más plena de la que podría proporcionar "...el sistema muerto..." de su anterior psicología totalmente intelectual.[13] Argumentaba que para que las profundidades pudieran tener un impacto pleno en la mente consciente, se debía prescindir del ego heroico. Insistiría en que solo la recuperación de la conexión revitalizante de la mente con las profundidades de la psique, podía crear esa empatía más universal que podría socavar las animosidades trágicas, muchas veces letales, que existen entre naciones y comunidades. De hecho, se llegó a dar cuenta de que las hostilidades de la Primera Guerra Mundial eran externalizaciones de las hostilidades psíquicas en el interior de su propia psique y de la psique de las masas atrapadas en el conflicto.[14] Sin embargo, puede que la conclusión más importante de estos comentarios siga siendo la franca confesión de Jung, al inicio y en el cierre de su *Libro rojo*, de que la descripción de la recuperación de su alma en esas imágenes pre-racionales tan vívidas, contenía el "material primordial" que él habría de exponer con una deliberación más mesurada en su posterior trabajo supuestamente "científico".[15] Esta confesión nos lleva a dos grandes cuestiones a las que se enfrenta la cultura actual:

1. ¿Acaso en nuestros tiempos no es igual de prevalente la ruptura del espíritu con respecto a las profundidades de la humanidad, tanto colectiva como individual, como en los

tiempos de Jung? y de ser así, ¿acaso sus esfuerzos por producir su integración son tan importantes ahora como cuando Jung escribió *Liber Novus*? Si la humanidad se fuera a salvar de su alejamiento de la fuente interna y única que pudiera unir sus muchas expresiones arquetípicas en conflicto entre sí en diversas comunidades ligadas tanto religiosa como políticamente por los poderes latentes en esas mismas profundidades, ¿acaso esta realización, no haría que la *Obra Completa* de Jung sea un recurso valioso, tanto para la teoría como para la terapia?

2. Debido a que Jung llegó a considerar, conforme continuaban sus reflexiones en *El libro rojo*, que la necesaria recuperación del alma es un proceso religioso, ¿acaso esta obra no insta a adoptar una nueva perspectiva cultural religiosa, que pudiera encontrarse en tensión considerable con las principales ortodoxias religiosas, una tensión que explicara su admiración por las sensibilidades religiosas de Jung, y su rechazo a aceptar la forma en que él ve el avance del impulso religioso hacia un futuro, que se encuentre más allá de las argumentaciones monoteístas en tantos sentidos diferentes?[16]

Estas preguntas se podrían coaligar al examinar los *Septem Sermones ad Mortuos* ("Los siete sermones de los muertos") de Jung en la última sección de *El libro rojo*, llamada "Escrutinios".[17] Aquí, bajo la forma de un mito gnóstico, atribuido en otra publicación al maestro gnóstico Basílides,[18] se haya un esfuerzo por mostrar cómo el espíritu de las profundidades puede llegar a impregnarle al espíritu del tiempo, una religiosidad social e individual internamente más profunda y, sin embargo, a la vez, externamente más incluyente que cualquier perspectiva cultural existente en ese entonces o ahora. La idea central de Jung sería que a mayor profundidad de la interioridad de uno lo lleve el espíritu de las profundidades, se vuelve más incluyente la forma en que uno abraza el más allá, ya que la interioridad, la profundidad, es la fuente viva de la totalidad del más allá. Además ni más ni menos es la figura de su anima la que insiste, en gran medida muy en contra de su preferencia, que él de hecho es quien traera una nueva perspectiva religiosa a su cultura.[19]

El portavoz de Jung, Filemón, predica el primero de la serie de sermones a los muertos, que regresan decepcionados del otro lado sin haber alcanzado la iluminación que esperaban,[20] que inicia con lo que es, en efecto, la corrosión del prólogo de San Juan evangelista: En el principio no es el Verbo. Aquí, en el principio es la Nada. La Nada parecería preceder al Verbo y a toda la actividad mental que está más allá de toda comprensión. Sin embargo, esta Nada es al mismo tiempo una plenitud, un Pleroma, y fuente tanto de la creación como de la conciencia. Aquí, Jung comienza a jugar con una sofisticada concepción metafísica de lo que es la participación: es la "esencia" o naturaleza de la criatura finita por vivir separada y diferenciada del Pleroma y, sin embargo, la criatura y todo lo que es, participan del Pleroma o "son parte" de él. Aunque la criatura finita está esencialmente alejada de lo eterno, sigue siendo parte de lo eterno, ya que el Pleroma, como fuente de la criatura, permea el Todo.[21] En este comentario, Jung hace eco de las palabras de Marguerite Porete, una mística del siglo XIV que insistía en que, a menos que pudiera alcanzar la Nada, no podría ser el Todo.[22] De hecho, posteriormente Jung casi la cita literalmente cuando se refiere a la única validez de una espiritualidad contemporánea como si estuviera colocada "... ante la Nada de la cual el Todo puede crecer".[23]

A estas alturas del desarrollo temprano del mito, podría esperarse alguna alusión al retorno de las criaturas al Pleroma, pero aquí no se le proporciona. Al contrario, por su propia naturaleza, la criatura tiene el impulso de diferenciarse del Pleroma y, al hacerlo, de establecer su individualidad o singularidad. En el periodo en el que Jung escribiera *Liber Novus*, consideró el regreso de la criatura al Pleroma de manera negativa, como una "disolución" que busca retraerse de la creación continua de la individualidad finita, con lo cual traiciona su esencia.[24] En su tratamiento de Eckhart, el Jung maduro revertiría esta postura, aborreciendo su "gran avance" hacia una disolución en la divinidad.[25] En el contexto de *Liber Novus*, a Jung le preocupa sobre todo la procesión de la criatura desde el Pleroma y su continuo desarrollo finito. Para esto, toma prestada una frase medieval, *principium individuationis*, el principio de la individuación, para describir el impulso hacia llegar a ser un individuo que se aleja progresivamente de una disolución regresiva en la riqueza de su origen, el Pleroma, hacia un involucramiento cada vez más profundo en las exigencias de la vida finita y la construcción del individuo.[26] Jung aplica la misma frase de *principium individuationis* a Jesús, como representante de la vida divina latente en el inconsciente y atraída a la conciencia en la construcción del individuo divino/humano.[27]

En "*Siete sermones a los muertos*", Jung queda impresionado por los opuestos. Paradójicamente, los describe no como algo real en el Pleroma, sino sencillamente como un potencial arquetípico, aunque muy real en términos de la conciencia finita, como expresión del potencial existente en el interior del Pleroma. Jung nos advierte sobre los peligros de identificarnos unilateralmente con uno de los opuestos separado del otro, por ejemplo, la belleza siempre conlleva la fealdad. La estrategia psíquica exige tomar conciencia de esta situación, una sabia distancia con respecto a la posesión psíquica por parte de cualquiera de los extremos de los opuestos sin incluir al otro.[28] En esta formulación temprana, Jung se refiere a una "rasgadura" en el Pleroma y en la conciencia finita, pero se abstiene de enfatizar esta nota, que es tan poderosa en sus últimos escritos y especialmente en su *Respuesta a Job*.[29] Aquí simplemente afirma que la eterna "rasgadura" del Pleroma, que es la fuente de la conciencia finita, busca resolver esta escisión[30] en la naciente conciencia finita. La fisura se sana mediante la redención mutua de lo divino y lo humano en tiempo, espacio e historia conscientes.

En estos pasajes iniciales, al igual que en numerosas ocasiones a lo largo de sus obras, Jung hace referencia al pensamiento de Meister Eckhart.[31] Posteriormente, escribió un texto sobre Eckhart, una de sus contribuciones finales a la plena integración del significado religioso y psicológico de la experiencia y la expresión religiosas.[32] En este texto y a lo largo de gran parte de sus escritos posteriores, el pensamiento de Jung es a la vez teológico, filosófico y psicológico sin que se le pueda reducir individualmente a ninguno de estas fragmentaciones mentales. Tanto Jung como Eckhart aprecian no sólo el retorno cíclico de la mente a identificarse con su origen, sino también a la resonancia de la mente con tales momentos de identidad en la vida subsiguiente a la experiencia.[33] Esta unión de verdades epistémicas, ontológicas, psicológicas y teológicas ilustra la pobreza de la escena contemporánea, desprovista de una categoría tan globalizante como la perspectiva de Jung en su resistencia a toda la fragmentación disciplinaria tradicional a la que se puede tratar de encajar su psicología a la fuerza, con lo cual quedaría truncada.

En resumen: desde sus primeros escritos se advierte que algunos aspectos del mito de Jung ya eran compatibles con el pensamiento del teólogo Eckhart, mientras que permanece una cierta tensión con la totalidad de la perspectiva de Eckhart, de la que se apropia más plenamente en textos posteriores. Eckhart discernió dos dimensiones en la divinidad, entre las cuales identificó una diferencia bastante estricta. El Dios de Eckhart era Trinitario y estaba imbuido de una vida interior tan apasionada que se le denominaba *bullitio*, "una ebullición"; de hecho, la ebullición interior era tan ferviente que se convirtió en una *ebullitio*, es decir, "una ebullición que se desborda". Al principio, Dios hirvió hasta desbordarse, diría el ingenio junguiano. El "hervor desbordado" primordial dio lugar tanto a la creación como a la caída. En la creación, el ego existencial se dio cuenta de que había sido retirado de su origen, y esta remoción se convirtió en la inspiración del impulso hacia su recuperación.[34] La experiencia de remoción de la fuente de origen de la vida como la base de un impulso hacia reapropiarse más plenamente de ella está en resonancia, por lo menos en parte, con el sufrimiento derivado del reinado de Abraxas como gobernante de un mundo de contradicciones y la necesidad de reafirmar el *self* único en medio de estas contradicciones. En el mito inicial de Jung, aunque era profundamente paradójico, se podría entender que el Pleroma tenía el impulso de expresarse más allá de sí mismo en la vida de cada individuo y de cada criatura, todos los cuales participan de él y de su impulso para avanzar hacia la individuación en la criatura que se auto-reafirma a sí misma. De esta manera, los *Siete sermones* insinúan con creces una plenitud primordial que tiene el impulso de expresarse más allá de sí misma, en tanto la base del impulso y la carga de cada individuo para alcanzar un grado de totalidad divina en la plenitud personal con el mandato de realizar una medida de la totalidad divina en la realización personal de cada uno. Este tema se encuentra en el centro de *Respuesta a Job* que escribiera Jung. Religiosa y teológicamente, plantea la seria pregunta de la necesidad que impulsa al Creador a crear y a buscar su necesaria realización en la historia de la conciencia humana.

Sin embargo, Eckhart también se refirió a una dimensión diferente de Dios, a saber, *Gottheit* o la divinidad. Es en la divinidad que el ego se ve impulsado hacia un desbordamiento (*Durchbruch*) y hacia una identidad, una fusión total o absorción total del individuo con la divinidad más allá de cualquier diferenciación. El retorno total a esta dimensión de lo divino se encuentra en la oración repetida dos veces por Eckhart: "Le pido a Dios que me libre de Dios".[35] Este es un punto crucial en los escritos posteriores de Jung sobre Eckhart. Significaría que en cierto punto en la psique, cada individuo estaría investido de una participación ontológica en el ser de la divinidad, cuyo logro implicaría una identidad no cualificada con la divinidad. Jung explicita esto en su ensayo posterior sobre Eckhart. "Como resultado de este proceso retrógrado, se restablece el estado original de identidad con Dios y se produce un nuevo potencial".[36] En este sentido, Jung se está refiriendo a la identificación psíquica en un sentido real y literal. En los *Siete sermones*, Jung es mucho menos radical. En este texto, plantea que se debe evitar un momento de identificación sin diferenciación, como una forma de disolución regresiva destructiva de la propia individualidad progresiva y de esa plenitud de vida que el Pleroma exige de todos. Posteriormente, Jung sugeriría que un momento de identificación con la divinidad, o bien un acercamiento a ella, es el territorio en el que se da la reafirmación más verdadera de uno mismo como individuo.

Como se señaló brevemente, Abraxas –a quien en diferentes momentos se le describe como la divinidad más allá de los opuestos y, sin embargo, también como fuente y quien rige la inevitabilidad de los opuestos dentro de este mundo– es un participante tanto poderoso como paradójico en el impulso hacia la individualidad. Una síntesis de la actitud de Jung hacia Abraxas jamás podrá ser completamente satisfactoria. Básicamente, Jung instaría al individuo a buscar su verdad más individual frente a Abraxas y el sufrimiento de las contradicciones que impone a cada vida finita. Ante los conflictos inevitables que Abraxas le impone al individuo finito, uno se debe inclinar ante él, aunque jamás a costa de abandonar la verdad individual más profunda ni la singularidad de vida que esta exige.[37] No es aceptable ni escaparse ni rendirse. Jung sugiere que el precio que Jesús pagó por su subyugación oposicional a Abraxas es una demostración de la crueldad de Abraxas y, sin embargo, al final, Jesús destiló la situación en términos de "... la belleza del sufrimiento".[38]

Los difuntos cristianos a quienes se dirigen estas palabras, perciben atinadamente que se está destruyendo su percepción de una divinidad totalmente trascendente y autosuficiente. Se ofenden mucho con este punto de vista, a pesar de que ellos mismos y su época han dejado atrás esa noción de la divinidad, llegando a una madurez que solamente cree en aquello que puede experimentar en un nivel inferior.[39] No obstante, Filemón/Jung se rehúsa a apaciguarlos a través de sencillamente reemplazar lo que ya han dejado atrás. El predicador más bien pregona que Dios no está muerto: "Está tan vivo como siempre".[40] Sin embargo, su vida es muy diferente de la vida de cualquier Dios que los cristianos hayan concebido. De hecho, Dios se manifiesta en cada una de las criaturas existentes. Jung/Filemón propone una sacramentalidad universal en la que todo lo existente participa del Pleroma como expresión del mismo, y la humanidad puede y debe tomar conciencia de ello. En obras posteriores, Jung identificará los opuestos en el Pleroma y en su expresión, avanzando hacia su integración en la conciencia humana. Sin embargo, en esta obra inicial, se refiere menos a la unión de los opuestos e insiste más en una simple conciencia de su realidad.[41] De hecho, advierte en contra de una unión demasiado superflua, quizás demasiado racional, de Cristo y Satanás. Su verdad, que va más allá de lo intelectual, se encuentra en un "medio", una unión que va más allá de lo intelectual. Posteriormente, Jung parece haber llegado a una incipiente realización de que no sólo se tienen que distinguir y reconocer los opuestos, sino que los une un movimiento más profundo de la psique. En su ensayo sobre la Trinidad, Jung sugiere con firmeza que el hijo de la luz y el hijo de la oscuridad son del mismo padre, Cristo y el

Satanás, avanzarían hacia un abrazo o una resolución en la psique y, por lo tanto, en la historia.[42] Ya en su *Libro rojo*, Jung señala que esta unidad no es obra de la razón, sino de un mediador que une a los opuestos a través de un proceso trans-racional comparable a una nueva visión promovida por la psique, como una nueva revelación.

Una vez más, una elaboración más meticulosa de la reflexión de Jung/Philemon sobre la esencia de la humanidad revela que puede que no esté tan completamente atrapada en la finitud como insistirían algunas formulaciones. Como se señaló, Jung está lidiando con una concepción dialéctica de la esencia de la humanidad en tanto que participa en el Pleroma y el Pleroma participa en la humanidad. Este aspecto del entendimiento que tiene Jung de la esencia es una fuerte evidencia temprana del esencialismo y la sensibilidad platónica de Jung. En la formulación del Pleroma, en un sentido no existe y, sin embargo, a la vez, se le considera "efectivo," lo que significa que la potencialidad arquetípica tiene el impulso de avanzar hacia su propia realización. Esto es similar a lo que Jung posteriormente apreciaría en el místico Jacob Boehme, es decir, el impulso de Dios de manifestar su expresión y, a través de eso, manifestar la auto-conciencia divina en la creación y la conciencia humana.[43] Cada individuo se convierte en una expresión del Pleroma. Esa expresión es la esencia más auténtica de uno. La conclusión es que todo ser humano es potencialmente divino y que el proceso de maduración, la individuación, implica avanzar hacia la realización de esta potencialidad real en el proceso de vivir la vida al máximo.[44] En el sexto sermón, regresaremos a una formulación de esta concepción, en el cual se le relaciona con una estrella o luz azul enraizada en el Pleroma que sigue y guía al individuo a través del viaje de la vida apoyando la verdad más profunda del individuo con fuerza y suavidad a la vez.

No es difícil ver en estos temas un precursor de la concepción posterior de Jung de la "forma primordial" del individuo. Durante una enfermedad que padeciera Jung en sus últimos años, su médico se le apareció en su forma primordial como "el *basileus* de Kos", "... un avatar de Kos, la encarnación temporal de la forma primordial que ha existido desde el principio".[45] Como emisario sanador de la humanidad, el médico le pidió a Jung que regresara a las exigencias de la tierra. Su médico murió el mismo día en que Jung dejó su lecho de enfermo, en un misterioso intercambio entre la vida recuperada y la vida perdida, una transacción que Jung nunca explicó.[46] Sin embargo, evidentemente las imágenes del evento son de una energía del *self* eterno en tanto la verdad subyacente del individuo en busca de su realización en el tiempo a ser alcanzada plenamente sólo en su realidad eterna. Jung afirma sólo haber sido testigo de un evento como este en otra ocasión. Después de la muerte de su esposa, esta se le apareció a Jung en su verdad primordial u "objetiva", más allá de cualquier emoción y proyección, vestida como en un "retrato", lo cual llevó a Jung a recordar momentos especiales de su vida juntos hasta llegar al significado más profundo que atravesaba este evento. Toda la vida de la esposa de Jung había sido guiada por su verdad más profunda, y en esa aparición se encontraba en la eterna realización de su verdad, en la totalidad de su ser.[47] Para ilustrar las muchas facetas de la vida en el mundo del más allá, Jung posteriormente haría notar que en una ocasión se despertó con la conciencia de haber pasado un día con su esposa después de su muerte y que ella había seguido trabajando, después de su muerte, en su proyecto del Santo Grial, como para lograr completarse.[48] Parecería que en el mundo del que regresan los muertos en *Liber Novus* no hay incompatibilidad entre alcanzar la forma primordial y algún tipo de desarrollo continuo.

Desde esta perspectiva del significado de la vida como autoafirmación, se puede ver la figura de Cristo como el protoindividuo, ya que para Jung representa al hombre que vivió su verdad individual, incluso hasta llegar a la cruel muerte impuesta por Abraxas.[49] En escritos posteriores, Jung describe a Jesús como un "*principium individuationis*".[50] En la obra temprana de *Liber Novus*, Jung postula: "No debemos llevar a Cristo a cuestas ya que es imposible de cargar, sino que debemos ser Cristos ..."[51] Ser un Cristo, en contraposición a ser un cristiano, significa que el individuo toma conciencia de que no debe imitar ni emular a nadie: Cristo vivió toda su vida siendo totalmente fiel a su verdad esencial.[52] Jung confiesa que él mismo había sido cristiano, pero no un Cristo. A los imitadores de Cristo se les acusa de lo siguiente: "La han imitado [la vida de Cristo], pero no han vivido sus propias vidas como tú has vivido la tuya ... cada uno tendría que tomar las riendas de su propia vida, fieles a su propia esencia y a su propio amor".[53] Aquí la premonición del *self* se convierte en la esencia del individuo y la base del amor verdadero.

Ciertamente atrae la imagen de una vida vivida más allá de la emulación o imitación, desde las profundidades de la continuidad de uno con el Pleroma. Lleva la atención a varios atributos de la figura de Cristo que no son prominentes en las representaciones más tradicionales. Le da prioridad a una relación interior como la sustancia experiencial no sólo del cristianismo sino de todas las religiones. El punto reaparece más tarde en la reiteración que hace Jung de que el acercamiento inicial de lo divino a lo humano siempre proviene desde el interior.[54] También sugiere claramente que depender de la vida interior -más allá de la imitación o de la emulación- conlleva una aceptación más comprensiva o compasiva de todo aquello que yace más alla de tal interioridad tan profunda. El viaje hacia adentro es también un viaje hacia afuera.

Al reflexionar sobre la relación de la religión con las leyes psíquicas que controlan el desarrollo histórico, Jung afirmará que la unilateralidad inicial del cristianismo, finalmente llegaría a exigir su propia trascendencia.[55] La bondad absoluta de Cristo escindió la figura de su propio opuesto, Satanás, quien se convirtió en el hermano oscuro de Cristo. En su obra posterior a *El libro rojo*, Jung se refiere a esa escisión como: "... la fatalidad inherente a la disposición cristiana en sí misma, que conduce inevitablemente a una reversión del espíritu, no a través del oscuro funcionamiento del azar, sino de acuerdo con la ley psicológica".[56] Este aspecto de la psicología junguiana apunta hacia la presencia de una filosofía operativa de la historia en la cual la base arquetípica de la conciencia busca su plena realización en la conciencia histórica con una necesidad verdaderamente hegeliana. A partir de este pasaje, Jung procede a ubicar la inevitable reversión de la unilateralidad cristiana en el Renacimiento, la Ilustración y la Revolución Francesa.[57]

En la descripción que hace Jung en *El libro rojo* de la figura de Cristo viviendo totalmente desde su interioridad individualizadora hasta el momento de su muerte, Jung está anticipando un tema fundacional posterior que afirma que la divinidad debe expresar su totalidad más allá de sí misma para ser plenamente sí misma. Esta convicción llevaría a Jung de un paradigma trinitario a uno cuaternario; en términos de un sentido mucho más incluyente de lo sagrado en el Espíritu de la cuaternidad de lo que pueda ofrecer el Espíritu cristiano. Tal Espíritu uniría en su vida las realidades divinas de Cristo y Satanás, de lo masculino y lo femenino, del espíritu y la materia. Actualmente, el *self* avalaría esta conciencia como una expresión que va mucho más allá de la simple unión del Padre y el Hijo en un Espíritu cristiano relativamente pálido. Tan solo en esta área, está bien fundamentado el argumento de que Jung era el portador de una nueva religión, así como su argumento, en el diálogo que sostiene con el padre dominico Víctor White, OP, de que él es un Joaquín di Fiore moderno.[58] Joaquín, el monje de finales del siglo XII y principios del XIII, vio el inminente advenimiento de un nuevo espíritu religioso que, de hecho, floreció entre las órdenes mendicantes y el escolasticismo de mediados del siglo XIII. Su ampliación del sentido de lo sagrado, también influiría en el interés constante de Jung en Mercurio -como hermano mayor de Cristo- que expresa los elementos rudimentarios de una humanidad poco apreciada por las perspectivas tradicionales.[59] Cuando Jung refrenda a Mercurio como *capax utrius* (capaz de ambos) está señalando una figura cuya vida espiritual se integra a su vida animal, en un grado que va más allá de la palidez cristiana.

Sin embargo, es de crucial importancia reconocer que la insistencia de Jung en el impulso del Pleroma para encontrar su expresión en la criatura individual como el significado de la creación misma, habla de un individuo ideal, libre de cualquier tipo de individualismo.El individuo que busca la fuente, es aquel cuya individualidad es la base misma de una relación con la totalidad. Posteriormente, Jung explicitaría este punto en la psicología del *unus mundus* (el "mundo único"). Siguiendo los pasos de Gerhard Dorn, Jung describe un proceso que inicia en un ascetismo tan riguroso que está bien describirlo como la muerte, pasando a un sentido de resurrección en un *caelum* ("cielo") del cuerpo glorificado.[60] El desarrollo culmina en la experiencia de la continuidad del individuo con la totalidad a través de "... el territorio eterno de todo ser empírico" como cimiento del ser personal.[61] La psicología del *unus mundus*, así descrita, implicaría la integración de un gran número de complejos que existen en el interior del individuo, acoplados con la relación empática del individuo con la totalidad, ya que el individuo y la totalidad comparten el mismo territorio. En el *Liber Novus*, esta psicología se encuentra latente en la participación del individuo en el Pleroma como poder generador subyacente en cada criatura. Jung confiesa que es sólo en la psique finita que se puede dar un acercamiento a tal compasión universal y una participación plena en el territorio.

Por muy limitado que sea, no se puede eludir el impulso a alcanzar tal profundidad y extensión. Como se señaló anteriormente, en las páginas iniciales de *Liber Novus*, Jung describe la esencia del individuo en tanto limitada en gran medida por lo finito e impulsada a reafirmar su individualidad en ese contexto.[62] Sin embargo, en el último de los *Siete sermones a los muertos*, parece ampliar considerablemente esta noción de la esencia de la humanidad, a través de imágenes que presagian la realidad del *self*. En este texto se refiere a volcarse hacia adentro, hacia el plano de una estrella azul: "Este es el Dios único de este hombre, este es su mundo, su Pleroma, su divinidad".[63] La estrella puede ser objeto de oración. Su luz azul guía al individuo a través de la vida y hacia una individualidad coronada por la estrella misma.[64] Es la "naturaleza estelar" del individuo y el "*self* más verdadero y más íntimo que simple y singularmente es".[65] Acceder a la estrella implica una actitud de astucia hacia Abraxas como gobernante de este mundo: no es posible huirle ni aceptarle, pero tampoco puede uno rendirse a él y, a la vez, permanecer bajo la influencia de la estrella azul. Más bien, sufrir a Abraxas es la clave para vivir la vida espiritual y moral hacia la estrella azul y, en cierto sentido, convertirse uno mismo en Abraxas, en la consiguiente libertad obtenida.[66] Quien sirve a la estrella azul es un "mediador", un individuo que sufre los opuestos en lo que bien podría llamarse la redención de Dios, reconocida por Dios y la humanidad como quien acompleta el esfuerzo divino en la creación. En este contexto, el "mediador" significa aquel en el que los opuestos se unen en una auténtica integración de una divinidad total con una humanidad total.[67]

Sin embargo, si se equipara la individuación con la divinización realizada en el individuo que vive en función de la verdad de la estrella azul, ¿cuáles serían las consecuencias sociales y políticas que enfrentaría una sociedad compuesta de tales individuos? ¿Acaso el orden social no estará bajo la amenaza constante de aquellos que no es tanto que los guíe su estrella, sino que están poseídos por su estrella en conflicto con la cultura dominante. En *Liber Novus,* Jung muestra que él por lo menos está consciente del problema y lo vuelve a abordar en sus trabajos posteriores. En el quinto sermón, Filemón contrapone la comunidad a la "individualidad". En pocas palabras: "El ser-individual en oposición a la comunidad".[68] Conforme amplifica esta oposición, Filemón sostiene que la comunidad es necesaria como una especie de defensa colectiva en contra de las abrumadoras impertinencias de los dioses y de los demonios, es decir, las "compulsiones arquetípicas", sobre los miembros de la comunidad. La idea central parecería ser que la comunidad protege a sus miembros contra la invasión de poderes que se apoderarían de los individuos cuya "individualidad" inflada podría ser una amenaza para la sociedad misma. Aquí Jung ve la necesidad de la comunidad, tal cual la impuso la divinidad a la humanidad, como una protección contra los dioses y los demonios. Sin embargo, también señala brevemente que cuando la comunidad va más allá de esto, "... más es peor".[69] El peligro es que la comunidad siempre le exige sumisión a los otros y, por lo tanto, está en tensión permanente con el impulso hacia la individualidad, que Filemón tanto respeta. En la individualidad uno se coloca por encima de los demás como una forma de evadir la "esclavitud". Y así, en *Septem Sermones* y también en su obra más amplia, se identifican las tensiones entre la comunidad y el individuo, aunque difícilmente se resuelven, si es que acaso se pudieran resolver algún día. En esta etapa temprana, restringir el sometimiento a la esclavitud de la comunidad, sigue estando en tensión con la auto-afirmación como una exigencia divina.[70]

Aunque seguía sensible a la tensión entre el sometimiento a lo colectivo y la individualidad expresada en *Liber Novus*, posteriormente Jung parecería darle cierta prioridad a la individualidad. De hecho, se podría interpretar que Jung la considera como una categoría casi moral basada en la fidelidad al *self* en todas las circunstancias, tanto individuales como colectivas. En discusiones posteriores sobre el tema, Jung se había familiarizado completamente con la realidad de la posesión social arquetípica. Tales "...sistemas político-sociales engañosos"[71] podrían llevar a grandes poblaciones a experimentar neurosis y formas de "locura" social generalizadas que Jung veía en su mundo contemporáneo cuyo advenimiento sólo podía anticipar un "loco místico".[72] De hecho, cualquier "ismo", ya sea religioso o político, tenía el poder arquetípico de crear un vínculo entre los miembros de una sociedad en paroxismos de inconsciencia colectiva.[73] Parecería que el papel que desempeña la comunidad de proteger a sus miembros contra la posesión divina, demasiadas veces los empujaba precisamente a quedar sometidos a esa posesión.

En nuestra época, ciertamente se está dando el mismo conflicto entre la comunidad y el individuo que Jung vio en su contexto social cuando escribía el *Libro Rojo*. La extrema derecha ha regresado con un sentido de autoridad absoluta que puede convertirse en violencia. El despotismo, de la mano del nacionalismo y el populismo, también representa una actitud problemática con respecto a los derechos humanos. Su rechazo a los aspectos comunes que subyacen a la humanidad como el argumento para rechazar el excepcionalismo y la supremacía en cualquier esfera significativa del espíritu humano, resulta particularmente insidioso.

¿Qué propone Jung, en nombre del anhelado desplazamiento de la "individualidad" que describe en *Liber Novus*? Su respuesta es noble. Sin embargo, también hay que preguntarse si, como todo lo que es noble, no es también frágil. Frente a los movimientos de masas de la comunidad por encima del individuo, escribe: "*Sólo quien tenga su individualidad igual de organizada que las masas mismas, podrá oponerle resistencia a las masas organizadas*".[74] La organización individual a la que aquí se le aplaude, es evidentemente el efecto del *self* que llega a ocupar una mayor prominencia en la psique individual. Sin embargo, ¿acaso se puede dar un drama tan excepcional frente a una población poseída? ¿Cuántas personas estaban tan "bien organizadas" como la Gestapo en el período nazi? ¿Cuántas víctimas de cualesquiera de los holocaustos, en cualquier lugar, estaban tan bien organizadas como los perpetradores? Sin embargo, en una reflexión sostenida, ¿qué otros recursos están disponibles más allá del poder de la resistencia interna que por lo menos informa y humaniza el afán del activista? El activismo, con la esperanza de lograr un cambio, muchas veces está poseído arquetípicamente. Por ejemplo, en algunas de sus historias más grandiosas como en el marxismo, el fascismo, el comunismo y el extraño matrimonio entre la democracia y el capitalismo desenfrenado, el activismo se ha convertido en el opresor que esperaba derrocar. *Liber Novus* ha sido descrito como un escrito que aporta una nueva religiosidad, o al menos como un esfuerzo por "… captar el futuro desarrollo religioso del Occidente".[75] Quizá esto no sea más evidente que en el campo social y político. En continuidad con el pasaje anterior sobre la necesidad de que el individuo esté tan bien organizado como las masas, Jung escribe: "El individuo que no está anclado a Dios no puede ofrecer resistencia a sus propios recursos para favorecer al mundo física y moralmente. Para esto, necesita evidencia de la experiencia interior trascendente, que es la única que puede protegerle contra la posibilidad de inevitablemente quedar sumergido en las masas".[76] ¿Qué es lo que realmente significa estar "… anclado a Dios …"? En *Liber Novus*, significa dejarse guiar por la estrella azul. En el contexto de la cita antes mencionada, significa una conciencia impregnada por el *self*.

Es mucho lo que está en juego en este asunto aparentemente arcano; quizás hasta la supervivencia de la humanidad misma. Jung nos advierte que si la conciencia no se logra anclar a Dios, la humanidad está "bajo la amenaza de sufrir un genocidio universal, a menos que podemos encontrar la manera de salvarnos por medio de una muerte simbólica".[77] Contextualizando, Jung se refiere a la muerte del símbolo que representaba a esa época, la imaginación de la mente unidireccional, ya sea religiosa y/o secular, y el surgimiento de un símbolo más capaz de sostener todo el espectro del espíritu humano y su territorio. Sin embargo, ¿cómo sería esto en la práctica? El significado de los sueños se podría volver a tomar en serio como la revelación de un mundo interior muy extendido y así inducir la compasión por todo lo que existe en el mundo exterior. Los opuestos, tanto internos como externos, podrían considerarse válidos, cada uno con un lugar legítimo en una congregación consciente mucho más amplia. Se podría reconocer el poder de lo arquetípico y al ser reconocido resultar privado de su poder actual para reunir comunidades de odio en un conflito profundamente enraizado. El reformador social se volvería consciente de "...las atrocidades que acompañan al renacimiento de un Dios" y arrepentirse de su propio fervor.[78]

Con su miedo al genocidio, Jung era sensible al lado oscuro, aunque sí podía escribir palabras de esperanza frente a los conflictos ideológicos/arquetípicos de su época: "Puede que en el atardecer de la humanidad, evolucione un ideal diferente. Con el tiempo, incluso la conquista dejará de ser el sueño".[79] Aquí Jung reconoce que la conquista yace en el conflicto de los opuestos psíquicos, y busca su abolición en la derrota mutua o bien en su aceptación, más allá de la antipatía que pudieran despertar. En sus escritos posteriores, Jung describió el impulso básico de la psique hacia la resolución de los conflictos internos cómo la única base real para la resolución de conflictos que destruyen vidas corporales en los campos de batalla externos. En el espíritu de nuestro tiempo, que también está separado del espíritu de las profundidades, el conflicto ideológico conduce a la fragmentación entre individuos contagiados de un individualismo inconexo y entre comunidades políticas y nacionales que afirman su propia realidad limitada como la mejor o única. El atardecer de una humanidad libre de conquista parece realmente lejana. Sin embargo, una esperanza atraviesa la psicología de Jung, que está enraizada en su propio tipo de ontología y en su penetrante filosofía de la historia; se trata de una esperanza que ninguna oscuridad podrá apagar. Se trasluce en un lugar tan sorprendente como su entendimiento de un sentimiento religioso en evolución que crece entre nosotros, es decir, que el ser humano ha de ser divino o de avanzar hacia la divinidad movido por la divinidad misma.[80] Para Jung, esa toma de conciencia se inició en *El libro rojo* cuando se dio cuenta de que aquellos que vivían la vida plenamente ante la insistencia de Dios, se habrían de convertir en sus propios dioses.

Si la escisión entre el espíritu de los tiempos y el espíritu de las profundidades sigue siendo el mayor desafío de nuestra época, ¿qué conciencia aportaría la sanación de esta escisión a nuestros días? Esa conciencia sería religiosa en tanto que estaría conciente no sólo de las profundidades del espíritu humano y del alma, sino también del poder numinoso que habita en la naturaleza creativa que compartimos que pertenece a todos y da origen a todas las religiones. Sin embargo, no se puede reducir esa conciencia a la religión tal cual la entienden las instituciones tradicionales y las que van tomando forma más allá de ellas. Esa conciencia sería teológica. Estaría consciente de que el referente de la revelación religiosa, la afirmación dogmática y la reescenificación moral y ritual, es el poder del inconsciente expresado en ellas. Pero tal conciencia no podría reducirse a la teología, la cual, finalmente, debe aclamar la variante como la totalidad. Tal conciencia sería una metafísica constituida por una ontología, una epistemología y una filosofía de la historia. Tendría conciencia de que lo que es un poder arquetípico interno, que crea la experiencia de un poder supremo, está destinado a nacer en la historia humana de manera inagotable.

Sin embargo, tal conciencia no podría reducirse a la metafísica y a un miedo continuo y actual a lo profundamente subjetivo. Tal conciencia sería científica, pero sería una ciencia informada por una subjetividad legítima, consciente de que se puede ajustar una dimensión más profunda de la cognición humana que la que la ciencia, que es legítimamente fiel a sí misma. Reitero que no se podía reducir esa conciencia al nivel de una ciencia como generalmente se entiende. De hecho, esta conciencia también estaría relacionada con la medicina, la psiquiatría, la física, la mitología comparada, la antropología, entre otras disciplinas. Sería como la *reductio* medieval, que afirma que todas las disciplinas llevan de regreso a la divinidad cuando se sondean sus profundidades. Sin embargo, tal conciencia no se podría reducir a ninguna disciplina, ni a una unión forzada y artificial de todas ellas. Al sanar la brecha entre la mente y el alma, Jung está buscando una nueva forma de conciencia, una forma de conciencia que libere los plenos poderes del alma hacia una conciencia que se espera incluya todos los dominios fragmentados de la mente que se encuentran atrapados en diferenciaciones disciplinarias y aprisionados en casilleros discretos en las salas de conocimiento de nuestro tiempo.

Sería una conciencia nacida de la "... experiencia original que es la única convincente".[81] Aquí Jung está citando a Buda y ofrece una idea de lo que implicaría la nueva conciencia. Sin embargo, debido a que sería tan rica y novedosa, es difícil representarla punto por punto. Jung reconoce la dificultad que implica hacerlo de esta manera cuando escribe, en relación al nuevo sentido de interioridad, que exige la recuperación del alma: "Por eso nadie sabe qué caminos están abiertos al hombre, qué experiencias internas aún podría atravesar y qué hechos psíquicos subyacen en el mito religioso".[82] Cualesquiera que sean los hechos que subyacen al nuevo mito, se coaligarían en torno a la descripción más amplia que hace Jung de él: "Tuvo que pasar mucho tiempo para que nos diéramos cuenta (o más bien, estamos empezando a darnos cuenta) de que Dios es la Realidad misma y, por lo tanto, por último, pero no por eso menos importante, Dios es el hombre. Esta toma de conciencia constituye un proceso milenario".[83] Bien puede ser milenario, pero para Jung la toma de conciencia de que el ser humano es un ser divino en latencia en el camino hacia la verdad única de uno, comenzó desde las primeras páginas de *El libro rojo.*

Notas finales

[1] C. G. Jung, *El libro rojo*: *Liber Novus*, ed. Sonu Shamdasani, edición castellana a cargo de Bernardo Nante, trads. Romina Scheuschner y Valentín Romero (Buenos Aires: El hilo de Ariadna, 2012), pp. 165-174, 185-186, 189 n92.

[2] Jung, *El libro rojo*, p. 173.

[3] Ibid., p. 169.

[4] Ibid., pp. 236-241.

[5] Ibid., p. 286.

[6] Ibid., pp. 286-288.

[7] C. G. Jung, "Glosas marginales a la historia contemporánea", en *Obra Completa*, Vol. 18/II, trad. Jorge Navarro Pérez (Madrid: Editorial Trotta, 2009), párr. 1366 y párr. 1373.

[8] C. G. Jung, "El espíritu Mercurio", en *Obra Completa*, Vol. 13, trad. Laura S. Carugati (Madrid: Editorial Trotta, 2015), párr. 294.

[9] C. G. Jung, "Ensayo de interpretación psicológica del dogma de la trinidad", en *Obra Completa*, Vol. 11, trad. Rafael Fernández de Maruri (Madrid: Editorial Trotta, 2008), párr. 170.

[10] Jung, *El libro rojo*, p. 173.

[11] Ibid., p. 11.

[12] Ibid., p. 181.

[13] Ibid., p. 174.

[14] Ibid., p.550 n222.

[15] Ibid., p. 11 y 498.

[16] Sonu Shamdasani, ed., *El libro rojo*, pp. 110-116, 125-130.

[17] C. G. Jung, *El libro rojo*, pp. 462-483. Ver una versión similar en C. G. Jung, *Recuerdos, sueños, pensamientos,* ed. Aniela Jaffé, trad. Ma. Rosa Borras (Buenos Aires: Grupo Editorial Planeta/Seix Barral, 2002), pp. 324-335.

[18] C. G. Jung, *Recuerdos, sueños, pensamientos,* p. 448.

[19] Jung, *El libro rojo*, p. 462.

[20] Jung, *Recuerdos, sueños, pensamientos*, p. 227.

[21] Jung, *El libro rojo*, pp. 462-463.

[22] Marguerite Porete, *The Mirror of Simple Souls*, ed., E. L. Babinsky (Nueva York: Paulist Press, 1993), pp. 129 y 193.

[23] C. G. Jung, "El problema anímico del hombre moderno", en *Obra Completa*, Vol. 10, trad. Carlos Martín Ramírez (Madrid: Editorial Trotta, 2014), párr. 150.

[24] Jung, *El libro rojo*, p. 463.
[25] Ver las referencias de Jung a Eckhart en *Ibid.*, p. 614 n39 y p. 618 n82.
[26] Jung, *El libro rojo*, p. 463.
[27] C. G. Jung, *Aion: Contribuciones al simbolismo del sí-mismo*, en *Obra Completa*, Vol. 9/II, trad.Carlos Martín Ramírez (Madrid: Editorial Trotta, 2011), párr. 120.
[28] Jung, *El libro rojo*, pp. 463-464.
[29] C. G. Jung, *Respuesta a Job*, en *Obra Completa*, Vol. 11, trad. Rafael Fernández de Maruri (Madrid: Editorial Trotta, 2008), párr. 553 a párr. 758.
[30] Jung, *El libro rojo*, p. 465.
[31] Ver nota final 25.
[32] C. G. Jung, *Tipos Psicológicos*, *Obra Completa*, Vol. 6, trad. Rafael Fernández de Maruri (Madrid: Editorial Trotta, 2013), párr. 407 a párr. 433.
[33] J. P. Dourley, "Jung on the Moment of Identity and Its Loss as History", en *International Journal of Jungian Studies*, 2017, Vol. 10, 1 de febrero de 2018, pp. 34-47.
[34] J. P. Dourley, *Jung and his Mystics: In the End It All Comes to Nothing* (Londres y Nueva York, NY: Routledge, 2014), pp. 88-91.
[35] Meister Eckhart, "Sermon, 'Blessed Are the Poor'," en Reiner Schurmann, trad. (Bloomington: Indiana University Press, 1987), pp. 216 y 219.
[36] Jung, *Tipos Psicológicos*, *Obra Completa*, Vol. 6, párr. 431.
[37] Jung, *El libro rojo*, p. 649-654.
[38] Ibid., p. 497.
[39] Ibid., p. 478-479.
[40] Ibid., p. 467.
[41] Ver ibid., p. 620 n86 en donde se aborda este punto.
[42] Jung, "Ensayo de interpretación psicológica del dogma de la Trinidad", en *Obra Completa*, Vol. 11, trad. Rafael Fernández de Maruri (Madrid: Editorial Trotta, 2008), párr. 258.
[43] Dourley, *Jung and his Mystics: In the End It All Comes to Nothing*, pp. 115-123.
[44] Jung, *El libro rojo*, pp. 467-468.
[45] Jung, *Recuerdos, sueños, pensamientos*, p. 343.
[46] Ibid., pp. 344-345.
[47] Ibid., p. 343.
[48] Ibid., p. 363.
[49] Ver nota 38.

[50] Jung, *Aion: Contribuciones al simbolismo del sí-mismo*, en *Obra Completa*, Vol. 9/II, párr. 118.
[51] Jung, *El libro rojo*, p. 300.
[52] Ibid., p. 327.
[53] Ibid., p. 487.
[54] Jung, *Tipos Psicológicos*, *Obra Completa*, Vol. 6, párr. 430.
[55] Jung, *Aion: Contribuciones al simbolismo del sí-mismo*, en *Obra Completa*, Vol. 9/II, párr. 78.
[56] Ibid.
[57] Ibid.
[58] C. G. Jung, carta al Padre Victor White, del 24 de noviembre de 1953, en Gerhard Adler, *C. G. Jung Letters*. Trad. R. F. C. Hull. Vol. 2, 1951-1961 (Princeton, NJ: Princeton University Press, 1975), p. 138.
[59] Jung, "El espíritu Mercurio", *Obra Completa*, Vol. 13, párrs. 271 y 289.
[60] C. G. Jung, *Mysterium Coniunctionis*, *Obra Completa*, Vol. 14, trad. Jacinto Rivera de Rosales, Jorge Navarro y Enrique Galán (Madrid: Editorial Trotta, 2002), párr. 762.
[61] Ibid., párr. 760.
[62] Ver notas 21 y 24.
[63] Jung, *El libro rojo*, p. 482.
[64] Ibid.
[65] Ibid., p. 486.
[66] Ibid., Apéndice C, pp. 649-654.
[67] Ibid., p. 492.
[68] Ibid., p. 478.
[69] Ibid.
[70] Ibid., pp. 478-479.
[71] C. G. Jung, "Sobre los arquetipos del inconsciente colectivo", en *Obra Completa*, Vol. 9/1, trad. Carmen Gauger (Madrid: Editorial Trotta, 2015), párr. 49.
[72] C. G. Jung, "El concepto de inconsciente colectivo", en *Obra Completa*, Vol. 9/1, trad. Carmen Gauger (Madrid: Editorial Trotta, 2015), párr. 98.
[73] C. G. Jung, "Sobre el arquetipo: el concepto del anima" en *Obra Completa*, Vol. 9/1, trad. Carmen Gauger (Madrid: Editorial Trotta, 2015), párr. 125.
[74] C. G. Jung, "Presente y futuro", en *Obra Completa*, Vol. 10, trad. Carlos Martín Ramírez (Madrid: Editorial Trotta, 2014), párr. 540.
[75] Jung, *El libro rojo*, p. 115.
[76] Jung, "Presente y futuro", *Obra Completa*, Vol. 10, párr. 511.

[77] C. G. Jung, "Psicología y religión", en *Obra Completa*, Vol. 18/2, trad. Jorge Navarro Pérez (Madrid: Editorial Trotta, 2009), párr. 1661.

[78] Jung, *El libro rojo*, p. 489.

[79] C. G. Jung, "Comentario psicológico al *Libro Tibetano de la Gran Liberación*", en *Obra Completa*, Vol. 11, trad. Rafael Fernández de Maruri (Madrid: Editorial Trotta, 2016), párr. 787.

[80] Jung, *Respuesta a Job*, *Obra Completa*, Vol. 11, párr. 645.

[81] Jung, "El problema anímico del hombre moderno", *Obra Completa*, Vol. 10, párr. 192.

[82] Jung, "Presente y futuro", *Obra Completa*, Vol. 10, párr. 542.

[83] Jung, *Respuesta a Job*, *Obra Completa*, Vol. 11, párr. 631.

El libro rojo de Jung como un nuevo eslabón en la *Aurea Catena*

Murray Stein

La herencia intelectual-genética del campo de la psicología analítica, tal cual existe hoy, en el siglo XXI, muestra las huellas de diferentes linajes. Esta herencia se deriva de un número de figuras generadoras cuyas perspectivas teóricas y culturales varían considerablemente. Sin embargo, C. G. Jung destaca como el predecesor excepcional de todos los que se identifican con esta corriente. Incluso a más de cincuenta años de su muerte, la obra publicada de Jung sigue definiendo la identidad fundamental del campo de la psicología analítica[1]. Quienes la practican muchas veces usan el título de analistas junguianos, como si fuera su apellido.

Si bien algunas de las obras de Jung generalmente se consideran indispensables y de central importancia, otras se perciben como periféricas e incluso prescindibles. Los lectores siempre tendrán sus textos favoritos entre los muchos libros y artículos que Jung dejara como herencia, y también habrá aquellas obras que les desagraden más. Hasta la fecha, no se ha determinado oficialmente cuáles escritos deberían ser considerados como canónicos y cuales como secundarios o prescindibles. Además, ¿quién estaría en condiciones de emitir semejante juicio? Hasta ahora, el campo de la psicología analítica no cuenta con un Papa ni con un Colegio de Cardenales. Más bien, es como una familia extendida de individuos con una mentalidad independiente que, no obstante, reconocen que comparten un ancestro en común.

En el año de 2009, llegó a la puerta de la psicología analítica una notable y añorada adición a la obra de Jung: *El libro rojo*. Por más de setenta años, este manuscrito caligráfico ilustrado como se estilaba en la época medieval, había permanecido, primero, en una de las repisas de la biblioteca privada de Jung y, posteriormente, en la bóveda de un banco. Es evidente que el mismo Jung se sentía algo ambivalente con respecto al lugar que ocupa *El libro rojo* entre la totalidad de su obra, ya que a lo largo de su vida sólo él y unas cuantas personas cercanas tuvieron acceso a él y al morir no dejó ninguna instrucción con respecto a su publicación póstuma.[2] Más aún, se trata de una obra inconclusa, de un fragmento de obra. *Liber Novus* (el título que Jung dio a esta obra) entra al campo de la psicología analítica en cierto modo como un hijo ilegítimo que permaneció oculto por años, y llega a una familia establecida y distinguida. Puede ser que este misterioso miembro de la familia resulte ser excepcional y muestre dones extraordinarios, pero también existe un cierto desconcierto con respecto a que potencialmente pudiera avergonzar a la familia. Con su lanzamiento público, independientemente de que nos guste o no, *El libro rojo* ha pasado a formar parte integrante de la herencia de la psicología analítica.

¿Qué representa *El libro rojo* para la psicología analítica? ¿Acaso pertenece al cuerpo de obras fundacionales junto con otros escritos centrales de Jung? o bien, ¿se le debería equiparar con un diario personal y bocetos de un escritor, afín a *Los cuadernos* de Leonardo da Vinci, los cuales muestran los trabajos tempranos de una mente brillante desarrollados mientras el creador se prepara para posteriores e importantes contribuciones a una iniciativa científica o cultural? En cambio, también nos podemos preguntar si todos los escritos posteriores de Jung no fueron más que un intento por explicar esta monumental obra fundacional, para lograr que los pensadores y lectores modernos pudieran asimilar las ideas y reflexiones expresadas en *El libro rojo* por medio de coloridas imágenes y un estilo retórico grandilocuente.

Como proyecto editorial comercial, *El libro rojo* ha tenido un éxito fenomenal, con cifras de ventas que rebasan los cálculos más descabellados que se pudieran hacer. Independientemente de que quienes lo compran lo lean o no (le he llamado el "libro rojo no leído", aunque esto ya parece estar cambiando), la sorprendente recepción popular y su omnipresencia en los medios de comunicación, muestran que tiene un atractivo asombroso para el público general, sobre todo en los Estados Unidos, pero también en otros países en donde ahora se distribuye, en traducciones a diferentes idiomas. Más aún, la repentina ola de atención generada por esta extraordinaria obra, ha tenido la consecuencia no intencional de aumentar considerablemente la visibilidad de Jung y de los analistas junguianos en la conciencia pública. Algunos han celebrado esta atención, mientras que otros la han encontrado amenazadora o chocante. Si hacemos de lado el éxito que ha tenido, me gustaría aquí considerar la cuestión del lugar que ocupa *El libro rojo* y su posible papel en la tradición de la psicología analítica conforme ha ido tomando forma a lo largo de los últimos cien años.

La tradición de la psicología analítica

Los miembros profesionales que integran el campo de la psicología analítica pertenecen a una tradición de casi cien años, fundada por Jung y un grupo de analistas en Zúrich, Suiza, como parte de su separación de la escuela de psicoanálisis de Freud en Viena. Al utilizar el término "tradición" (del latín *tradere*, que quiere decir traspasar, entregar), me estoy refiriendo a una cultura con historia que comprende un conjunto más o menos definido y preciso de valores, perspectivas, ideas y actitudes, que se transmiten indefinidamente de una generación a otra. Existen tradiciones largas, venerables y muy antiguas, y otras que son nuevas. Si observamos cómo se transmiten las tradiciones, descubrimos una gran variedad de vías. Se pueden difundir de manera importante a través de textos (Escrituras y Libros Sagrados); se pueden transmitir primordialmente a través de narrativas orales y rituales, como en las culturas no-alfabetizadas; también -como en nuestra tradición y praxis de la psicología profunda- se pueden propagar por medio de una combinación de textos, transmisión oral de maestros y supervisores a alumnos, analistas en formación y supervisados, así como de rituales de iniciación (pasar exámenes, recibir certificaciones, ascender de ser analista a ser formador de analistas, a ser analista supervisor, etcétera).

Los psicoanalistas junguianos de hoy pertenecen a lo que se podría considerar como la tercera, cuarta, quinta y en algunos casos quizás incluso sexta generación de una tradición de analistas clínicos, que trabajan desde y con las perspectivas ofrecidas por C. G. Jung, el progenitor de la psicología analítica. La primera generación, la generación fundacional, estuvo integrada por Jung mismo (quizás se podría incluir también a Freud) y por algunos cuantos analistas cercanos a él, como Emma Jung y Toni Wolff. La segunda generación se conformó de personas que trabajaron directamente con Jung en análisis y supervisión de casos y a través de asistir a sus seminarios (como H. G. Baynes, Gerhard Adler, James Kirsch, Esther Harding, C. A. Meier, Erich Neumann, Marie-Louise von Franz, Bárbara Hannah y Joseph Henderson, entre otros); en la tercera generación están quienes estudiaron e hicieron análisis con miembros de la segunda generación (de manera notable, Michael Fordham, Elie Humbert, Hans Dieckmann, Mario Jacoby, Adolf Guggenbühl-Craig, James Hillman, Helmut Barz y June Singer). Cada uno de nosotros, los junguianos contemporáneos, podemos determinar a qué generación específica pertenecemos, rastreando nuestro linaje directamente hasta Jung. En mi caso, pertenezco a la cuarta generación, y quienes han trabajado conmigo en análisis y supervisión, serían la quinta generación y así sucesivamente.

Muchos de los maestros y maestras que nos formaron, tuvieron un vínculo más directo con el mismo Jung que nosotros, y nuestros alumnos tienen un vínculo aún más distante que el que tuvimos nosotros. ¿Qué diferencia marca esto?¿Acaso la figura de Jung se va reduciendo a la distancia y la influencia de sus ideas se va desvaneciendo con el pasar de las generaciones? o bien, ¿va cambiando a otras formas y obteniendo características nuevas debido a proyecciones lejanas?

Me gustaría considerar aquí, cómo se puede mantener una tradición en términos espirituales (es decir, "siguiendo el espíritu del fundador") y cómo se puede conservar un sentido viviente de la presencia simbólica de su(s) fundador(es), además de lo que significa esto y cuál pudiera ser su importancia para las futuras generaciones de la tradición. En esta reflexión incluiré, entonces, la discusión del papel potencial que podría desempeñar *El libro rojo* en la psicología analítica.

La transmisión del espíritu dentro de la tradición

Para empezar, me remonto a una fuente algo oscura, a uno de los escritos más tempranos de Jung, su quinta y última *Conferencia en el Club Zofingia*, impartida en el mes de enero de 1899 y titulada "Pensamientos sobre la interpretación del cristianismo con referencia a la teoría de Albrecht Ritschl". En esa conferencia, impartida a sus compañeros de la fraternidad en la Universidad de Basilea y preparada el año anterior a su residencia en psiquiatría en Zúrich, Jung muestra el interés que tiene en la teología. De manera audaz, critica algunos de las ideas expresadas por Albrecht Ritschl (1822-1889), un importante teólogo protestante liberal que sostenía que la influencia espiritual de Cristo se transmite de generación en generación en las comunidades de creyentes que conforman la iglesia cristiana, de manera más o menos mecánica a través de un proceso racional de enseñanza-aprendizaje. Se adhiere a una teoría no-mística, estrictamente causal sobre la transmisión histórica. A través de un proceso educativo, se mantiene viva la imagen de Cristo en las mentes y los corazones de los creyentes. La comunidad transmite el conocimiento de Cristo de una generación a otra, a través de un proceso riguroso de enseñanza-aprendizaje. Un texto como la Biblia es importante como objeto de estudio y fuente de orientación; sin embargo, el entendimiento y la integración personal de su significado espiritual depende estrictamente de la efectividad de la enseñanza de la comunidad en la que se participa como cristiano. El poder inspirador de la Biblia y sus efectos espirituales sobre los creyentes no dependen de la intervención del Espíritu Santo o de cualquier otro agente sobrenatural. Ritschl estaba resuelto a purgar la teología de su bagaje metafísico y de su dependencia de la influencia de elementos místicos o supernaturales. Para lograr este propósito, armonizó su perspectiva teológica con las teorías positivistas del aprendizaje de su época. Desde su punto de vista, la realidad espiritual de Cristo -independientemente de lo numinoso que sea- se transmite de una época a otra estrictamente a través de los medios educativos disponibles a las comunidades de fe que transmiten sus enseñanzas y los recuerdos colectivos desde las primeras generaciones hasta las más recientes. Uno cree en lo que uno aprende y recibe de la comunidad de fe. Este proceso no tiene nada de metafísico ni de místico. Para expresarlo en el lenguaje de la psicología moderna actual, es pura y sencillamente psicología cognitiva-conductual. Para Ritschl, el teólogo, y para otros que siguieron esta línea de pensamiento, la transmisión espiritual no tiene nada que ver con las imágenes y energías arquetípicas o con la sincronicidad. En realidad, cada generación le imprime de nuevo su propia energía humana a los materiales que recibe.

De manera vehemente, Jung -en ese entonces un estudiante de medicina de 24 años de edad con un entendimiento superficial de la teología, por lo que se disculpa profusamente en la introducción- expresa su objeción a esta teoría de la transmisión de la realidad espiritual.[3] Su objeción gira en torno al hecho de que Ritschl suprime el elemento místico de su teología. Jung argumenta que: "Se debe colocar el misterio del mundo metafísico, del orden metafísico, del tipo que Cristo enseña y encarna en su propia persona, en el centro de la religión cristiana". Jung añade: "Ninguna religión ha sobrevivido, ni sobrevivirá, sin el misterio al que los devotos se ligan íntimamente".[4] Al describir, con justa razón, que Ritschl despojó a la teología de sus elementos metafísicos y místicos, Jung identifica atinadamente el problema básico de este cuerpo de conocimiento protestante liberal de fines del siglo XIX. Jung considera la experiencia numinosa del Otro Divino (en este caso, Cristo) como los cimientos fundacionales de una tradición espiritual viva. Sin el elemento místico, las tradiciones religiosas se vuelven estériles, nada más que meras repeticiones habituales de las doctrinas aprendidas. *El libro rojo* de Jung, como ahora sabemos por medio de su autobiografía, fue un nuevo eslabón de la propia experiencia de Jung de la *aurea catena* de la Iglesia Reformada Suiza. Como narra en *Recuerdos, sueños, pensamientos*, diagnosticó la negación de la mística como la fuente de la enfermedad espiritual de su padre, el pastor Paul Jung.[5]

Lo que nos sorprende hoy en día al leer este temprano ensayo de Jung, es la connotación explícitamente positiva que asigna al término "metafísico." No obstante, en todos sus escritos psicológicos posteriores, Jung solía evitar cualquier referencia a lo "metafísico", enfatizando repetidamente que como psicólogo se refería únicamente a las imágenes psíquicas y no hacía postulados como teólogo sobre las realidades ontológicas. Podemos ver que en su teoría de los arquetipos y el inconsciente colectivo, Jung descubrió un canal de comunicación entre las generaciones por medio del cual se pueden transmitir figuras y poderes numinosos sin requerir ningún tipo de conexión con lo metafísico o lo sobrenatural. Este postulado es idéntico a la explicación científica de la creación del universo, la fuerza electromagnética, la gravedad, la naturaleza de la luz y otros fenómenos, sin referirse a la Fuerza Divina o a Dios. Lo que anteriormente se atribuía a poderes sobrenaturales, ahora se explica a través de las fuerzas naturales. Jung hace lo mismo con respecto a las fuerzas del plano mental. Las visiones y las experiencias místicas no se explican como revelaciones de seres sobrenaturales y energías divinas en la conciencia humana, sino como manifestaciones de actividades de arquetipos autónomos al nivel psicoide de la psique.[6]

En etapas posteriores de su vida, cuando introduce la teoría de la sincronicidad, Jung incorpora la noción del significado objetivo debido a la manifestación de "actos de creación ... la creación continua de un patrón que existe desde toda la eternidad..."[7]. Sin embargo, los acontecimientos sincronísticos no son ni las acciones eternamente predestinadas de Dios (Juan Calvino) ni productos de una sutil cadena de causalidad en el mundo físico (Albert Einstein), sino más bien discontinuidades regulares en el cosmos psico-físico que no son predecibles (excepto en un sentido estadístico), pero que transmiten el impacto de una fuente objetiva de significado ("coincidencias significativas") e implican, a su vez, un significado objetivo.[8]

Jung se podía referir, por lo tanto, al poder de las imágenes, energías y procesos arquetípicos numinosos que emergen dentro del mundo limitado por el tiempo y el espacio, como consecuencia de concatenaciones sincrónisticas en las profundidades del inconsciente colectivo en donde la psique y la materia son una y constituyen dos lados de un mismo todo. Estas concatenaciones sincrónisticas ocurren en momentos significativos en las vidas tanto de individuos como de comunidades y tienen el efecto de llenarlos de vida y de energía con un sentido de significación trascendental. Son estos acontecimientos significativos acausales que de manera profunda mantienen a una tradición espiritual llena de vida y vitalidad y no las enseñanzas racionales de los textos y técnicas que persisten dentro de las comunidades de los que están comprometidos con la tradición. En términos religiosos, son señales de la obra del Espíritu Santo y de la presencia continua de Dios dentro del proceso histórico[9]. En otras palabras, Jung concluye que se requiere del espíritu para mantener al espíritu con vida.

Cómo se transmite a "Jung" en la psicología analítica

¿Qué pasa con la transmisión de "Jung" en nuestra tradición de la psicología analítica y en la práctica psicoanalítica? A propósito le puse comillas al nombre del fundador de la psicología analítica ya que la intención de mi pregunta no es indagar cómo es que se transmite la veneración a C. G. Jung, el hombre, de generación en generación, sino más bien cómo se mantiene vivo el espíritu que él encarnó en el círculo que se reunía en torno a él; un espíritu que nutrió tanto sus corazones como sus mentes y les inspiró a formar una tradición que sigue fructificando hoy en día. ¿Acaso lo que comunica Jung en esa temprana conferencia en el Club Zofingia tiene relevancia para esta cuestión?¿Acaso en la tradición de la psicología analítica se da una transmisión de imágenes simbólicas y numinosas que comunican trascendencia y significado?

En términos meramente prácticos y mundanos, hoy en día se transmite la tradición de la psicología analítica, aunque sólo en parte, a través de programas de formación creados por instituciones junguianas profesionales en todo el mundo, los cuales están avalados por la Asociación Internacional de Psicología Analítica. Además de estos canales institucionales reconocidos, existen muchos otros círculos académicos, grupos de estudio, asociaciones de amigos de Jung, lectores de libros junguianos y, en la actualidad, navegantes del internet. En los programas de formación de los institutos profesionales, se requiere que los candidatos estudien los textos de la disciplina y que dominen los métodos y las técnicas que se necesitan para practicar el psicoanálisis junguiano de manera competente, legal, y con cierto grado de confianza en sí mismos como analistas. Sin embargo, así como, para Jung, la tradición Reformada Suiza perdió su vitalidad y cualidades más profundas de significancia y significado, nuestra tradición psicológica se arriesga a perder su profundidad vital si no cuenta con apoyos arquetípicos y sincrónicos. Si quienes leen las obras de Jung no se sienten conmovidos en las fibras más profundas de su propia alma, en otras palabras, si está ausente la resonancia simbólica, entonces la significancia del texto rápidamente se desvanece y muere. Las palabras se vuelven marcas sobre la página y esos alumnos se pueden convertir en maestros que son dogmáticos y manipuladores poco creativos de palabras, conceptos y técnicas. Lo más probable es que cuando aparezcan en escena nuevas influencias, capten su interés y el "predecesor" se vuelva el anticuado retrato de un refinado caballero, colgado en la pared de una casa pasada de moda. Conforme pasa el tiempo, el retrato se va desvaneciendo y las imágenes más nuevas y más emocionantes atraen a las generaciones siguientes; generaciones que toman otros rumbos, construyen sus propias casas y que ocasionalmente brindan por el viejo ancestro suizo con su bigote chistoso que era un poco gruñón y excéntrico, pero que afortunadamente les heredó algunos recursos monetarios para que desarrollaran sus propios proyectos. De esta manera, la tradición se desvanece y va pasando a la historia. Con el tiempo, se marchita como una matriz viviente que inspira y se vuelve una nota al pie de página en la historia de la psicología profunda, la cual es, a su vez, una nota de pie de página en la historia de la psicología, la cual, a su vez, es una nota de pie de página en la historia de la filosofía, y así sucesivamente. La historia sigue avanzando.

Por otro lado, si la transmisión de "Jung" se ve aumentada por experiencias numinosas, incluyendo sincronicidades, sueños y "encuentros transformadores" con el espíritu que Jung, el hombre, encarnaba y al que le daba voz a través de sus escritos, la tradición continuará revitalizándose a lo largo de períodos de tiempo prolongados e indefinidos y quizás incluso interminables. Esta transmisión no sufrirá el desvanecimiento que típicamente sufren los movimientos mundanos con el paso del tiempo por carecer de un enraizamiento trascendental.

¿Acaso esto significa que deberíamos de ver a Jung como una especie de Dios, una figura crística a la que se debe venerar y a la que hay que unirse místicamente en visiones extáticas? Personalmente, encuentro que este enfoque es bastante desagradable y, de hecho, ciertamente desatinado, ya que lleva al oscurantismo y a distorsiones defensivas de la historia. Sin embargo, uno necesita descubrir y experimentar un territorio arquetípico en, alrededor de, o debajo de la figura ancestral, del cual pueda emanar trascendencia y se pueda constelar una resonancia simbólica. Al tener un "encuentro con Jung", ya sea en un sueño o en un texto, debe de haber alguna sincronicidad involucrada. Si esta figura numinosa no puede ser el Jung biográfico mismo, entonces, ¿cuál es esta imagen en nuestra tradición? ¿A quién o qué simboliza "Jung" para nosotros?

El libro rojo

La publicación tardía de *Liber Novus* y *Escrutinios* de Jung (*El libro rojo*) aterrizó justo en el centro del campo de la psicología analítica, causando una gran reverberación. A algunos de nosotros, nos causa una especie de vergüenza incómoda ("No nos formamos como psicólogos para escuchar revelaciones y adoptar una ideología pseudo-religiosa del '*self*' o para que cada uno desarrolle su propio concepto del '*self*')",[10] mientras que para otros se trata de una contribución extraordinaria e inspiradora a la herencia junguiana ("Ahora bien, para mí, este material se encuentra entre los materiales más exquisitos que se puedan encontrar en cualquier tradición religiosa o espiritual: La belleza en la oscuridad. Jung lucha con la encarnación humana en sus propios términos, sacrificando gráficamente cuerpo y alma en aras del Alma. Este libro es literalmente una obra maestra ya que encarna la más profunda transformación espiritual y personal de Jung, invitando al lector a acompañarlo en ese viaje peligroso").[11] Hasta ahora, ha habido una considerable incertidumbre entre los junguianos en torno a cómo recibir este asombroso y complejo regalo del ancestro que compartimos. ¿Se trata de una maldición o de una bendición?

Al igual que con todas las herencias anómalas de las figuras fundadoras de diferentes tradiciones intelectuales o religiosas, su significado se puede interpretar de varias maneras. Martín Lutero, por ejemplo, descalificó la importancia de varios libros de la Biblia y consideró que el último libro, *Las revelaciones de San Juan*, no muestra evidencia de haber sido inspirado por el Espíritu Santo. Para otros lectores serios de la Biblia, el *Libro de las revelaciones* yace en el centro mismo de lo que las Sagradas Escrituras pretenden comunicar. Es difícil adoptar una postura neutra con respecto a este tipo de textos. Me parece que lo que sí importa es el valor que uno le atribuya a *El libro rojo*. Sin embargo, independientemente de cómo se le pueda juzgar, a partir de ahora la tradición misma deberá incluir esta obra como un elemento importante del inventario de los textos que hemos recibido de Jung. Para algunos, será un libro que inspira, para otros, una obra a ser evitada, excepto quizás por el interés histórico y biográfico que pueda tener, o como un diario o cuaderno de trabajo para preparar sus futuras obras científicas.

Personalmente, considero *El libro rojo* como un potencial y poderoso dispositivo de transmisión de las imágenes numinosas subyacentes y fundamentales en nuestra tradición y lo vinculo con tradiciones históricas aún más profundas y antiguas.[12] También puede servir como un texto que nos ofrece una guía útil para lidiar con las experiencias de las imágenes numinosas del inconsciente colectivo cuando se nos presentan. Por lo tanto, yo lo ubicaría en el centro más que en la periferia de nuestra herencia como junguianos, aunque, como lo explicaré más adelante, con algunas reservas. Como dijera una persona que se encuentra en el epicentro del mundo actual de la psicología analítica y que prefiere permanecer en el anonimato: *El libro rojo* es un libro "precioso"; lo comentó utilizando el sentido auténtico de la palabra y no de forma irónica.

El libro rojo, como un transmisor potencialmente activo de la conexión numinosa subyacente a la psicología analítica, desempeñaría la función de un texto fundacional con un valor simbólico, que va más allá del significado literal de las palabras que lo componen. Estos textos inspiraron el trabajo y el pensamiento posterior de Jung, siguiendo ciertas líneas precisas; las generaciones posteriores regresan una y otra vez a estos textos, porque transmiten una genialidad fundacional referente a una esfera cultural en particular. Estoy utilizando aquí la palabra "genialidad" en el sentido que tiene en el latín: "En la Roma antigua, el genio era el espíritu rector o la deidad tutelar de una persona, familia, o lugar (*genius loci*). El sustantivo se relaciona con el verbo *gigno*, *genui*, *genitus* en latín, que quiere decir 'realizar, crear, producir'. Debido a que los logros de individuos excepcionales parecían indicar la presencia de un genio particularmente poderoso, ya para la época del emperador Augusto, la palabra empezó a asumir el significado secundario de 'inspiración, talento'".[13] Yo argumentaría que en la figura de Filemón *El libro rojo* contiene ese genio y lo pone a disposición para que lo transmita a la tradición.

Filemón, el genio de *El libro rojo*

Lo que encontramos en *El libro rojo* es la historia de un narrador-protagonista íntimamente ligado a su época y que es humano, extremadamente humano (es decir, Jung) quien habiendo llegado a la primera mitad de su vida, emprende un viaje con "el espíritu de las profundidades"[14] para redescubrir su alma perdida ("Alma mía, ¿dónde estás? ¿Me oyes?"[15]). En el transcurso de sus deambulaciones, atraviesa por una serie de experiencias internas cautivantes que sólo podemos ver como profundas iniciaciones en misterios arquetípicos. Más aún, al pasar de testigo pasivo a participante activo en estas visiones y diálogos interiores, el protagonista se vuelve también un actor vital en la transformación de los personajes con los que se va encontrando. Conforme se va desenvolviendo la narrativa, el narrador-protagonista desempeña un papel en dar origen a una nueva imagen de la divinidad: Fanes, quien une los opuestos en su ser. Al final, el protagonista descubre que "Filemón" es el "genio", "el espíritu de las profundidades", responsable de todas las imágenes y experiencias en este plano.

¿Quién es Filemón? y ¿qué representa? ¿Cuál es su valor y significado simbólico? Es importante familiarizarse con él, ya que Filemón es el símbolo primordial del espíritu autoral que le da forma a *El libro rojo*, y esto es lo que, por lo tanto, se va a transmitir a través de esta obra a las generaciones posteriores de la tradición a la que pertenece esta obra.

En *El libro rojo* Filemón aparece como una figura de importancia, principalmente en la tercera sección titulada "Escrutinios". Sin embargo, es en el último capítulo de *Liber Secundus*, titulado "*El mago*", que el lector conoce a Filemón. Jung, el protagonista de la historia, ha tenido que trabajar intensamente para llegar a Filemón. Elías, quien aparece anteriormente en *Liber Primus*, es una prefiguración de Filemón. Para cuando se acerca a Filemón, Jung ya ha pasado por importantes iniciaciones y encuentros con muchas otras figuras. El protagonista va en busca de Filemón porque, como le dieron la "varita mágica", tiene que descubrir lo que significa. Así es como sale en búsqueda del "mago", que resulta ser Filemón.

Lo encuentra ya retirado, trabajando tranquilamente en su jardín, cultivando tulipanes.[16] Baucis, la esposa de Filemón, está presente, pero no desempeña ningún papel. Inicialmente, Filemón, ya viejo, ignora a Jung y su interrogatorio insistente, argumentando que ya se retiró del mundo y no le interesa la tarea de impartir enseñanzas. La extrema reticencia de Filemón no ofrece buenos augurios, pero al final cede e instruye a Jung sobre la paradoja de la magia. Le enseña que la magia es el complemento de la racionalidad, la cual sólo puede incluir la parte del mundo que es racional, pero nada más. La racionalidad no logra entender o captar la parte del mundo que es no-racional. Gran parte de la realidad es no-racional y sólo se puede entenderse por medio de otro tipo de pensamiento. Esto es "magia". La magia procede por medio de la imaginación y denota un entendimiento intuitivo de lo no-racional. La magia puede entender la parte de la realidad que la racionalidad pasa por alto. En nuestro lenguaje, la magia es el entendimiento intuitivo de los procesos inconscientes que no pueden captar los métodos puramente racionales, una forma mitopoética de abordar el conocimiento. El mago entiende a través de su intuición y su mente alcanza a llegar a espacios que la ciencia no puede abordar directamente con sus métodos y herramientas. Esta es la primera enseñanza de Filemón, quien ya no vuelve a aparecer en *Liber Secundus*.

Inicialmente, resulta sorprendente que Filemón sea la figura elegida para enseñarle magia a Jung. En el mito, es un simple campesino cuya única pretensión a la fama es la hospitalidad que le brinda a los dioses Hermes y Zeus cuando están deambulando por los caminos de la Tierra y buscan un lugar para pasar la noche.[17] Su actitud de acoger piadosamente a los extraños divinos es la clave para entender la buena fortuna y la inmortalidad de Filemón como figura mitológica. Es precisamente esta virtud la que Jung, el protagonista de *El libro rojo*, debe desarrollar en sí mismo. La tarea que se le presenta, una y otra vez, a lo largo del texto, es superar su ambición egoísta y su orgullo narcisista y transformar su actitud consciente en una matriz abierta a recibir las semillas del futuro. Filemón sería el modelo a seguir para esto. Sin embargo, más allá de esto, lo que es esencial es la receptividad de Filemón precisamente hacia lo divino. Él representa la actitud religiosa.

En "Escrutinios", Filemón desempeña un papel mucho más prominente que en *Liber Secundus*. Aquí es la figura predominante y asume la persona de la figura del sabio y la sabiduría. En su aparición más extensa y significativa en *El libro rojo*, predica "los siete sermones a los muertos". Precisamente, es en el séptimo sermón, en donde Filemón les enseña a los muertos sobre su destino eterno y los dirige hacia su morada trascendental simbolizada por una estrella, la cual finalmente permite que descansen sus almas que se encuentran insatisfechas después de haber regresado de su viaje a Jerusalén.

A lo largo de *El libro rojo*, el protagonista enfrenta el problema de los espíritus inquietos que desesperadamente buscan una respuesta que les muestre el Camino que se dirige hacia quién sabe dónde o quién sabe qué. Este tema de disrupción e insatisfacción en el plano de los espíritus culmina con una aparición que Jung describe tanto en *El libro rojo* como en *Recuerdos, sueños, pensamientos*. He aquí la versión original tal cual la narra en *El libro rojo*:

> Mas una noche, una sombría turba golpeó a mi puerta y temblé de miedo. Entonces apareció mi alma y dijo precipitadamente: "Están aquí y derribarán tu puerta". "¿Para que el maldito rebaño pueda irrumpir en mi jardín? ¿Me van a desvalijar y lanzar a la calle? Me conviertes en un simio y en un juguete para niños. ¿Cuándo, Oh Dios, se me rescatará de este infierno de locos? Mas quiero romper sus malditas redes en pedazos; váyanse al infierno, locos. ¿Qué quieren de mí?" Pero ella me interrumpió y dijo: "¿De qué hablas? Deja que los seres de la oscuridad hablen". Yo le repliqué: "¿Cómo puedo confiar en ti? Trabajas para ti misma, no para mí. ¿De qué sirves si ni siquiera me puedes proteger de la confusión del diablo?" "¡Guarda silencio!" replicó, "de lo contrario perturbarás el trabajo". Al decir ella estas palabras, he aquí que Filemón se acercó a mí ataviado con la túnica blanca de sacerdote y posó su mano sobre mi hombro. Entonces dije a los seres de la oscuridad: "Así que hablen ustedes, los muertos". De inmediato exclamaron en un vocerío: "Hemos regresado de Jerusalén, en donde no encontramos lo que buscábamos. Te imploramos que nos dejes entrar. Tú tienes lo que deseamos. No se trata de tu sangre, sino de tu luz. Es eso lo que buscamos". Entonces Filemón levantó la voz y les enseñó, diciendo: (y este es el primer sermón a los muertos): "Escuchad ahora: yo comienzo por la nada".[18]

Durante las siguientes noches, Filemón predica siete sermones al estilo de un maestro gnóstico de la tradición helénica, a quien Jung nombra "Basílides" en honor al gnóstico histórico del siglo II en la versión de la edición privada de *Septem Sermones ad Mortuos.*[19] En el séptimo sermón, Filemón les enseña sobre su destino y su morada eterna, la estrella.

> La estrella es el Dios y el objetivo del hombre. Es su único Dios que lo guía, en él halla el hombre reposo, hacia él conduce el largo viaje del alma después de la muerte, en él

> brilla resplandeciente todo cuanto el hombre se lleva del gran mundo.[20]

Esta enseñanza finalmente satisface a los muertos, tal cual lo narra el texto en uno de sus pasajes poéticos más hermosos:

> Pero cuando Filemón hubo terminado, los muertos callaron. Su pesadumbre se disipó y ascendieron como el humo sobre la fogata del pastor que por la noche cuida su rebaño".[21]

Pueden ahora pasar a su lugar de descanso en la eternidad.

¿Quiénes son estos espíritus y qué quieren? En *Recuerdos, sueños, pensamientos*, Jung evoca de manera vívida la experiencia de la aparición de los espíritus y dice de ellos: "a partir de ese momento, me queda más claro que son las voces de lo que no tiene respuesta, de lo que no tiene solución y de lo que no tiene redención".[22] Son representantes de las almas sin morada; de quienes han muerto sin encontrarle sentido a la vida, en conflicto, sin fe. Es muy probable que Jung haya conocido bien la definición clásica de la fe que aparece en el Nuevo Testamento: "Es, pues, la fe la certeza de lo que se espera, la convicción de lo que no se ve. Porque por ella alcanzaron buen testimonio los antiguos. Por la fe entendemos que fue la palabra de Dios la que creó el mundo, de modo que lo que se ve fue hecho de lo que no se veía" (Hebreos 11:1-3). Los muertos inquietos y desorientados son los espíritus de la modernidad que fallecen sin símbolos míticos que los guíen y le den contención a sus almas. Al no contar con un mito que les guíe, buscan una solución desconocida a un problema inestable. Viajan infructuosamente a lugares antiguos en donde supuestamente tuvo su origen la fe (como Jerusalén), pero regresan vacíos. Este era el dilema mismo de Jung como "hombre moderno".

La reconfortante imagen de la estrella como símbolo de trascendencia regresaría a Jung mucho más tarde en su vida, en un sueño, y le daría consuelo. Narra esto en una carta a Victor White, que Jung escribiera mientras se recuperaba de una enfermedad grave en 1946:

> El *aspectus mortis* es una experiencia extremadamente solitaria en la cual, cuando se te despoja de todo ante la presencia de Dios, … Ayer tuve un sueño maravilloso: una estrella azulada con forma de diamante en las alturas del cielo, reflejada en un apacible estanque redondo, cielo arriba y cielo abajo. Yo mismo soy la Imago Dei en la oscuridad de la Tierra. El sueño me significó un gran consuelo. Ya no soy un infinito y negro mar de desdicha y sufrimiento, sino una cierta cantidad de este contenido en una vasija divina".[23]

Fue precisamente esta noción del vínculo entre lo humano y lo Divino, simbolizado por la estrella, lo que aquietó el desasosiego de los muertos insatisfechos y les trajo paz. También le proporcionó a Jung la misma contención estabilizadora en sus años posteriores. En *El libro rojo*, Filemón es el mediador de este conocimiento. Con base en su propio testimonio, queda claro que Jung luchó por aferrarse a este fragmento de la gnosis.

En la aparición final de Filemón, que tiene lugar en el último capítulo de *El libro rojo*, acoge a Jung en su jardín. Entonces, entra en escena una figura vestida de azul, identificada como Cristo y conversan con él. De forma sorprendente, Cristo identifica a Filemón como una reencarnación de Simón el Mago. Cristo indaga de quién es el jardín, si de él mismo o de Filemón. En este momento decisivo de encuentro, reconocimiento y cuestionamiento, Filemón le informa a Cristo que el jardín es suyo, de Filemón, y no de Cristo. De esta manera, se re-equilibra la balanza entre una imagen de la totalidad humana (Filemón como al Anthropos) y la imagen de Dios, colocándolos en una relación más equitativamente calibrada, un resultado que Jung había estado luchando por lograr con todas sus fuerzas en las páginas anteriores. Esta es la culminación temática de toda la narrativa y conduce directamente a reflexiones posteriores de Jung sobre la relación de reciprocidad existente entre el ser humano y las imágenes de la divinidad en *Respuesta a Job* y su posterior obra magisterial, *Mysterium Coniunctionis*.

Filemón mismo es una figura que puede atravesar de un mundo a otro-del tiempo a la eternidad- y que habla desde sus conocimientos y experiencia personales y no desde una doctrina, teoría o creencia que haya recibido. Además, debido a su asociación con Simón el Mago, Jung vincula la psicología profunda con el gnosticismo antiguo. Simón el Mago es un mediador, una imagen de lo que Jung llamaría "la función trascendente". Sin embargo, no es él la consumación o conclusión final. Filemón es un símbolo de un poder arquetípico y de un misterio que va más allá de sí mismo, que jamás se podrá describir o imaginar de manera exhaustiva.

Hay que hacer notar que el Filemón de Jung le llega desde *Fausto* de Goethe y no de *La metamorfosis* de Ovidio, para empezar. La conexión con *Fausto* es importante ya que, como descubrimos en la escena final de *El libro rojo*, se reconoce a Filemón como una reencarnación del inescrupuloso Simón el Mago (Simón el Hechicero) cuyo origen se encuentra en el Nuevo Testamento (*Hechos 8: 9-24*) y por tradición es el prototipo del Fausto europeo. Fausto, encarna el orgullo arrogante y el egocentrismo y con la ayuda hábil de Mefistófeles, se aferra codiciosamente al anillo de poder, destruye la humilde cabaña de Filemón y Baucis, para materializar un plan utópico de su propia creación perversa. En *El libro rojo*, se identifica a Filemón con Simón el Mago (también conocido como Fausto), por lo que evidentemente la figura ha sufrido una gran transformación, de hecho una especie de reversión.

Esta transformación de la ambición del ego en sabiduría, es el resultado de varios sacrificios importantes realizados en el transcurso de la peregrinación del protagonista, empezando por el asesinato del héroe Sigfrido.[24] En reconocimiento de esta transformación, Jung labró una dedicatoria a Filemón en el dintel de piedra sobre la puerta de su torre en Bollingen: *Philemonis Sacrum – Fausti Poenitential* (Santuario de Filemón – Penitencia de Fausto).[25] Es evidente que Jung estaba luchando personalmente con un poderoso deseo de tener más poder, y Filemón representa la transformación del embaucador (Simón el Mago) y el sediento de poder (Fausto) en un maestro de sabiduría y trascendencia.

¿Qué es lo que recibe la tradición junguiana de *El libro rojo*?

En general, mi conclusión es que en el campo de la psicología analítica, *El libro rojo* puede llegar a funcionar como un instrumento de transmisión de la "genialidad" arquetípica que yace más allá de Jung el hombre y labrador de historias, reflexiones e imágenes que se encuentran en este libro. Más aun, este genio simbolizado por Filemón en *El libro rojo,* existe más allá de la obra misma y tiene sus raíces en el mundo "metafísico" (o, como decimos, en el mundo metapsicológico) de los arquetipos del inconsciente colectivo. Este genio puede inyectarle vida a la tradición y sostenerla.

El peligro radica en que absoluticemos cualquier símbolo particular de este genio y lo convirtamos en un ídolo monoteísta o en algún fundamentalismo arquetípico. Debemos recordar que el genio responsable de nuestros sueños y visiones, es una compensación de nuestro mundo consciente; no ofrece una guía absoluta, sino más bien equilibrio y totalidad cuando se le pone en relación con la conciencia. También puede producir estados de posesión (o "intoxicación" -en alemán: *Rausch*- como menciona Jung sobre su exposición a Filemón en *El libro rojo*), de los que se deberá de liberar la conciencia. Con *El libro rojo,* Jung no sucumbe a la manía religiosa -en la que podría haber caído de haber tenido esa inclinación- sino que más bien pone los pies sobre la tierra y concluye su aventura con una escena crucial en el jardín que es propiedad de Filemón, no de Cristo, en el cual las imágenes arquetípicas y los humanos conversan en un mismo nivel. En un sentido importante, a lo largo de *El libro rojo,* Jung está luchando por ir más allá del poder que tienen las imágenes arquetípicas con las que se encuentra, incluyendo el alma, para imponerle sus deseos y ambiciones a un mortal servil que debe obedecer o condenarse. Es a través del esfuerzo que las imágenes arquetípicas entran en el plano de lo humano, en el que se pueden integrar y llegar a ser útiles a la conciencia de la humanidad como metáforas que mapean la psique inconsciente. Por otro lado, Jung sabe que nunca se podrá conocer por completo el misterio más profundo de la psique; sino que para siempre se le deberá permitir mostrarse a través de símbolos nuevos que, a su vez, nuevamente, se deberán integrar y relativizar. Este es el mensaje de *El libro rojo*: hay que encontrarse y desidentificarse con las imágenes arquetípicas del inconsciente colectivo. La obra funciona, por lo tanto, como un modelo de cómo el ego humano puede encontrarse e interactuar con los poderes arquetípicos numinosos del inconsciente colectivo (disponibles a través del genio del trabajo) y puede trabajar de manera creativa y modesta con ellos.

En última instancia, *El libro rojo* de Jung ofrece un plan maestro para lograr una antropología y un humanismo ampliados, que acogen y abrazan a la divinidad, con sus asombrosos poderes, pero sin someterse a la Deidad ni dejarse esclavizar por ella. Lo humano mantiene su dignidad ante la Divinidad, respetuosamente, y ayuda a la Divinidad a tomar conciencia al permitirle la entrada a través del umbral de la conciencia humana y establecer una relación con el mundo humano.

En mi clasificación del legado literario de Jung, yo ubicaría *El libro rojo* al lado de *Recuerdos, sueños, pensamientos*. Ninguno de los dos libros es una obra científica; ambos son textos autobiográficos y pueden inspirar, fascinar y ofrecer un referente para los hombres y mujeres posmodernos. Son "documentos eternos del alma". El capítulo titulado "El análisis del inconsciente" en *Recuerdos, sueños, pensamientos,* que es la narrativa retrospectiva de Jung de las experiencias que registra en *El libro rojo*, implica una conexión de su trabajo con la imaginación, con la "cadena dorada" de los filósofos en tanto expresión de las exploraciones imaginativas del mundo interior: "Se considera la senda del error, del equívoco y la incomprensión. Me recuerda las palabras de Goethe: 'Atrevámonos ahora a abrir de par en par la puerta / Más allá de la cual los hombres jamás han pisado'. La segunda parte de Fausto es también algo más que un ejercicio literario. Es también un eslabón en la *aurea catena* [la "cadena dorada"] que ha existido desde los inicios de la alquimia filosófica y del gnosticismo, hasta el *Zaratustra* de Nietzsche. Impopular, ambiguo y peligroso, representa un viaje de descubrimiento del otro polo del mundo".[26] Se debe notar que *Liber Secundus*, la segunda parte de *El libro rojo*, se titula "Las imágenes de lo errante". Jung se alinea con "una serie de grandes sabios que, comenzando por Hermes Trismegisto" cuya obra liga "la tierra con el cielo".[27] *El libro rojo* es la contribución de Jung a la *aurea catena*[28] y permite que quienes estamos enredados en la condición posmoderna de agitación y confusión, la falta de mitos y la ausencia desalentadora de una narrativa maestra coherente, vislumbremos la tradición de sabiduría subyacente que ha sostenido a muchas generaciones y nos puede sostener a nosotros también.

Notas finales

[1] A esta altura, existe una amplia colección de obras secundarias que deben ser incluidas como obras centrales, aunque quizás no canónicas, si uno se refiere a la psicología analítica como un campo de conocimiento, algunas de las cuales han alcanzado prácticamente el estatus de los textos fundacionales de Jung, como es el caso, por ejemplo, de los libros de Erich Neumann y Marie-Louise von Franz.

[2] Según Aniela Jaffé, Jung veía la publicación a lo largo de su vida de tan solo una parte de *El libro rojo*, titulada *Septem Sermones ad Mortuous*, como "un 'pecado de juventud' y se arrepintió de ello" (C. G. Jung, *Recuerdos, sueños, pensamientos*, ed. Aniela Jaffé (Barcelona: Seix Barral, 2001), p. 447.

[3] En *Recuerdos, sueños, pensamientos*, Jung dice: "La teología de Ritschl estaba entonces de moda. Su historicismo me irritaba y sobre todo la metáfora del tren." Aniela Jaffé añade en una nota de pie de página: "Albrecht Ritschl comparaba la venida de Cristo con el cambio de vía de un ferrocarril. La locomotora se coloca atrás desde donde le da un empujón al tren; el movimiento recorre todo el ferrocarril y el vagón delantero se empieza a mover: de la misma manera se va transmitiendo el impulso de Cristo a través de los siglos". Ver Jung, *Recuerdos, sueños, pensamientos*, p. 124.

[4] C. G. Jung, *The Zofingia Lectures* (Princeton, NJ: Princeton University Press, 1983), párr. 289.

[5] Jung, *Recuerdos, sueños, pensamientos*, pp. 115-125.

[6] Jung presenta este argumento, por ejemplo, en una de sus últimas obras, *Mysterium Coniunctionis*, en la sección final dedicada a las conclusiones titulada: "El ser y los límites del conocimiento". Ver C. G. Jung, *Mysterium Coniunctionis*, en *Obra Completa*, Vol. 14 (Madrid: Trotta Editorial, 2002), párrs. 776-789.

[7] C.G. Jung, "La sincronicidad como principio de conexiones acausales", en *Obra Completa*, Vol. 8 (Madrid: Trotta Editorial, 2004), párr. 957.

[8] Ibid.

[9] Jung, *Recuerdos, sueños, pensamientos*, pp. 124-125.

[10] Wolfgang Giegerich, "*Liber Novus*, That is, the New Bible: A First Analysis of Jung's *Red Book*," *Spring: A Journal of Archetype and Culture* No. 83 (primavera de 2010), p. 380.

[11] Kathryn Evans (2011), International Association for Jungian Studies [mensaje a la lista de correos electrónicos. Enviado el sábado 19 de

febrero de 2011 a las 10:07 pm al foro de discusión en línea de la Asociación Internacional de Estudios Junguianos/IAJS].

[12] Jung siempre estuvo en búsqueda de conexiones con las tradiciones ancestrales, encontrando las de la alquimia y el gnosticismo, como reconoce en *Recuerdos, sueños, pensamientos* en el capítulo titulado "Acerca del origen de la obra", en el cual revela su necesidad de colocar la psicología analítica en una perspectiva histórica.

[13] Artículo de Wikipedia sobre el concepto de "genio". Ver http://es.wikipedia.org/wiki/Genio_(persona)

[14] C. G. Jung, *El libro rojo: Liber Novus*, ed. Sonu Shamdasani, edición castellana a cargo de Bernardo Nante, trads. Romina Scheuschner y Valentín Romero (Buenos Aires: El hilo de Ariadna, 2012), p. 169.

[15] Ibid., 173.

[16] Ibid., 372.

[17] Ovidio, *Metamorfosis*, libro VIII.

[18] Jung, *El libro rojo*, p. 462.

[19] Jung, *Recuerdos, sueños, pensamientos*, 447 ss.

[20] Jung, *El libro rojo*, p. 482.

[21] Ibid.

[22] Jung, *Recuerdos, sueños, pensamientos*, p. 228.

[23] Ann Conrad Lammers y Adrian Cunningham, eds., *The Jung-White Letters* (Londres: Routledge, 2007), pp. 59-60.

[24] Jung, *El libro rojo*, p. 196ss.

[25] Jung, *Recuerdos, sueños, pensamientos*, p. 278 n6.

[26] Ibid., p. 225.

[27] Ibid., p. 225 fn2.

[28] La manera en la que estoy utilizando el término *aurea catena* ("cadena de oro"), se refiere a una inmensa colección de obras literarias de gran imaginación que se remontan a la *Epopeya de Gilgamesh* de Sumeria antigua (con la cual Jung tiene un encuentro importante en *El libro rojo* a través de la figura de Izdubar) y continua avanzando para incluir (entre otras obras) la Biblia, el Tao-te-Ching, las épicas homéricas y la Eneida de Virgilio, los filósofos presocráticos, los escritores gnósticos y los alquimistas filosóficos de la antigüedad y la Edad Media, la *Divina Comedia* de Dante, las obras poéticas de William Blake y, como afirma Jung en *Recuerdos, sueños, pensamientos*, *Fausto* de Goethe y *Zaratustra* de Nietzsche. En una carta a Max Rychner, en respuesta a un cuestionario sobre Goethe con motivo del centenario de la muerte del poeta alemán en 1932, Jung escribió: "*Fausto* es el pilar más reciente en ese puente del espíritu que abarca el marasmo de la historia del

mundo, empezando con la epopeya de Gilgamesh, el *I Ching*, los Upanishads, el *Tao-te-Ching*, los fragmentos de Heráclito y siguiendo por el Evangelio de San Juan, las Epístolas de San Pablo, Meister Eckhart y Dante" (Jung, *Letters* 1, p. 80). Se puede considerar *El libro rojo* como un nuevo eslabón moderno/posmoderno en la inmensa Cadena de Oro de la literatura imaginativa del mundo.

El poder creativo del alma:
Un testimonio central de *El libro rojo* de Jung

Paul Brutsche

Cabría preguntar si vale la pena estudiar *El libro rojo* en detalle. De ser así, ¿por qué? Después de todo, sabemos que Jung retomó la parte sustancial de este libro en sus trabajos teóricos posteriores y que en esos textos es más accesible su comprensión. ¿Acaso *El libro rojo* es exclusiva o primordialmente importante para los académicos con un interés bibliograáfico, que quieran seguir las líneas de desarrollo desde esta obra hasta los escritos posteriores, para intentar demostrar las referencias ocultas al material de *El libro rojo* en el pensamiento del autor?

En respuesta a esto, yo diría: el interés psicológico vital de *El libro rojo* radica en el hecho de que nos encontramos con el Jung indagador y creativo. En esta obra, Jung adopta una actitud hacia la realidad del alma, que es valiosa tanto para los psicólogos de hoy como para quienes viven en el siglo XXI, en general. Manifiesta una relación con el alma que la valora como una realidad viviente *sui generis*. Muestra una forma de lidiar con el alma que permite que cobre vida, por así decir, en su estado primordial original: como una realidad misteriosa y extremadamente poderosa. *El libro rojo* de Jung no ofrece una teoría del alma, una psicología, sino algo mucho más fundamental. Ofrece una experiencia del alma, un testimonio existencial de un encuentro con el alma. Aunque los textos sobre el alma fácilmente pueden llegar a ser estudios teóricos sobre fenómenos psicológicos que se pueden estudiar, examinar y explicar, *El libro rojo* coloca la realidad del alma como tal en el centro de atención. En *El libro rojo*, Jung tomó conciencia de en qué medida el espíritu del tiempo (Zeitgeist) había inspirado su perspectiva de la superficie de la realidad.

El libro rojo es un libro basado en la experiencia que documenta cómo maneja Jung la realidad autónoma de su alma. Da testimonio de su historia individual y de sus experiencias personales. Sin embargo, las actitudes que adopta Jung tienen una validez más general. Enfatizan el alma como una fuerza creativa autónoma y muestran las condiciones bajo las cuales puede desenvolverse en su propia autonomía.

También se puede entender *El libro rojo* como una representación empírica de la creatividad del alma en condiciones específicas. La creatividad del alma es diferente de la creatividad en la ciencia, la tecnología, la medicina, la economía, la política y los deportes. Se trata de una creatividad que se desenvuelve en el medio de la imaginación y la percepción visual, se basa en la subjetividad y la experiencia personal, crea una significación y un sentido simbólicos, incluyendo los sentimientos y el inconsciente, buscando la expresión y el diseño creativo. Es afín a la creatividad en el arte y en la poesía, en donde los individuos crean y dan forma a la realidad simbólica con base en la experiencia interna y a través de un intercambio con el inconsciente.

A continuación, deseo considerar algunas de las condiciones para tener una experiencia del alma en su existencia autónoma, tal cual se evidencian en *El libro rojo*.

El Zeitgeist y el "héroe" como impedimentos para el alma

Al principio, *El libro rojo* se enfoca en dos actitudes mentales que se interponen en el camino de la creatividad del alma. Uno es el "espíritu de este tiempo" (Zeitgeist), que se opone al "espíritu de las profundidades". Jung describe este Zeitgeist como la forma dominante de pensar que determina la manera en que las personas piensan y se comportan en una época específica. El Zeitgeist de su tiempo se caracterizaba por una "razón" complaciente que se ve a sí misma como un principio rector absolutamente autónomo y soberano, que se rehúsa a someterse a ninguna idea sugerida por el alma. "El espíritu de este tiempo … se cree sumamente astuto …"[1]

El Zeitgeist considera a los sueños como "absurdos e impresentables",[2] y a sí mismo como llenos de "pensamientos maduros"[3];

se considera superior debido a su pensamiento lógico-discursivo desarrollado. Enfrenta el pensamiento visual simple con un desdén condescendiente. Este pensamiento bajo la modalidad del Zeitgeist es dominante, previsor, abstracto y seguro de sí mismo. Es una forma de pensar acorde al estilo del conocimiento científicamente metódico, o como dice Jung en su libro *Símbolos de transformación*, un "pensamiento dirigido" absolutista. Es un tipo de pensamiento que a menudo aparece en los cuentos de hadas como el *topos* arquetípico de los hermanos mayores arrogantes y sabelotodos, en contraste con el conocimiento instintivo del papanatas.

El libro rojo de Jung enfatiza que cierta actitud mental se interpone en el camino de la verdadera creatividad inspirada en el alma. Esto incluye un estado mental de desvalorización crítica y de dogmatismo sesgado. La creatividad del alma requiere apertura al "espíritu de las profundidades", es decir, una sensibilidad hacia el elemento pictórico, intuitivo, lúdico-infantil en la psique.

> ¿Ustedes piensan que los sueños son absurdos e impresentables? ¿Qué son hermosos? ¿Impresentables? ¿Astutos? ¿Absurdos? El ser humano se mide con el espíritu de este tiempo, pero el espíritu de las profundidades lo supera en ambos extremos. Sólo el espíritu de este tiempo conoce la diferencia entre lo grande y lo pequeño. Sin embargo, esta diferencia, al igual que el espíritu que la reconoce, es inválida".[4]

Este espíritu también tiene una relación problemática con el tiempo. Solamente conoce la progresión lineal, el movimiento hacia adelante. Es incapaz de morar en el aquí y el ahora: el espíritu de este tiempo nos ha condenado a andar de prisa. Si sirves al espíritu de este tiempo, no hay más futuro ni pasado. Necesitamos la vida de la eternidad. En las profundidades, cargamos tanto el futuro como el pasado. El futuro es viejo y el pasado, joven.[5]

Bajo el código del "Zeitgeist", Jung caracteriza una actitud no creativa que perjudica la experiencia de la realidad del alma. No se está refiriendo a un periodo específico de tiempo o a una época específica, sino más bien se está refiriendo al Zeitgeist de todos los tiempos, una actitud que en el nombre de lo que está al día y corresponde al consenso colectivo, niega el polo opuesto, "el espíritu de las profundidades", que se nutre del inconsciente que trasciende todos los tiempos. El espíritu caracterizado como Zeitgeist es un espíritu que va en contra de toda la creatividad y la experiencia del alma. Es un espíritu que puede interferir tanto con las actividades creativas como con las terapias contemporáneas. Impide, por ejemplo, que los pacientes "se bajen del caballo" del razonamiento intelectual para trabajar sus sueños, pintar imágenes y permitirse sentimientos de desconsuelo e impotencia. A menudo, domina un Zeitgeist que malinterpreta la terapia como un tratamiento cuasi-médico que responde a la conciencia colectiva. Por lo tanto, no existe la disposición a entregarse al "espíritu de las profundidades" y de participar en un proceso interior dirigido por el inconsciente.

Según *El libro rojo*, la actitud del héroe es la otra actitud que se interpone en el camino de la actividad creativa y la experiencia del alma. Por un lado, esta actitud consiste en buscar metas de alto desempeño con el objetivo de lograr algo perfecto e ideal. En esta búsqueda perfeccionista de algo superior y mejor, se suprime lo imperfecto como si no tuviera derecho de existir. Esta estrategia unilateral de perfección, que excluye el opuesto condicional, contradice la dinámica de una antítesis creativa en la realidad psíquica:

> Lo heroico en ti consiste en el hecho de que te rige el pensamiento de que esto o aquello es bueno, de que este desempeño o aquel es indispensable, de que esta causa o aquella es objetable, de que esta meta o aquella se debe alcanzar a través de esfuerzos precipitados, de que este placer o aquel a toda costa se debe reprimir de manera implacable. Por consiguiente, pecas contra la incapacidad, aunque la incapacidad sí existe. Nadie debe negarlo, criticarlo o callarlo a gritos".[6]

El otro componente del héroe que destruye el alma consiste en el hecho de que esta actitud lleva a una imitación inauténtica. Esto se vuelve evidente de dos maneras diferentes: por un lado, se siguen los ideales establecidos externamente; por el otro, se obtiene la condición de modelo a seguir para los demás y se les seduce a caer en una imitación simiesca. Esto contradice el hecho de que a todos se nos llama a realizar una auto-experiencia creativa por cuenta propia. *El libro rojo* declara:

> La imitación era una forma de vida donde los hombres siguen necesitando del prototipo heroico. El comportamiento del simio es una forma de vida para los simios y para el hombre, siempre y cuando sea como un simio … Sin embargo, llegará el momento en que una parte de esa naturaleza simiesca se les desprenderá a los hombres. ... … Entonces ya no habrá un héroe, ni quien lo pueda imitar. … El héroe tendrá que caer en aras de nuestra redención, ya que es el modelo y exige que se le imite. … Si estás en ti mismo, tomas conciencia de tu incapacidad. Verás cuán poco capaz eres de imitar a los héroes y de ser tú mismo un héroe. …… Por lo tanto, también dejarás de forzar a otros a convertirse en héroes.[7]

¿Hasta qué punto una actitud heroica es contraproducente para una experiencia existencialmente creativa? Implica un viraje desde un esfuerzo honesto por desarrollarse uno mismo desde el interior hacia una mera imitación de un escenario ideal desde el exterior. En vez de elegir la realidad individual con sus posibilidades y límites como el verdadero lugar de la autoformación, se elige una meta externa elevada. En vez de buscar lograr la totalidad, se busca la perfección; en vez de la autenticidad, se busca la exclusividad; en vez de ser creativo "desde el interior de uno mismo"[8], se busca un ideal inalcanzable. En la tendencia heroica, con su enfoque incapacitante y auto-enajenante, Jung reconoce un gran peligro para la auténtica experiencia interna. Esto puede verse de nuevo dentro del contexto de los actuales procesos de análisis. A las personas que están ligadas a un ideal en particular les cuesta trabajo involucrarse realmente en una experiencia analítica fructífera. Son individuos que están atrapados, por ejemplo, en creencias religiosas indiscutibles sobre cómo llevar una vida piadosa o bien que se aferran fanáticamente a ideales políticos y convicciones socio-críticas que les privan de abrirse a otras posturas y a sus propios aspectos sombreados. También en el campo de la experiencia creativa, las ideas, ya sean idealistas o perfeccionistas, impiden que se dé un proceso creativo. En un proceso creativo, una actitud excesivamente ambiciosa se mueve desde un aquí y ahora inmediatos y lo no planeado y lo fortuito, para llegar a ser una meta lejana difícil de alcanzar. En tal caso, el trabajo no se puede desarrollar desde sí mismo; sino que se le va encaminando de antemano hacia un resultado predeterminado, lo cual reduce su calidad creativa, porque entonces el proceso creativo no puede generar libremente lo nuevo inesperado, el símbolo real.

El reconocimiento de la creatividad del alma en su antagonismo

Según la experiencia elemental básica documentada por Jung en *El libro rojo*, el alma en su esencia más íntima es una realidad definida por los opuestos. En tanto que los opuestos significan energía y son el punto de partida de los esfuerzos creativos, el alma que se caracteriza por los opuestos es una realidad viva, energética y creativa. La imagen del alma que Jung traza en *El libro rojo* es extremadamente nueva en la historia de la psicología y sigue siendo única en la actualidad. Jung ve el alma como una realidad autónoma cuya vida proviene de los opuestos interiores. La característica especial de esta concepción es que la oposición no sólo se entiende como aquella que existe entre diferentes componentes psíquicos, por ejemplo, entre la conciencia y el inconsciente, entre el ego y el *self*, entre el individuo y lo colectivo, entre el presente y el pasado (aunque estas entidades no se excluyen como causas de conflictos internos), sino también como un antagonismo inherente y autóctono del alma en su naturaleza misma. Se trata de un antagonismo que no surge de diferentes demandas internas y externas y entre diferentes voces internas, en el sentido de los conflictos psíquicos usuales, sino que emerge del centro mismo del alma creativa. Se trata de un auténtico proceso de nacimiento iniciado por el alma misma, en el cual la división y la diferenciación sirven a la transformación y a la producción creativa de un tercero nuevo. Debido a que es un evento asombrosamente autónomo y sublime, Jung simbólicamente se refiere al "niño divino". Con este término, Jung describe el origen de este antagonismo como un poder trascendente, es decir, creativo y extraordinariamente efectivo.

> El niño divino se me acercó desde una terrible ambigüedad: lo odioso-hermoso, lo malo-bueno, lo irrisorio-serio, lo enfermo-sano, lo inhumano-humano y lo irreverente-religioso".[9]

Jung también representa la cualidad antitética de la realidad psíquica con la imagen de la serpiente. Con esta imagen, describe una dinámica dialéctica dentro de polos opuestos que corresponden tanto a la vida como a la esencia del alma y la creatividad.

> La forma de vida se ondula como la serpiente de derecha a izquierda y de izquierda a derecha, del pensamiento al placer y del placer al pensamiento. Por lo tanto, la serpiente es un adversario y un símbolo de enemistad, pero también un puente sabio que conecta la derecha e izquierda a través del anhelo, tan necesario para nuestra vida.[10]

Esto describe una antítesis que es propia de todos los individuos creativos. Es la antítesis entre la sensualidad dionisíaca y la profundidad del pensamiento apolíneo, que no nada más se describe en *Narciso y Goldmundo* de Hermann Hesse o por parte de Friedrich Nietzsche o de C. G. Jung, sino que también pertenece a la realidad de lo creativo por excelencia.

Sin embargo, la cualidad antitética de la realidad psíquica y creativa no sólo consiste en la ambigüedad de los aspectos opuestos o de la dialéctica entre polos opuestos, como hemos visto, sino que también incluye la conexión entre los opuestos:

> Vi a un nuevo Dios, un niño, que sometió a los daimones en su mano. El Dios sostiene los principios separados en su poder, y él los une. El Dios se desarrolla a través de la unión de los principios en mí. Él es su unión.[11]

Jung reconoce un principio creativo autónomo y poderoso en sí mismo, "un nuevo Dios, un niño", que somete a los "daimones en su mano", es decir, que a través de la actividad creativa reconcilia las tendencias opuestas que divergen entre sí. "El Dios se desarrolla a través de la unión de los opuestos en mí. Él es su unión". Esto significa que la unión de los opuestos crea la realidad sublime de una realidad simbólica trascendente y superior, permitiendo que Dios se desarrolle al interior del hombre.

Finalmente, Jung aborda el tema de los opuestos en relación con el contraste entre hombre y mujer. ¿El alma es femenina o masculina? La postura de *El libro rojo* es:

> Apenas puedes decir de qué género es tu alma. Pero, si prestas especial atención verás que el varón más masculino tiene un alma femenina y que la mujer más femenina tiene un alma masculina.[12]

Jung señala el hecho de que el alma no sólo contiene los opuestos en su interior, sino que se mantiene en contraste con la persona consciente. Por lo tanto, no sólo es ambivalente, paradójica y trasciende los opuestos, sino que también se comporta de manera compensatoria con respecto a la mente consciente. En resumen, se puede decir que el alma en el sentido que Jung le da en *El libro rojo* está esencialmente determinada por el aspecto de la polaridad. Por lo tanto, se la ve como energía viva, como una contraparte independiente de la conciencia y como una capacidad autónoma que lleva a la transformación.

Los opuestos también deberán determinar la acción y la expresión creativas si han de ser algo más que un mero esfuerzo intelectual y surgir de la realidad imaginativa del alma misma. A través de los opuestos, el alma se expresa en su asombrosa vitalidad y su naturaleza dialéctica. Sin embargo, cuando la expresión creativa es demasiado uniforme, obvia y racional, se convierte en una producción intencional y una fabricación intelectual una cuestión kitsch y propaganda. Tales obras son aburridas porque son unidimensionales, demasiado obvias y deliberadas, y porque les falta la vitalidad de la polaridad psíquica.

El reconocimiento del alma como realidad autónoma

En su experiencia interna, Jung llega a reconocer el alma como una realidad autónoma. Antes que nada, esto implica una doble reversión del punto de vista previo anclado en su propio ego. Por un lado, aprende que todas las metas y relaciones de la vida tienen que ver con algo que se encuentra más allá del logro de metas concretas autoimpuestas, es decir, la búsqueda fundamental del alma propia. Por el otro lado, debe darse cuenta de que no está dirigiendo sus propios proyectos, sino que lo guía el alma y que es más bien el actor de su vida más que el autor.

> Como un ser errante cansado que no ha buscado nada en el mundo excepto su alma, me acercaré a ella. He de aprender que, detrás de todo, en última instancia yace mi alma, y que si atravieso el mundo es, al final de cuentas, para encontrar mi alma. Ni siquiera los hombres más preciados no son ni la meta ni el fin del amor que siguen buscando, sino que son símbolos de su propia alma"[13] … Tuve que reconocer que sólo soy expresión y símbolo del alma. En el sentido del espíritu de las profundidades, yo soy como yo soy, un símbolo de mi alma en este mundo visible, y soy un siervo total, completamente subyugado, absolutamente obediente. El espíritu de las profundidades me enseñó a decir: 'Yo soy el servidor de un niño'. A través de esta máxima, aprendo ante todo, la humildad más extrema en tanto aquello que más necesito... Esta máxima me parecía repugnante y la odiaba. Sin embargo, tuve que

> reconocer y aceptar que mi alma es un niño y que Dios en mi alma es un niño.[14]

Servir a un niño significa que te determina un principio creativo interno que le da forma a tu vida, en el sentido de una renovación constante y una transformación lúdica. Para el ego adulto, que se ve a sí mismo como una fuerza determinante, es un gran desafío esta subordinación a una realidad del alma impredeciblemente imaginativa e infantil.

Las personas con síntomas compulsivos muestran hasta qué punto puede resultar aterrador reconocer esta autonomía divina infantil del alma, es decir, reconocer su poderosa energía transformadora. Les falta "humildad" en el sentido expresado en el texto anterior; no están listos para someterse a la autonomía del alma, a su "carácter divino", y a reconocer su "cualidad infantil" como órgano del cambio. Desde un punto de vista psicológico, las personas plagadas de obsesiones luchan por afirmar el autocontrol por encima de la realidad no-ego del alma y mantenerse libres de la influencia de sus ideas infantiles e impulsos de cambio.

En *El libro rojo,* se menciona el reconocimiento del alma como una realidad autónoma bajo otra imagen, la experiencia del desierto:

> Mi alma me conduce al desierto, al desierto de mi propio *self.* Yo no pensaba que mi alma era un desierto, un árido, caluroso desierto, polvoriento y sin agua que beber. ¿Por qué es que mi ser es un desierto? ¿Acaso he vivido demasiado fuera de mí mismo, en los hombres y en los acontecimientos? ... También debería elevarme por encima de mis pensamientos hacia mí mismo. Ahí es donde me lleva mi camino, y por eso me aleja de los hombres y de los acontecimientos, acercándome a mi soledad.[15]

La experiencia del desierto simbólicamente significa una experiencia de vaciar la conciencia de uno por completo. La intención de esto es crear una receptividad absoluta hacia el alma y sus ideas autóctonas. El camino que lleva al desierto interior corresponde a una pérdida radical de pensamientos conscientes y del conocimiento asegurado, esto provoca un proceso de poner en duda todas las certezas de manera melancólica. Este camino escéptico que atraviesa el "desierto árido, caluroso y polvoriento" cuestiona cualquier habilidad y conocimiento establecido. Se experimentan las certezas como simples fórmulas y frases secas. Lo que *El libro rojo* describe bajo la sugerente imagen del desierto corresponde a la experiencia típica de una inevitable pérdida de certezas *a priori* cada vez que comienza a surgir un conocimiento original nuevo. Es en el ámbito del conocimiento filosófico que conocemos este cuestionamiento sistemático de todas las certezas. Se extiende desde el *Discurso del método* de Descartes, pasando por la *Fenomenología del Espíritu* de Hegel, hasta el método de la epojé de Husserl, la negación de todas las cualidades del *Dasein*. Cada uno de estos enfoques escépticos conduce a nuevas evidencias elementales. Sin embargo, en *El Libro Rojo*, la experiencia del desierto no conduce a un *cogito ergo sum*, sino a un *esse in anima*, a la experiencia vívida de que el ser humano se basa en el alma imaginativa y autónoma.

Este fenómeno de experiencias inmanentes al proceso de negatividad tipo desierto también ocurre en los procesos creativos; son los momentos en los que el individuo creativo se ve plagado de una deprimente falta de creatividad. Estos momentos, suelen tener una meta final: sirven para despojar a las personas de sus habilidades y conocimientos previos, y para abrirlas a descubrimientos nuevos radicalmente diferentes, sugeridos por una contraparte creativa interna. Se trata de experiencias que promueven la humildad y, al mismo tiempo, son absolutamente enriquecedoras. Evidencian el hecho de que, en última instancia, la imaginación creativa no surge de la capacidad propia, sino de la voluntad de un alma, en la cual aparecen un "niño" y un "dios".

En el contexto del análisis, tal experiencia existencial del desierto también se puede observar en la experiencia de una pérdida del control consciente iniciada por el alma, con el propósito de reconocer la realidad psíquica autónoma. Como hemos dicho, síntomas perturbadores pueden asumir esta función a través de mostrar una conciencia extremadamente dominante de los límites de su autodeterminación. Se ve obligada a admitir la autonomía y la presencia de una realidad interior diferente. En este mismo sentido, también se puede entender la notable extinción de valores y facultades anteriores, tan típica de la crisis de la mitad de la vida. Se trata de una "situación desértica" constelada intra-psíquicamente en la que se eliminan las anteriores fortalezas y convicciones. Esto permite revertir la perspectiva que se necesita para seguir viviendo. El contenido esencial de esta nueva visión es darnos cuenta de que tenemos un alma autónoma que nos guía.

El reconocimiento de la autonomía del alma, desde la perspectiva de *El libro rojo*, en última instancia significa la conciencia de una profundidad creativa del ser humano. Los seres humanos siempre somos capaces de crear significados nuevos a partir del alma. Con esta facultad para simbolizar, podemos cambiar las estructuras fijas del mundo. El poder imaginativo del alma permite que surjan nuevas concepciones y nuevos significados. Esto abre "el camino de lo que está por venir", es decir, una perspectiva del significado que resulta de un futuro intuido y un pasado continuamente superado. Al mismo tiempo, "la vida puede volver a fluir" a través de recorrer el lecho de los cambiantes significados simbólicos de las cosas. El poder simbólico del alma vuelve a crear el mundo establecido de lo creado.

> Por lo tanto, quienquiera que considere el evento desde afuera, siempre ve sólo lo que ya fue, y que siempre es lo mismo. Sin embargo, quien mira desde adentro, sabe que todo es nuevo. Siempre suceden los mismos acontecimientos, aunque las profundidades creativas del hombre no siempre sean las mismas. Los acontecimientos no significan nada, sólo adquieren significado en nosotros. Nosotros vamos creando el significado de lo que acontece. … Es por esto que buscamos en nuestro interior el significado de los acontecimientos, para que se vuelva evidente el camino de lo que está por venir y nuestra vida pueda volver a fluir. … El significado de los acontecimientos es el camino de salvación que tú vas creando. El significado de los acontecimientos proviene de la posibilidad de que haya vida en este mundo que tú creaste. Es

el dominio de este mundo y la reafirmación de tu alma en este mundo".[16]

Si le aplicamos al análisis la concepción que aparece en *El libro rojo* de la autonomía del alma entendida como una facultad creadora de significado, podemos decir que también se puede entender el análisis como una reinterpretación creativa de la vida y de la personalidad estimulada por el alma del paciente en análisis. En la vasija simbólica de una relación basada en el entendimiento entre el paciente y el analista, y con un entendimiento simbólico de los contenidos del inconsciente, se da una actitud interpretativa con respecto a la realidad del paciente. La vida del paciente se libera de su significado de manera menos práctica y se transforma en una historia sugerente. Esta apertura simbólica ante la vida que va desde los hechos triviales hasta una gestalt cargada de sentido, tiene un efecto sanador. Se reconoce a la vida como una expresión de un acontecimiento determinado psíquicamente y, por lo tanto, de esa manera se experimenta como algo "más que" meros hechos. Incluso si alguien tiene poco sentido de los sueños y su concepción simbólica, la atención contemplativa de la vida real como tal, es un logro creativo benéfico. Abre *"un camino hacia le salvación"*, es decir, la existencia ciega se transforma en revelación de significado.

Cómo lidiar con las formas arquetípicas del alma

> Sin embargo, conforme fui tomando conciencia de la libertad de la que gozaba en mi mundo mental, me abrazó Salomé y de esa manera me volví profeta, ya que le había hallado el gusto a los inicios primordiales, al bosque y a los animales en estado natural".[17]

Se podría entender este enunciado de la siguiente manera: cuando Jung, dirigiéndose hacia una experiencia más inmediata del alma, se había liberado de su actitud teórica unilateral, también logró adoptar un nuevo enfoque con respecto a la realidad de su inconsciente. El podía entablar un diálogo personal con los contenidos del inconsciente. En esta nueva actitud, "lo abrazó Salomé", es decir, lo sostuvo una intuición interna que hizo posible la comprensión y expresión simbólica en el sentido de la función trascendente. De esta manera, "se convirtió en profeta". Esto se debe a que se hicieron posibles nuevas visiones a través de la conexión con las figuras vivientes del inconsciente y su expresión visual, lo que no habría sido posible por pura reflexión. *El libro rojo*, como un todo, es una expresión de esta dimensión "profética" de la creación visual. Como comentara Jung posteriormente sobre sus experiencias, sus imágenes internas se convirtieron en "la sustancia y el material, cuya elaboración requeriría más de una vida".[18] Estas imágenes no sólo anticiparon sus visiones personales posteriores y así demostraron ser proféticas en un contexto individual, sino que también sentaron la base para visiones universalmente válidas y significativas para tiempos posteriores. Esta dimensión profética futurista es algo que caracteriza a toda verdadera creación simbólica. Esto es visible, por ejemplo, en la función precursora del arte, que en todos los tiempos ha dado lugar a nuevas formas de conciencia y nuevas cosmovisiones en la psique colectiva de los pueblos. "Pues había encontrado el placer en el origen primordial, en el bosque y en los animales en estado natural", podría significar que se interesó en las condiciones arquetípicas primordiales y en los factores básicos del alma. Asimismo, se interesó en el "bosque" del inconsciente: el trasfondo oscuro de la psique. También se volcó hacia los "animales en estado natural" de las arcaicas fuerzas motrices, los instintos primordiales y la psique de lo primitivo. Usando un lenguaje simbólico y de forma condensada, todo el horizonte de los intereses psicológicos de Jung se despliega aquí en una foto instantánea.

La forma en que Jung lidia con el inconsciente se describe aún con más claridad en el siguiente pasaje. Describe el método que posteriormente llamará imaginación activa:

> Confronté firmemente a mi diablo y me comporté con él como si fuera una persona de verdad. Esto lo aprendí en *Mysterium:* a tomar en serio a aquellos vagabundos

> desconocidos que personalmente habitan el mundo interior, ya que son reales porque producen los resultados deseados. …Tengo que ajustar cuentas con él, ya que no puedo esperar que él, como personalidad independiente, acepte mi punto de vista sin más preámbulos".[19]

Lo más importante de la imaginación activa es la idea de tomar en serio al "errante desconocido" y lidiar con él como una "persona de verdad". En este acto de diálogo serio y genuino con las figuras internas, Jung muestra más claramente su concepción del alma como una entidad real. Esta es su experiencia original del alma, su idea central, su legado más importante. La gran importancia que cobra *El libro rojo* se debe a la manera tan clara y viva en que documenta esta concepción del alma.

Otra idea básica en el trabajo de Jung es que las figuras internas son "reales porque producen los resultados deseados". Esta idea revela la concepción de Jung de la realidad psíquica en contraste con la realidad externa. En la realidad externa, lo real es lo que es; en la realidad psíquica, lo real es lo que produce un efecto. La imaginación es real porque tiene un efecto psíquico sobre el ser humano. Con su énfasis en una realidad psíquica *sui generis*, que se define por completo por la cualidad energética de su efectividad, Jung tiene una concepción del alma que es única y que continúa causando incomprensión en el mundo académico. No obstante, es probable que sea la única evidencia empírica relacionada con la realidad del alma, ya que apunta directamente a manifestaciones y efectos reales medibles.

Una última reflexión sobre la imaginación activa tal cual se describe en la cita anterior: Se trata de lidiar en términos reales con las figuras internas, como el diablo , "ya que no puedo esperar que él, como personalidad independiente, acepte mi punto de vista sin más preámbulos." Lo que parece ser un comentario irónico, lo está diciendo muy en serio. El punto es tomar la contraparte interior con una seriedad tal que, como sucede con las personas de verdad, le concedo su propio punto de vista y le permito comprender el mío. La imaginación activa no consiste meramente en fantasear, sino en un enfrentamiento real entre posiciones opuestas y la producción creativa de un tercero aspecto sorprendente, un símbolo.

Para los procesos analíticos de hoy en día, como hemos discutido aquí en este seguimiento que estamos realizando de *El libro rojo*, es de gran importancia examinar los contenidos del inconsciente de manera concreta. Ciertamente, la mayor parte del trabajo analítico con el inconsciente se lleva a cabo a través de la interpretación de los sueños durante las sesiones de análisis. Sin embargo, si los pacientes están dispuestos a entablar un diálogo activo con el inconsciente a través de la pintura o de la imaginación activa, pueden tener varias experiencias positivas. Pueden experimentar que un bloqueo energético que se manifiesta como un síntoma físico (dolor de cabeza, tensión, dolor de espalda, etcétera, o bien como un malestar mental, desconsuelo, vacío, ansiedad y síntomas similares), se disuelve en una imagen o fantasía interior sorprendente. Es como si el alma encontrara expresión en un símbolo. Con el símbolo, cobran existencia varios efectos que básicamente pertenecen a lo simbólico: la sensación de un significado asombroso, aunque no se exprese como una concepción explícita del símbolo, sino meramente como un presentimiento de que tiene una cierta coherencia; la conciencia errante de estar en contacto con un inconsciente imaginativo que aporta ideas y participa activamente en la formación de imágenes; y, por último, la sensación energetizante de participar en un proceso creativo que produce algo nuevo y único.

La realización existencial de la creatividad inspirada en el alma

El libro rojo muestra varias formas en las que la creatividad inspirada en el alma, permea y mejora la vida de un individuo. También describe las condiciones para que esto suceda.

A. La experiencia existencial de la negatividad y los bloqueos: Se trata de un aspecto asombroso e irritante de la creatividad del alma que se manifiesta no sólo ni principalmente como una fuerza constructiva positiva, sino también como una fuerza de negación y una experiencia dialéctica dolorosa:

> ¿Hay alguno entre ustedes que crea que pueda evitar este camino, que pueda con engaños evitar el dolor de Cristo? Yo digo: 'Alguien así se auto-engaña en perjuicio de sí mismo. … Nadie puede evitar el camino de Cristo, ya que conduce a lo que está por venir. Todos ustedes se deberían convertir en Cristos'.[20]

Con esto, Jung no quiere decir imitar a Cristo o convertirse al cristianismo. Lo que quiere decir es convertirse en Cristo en el sentido figurado de atravesar por la experiencia de la crucifixión, de estar a merced de los opuestos insuperables y sufrir una impotencia paralizante. La experiencia de las personas creativas siempre se verá bloqueada por obstáculos adversos que pueden llegar a ser tan masivos que asumen proporciones sobrehumanas. Sin embargo, dentro de esta cualidad "crística", tienen un efecto redentor. Conducen al "camino de lo que está por venir", es decir, abren la conciencia de la persona más allá de sí misma, al hacerla experimentar las limitaciones de sus propias posibilidades creativas. Esta es la trayectoria que impone el poder creativo, que no consiste en poder eliminar los bloqueos paralizantes con un esfuerzo voluntario, sino en depender de una tercera posibilidad. Se trata de la humildad existencial, que tiene que reconocer que dependemos del otro, de un no-ego.

B. La experiencia del significado y del caos: La creatividad del alma también se alimenta de lo desordenado, de lo carente de sentido y de lo caótico, que se opone al mundo ordenado de la conciencia. Nietzsche lo formuló así en su famoso pensamiento poético: "Uno debe seguir teniendo caos en uno mismo para poder dar a luz a una estrella danzante".[21] Jung escribe:

> Si das un paso hacia tu alma, al principio no entenderás lo que significa. Creerás que te has hundido en el sinsentido, en el desorden eterno. … Nada te librará del desorden y el sinsentido, ya que esta es la otra mitad del mundo. … Abres las puertas del alma para permitir que la oscuridad del caos inunde tu orden y tus significados. Si unes el orden y el

> caos, concibes al niño divino, el significado supremo más allá del sentido y el sinsentido".[22]

La creatividad necesita desarrollar la experiencia del desorden y el caos, para crear un orden nuevo y un significado nuevo. Es por eso que la rutina y un mundo excesivamente ordenado de tradiciones comprobadas y asuntos ordinarios, son la muerte de toda creatividad. La creatividad requiere de la incertidumbre, la inestabilidad y de experimentar lo extraño. Para las soluciones creativas, es bien sabido que en los procesos grupales se requiere de la puesta en práctica de una lluvia de ideas espontánea, en donde las representaciones mentales sin sentido tengan un espacio. Además, en el esfuerzo creativo de un individuo también existe la necesidad de fases sin propósitos creativos, para que puedan nacer ideas y pueda emerger el pensamiento creativo de la masa de asociaciones sin sentido y enfoques tentativos. Además en el análisis, es importante darle espacio al caos. Jung escribe en "Problemas generales de la psicoterapia": "Mi objetivo es provocar un estado psíquico en el que mi paciente comience a experimentar con su propia naturaleza, un estado de fluidez, cambio y crecimiento donde nada está eternamente fijo ni desesperadamente petrificado".[23]

El significado supremo o la realidad simbólica

> El significado de los acontecimientos es el camino hacia la salvación que tú creas. El significado de los acontecimientos proviene de la posibilidad de vida en este mundo que tú creas. Es el dominio de este mundo y la reafirmación de tu alma en este mundo.[24]

"El significado de los acontecimientos es el camino hacia la salvación que tú creas". Esto es lo que Jung posteriormente llamará "religio", la atención minuciosa al significado de los acontecimientos y el entendimiento de su dimensión simbólica, que es la que le permite al alma vivir. Se trata de una necesidad muy específica, en contraposición a las necesidades del cuerpo y de la función cognitiva. El entendimiento simbólico es la forma en que el alma puede prevalecer y reafirmarse por encima de y en contraposición al plano mundano. Lo hace a través de crear significados, a través de darle una dimensión simbólica a las cosas y, al hacerlo, se "redime" a sí misma de las presiones de la mera existencia.

Los judíos cautivos en el campo de concentración nazi de Theresienstadt sobrevivieron a través de realizar todo tipo de representaciones teatrales y musicales y dar conferencias sobre literatura, religión y filosofía en la oscuridad de la noche. Sobrevivieron gracias a los "significados" que se transmitían lingüísticamente o que se escenificaban artísticamente. El hecho de que el alma viva gracias a expresiones que crean significado y logre sobrevivir bajo condiciones restrictivas, también se evidencia en los cuadros pintados por pacientes internados en clínicas psiquiátricas. Las personas con un diagnóstico de cáncer, muchas veces logran sobrevivir psicológicamente gracias a la expresión artística y, en ocasiones, incluso superar el cáncer de manera somática gracias al efecto retroactivo del alma imaginativamente revitalizada.

Los niños son también una demostración del hecho de que el alma depende esencialmente de expresiones que van creando significado. Los niños traducen todo en una realidad fantástica, que ofrece una oportunidad para jugar. Desde el punto de vista de los niños, las cosas no son sólo para lo que fueron hechas; no son sólo su función. Más bien, representan una temática para una posible puesta en escena. El niño o la niña las convierte simbólicamente en utilería para una imaginación inventiva. El propósito de su ser, su función, contrasta con una antítesis: "A esta silla, que suele estar destinada a sentarse, le impongo una antítesis. Esta silla aquí en el piso es un caballo, y con base en esto creo otro significado: el caballo juega un papel en una fantasía emergente". Jung continua:

> Este significado de los acontecimientos[25] es el significado supremo,[26] que no se encuentra en los acontecimientos,[27] ni en el alma, sino que es el Dios que se interpone entre los acontecimientos[28] y el alma, el mediador de la vida, el camino, el puente y el cruce".[29]

El significado trascendente no se encuentra en la cosa (o en los acontecimientos), ni en el alma. Resulta fácil entender que el significado trascendente no se encuentra en el objeto concreto o en el acontecimiento. Después de todo, el significado no se adhiere a la cosa, por así decirlo, sino que se le atribuye desde otro lugar. Sin embargo, el significado trascendente tampoco se encuentra en el alma. Esto podría significar que no se trata sencillamente de una cuestión que tiene que ver con una imagen ya existente en el alma, un hecho psíquico interno análogo al objeto concreto externo. Más bien tiene un significado ad hoc ("Dios"), que media entre los objetos que se encuentran en el mundo y las imágenes del alma. Se trata de una realidad simbólica *sui generis*, el "significado transcendente" que se interpone entre las cosas y las imágenes, entre el mundo y el alma, y trasciende a ambos. Para Jung, esta realidad simbólica es divina, por así decirlo, porque es profundamente creativa y numinosa. Expresa dos cosas: por un lado, una cualidad misteriosa en esta actividad simbólica y su carácter milagroso, "mágico" y, por el otro lado, expresa el hecho de que recurre al artista y lo convierte en un "servidor" de este poder.

Considerando algunos aspectos adicionales de este significado trascendente ("Übersinn", a veces traducido como "sobresentido"), se describe como "el mediador de vida, el camino, el puente y el cruce." ¿Qué podría significar esto? El símbolo creativo, generador de significado transcendental es un "mediador de vida" en tanto que crea el mundo simbólico de imágenes y palabras que emergen entre el mundo externo de cosas y acontecimientos y el mundo interno de imágenes. Por lo tanto, es mediador de la vida, ya que la vida significa movimiento al interior de formas cambiantes y la producción creativa de formas nuevas. La vida siempre desea un nacimiento nuevo. Esta asociación entre creatividad y vida es más que un constructo literario. Tiene un significado real. En un ambiente que no ofrece espacio creativo, la gente se atrofia tanto mental como físicamente. Por ejemplo, los niños que se crían en un hogar donde el orden y la limpieza son más importantes que el juego y la expresión lúdica y en donde la adaptación a las reglas impuestas y el cumplimiento de las normas cuentan más que la libre auto-activación y auto-invención no sólo sufren por el placer suprimido de la auto-formación, sino que además posteriormente adolecen de serias carencias en su iniciativa propia y sienten que nada tiene sentido. Además, esta parálisis mental muchas veces causa dificultades físicas.

El "significado trascendente" es también "el camino" en el sentido de que permite a las personas experimentar un proceso narrativo continuo, una historia coherente. El diseño simbólico no sólo produce figuras aisladas. Por el contrario, están estrechamente conectadas entre sí y transmiten la satisfacción de un proceso cargado de sentido. *El libro rojo* es un buen ejemplo de la realización de que la imaginación simbólica y la expresión creativa se desenvuelven a lo largo de un camino coherente, en este caso como un libro, como una obra de valor artístico y como un proceso constituido por diferentes fases.

Al "significado trascendente" también se le denomina "puente". Una de las características de la figuración simbólica es establecer conexiones entre realidades opuestas y mediar entre un aquí y un allí, trascender los opuestos a través de un tercero. Recientemente encontramos un ejemplo asombroso de esta función de puente de la realidad simbólica en el campo de la política. Para gran sorpresa del mundo, Corea del Norte y Corea del Sur, recientemente decidieron reestablecer contacto oficial y discutir medidas para lograr un acercamiento pacífico. En general, se cree que este sorprendente viraje se debe a la participación conjunta de los dos países en los Juegos Olímpicos de Invierno de Pieongchang. Además de ser una gran competencia deportiva, fue una gran puesta en escena simbólica. Incluso un gran evento tan internacional y relacionado con la economía puede movilizar el espíritu de construir puentes típico de la realidad simbólica.

El acto de "cruzar al otro lado", indica que el símbolo lleva a otro estado. Transforma. Puede que esta sea su característica más asombrosa. Por ejemplo, una persona afirma que pintar cuadros hace que algo cambie en su interior. Después de pintar un cuadro, cambia la aflicción física o mental que pudieran sufrir y la persona entiende algo nuevo o se siente diferente. Aquí, el acto de crear un símbolo muestra este asombroso proceso de transformar un malestar físico en una nueva toma de conciencia. Es como si a través de la imagen simbólica un fenómeno físico-energético se transformara en un significado espiritual. En este sentido, el símbolo "cruza" desde el nivel físico, donde algo se manifiesta como una perturbación, pasa a través del nivel de la transformación a una expresión visual, se convierte en una expresión visual y finalmente llega al significado espiritual contenido en el símbolo. Parece que el símbolo es este asombroso órgano de transformación que quiere redimir a una persona del sufrimiento y llevar a concepciones y significados nuevos. Lo asombroso de esto es que el símbolo tiene esta orientación finalista hacia el significado, que quiere "redimir" a través de salir de la estrechez del ser, especialmente cuando esta estrechez se manifiesta en enfermedades y aflicciones.

El símbolo logra "cruzar" no sólo a través de las capas y los planos del ser, sino también como un movimiento progresivo que va del ahora al después, es decir, no sólo como un proceso de transformación sino también como un movimiento revolucionario hacia una nueva conciencia. *"Habentibus symbolum facilis est transitus"* ("El tránsito es fácil para quienes tienen el símbolo").[30]

Los cimientos de la creatividad espiritual en una nueva imagen de Dios

Recorriendo el camino de sus experiencias internas, Jung se vio obligado a cuestionar la imagen colectiva de Dios. Se da cuenta de que esto ya no cumple con los requisitos de la creatividad del alma ni satisface las condiciones de la vida. Por lo tanto, Jung se sintió obligado a desarrollar una nueva idea de Dios, una idea más adecuada y más creativa. Puede que esto parezca muy presuntuoso. Sobre todo, se puede tener la impresión de una arrogancia psicológica que, de manera bastante casual, cuestiona nociones tradicionales que han sido decisivas para muchas personas en diferentes épocas. Sin embargo, esta creación de una nueva imagen de Dios, no surge de un acto arbitrario de una conciencia arrogante. Jung se ve obligado a hacerlo desde su interior. Es "el espíritu de las profundidades" el que se lo exige. En ese sentido, se puede hablar de un verdadero llamado profético.

A los ojos de la realidad interior de Jung, ¿por qué, es tan importante preguntar cuál es la imagen correcta de Dios y renovarla? Esta voz interior argumenta que la imagen de Dios determina en gran medida la vida del alma y la posible vitalidad o falta de vitalidad del ser humano. Incluso si el Zeitgeist no le atribuye importancia a la cuestión de la imagen de Dios y la clasifica más bien como un asunto privado insignificante, aún podría ser el caso de que el incrédulo moderno tenga, en el fondo de su mente, una imagen de Dios que determina, en última instancia, su visión de vida y la actitud que tiene hacia ella. Una concepción consciente o inconsciente de Dios, en última instancia, da forma a la actitud básica de todo ser humano: hacia su época, hacia sus valores y hacia la vida en general. Incluso los ateos tienen una idea sobre algo más importante, supremo, sobre lo que es importante en la vida, o bien sobre lo que, en última instancia, es efectivo como el agente que se encuentra detrás de todo. Por ejemplo, tienen la idea de que es importante hacer el bien, ser amorosos; o ser honestos; o tener éxito o disfrutar la vida. En última instancia, todo esto son reflejos de imágenes de Dios y de hecho de imágenes de Dios según el Zeitgeist y según una mentalidad "heroica", es decir, según conceptos de la perfección exclusivamente orientados a la consecución de metas.

> Entendí que el Dios que buscamos en lo absoluto, no se encuentra en la belleza absoluta, la bondad absoluta, la seriedad absoluta, en lo absolutamente elevado, humano o, incluso, divino. Sin embargo, alguna vez Dios estuvo ahí.[31]

Siempre existen ideas que buscan alcanzar metas superiores, es decir, ideas inspiradas en el desempeño, orientadas hacia un óptimo cualitativo. Para estas ideas, siempre hay algo que cae en el olvido: el mal, las debilidades y las limitaciones, el ego con sus necesidades o, por el contrario, el altruismo, es decir, sentir compasión por los demás. Hay ideas calvinistas que en el pasado sentaron las bases de una actitud de poder, un comportamiento dominante hacia uno mismo, hacia el otro y hacia la naturaleza. Estas son actitudes que han llevado a la represión, a valores y acciones unilaterales y a pensar en el éxito de manera unilateral. Esta imagen de Dios, que, en última instancia, ha promovido tendencias lineales, excluyentes y arribistas de creer en el progreso, el idealismo y la competitividad ambiciosa, es profundamente poco creativa. Es una imagen de Dios que ha promovido la voluntad adulta y la auto-conquista masculina-heroica y ha suprimido el juego infantil y lo femenino.

En *El libro rojo*, Jung reconoce cómo la concepción de Dios, que se encuentra detrás de las actitudes básicas de nuestra sociedad, de nuestros tiempos y de nuestro mundo, nos ha traído el progreso y grandes desarrollos de posibilidades técnicas, pero ha causado una carencia masiva de creatividad interior y de humanismo. La anterior concepción vertical unilateral de Dios, que apunta al mejoramiento y a la perfección, promueve el progreso pero no la creatividad; el poder pero no el amor; el dominio del otro, pero no el reconocimiento de lo débil y lo limitado; de la negación, pero no de la afirmación. En última instancia, tal actitud no promueve vida, sino que es un programa de no vida ya que sacrifica la dualidad y la variabilidad inherentes a la vida a favor de una unilateralidad abstracta.

Entendí que el nuevo Dios estaría en lo relativo. Si el Dios es belleza y bondad absolutas, ¿cómo puede incluir la plenitud de la vida, que es bella y odiosa, buena y mala, risible y seria, humana e inhumana? ¿Cómo puede el ser humano vivir en el vientre de Dios, si la Deidad misma sólo le pone atención a una mitad de su ser?[32]

La nueva imagen de Dios que expone Jung en *El libro rojo* está determinada por opuestos que pueden coexistir y complementarse entre sí. Se trata de una imagen de Dios que integra cualidades opuestas en sí misma. Con la creación de esa imagen de Dios, el significado de la vida ya no puede ser luchar por un absoluto, por la autoconquista, por el combate, el éxito y el dominio. Más bien, el desafío es reconocer al otro, reconocer los límites y las debilidades, explorar de manera creativa las posibilidades y perspectivas contrastantes, y dar a luz desde los opuestos tolerados y reafirmados. Por lo tanto, no se trata de ser perfectos, sino más bien de ser completos, de alcanzar la totalidad y las dinámicas ya no se dirigen a buscar el progreso, sino más bien buscan avanzar hacia una transformación inspirada en el alma.

Notas finales

[1] C. G. Jung, *El libro rojo*: *Liber Novus*, ed. Sonu Shamdasani, edición castellana a cargo de Bernardo Nante, trads. Romina Scheuschner y Valentín Romero (Buenos Aires: El hilo de Ariadna, 2012), p. 185.

[2] Ibid., p. 176.

[3] Ibid., p. 177.

[4] Ibid., p. 176.

[5] Ibid., p. 224.

[6] Ibid., p. 193.

[7] Ibid., p. 203-205.

[8] Ibid., p. 224.

[9] Ibid., p. 200.

[10] Ibid., p. 210.

[11] Ibid., p. 225.

[12] Ibid., p. 242.

[13] Ibid., p. 175.

[14] Ibid., p. 177.

[15] Ibid., p. 182.

[16] Ibid., p. 190.

[17] Ibid., p. 218.

[18] Ibid., p. 11.

[19] Ibid., pp. 234-235.

[20] Ibid., p. 234.

[21] Friedrich Nietzsche, *Así habló Zaratustra*, ed. Edu Robsy (Islas Baleares: Maison Carré, 2017), p. 14

[22] Jung, *El libro rojo*, p. 235.

[23] C. G. Jung, "Problemas generales de la psicoterapia", en *Obra Completa*, Vol. 16, trad. Jorge Navarro Pérez (Madrid: Editorial Trotta, 1966), párr. 99.

[24] Jung, *El libro rojo*, p. 190.

[25] En alemán: "Bedeutung der Dinge" = "el significado de las cosas".

[26] En alemán: "Übersinn" = "el significado trascendental".

[27] En alemán: "der nicht im Dinge ist" = "eso no está en la cosa".

[28] En alemán: "zwischen den Dingen" = "entre cosas".

[29] Jung, *El libro rojo*, p. 190.

[30] C. G. Jung, *Psicología y alquimia*, en *Obra Completa*, Vol. 12, trad. Alberto Luis Bixio (Madrid: Editorial Trotta, 1968), p. 155.

[31] Jung, *El libro rojo*, p. 200.
[32] Ibid.

De la psique interior a la psique abierta: ¿una forma de trascender la conciencia moderna?

Toshio Kawai

Una evaluación de *El libro rojo*

Antes de expresar mis impresiones e ideas en este ensayo, me gustaría examinar cómo leer y evaluar *El libro rojo*. Para evaluar esta obra, existen varias posibilidades que hay que tomar en cuenta.

Antes que nada, sin lugar a dudas, *El libro rojo* es importante desde un punto de vista histórico. Proporciona una documentación clara y extensa de cómo se desarrolló Jung y llegó a formular sus principales ideas psicológicas. La segunda capa está repleta de esas ideas, basadas en las experiencias personales que Jung presentó en la primera capa. Más aún, *El libro rojo* proporciona importantes recursos no sólo en relación a las teorías, sino también a los materiales. Me sorprendió darme cuenta de que muchas de las imágenes con las que lidió Jung en sus escritos, se basan en sus experiencias personales plasmadas en *El libro rojo*. Por ejemplo, en el capítulo 5 de *Liber Secundus*, Jung encontró un escarabajo cuyo simbolismo discutió en su ensayo sobre la sincronicidad. En este sentido, *El libro rojo* ofrece documentación histórica de gran valor para la investigación.

Sin embargo, sigue siendo una pregunta abierta si esta obra es importante en tanto obra psicológica. La pregunta es si acaso aporta algunas ideas nuevas a la psicología analítica en relación a las que ya se conocían anteriormente, a través de la *Obra Completa* de Jung. Una vez contestada esta pregunta, podemos preguntarnos si este libro es no sólo importante sino también interesante. En otras palabras, ¿el libro tiene valor como obra? ¿Se le puede considerar arte o literatura de buena calidad? Como es bien sabido, Jung estaba en contra de la idea de ver su trabajo como arte. Sin embargo, especialmente el segundo libro, *Liber Secundus*, se puede leer como una novela experimental o una colección de novelas cortas. ¿Acaso *El libro rojo* se está vendiendo bien sólo porque Jung lo escribió?, o bien, ¿resulta ser un libro interesante aunque no se conozca al autor? Estas son preguntas que surgirán en el futuro, una vez superado el entusiasmo inicial.

En mi calidad de psicólogo, no indagaré si se trata de un libro bueno como arte o como literatura. He de confesar que no me pareció nada interesante cuando lo estaba traduciendo al japonés. Sin embargo, lo volví a leer para estudiarlo, y lo encontré bastante interesante; por lo tanto, puede que sea importante conservar una cierta distancia con respecto al libro. Desde un punto de vista psicológico, me gustaría distinguir el aspecto formal del aspecto sustancial, es decir, el contenido. Podemos llamar a estos aspectos estructura y contenido o, para utilizar el término del analista Wolfgang Giegerich, lo semántico y lo sintáctico.[1] Puede que así quede claro qué se entiende por contenido. Alude a las historias, los materiales y los motivos que se presentan en el libro: la muerte y el renacimiento de Dios; la muerte del héroe; los mandalas; las serpientes, los pájaros y el sol, son parte de esos materiales. Las ilustraciones que Jung pintara en su *Libro rojo* también pertenecen a esta categoría. Con respecto a este aspecto, las interpretaciones simbólicas clásicas de los materiales son formas comunes de abordar estos contenidos. El aspecto formal tiene que ver con cómo Jung se relaciona con lo material, cómo lo expresa y cómo se conectan los componentes entre sí. Luego tenemos que investigar la estructura psicológica y el movimiento de *El libro rojo*. En este ensayo, me gustaría enfocarme más en el aspecto formal de *El libro rojo*. De esta manera, me gustaría mostrar cómo, a pesar de su contenido arcaico y premoderno, *El libro rojo* se escribió desde una perspectiva moderna y posteriormente ver cómo intenta trascender el marco moderno.

La postura o la visión del ego

Cuando mi padre, Hayao Kawai -el primer analista junguiano en Japón- llegó al Instituto C. G. Jung en Zúrich en el año de 1961 y empezó su formación, Marie-Louise von Franz le dijo, con bastante orgullo: "Te ha de impresionar el poder de la psique inconsciente". Él le contestó, con un poco de sentido de humor e ironía, que no le impresionaba tanto el poder del inconsciente, sino más bien el poder de la conciencia. Después de 50 años, esta impresión parece seguir siendo válida. En otras palabras, en relación con *El libro rojo,* no me impactó tanto el rico contenido del inconsciente, sino más bien la fuerte conciencia que lo sostiene en su lugar. Explicaré esto en referencia a varios aspectos.

En el primer libro, *Liber Primus*, se representan imágenes y visiones avasalladoras. En una famosa visión inicial aparece el norte de Europa cubierto por un diluvio. Dos semanas después, la visión volvió. Jung pensó que su "mente se había desquisiado."[2] En diferentes momentos, Jung expresó sentir ansiedad ante la posibilidad de volverse psicótico. Sin embargo, debemos hacer notar que todas estas imágenes y visiones, por más terribles que hayan sido, se ven y se entienden con gran claridad. Más aún, la claridad de las imágenes seguramente se debe a la perspectiva estable del ego observador. Es por eso que Jung logra tener imágenes y visiones que no están contaminadas, sino que son muy claras. Esta clara diferenciación en absoluto indica la existencia de una psicosis. Puede que el contenido sea extraordinario y avasallador, pero la estructura sintáctica es inquebrantable y permanece intacta. Por eso es importante diferenciar entre el aspecto sintáctico y el semántico.

El rasgo característico del pensamiento esquizofrénico no son sus contenidos extravagantes, sino la forma pasiva en la que se le ve, es decir, en la que se le observa. Los esquizofrénicos a menudo pintan muchos ojos en sus dibujos: se sienten observados. No tienen visiones sino más bien alucinaciones acústicas. Esto no debe entenderse como una diferencia entre la modalidad sensorial visual y la acústica, sino como una diferencia en el modo de ser. El psiquiatra humanista alemán Jürg Zutt explicó en su artículo clásico "*Blick und Stimme*" ("La mirada y la voz") que la voz de los esquizofrénicos es expresión de que el otro les habla y los ve, en vez de que sean ellos quienes vean[3]. Podemos referirnos aquí a la pérdida de la subjetividad: el "otro" avasalla al sujeto y destruye su funcionamiento para que el "otro" reemplace al sujeto. Por lo tanto, no era necesario que Jung se preocupara por la aparición de una psicosis, ya que lograba mantener al sujeto observador a salvo.

Me gustaría hacer un comentario cultural al margen: a lo largo de la historia japonesa ha habido muy pocos informes de personas que hayan tenido visiones. Hay algunas historias budistas en *Nihon-Ryoiki* (del siglo IX) que reúnen las características de una visión, pero bien podrían ser imitaciones de obras de China o de la India. La ausencia de visiones se debe a la diferenciación ambigua entre sujeto y objeto en la psique y la cultura de Japón.

El segundo punto tiene que ver con la función de la emoción. Jung se sintió avasallado por las imágenes, que despertaron fuertes emociones en él. Estas reacciones emocionales se mencionan muy seguido en *Liber Primus*. Por ejemplo, al principio, Jung afirma: "A partir de ese momento, regresó una y otra vez la ansiedad que sentía hacia el terrible acontecimiento que habríamos de enfrentar."[4] En el tercer capítulo, escribe: "Yo sigo, pero me horroriza".[5] Al principio, la ansiedad y el miedo eran particularmente notorios. El estilo y la atmósfera eran realmente dramáticos.

Posteriormente, también surge el sentimiento de enojo, por ejemplo, en el capítulo 6: "Yo, sin embargo, me rebelé contra él y dije ("Ich aber empörte mich gegen ihn und sprach"): "¿Cómo puedo hundirme? Soy incapaz de hacerlo por mí mismo".[6] En este capítulo, es muy notable la rabia del ego. La emoción tiene, por así decirlo, una función dialéctica. Por supuesto, es causada por la sorprendente inundación del inconsciente con la cual se comprueba el dominio del inconsciente y la confusión de la conciencia. Por otro lado, subraya y refuerza la existencia del ego, que se centra y resalta debido a las reacciones emocionales. Puedes sentir ansiedad porque estás consciente de ti mismo y tienes miedo de perderte. Muy a menudo, empiezas a tener un sueño de ansiedad de que te están correteando o persiguiendo en la adolescencia, cuando el ego está por establecerse. La ansiedad, por ende, pone al ego a prueba y lo fortalece. Las fuertes reacciones emocionales en *Liber Primus* no necesariamente confirman el dominio del inconsciente, sino más bien la existencia del ego como un punto de referencia sólido.

También se puede notar la posición estable del ego en la conversación con el alma o con el otro psíquico. En el capítulo 3 de *Liber Primus*, "Al servicio del alma", Jung le dice a su alma: "Debería entregarme por completo a tus manos.[7] Hay una total devoción al alma y al abandono de sí mismo. No obstante, procede a preguntar: "... pero ¿quién eres tú?" Esta pregunta deja en claro que existe una posición desde la que se puede hacer esa pregunta. Entre más importante y avasalladora sea el alma, más significativa es la posición del ego frente al alma. Jung nunca se olvida de la posición del ego. La posición del ego no sólo se puede discernir en relación a las figuras con las que interactúa, sino que tampoco se pierde ni siquiera en la más extrema de las crisis. La experiencia del infierno fue, sin duda, terrible. Jung escribió: "Nadie sabe lo que sucedió durante los tres días en que Cristo estuvo en el infierno. Yo lo he experimentado".[8] Sin embargo, por otro lado, Jung dijo: "El que viaja al Infierno también se convierte en Infierno; por lo tanto, no olvides de dónde vienes".[9] Por eso, nunca ha perdido de vista la posición del ego. Esta no fue una pérdida total.

A pesar del abrumador contenido de las visiones y reacciones emocionales, nunca se pierde el punto de vista del ego. Esta es una característica formal y sorprendente de *El libro rojo*, a la que debemos prestar más atención.

De la tragedia a la comedia

Como hemos visto, en *Liber Primus* es notoria la posición estable del ego, a pesar y debido a las abrumadoras experiencias e imágenes. Cuanto más sufre el ego, más prueba su existencia: sufro, luego existo. Podemos llamarlo la comprobación de la existencia del ego a través de la tragedia.

En *Liber Secundus*, Jung parece lograr distanciarse más de las imágenes. Las imágenes ya no resultan tan amenazantes como lo eran en el primer libro. También hay una distancia histórica con respecto a las imágenes, por ejemplo, cuando Amonio intentó atacar a Jung, no logró darle alcance: "Salta encolerizado y quiere abalanzarse sobre mí. Pero yo estoy lejos, en el siglo XX".[10] De manera similar, cuando se encuentra frente al poderoso Dios Izdubar, Jung sabe muy claramente que vive en el mundo de la ciencia, donde la visión del mundo antiguo ya no es válida.

En *Liber Secundus*, Jung ya no se siente agobiado por las figuras e imágenes, sino que incluso se siente bastante superior a ellas. Por ejemplo, uno de las personas humildes del Capítulo 3 era una persona que salió de la cárcel y estaba muy pobre y debilitado; Jung tuvo que pagarle la cena y el alojamiento de esa noche. El Dios Izdubar, el hombre toro, se derrumba y solloza como un niño luego de que Jung le enseñó que no era inmortal. Filemón no era una persona poderosa y espiritual como Elías en *Liber Primus*. Elías incluso no tiene poder en *Liber Secundus*. Después de haber escuchado que Jung le había robado su serpiente, Elías trató de maldecirlo, pero Jung respondió: "Tu maldición no tiene poder. A quien posee la serpiente, no le afectan las maldiciones".[11] Estas escenas nos recuerdan los sueños en los que al ego del soñante no le abruman ni amenazan las otras figuras.

Con tales cambios, la historia deja de ser seria y trágica, para más bien volverse cómica; la libertad y la confianza del ego en sí mismo conducen a la comedia: cada historia en *Liber Secundus* es de alguna manera cómica. En *Liber Primus*, Jung expresó una verdadera preocupación de poderse volver loco. Sin embargo, en *Liber Secundus*, en un sueño a Jung lo envían a una clínica psiquiátrica. La conversación con el Profesor evoca humorismo porque no hay un peligro real.

En la consulta médica, Jung le dijo al Profesor: "Pero profesor, no estoy para nada enfermo, me siento perfectamente bien". El Profesor le respondió: "Mire, mi estimado. Aún no tiene conciencia de su enfermedad. El pronóstico es naturalmente bastante malo, con una recuperación limitada en el mejor de los casos".[12]

Así, el ego se manifiesta en el *Liber Secundus* con más distancia y a través de la comedia. Sin embargo, es importante notar que el ego en todo momento insiste en su existencia, ya sea a través de la tragedia o de la comedia.

Opuestos duplicados

A lo largo de todo el texto de *El libro rojo*, no deja de sorprender la estructura de contrastes y opuestos. Comienza con la oposición entre "el espíritu de estos tiempos" y "el espíritu de las profundidades". Podemos señalar muchos contrastes y opuestos, como el sentido y el sinsentido; lo alto y lo profundo; Elías y Salomé; el Rojo y el Anacoreta; el bibliotecario y su hija, y la serpiente y el pájaro. Sin embargo, no sólo existen estos contrastes u opuestos, sino que Jung interviene regularmente en ellos, de tal forma que también hay oposiciones entre Jung y Salomé, entre Jung y el Rojo, entre Jung y la hija del anciano. Los opuestos se forman, por lo tanto, no sólo en el inconsciente, en la imagen, sino también entre el ego y el inconsciente. Ambos opuestos se derivan del establecimiento del ego ya que el ego produce su vis-à-vis (cara a cara) y discierne la diferencia que existe ahí. El llamado camino de la individuación se entiende más bien como una relación entre el ego y el inconsciente que implica su integración. Entonces Jung dice en el *Liber Secundus*: "Me he unido con la serpiente del más allá. He aceptado todo lo que está más allá de mí mismo".[13] Sin embargo, *El Libro Rojo* parece enfatizar la diferenciación más que la unión. Con respecto al diablo, Jung escribe lo siguiente: "Tomar al diablo en serio no implica aliarse con él, sino uno se convertiría en el diablo. Más bien significa llegar a un entendimiento a través del cual aceptas tu otro punto de vista".[14]

En "*Escrutinios*", el tercer libro, Jung dice acerca del alma: "Protege a los hombres de ella y a ella de los hombres";[15] enfatiza repetidamente la importancia de distinguirse de su alma. Añado otra cita: "¿Por qué? Porque no puedes diferenciarte a ti mismo de tu alma. Pero eres diferente de ella, y no debes buscar prostituirte con otras almas como si tú mismo fueras un alma, sino que en vez eres un hombre sin poder que necesita toda su fuerza para su propia realización".[16]

El punto consiste en mantener la distancia del otro, más que identificarse con él. Debo agregar que el proceso de individuación que Jung describe en "Las relaciones entre el ego y el inconsciente" también enfatiza el aspecto de la diferenciación. Entonces surge la pregunta sobre cómo la unión y la diferenciación se relacionan entre sí. En *El libro rojo*, en "Siete sermones a los muertos" de Filemón, existen algunas sugerencias poéticas relacionadas con este punto. Mientras que el Pleroma es la nada o el todo y no tiene diferenciación, la Creación es diferenciación.

La psicología de los opuestos se da no sólo entre el ego y el inconsciente, sino también en el inconsciente mismo. Entonces Jung le dice a Satanás: "… hemos unido los opuestos. Entre otras cosas, te hemos hecho uno con Dios".[17] Luego, nos gustaría preguntar cómo se relacionan ambos contrastes entre sí. De cierta manera, esta relación queda sin resolver en *El libro rojo* y va a tener que esperar hasta que Jung incursione en sus estudios de alquimia. En alquimia, hay una *soror mystica* (una hermana mística), una asistente del adepto. Sin embargo, en la alquimia, es mucho más importante la unión entre el rey y la reina en la retorta alquímica, que la relación entre el adepto y la *soror mystica*, o entre el adepto y lo material. En "La psicología de la transferencia", esta doble diferenciación conduce al esquema del "cuaternio matrimonial".

Interiorización

La interiorización es otro aspecto clave del punto de vista formal. Jung parece estar consciente de que no vive en el mundo premoderno. Confiesa, por ejemplo, que no sabe cómo rezarle al sol: "No debo de olvidar mi plegaria matinal, pero ¿adónde está mi plegaria matinal? Querido sol, no tengo ninguna plegaria, ya que no sé cómo se debe uno dirigir a ti".[18] Él posteriormente inventó algunas plegarias, pero el énfasis parecía estar puesto en la pérdida de la plegaria.

En este sentido, ya no hay Dios porque Dios aparece en una plegaria o en un ritual concreto basado en su tradición. La experiencia de Jung con los elgonyi en Uganda es un buen ejemplo. Los pueblos indígenas saludan al sol cuando sale, como lo describió un anciano que dijo: "Por la mañana, cuando sale el sol, salimos de nuestra choza escupimos nuestras manos y las elevamos hacia el sol." Este anciano no sabía cómo explicar el significado del ritual, pero dijo: “”Siempre lo hemos hecho”.[19] Fue entonces que Jung se dio cuenta de que la experiencia religiosa no consiste en el significado simbólico sino en la escenificación pura realizada por la comunidad. Por lo tanto, sin un ritual o una plegaria basada en la tradición, ya no hay Dios.

Mientras que la muerte y el renacimiento del Dios se convirtieron seria y literalmente en un tema de *Liber Primus*, en *Liber Secundus* se realizó el renacimiento de Dios como la interiorización de Dios. Después de que se colapsara Izdubar, Jung lo tuvo que transportar. Para cargarlo, Jung convirtió a Izdubar en una mera fantasía: “Básicamente estoy convencido de que Izdubar prácticamente no es real en el sentido común y corriente, sino que es una fantasía”. Debido a que la fantasía “no necesita espacio”, Jung pudo “compactar sin esfuerzo a Izdubar al tamaño de un huevo y lo colocó en su bolsillo”, logrando transportarlo fácilmente.[20] Cuando Izdubar volvió a salir del huevo, a esto se le entendió como el renacimiento de Dios.

Sin embargo, para nosotros es más importante tomar conciencia de que fue la interiorización la que permitió que Dios renaciera. Como escribe Jung, Dios “no murió, sino que se convirtió en una fantasía viviente”. “Si convertimos al Dios en fantasía, Él está en nosotros y es fácil de cargar”.[21] La muerte y el renacimiento literales de Dios en *Liber Primus,* se concretan de manera más psicológica en *Liber Secundus* a través de la idea de la interiorización. Este es el logro de *El libro rojo*. Debido a esta interiorización, Jung logró establecer su psicología, que aborda a Dios y los rituales como una realidad interior de la fantasía. Así, el renacimiento de Dios no es para Jung un renacimiento literal, sino que es más bien el nacimiento de la psicología, que se basa en la idea de la interiorización y la realidad de la fantasía. En *Tipos psicológicos*, Jung afirma su famoso lema, muchas veces citado por James Hillman: “La psique crea la realidad todos los días. La única expresión que puedo usar para referirme a esta actividad es fantasía”.[22] Ésta es la base de la psicología de Jung, la cual logró expresar en la segunda parte de *El libro rojo*.

Si se me permite hacer otra observación cultural al margen, me gustaría hacer notar que esta clara diferenciación entre la realidad interior y exterior es también algo ajeno a la cultura japonesa. Existe una larga tradición en Japón de expresar el alma como un objeto o un arte concreto del que el Ikebana (el arte del arreglo floral) y los jardines japoneses son ejemplos típicos. Para decirlo con precisión, el alma reside en el arte de diseñar jardines. Es por eso que la terapia del juego de arena (sandplay) goza de gran popularidad en Japón. Aunque la interiorización clara es admirable, para la psique japonesa, sigue siendo un logro ajeno.

Del símbolo a la franqueza: el sacrificio

A pesar de los contenidos mitológicos y premodernos de *El Libro Rojo*, queda claro que Jung se basó en una concepción moderna de la psique basada en la idea de la centralidad del ego, la relación con uno mismo y la interiorización. En este sentido, *El libro rojo* muestra claramente cómo Jung logró desarrollar su metodología psicológica y psicoterapéutica: Jung enfatizó el significado de una capa mitológica de la psique, que, sin embargo, fue abordada por la forma moderna de relacionarse con uno mismo y la interiorización.

Sin embargo, *El libro rojo*, especialmente en su tercera parte titulada "*Escrutinios*", tiene un aspecto que va más allá de la concepción moderna de la psique y su estructura. Este aspecto aparece en primer lugar como experiencias físicas, al menos como metáforas físicas. *El libro rojo* trató de mostrar cultos premodernos que seguían vivos como fantasías; los dioses e imágenes de la premodernidad se experimentan principalmente como visiones y se entienden en términos de su simbolismo. Sin embargo, para mí, de alguna manera esta faceta no es tan convincente, debido a su actitud distante y analizadora. Como ya lo señalé, tomar distancia es una forma de establecer el ego, que puede debilitar la realidad y la presencia del inconsciente. Me han impresionado bastante varias escenas de sacrificios en *El libro rojo*, en las cuales el cuerpo parece jugar un papel central. En esas instancias, Jung ya no se encuentra en una actitud distante e indiferente con respecto a la visión. En *Liber Secundus*, por ejemplo, resulta muy impresionante el capítulo titulado

"El asesinato sacrificial". En ese capítulo, Jung se vio obligado a comerse un trozo de hígado de la niña muerta. Una mujer que supuestamente es el alma de esta niña le dice a Jung: "Acércate y verás que abrieron el cuerpo de la niña; sácale el hígado". Además, le pide: "Sólo toma un pedazo del hígado, en vez de tomarlo todo y cómetelo.[23] Jung estaba renuente, pero finalmente se comió un pedazo de hígado:

> Me arrodillo sobre la piedra, corto un trozo del hígado y me lo llevo a la boca. Se me atora en la garganta, me saltan lágrimas de los ojos, un sudor frío cubre mi frente, un insípido sabor a sangre dulce, trago con un esfuerzo desesperado, imposible, una y otra vez más, casi me desmayo, lo logré. Lo terrible hecho está".[24]

Me gustaría mencionar otra escena de sacrificio. Se trata de una escena de auto-desmembramiento, que me recuerda la visión de Zósimo. Jung se pisó a sí mismo cuando utilizaba la prensa en la que se pisaba la uva:

> Pisoteo en la prensa solo y nadie está conmigo. Me he prensado en mi ira y me pisoteé en mi rabia. De ahí que mi sangre haya salpicado mi ropa y haya manchado mi túnica. Pues me he permitido un día de venganza, y el año de redimirme ha llegado.[25]

Estos pasajes son, por supuesto, tremebundos. Sin embargo, tengo la impresión de que para mí son mucho más reales y familiares. Me recuerdan numerosas novelas del escritor japonés Haruki Murakami. Sus cuentos, muchas veces describen escenas violentas y crueles que podrían estar conectadas con cultos y rituales premodernos. Por ejemplo, en *Kafka en la orilla*, el personaje llamado Johnnie Walker, que podría ser el padre del protagonista, un niño llamado Kafka, debe sacar el corazón de un gato y comérselo, y luego cortarle la cabeza.[26] Este acto no sólo es cruel y perverso, sino que también evoca algunas asociaciones y significados rituales. La extraordinaria popularidad de los libros de Haruki Murakami en Japón muestra que tales escenas tan violentas pueden resultar atractivas a los japoneses modernos, a la psique japonesa. Además, considerando que las novelas de Murakami gozan de gran popularidad en todo el mundo, no sólo en Japón sino en el mundo contemporáneo en general, puede que lo numinoso ya no aparezca en un ritual o a través de lo simbólico, sino en la violencia directa y la sexualidad. Lo numinoso solía estar mediado por símbolos y rituales que realizaba la comunidad y la tradición. Sin embargo, debido a que los símbolos y los rituales han perdido su poder en la comunidad, lo numinoso solo puede aparecer directamente a través de la violencia y de la sexualidad, las cuales, no obstante, carecen de significado claro.[27]

Como queda claro en la experiencia fallida de Jung con la iglesia en su juventud, él estaba consciente de que los rituales y los símbolos habían muerto. En la era en la que se perdieron los símbolos y los rituales, es probable que estas escenas de sacrificio físico intenten encontrar un acceso directo a lo numinoso.

De la psique interior a la psique abierta

Las experiencias físicas de sacrificio fueron una forma de ir más allá de la psique moderna interior y autoreflexiva. Se trata de un experimento para salir de la psique interior y enfrentar la realidad como cuerpo, aunque se queda a nivel del cuerpo personal y limitado.

La tercera parte de *El libro rojo* muestra otra posibilidad de trascender la psique interior. La tercera parte consiste principalmente de sermones que Filemón predica a los muertos, que son similares a los *Septem Sermons ad Mortuos*, que Jung publicó en privado después de su crisis, y que fueran incluidos en su autobiografía, *Recuerdos, sueños, pensamientos*.

Confrontando su crisis mental, Jung concluyó su experimento, tal como lo registra en *Liber Primus* y *Liber Secundus* de *El libro rojo* en 1914. Sin embargo, en 1915, volvió a escribir nuevamente en su diario, *Los libros negros*. Esto podría estar indicando que sus esfuerzos por encontrar su propio mito habían sido insuficientes y que necesitaba dar otro paso.

A principios de 1916, Jung experimentó un acontecimiento misterioso en su casa, que lo llevó a escribir *Septem Sermons ad Mortuos* y la tercera parte de *El libro rojo*, "Escrutinios". Jung relató: "Había un ambiente ominoso a mi alrededor. Tuve la rara sensación de que el aire estaba cargado de fantasmas. Entonces fue como si mi casa estuviera poseída por espíritus: Mi hija mayor vio una figura blanca que pasaba por la habitación. Mi segunda hija, independientemente de su hermana mayor, relató que dos veces durante la noche le habían quitado la cobija; y esa misma noche mi hijo de nueve años tuvo un sueño cargado de ansiedad".[28] Se puede notar que el "ambiente ominoso" no sólo se limitaba a la psique personal interior de Jung, sino que era algo que sus hijos también compartían. A la mañana siguiente, un día sábado, su hijo hizo un dibujo de su sueño. Siguieron sucediendo cosas extrañas:

> Alrededor de las cinco de la tarde del domingo, la campana de la puerta principal comenzó a sonar frenéticamente. Era un brillante día de verano; las dos sirvientas estaban en la cocina, desde donde se veía la plaza abierta frente a la puerta principal. Todos de inmediato voltearon a ver quién estaba allí, ¡pero no había nadie! Yo estaba sentado cerca de la campana de la puerta y no sólo la escuché, sino que la vi moverse. Simplemente, nos quedamos viendo los unos a los otros. ¡La atmósfera era densa, créanme! En ese momento me di cuenta que algo tenía que pasar. Toda la casa estaba llena de espíritus, como si una multitud estuviera presente. La casa estaba abarrotada de espíritus hasta la puerta y el aire estaba tan denso que casi ni se podía respirar. En cuanto a mí, me estremecí con la pregunta: 'Por el amor de Dios, ¿qué diantres es esto?' Luego exclamaron a coro: 'Hemos regresado de Jerusalén, donde no encontramos lo que buscábamos'. Ese es el inicio de los Septem Sermones.[29]

Justo antes de informar sobre este extraño acontecimiento, Jung enfatizó lo importante que era para él tener una familia y su trabajo como psiquiatra. Él "necesitaba un punto de apoyo en 'este mundo'". Cuando estaba escribiendo los dos primeros libros de su *Libro rojo*, veía a sus pacientes durante el día y llevaba su vida familiar con normalidad. Sólo durante las noches Jung continuaba con el experimento al que se estaba sometiendo con la imaginación activa. Éste se llevó a cabo sólo dentro de su espacio interior, por lo que no hubo contacto ni contaminación con la realidad exterior, aunque Jung entendió que las terribles visiones que había tenido al principio estaban relacionadas con el inicio de la Primera Guerra Mundial.

Sin embargo, los Muertos empezaron a fluir desde el espacio interior hacia el espacio exterior. Ya no había una diferencia entre los muertos y los vivos. No sólo él sino también sus hijos notaron la presencia de los Muertos. Según el paradigma de la psicología moderna, los muertos deberían representar el inconsciente de Jung. Sin embargo, aquí ya no resulta válido el paradigma de la psique interior que se refleja a sí misma. Aquí, se entiende la psique como una psique abierta compartida con la comunidad, con sus hijos, e incluso con los muertos. Esta experiencia llevó a Jung a acuñar el concepto de "sincronicidad", que va más allá de la comprensión de la psique interior contenida.

La diferencia entre la cosmovisión pre-moderna y una psicología nueva

Puede que la idea de compartir con la comunidad y los muertos nos recuerde de la concepción premoderna de la psique, que no se limita a un individuo: la psique se entendía como un sistema abierto, que se extiende hacia la comunidad, la naturaleza y el mundo de los muertos. Sin embargo, podemos notar algunas diferencias con respecto a la cosmovisión premoderna. En primer lugar, los muertos, en la experiencia de Jung, no habían podido encontrar lo que buscaban en Jerusalén y regresaron a este mundo. Esto significa que no pudieron encontrar su redención, su lugar mitológico. En segundo lugar, en el caso de la experiencia de Jung, Filemón enseña a los muertos, mientras que en el ritual y la cosmovisión tradicionales, a los muertos se les da la bienvenida y se les celebra con ofrendas. Por ejemplo, en Japón, los ancestros son dioses que regresan al mundo con regularidad. Tanto los equinoccios de primavera y de otoño, como el Festival de Obon en el verano, son ocasiones en las que regresan los ancestros. Llama la atención cómo aparecen estas festividades y juegan un papel decisivo en los sueños, aunque el soñante no les preste mucha atención a esos festivales. La gente vive en contacto con los muertos, o bien estos siguen viviendo en contacto con los vivos. Como otro ejemplo, puedo mencionar la tradición en la víspera del año nuevo celta, el *Samhain*, celebrado el 31 de octubre. Esta tradición se transformó en el Día de Todos los Santos en el cristianismo y en *Halloween*. Originalmente, esta fecha representaba el final del verano y el inicio del invierno, que es cuando la frontera entre este mundo y el otro mundo se vuelve más tenue y los muertos regresan a sus pueblos en donde se les recibe con ofrendas. La idea original se sigue percibiendo en la tradición de Halloween. Sería interesante examinar experiencias de Jung como ésta, al igual que el sueño que tuvo después de la muerte de su madre, en relación con el *Samhain*.

A diferencia de los muertos y los ancestros en las culturas premodernas, los muertos en "Escrutinios" o *Septem Sermons ad Mortuos* parecen haber perdido su lugar mitológico. No los recibimos con ofrendas. Puede que esta situación tenga que ver con la Primera Guerra Mundial, que causó no sólo más de 16 millones de muertes, sino que también destruyó la cosmovisión tradicional con respecto a los difuntos.

Si reflexionamos sobre la aparición de la crisis psicológica de Jung, se inició con la premonición de la Primera Guerra Mundial, como una realidad externa. Jung resolvió esta crisis como una crisis interna, utilizando la imaginación activa, lo que condujo a la realización de *Liber Primus* y *Liber Secundus*. Sin embargo, una vez más, Jung se vio obligado a ir más allá de la psique interior. Aunque la experiencia de Jung con los muertos tiene similitudes con la cosmovisión premoderna, de hecho, es muy diferente. Por eso, Jung consideró que era necesario revisar su teoría y crear conceptos como la sincronicidad y lo psicoide.

En este ensayo no puedo incursionar en la posibilidad de esta nueva psicología, ya que me gustaría enfocarme en las características formales y la estructura de *El libro rojo*. Quisiera sugerir que para entender la esencia y la dirección de esta nueva psicología, es importante la interpretación que se haga de los Sermones de Filemón. El primer Sermón a los muertos comienza así: "Parto de la nada. La nada es lo mismo que la plenitud. En el infinito, la plenitud es tan válida como el vacío".[30] En estos enunciados, se niega por completo la forma de situar y fundamentar el ego como punto de partida. Incluso se niega la idea de sustancia porque parte de la nada. Para el futuro de la psicología analítica, vale la pena reflexionar sobre qué tipo de psicología se puede iniciar a partir de aquí.

Notas finales

[1] Wolfgang Giegerich, "Psychology - The Study of the Soul's Logical Life", en A. Casement, ed., *Who Owns Jung?* (Londres: Karnac Books, 2007), pp. 247–263.

[2] C. G. Jung, *El libro rojo*: *Liber Novus*, ed. Sonu Shamdasani, edición castellana a cargo de Bernardo Nante, trads. Romina Scheuschner y Valentín Romero (Buenos Aires: El hilo de Ariadna, 2012), p. 170.

[3] Jürg Zutt, "Blick und Stimme," en *Nervenarzt*, 28, pp. 350–355, 1957.

[4] Jung, *El libro rojo*, p. 170.

[5] Ibid., p. 180.

[6] Ibid., p. 194.

[7] Ibid., p. 180.

[8] Ibid., p. 200.

[9] Ibid., p. 201.

[10] Ibid., p. 269.

[11] Ibid., p. 406.

[12] Ibid., p. 331.

[13] Ibid. p. 398.

[14] Ibid., p. 235.

[15] Ibid., p. 452.

[16] Ibid.

[17] Ibid., p. 391.

[18] Ibid., p. 264.

[19] C. G. Jung, *Recuerdos, sueños, pensamientos*, ed. Aniela Jaffé, trad. Ma. Rosa Borras (Buenos Aires: Editorial Seix Barral, 2002), p. 311.

[20] Jung, *El libro rojo*, pp. 299.

[21] Ibid., p. 299-300.

[22] C. G. Jung, *Tipos psicológicos*, en *Obra completa*, Vol. 6 (Madrid, Editorial Trotta: Princeton University Press, 1971), párr. 78.

[23] Jung, *El libro rojo*, p. 320.

[24] Ibid. p. 321.

[25] Ibid., p. 344, citando a Isaías 63:3-4.

[26] Haruki Murakami, *Kafka en la orilla*, trad. Lourdes Porta (Barcelona: Tusquets Editores, 2006).

[27] Toshio Kawai, "The experiencia of the numinous today: from the novels of Haruki Murakami", en A. Casement y D. Tacey, eds., *The Idea of the Numinous: Contemporary Jungian and Psychoanalytic Perspectives* (Londres y Nueva York: Routledge, 2006), pp. 186–199.

[28] Jung, *Recuerdos, sueños, pensamientos*, p. 226.
[29] Ibid., p. 462.
[30] Jung, *El libro rojo*, p. 462.

La semilla de oro: el potencial oculto en lo vil y lo deforme

Patricia Michan

> Quisiera patear la basura lejos de mí,
> si no fuera por la semilla de oro
> que se encuentra en el corazón vil de lo deforme.[1]
>
> *C. G. Jung*

Introducción

Los escritos de Jung acerca de sus experiencias personales incluidas en *El libro rojo,* junto con las ideas teóricas clave que con el tiempo fue desarrollando, conforman una estructura que corresponde a patrones y procesos psíquicos como los que me encuentro en mi trabajo clínico con pacientes. En 1916, dos años después de haber comenzado a investigar su propia psique -como lo expresa en *Los libros negros-* Jung escribió el ensayo sobre "La función trascendente". Él se encontraba involucrado en su propio proceso, presionado por la necesidad de acceder y relacionarse con el inconsciente a través de desarrollar una relación dialéctica entre el ego y el no ego.[2] Esta relación requiere acceder a la amplia gama de potenciales tanto en el ego como en el no ego, así como desarrollar una relación de trabajo con estos potenciales, mientras se navegan simultáneamente los peligros que esta experiencia conlleva. Esto incluye la imposibilidad de acceder a estos potenciales, quedando atrapados en "el círculo estéril"[3] de enredos psíquicos negativos, corriendo el riesgo de quedar avasallados por los contenidos del inconsciente. En sus escritos elaborados durante el período de *El libro rojo* y a lo largo del resto de su vida, Jung articuló el valor y la necesidad de incluir el amplio campo de los potenciales de la psique.

En este ensayo enfatizo la importancia funcional de aquellos potenciales que mapeo dentro del arco de lo psíquicamente negativo: distorsiones, activaciones, estallidos emocionales impulsivos y patologías que son expresiones de la falsa imaginación, los síntomas, los complejos, las proyecciones, las defensas, las constelaciones, los sueños en estado de vigilia, todas esas "desviaciones fatídicas y vueltas equivocadas"[4] ego distónicas que funcionan como soporte, los cuales si se potencializan, apoyan el movimiento hacia la totalidad.

El arco completo de estas funciones psíquicas no deseadas se manifiesta a través de formas que aparentemente no tienen valor por medio de las cuales "la psique está creando diariamente la realidad".[5] La valoración que hiciera Jung de lo negativo es el territorio radical expresado en la exhortación de Cristo al final de *Escrutinios*, en donde afirma que cualquiera que acoja al gusano, (es decir, al diablo) y lo pueda tolerar, recibirá como regalo "la belleza del sufrimiento".[6] Todas estas manifestaciones son parte de la función creativa de la psique, a la cual debemos acoger en la hora clínica. Esto lo vemos, por ejemplo, en el concepto del "factor generador de proyecciones"[7] en la psique. La proyección es uno de los muchos métodos a través de los cuales la psique hace que lo inaccesible se vuelva accesible. El potencial funcional "generador" de la psique, es, para bien o para mal, la clave para acceder al material inconsciente extremadamente importante e inaccesible y, por ende, a la expansión de la personalidad. Tanto el ego como el no ego contribuyen a "generar" la realidad psíquica. Este territorio, por lo general, descalificado como unilateralmente negativo, tiende a expresarse de manera compulsiva. Jung afirma que la compulsión en sí misma tiene un origen dual: la sombra (el potencial de vida no vivida, ya sea positivo o negativo) y el Anthropos (el nivel de la fuente original).[8] En este sentido, en la práctica clínica, la expresión compulsiva señala la presencia de un potencial incrustado. Jung, al enfrentar las energías compulsivas, extrae el potencial psíquico contenido tanto en la sombra como en el Anthropos. En *El libro rojo*, Jung destiló el oro de la *prima materia* de su propio proceso y participó en llevar ese oro más allá, a través de la articulación de sus ideas, tanto en ese momento como a lo largo de su vida posterior. El material teórico, complejo y dinámico, que emergió en su *Libro rojo* fue floreciendo a lo largo de décadas. Tengo un interés profundo en presentar, a través de la especificidad clínica, la manera en la que el trabajo de Jung plasmado en *El libro rojo*, así como el florecimiento posterior de sus ideas han informado mi trabajo clínico.

La diferenciación que Jung hace a lo largo del tiempo entre la verdadera imaginación y la falsa imaginación, nos proporciona un lente interesante a través del cual se pueden ver los valores de lo negativo y lo positivo. En 1911 -antes de escribir *El libro rojo*- Jung, en el capítulo "Los dos tipos de pensamiento"[9] en *Símbolos de transformación*, le otorga mayor valor al pensamiento dirigido que a la fantasía.[10] Sin embargo, dos años después, en 1913, Jung da un giro con respecto al poco valor que le da a la fantasía, afirmando que: "La psique crea la realidad todos los días. La única expresión que puedo usar para describir esta actividad es la palabra fantasía. ... Es la madre de todas las posibilidades, en donde, como todos los opuestos psicológicos, el mundo interior y el mundo exterior se conectan en una unión viva".[11] De esta manera, la fantasía une lo interno y lo externo en una forma viva y, por lo tanto, potencialmente accesible. Asimismo, Jung expresa el potencial positivo inherente en la falsa imaginación, argumentando que las fantasías supuestamente inútiles deben de atravesar por un proceso. De hecho, es necesario que se les dé valor y que se les "desarrolle un paso más allá con el fin de extraer los tesoros que contienen".[12] Estas ideas se refieren tanto a los aspectos creativos dentro del arco de la falsa imaginación como a su dependencia de lo relacional, es decir, el diálogo entre el ego y el no ego con el fin de extraer el valor preeminente de la imaginación, tanto verdadera como falsa, no obstante que el valor dependa de la participación del ego. En el mismo párrafo, Jung reconoce: "Por lo tanto, debido a la naturaleza riesgosa o inaceptable de la fantasía, es miope tratarla como algo de poco valor. No se debe de olvidar que lo más valioso de un hombre puede residir precisamente en su imaginación".[13] Subrayo el uso que hace Jung aquí de la palabra "puede", ya que es probable que nunca fructifique el valor inherente en los aspectos positivos y negativos de la imaginación. La duplicidad y la dualidad entretejida de lo mercurial operan sin control en la expresión psíquica. En particular, el territorio de la falsa imaginación, proporciona un lente esclarecedor que se puede aplicar al entendimiento de la riqueza inherente en las manifestaciones psíquicas negativas en general.

Nos es útil explorar aquí la complejidad de la imaginación y las capas que la constituyen. La imaginación no produce nada en la realidad concreta externa. Sin embargo, de manera mercurial sí toma elementos prestados del mundo concreto. Así, a través de una misteriosa amalgama de lo invisible pero real, la imaginación expresa experiencias psíquicas enraizadas en la realidad concreta conocida, expresadas visualmente a través de imágenes e ideas. La imagen depende de lo específico para representar lo inmaterial (el nivel de la fuente original, lo ilimitado, lo ilimitable). Esto constituye una conjunción paradójica de opuestos por excelencia. Está en resonancia con las energías y las formas que Jung mapea como la "doble naturaleza de Mercurio".[14] La doble naturaleza de Mercurio es expresión del misterio omnipresente de la relación entre el uno y el dos subyacente a todo proceso psíquico. Es de gran utilidad para el trabajo analítico reconocer y valorar el hecho de que la gama de la expresión psíquica incluye, como lo mercurial, lo más alto de lo alto y lo más bajo de lo bajo.[15] En "El mago" (el último capítulo de *Liber Secundus*), que se basa en el borrador que aparece en el *Libro negro 7* del 27 de enero de 1914, Jung refleja esta realidad: "Quisiera patear la basura lejos de mí, si no fuera por la semilla de oro que se encuentra en el corazón vil de lo deforme".[16] Tanto lo alto como lo bajo participan de lo arquetípico y de lo visualmente concreto, es decir, la duplicidad. En lo que se refiere a los complejos, por ejemplo, existe una doble cualidad estructural constituida por un núcleo arquetípico, y lo que a veces se denomina la coraza personal. Esta última está en resonancia con lo limitado y lo específico y además proporciona una morada, adecuada o inadecuada, por así decirlo, para el potencial arquetípico que se encuentra en su centro. Trabajar con la naturaleza dual de los complejos, es un ejemplo del trabajo necesario y valioso con lo negativo con el fin de redimir lo positivo, es decir, la semilla de oro. A lo largo de los escritos de Jung, lo vil y lo deforme en el trabajo clínico son de un profundo valor tanto implícito como directo. Esto puede ser un gran desafío tanto para el paciente en análisis como para el analista. El mismo Jung en 1915, mientras escribía el capítulo de *El libro rojo* titulado "El mago", luchó con la necesidad de valorar lo bajo, lo contradictorio, lo paradójico, en resumen, el territorio desafiante de la "serpiente mercurial". En su conversación con la serpiente, en *Liber Secundus*, Jung señala: "Estamos parados en la vastedad, casados con la serpiente, y evaluamos cuál podría ser la piedra angular del edificio que aún no conocemos".[17] Refiriéndose a la piedra angular, expresa más adelante: "¿La más antigua? Es adecuada como símbolo. Queremos algo que sea tangible. ... Se supondría que el diablo debería crearlo...", y más adelante afirma: "[el diablo] emergió de la pila de estiércol en el que los dioses habían resguardado sus huevos".[18] Este texto expresa la contradicción esencial de considerar unilateralmente lo negativo/lo falso como inservible. Se pueden extraer las semillas de oro, es decir, los huevos que se están gestando dentro del estiércol. Es interesante notar que el estiércol emite calor, que es esencial para los procesos de gestación/maduración. El potencial de renovación inherente tanto en los huevos como en el estiércol, queda en evidencia en la declaración de un alquimista anónimo: "Así, la Palabra renovación es inherente a todas las cosas de manera invisible..."[19] Además, la figura dual del diablo (masculina/femenina) emerge específicamente del estiércol. La función de lo mercurial, el daimón/demonio, el dos/uno, propicia el movimiento que se extiende desde la pre-diferenciación inconsciente, atravesando por la separación y el equilibrio, hasta llegar finalmente a diferentes grados de síntesis, incluyendo la preparación para las subsiguientes rondas del proceso.

Retomando el lente que nos informa sobre cómo Jung aborda teóricamente la fantasía/imaginación, se debe hacer notar que la concepción de Jung de la fantasía/imaginación volvió a cambiar 21 años después. En 1935, en la conferencia V de Tavistock, Jung renuncia a la valoración del amplio arco de la imaginación que ocupa un lugar tan central en su pensamiento durante los años intermedios. Su enfoque gira hacia la imaginación activa como técnica. En esta conferencia, Jung afirma: "Realmente prefiero el término 'imaginación' en vez de "fantasía", porque hay una diferencia entre los dos, que tenían en mente los viejos médicos cuando afirmaban que el '*opus nostrum*', nuestro trabajo, se debe de hacer '*per veram imaginationem et non phantastica*' [a través de la verdadera imaginación y no de la fantasía] ... En otras palabras, ... la fantasía es meramente algo absurdo, un fantasma, una impresión fugaz; mas la imaginación es una creación activa y propositiva".[20] Jung señala, además, que la fantasía es "más o menos tu propia invención, y permanece sobre la superficie de las cosas personales y las expectativas conscientes", en tanto que "la imaginación activa, como lo indica el término, significa que las imágenes tienen vida propia y que los acontecimientos simbólicos se desarrollan de acuerdo con su propia lógica, esto es, por supuesto, si la razón consciente no interfiere".[21]

En el centro de la imaginación activa como técnica se encuentra el diálogo entre el ego y el no-ego. El ego como la voz que no interfiere, aunque algunas veces resulta desafiante y se mantiene separada cara a cara con la voz del otro interno. Se logra una auténtica reciprocidad cuando estos opuestos paradójicamente desiguales se mantienen como iguales funcionales.

En el viraje que dio Jung en 1935, descartó la falsa imaginación, considerándola unilateralmente negativa. En la misma línea de pensamiento, en su conferencia de *Eranos* de 1936, Jung afirma que, "*imaginatio* ... [es] el poder real y literal de crear imágenes ... la evocación activa de imágenes [internas] *secundum naturam* [conforme a su naturaleza], una auténtica proeza de pensamiento o representación, que no hila fantasías 'de la nada', sin objetivo ni fundamento ... sino que intenta captar los hechos internos y representarlos en imágenes fieles a su naturaleza".[22] La falsa imaginación se vuelve fantástica, "una mera 'presunción' en el sentido de pensamiento insustancial", "algo absurdo".[23] La falsa imaginación, entonces, se convierte en algo que se debe "alejar a patadas". Deja de tener valor.

Los virajes y las contradicciones entretejidas en la expresión del desarrollo del pensamiento de Jung, son testimonio de su dedicación a permanecer vital y fiel a sus experiencias e investigaciones sobre la psique. Estas afirmaciones sobre el potencial positivo paradójico y de gran complejidad de todo el arco de la imaginación, caracterizan el pensamiento de Jung desde 1913 hasta 1935. En retrospectiva, este arco de valoración también se puede aplicar a las manifestaciones tanto positivas como negativas de la psique.

En este ensayo, planteo la utilidad y la necesidad de valorar profundamente todo el arco de la expresión psíquica -tanto de lo negativo como de lo positivo- tal como se manifiesta en el trabajo clínico. De hecho, en cualquier sesión de análisis, nosotros, como analistas, "estamos parados en la vastedad, casados con la serpiente".[24] Esto refleja, momento a momento, en el proceso clínico, la necesidad, la tarea monumental de leer y valorar el significado dual de todas las expresiones de la psique que forman la *prima materia*, incluidas aquellas bajo la forma de la piedra de poco valor. Hacerlo de esta manera apoya la recuperación del valor descartado inherente en lo negativo.

La conjunción de la semilla de oro y la basura se expresa profundamente en una miríada de permutaciones en el tratamiento que da Jung a las ideas, incluyendo la de paradoxa [las paradojas];[25] la unión de los opuestos; el Pleroma; la figura de Abraxas; la figura de Mercurio; la "serpiente mercurial";[26] lo paradójicamente existente-no-existente; la *coincidentia oppositorum* [la coincidencia de los opuestos] y la destilación circular (procesos de diferenciación/integración). Cada uno de estos territorios mapea de manera profunda los potenciales estructurales y dinámicos que son esenciales para el uso de expresiones psíquicas, tanto positivas como negativas, a medida que se traen al proceso clínico. Debido a las limitaciones del alcance de este ensayo, me voy a limitar a ejemplificar estos planteamientos, tanto teórica como clínicamente, a través de las nociones de paradoxa, Pleroma, Abraxas, la figura de Mercurio y el daimón/demonio.

Por ejemplo, en el tratamiento que da Jung a la noción de paradoxa, su entendimiento de la misteriosa y transformadora sustancia arcana, arroja luz sobre la unidad pre-diferenciada de los opuestos (dos en uno). Jung señala: "Típicamente, las paradojas se agrupan más densamente alrededor de la sustancia arcana, la cual se creía que contenía a los opuestos en forma no combinada como *prima materia* y los amalgamaba como *lapis Philosophorum* [la piedra filosofal]".[27] Al inicio de cualquier ronda de proceso, la sustancia arcana contiene a los opuestos en forma no diferenciada como *prima materia* o *lapis exilis* (la piedra de poco valor) y al final de cualquier ronda del proceso de transformación cambia hacia una forma amalgamada como *lapis philosophorum*. El *lapis* como *prima materia* es, a la vez, "vil y noble, o precioso y *parvi momenti* (de poca importancia)".[28]

Jung describe este estado de preexistencia/potencialidad en el "Primer sermón a los muertos", publicado en edición privada en 1916, a través de nombrar los pares de opuestos prediferenciados (dos en uno) que caracterizan al Pleroma: "... lo efectivo y lo ineficaz, la plenitud y el vacío, los vivos y los muertos, lo diferente y lo mismo, la luz y la oscuridad, el calor y el frío, la fuerza y la materia, el tiempo y el espacio, el bien y el mal, lo bello y lo feo, la unidad y la multiplicidad, etcétera."[29] El potencial contenido en los opuestos, se materializa mediante procesos de separación y síntesis. La formulación contradictoria de la esencia pleromática (tanto el uno como el dos, tanto lo existente como lo no-existente) permea el desarrollo del pensamiento de Jung. Se encuentra como un tesoro dentro de *El libro rojo*, tanto a nivel de semilla, como en las rondas heroicas de interacción de Jung con las contradicciones de la esencia pleromática.

La figura paradójica de Abraxas, que en *El libro rojo* es la representación del Dios omnipresente, una unidad paradójica del "*summum bonum*"[el bien supremo] y el "*infimum malum*" [el mal ínfimo]"[30] también expresa la energía pre-diferenciada subyacente a cualquier par de opuestos. La afirmación de Jung: "Abraxas produce la verdad y la mentira, el bien y el mal, la luz y la oscuridad, en la misma palabra y en el mismo acto"[31] es una dramática expresión temprana de su énfasis estructural en la *coincidentia oppositorum*[32] y en el apoyo dinámico implícito al proceso psíquico implicado en la frase "Abraxas produce".

Casi tres décadas después, en el ensayo titulado "El espíritu de Mercurio", vemos una reverberación de las realidades psíquicas expresadas por la figura de Abraxas en la forma en la que Jung articula la figura de Mercurio. Ambos unen los opuestos, pueden ser destructivos o creativos, y son lo más alto de lo alto y lo más bajo de lo bajo.[33]

Jung escribe que Mercurio es "indudablemente similar a la divinidad; ... [y] ... se encuentra en las cloacas".[34] Jung también afirma: "el 'corazón' de Mercurio está en el Polo Norte" y es el "fuego verdadero", es decir, "el espíritu celestial en nuestro interior".[35] Esto corresponde a la *stella maris* [la estrella de mar] que "representa el centro de fuego en nosotros del cual provienen las influencias creativas o destructivas".[36] Esta posición del "corazón de Mercurio" expresa su importancia como un potencial que guía y orienta. La bivalencia mercurial es endémica al material psíquico. Entender esta verdad ubicua nos proporciona una herramienta primordial en la práctica clínica. El material clínico, al igual que Mercurio, es también "el proceso por medio del cual lo inferior y lo material se transforman en lo superior y lo espiritual, y viceversa".[37] Esto corresponde al proceso alquímico de la destilación circular (procesos de diferenciación/integración).[38] Ver el material clínico a través de este lente, nos permite estar conscientemente ante la presencia "del diablo, un psicopompo redentor, un embaucador evasivo y el reflejo de Dios en la naturaleza física".[39] El arco del pensamiento de Jung representa así a la compleja figura de Mercurio como ejemplo de totalidad estructural y apoyo dinámico a la totalidad. El aspecto medular que permite que el potencial neutro de Mercurio y su centro magnético de ambigüedad funcionen como puente entre los pares de opuestos es el de tener cualidades que son tanto iguales (o similares) como diferentes. Esta bivalencia apoya procesos de conexión y estabilización que se van diferenciando cada vez más y conducen hacia la integración.

El potencial bivalente de la energía mercurial también se expresa a través de la semejanza y la diferencia entre la figura del daimón/demonio, expresión de la escisión entre lo negativo y lo positivo, entre el polo alto y el polo bajo de Mercurio. La división del uno en dos describe explícitamente una etapa psíquica que sigue a los procesos de separación. En la historia del pensamiento occidental, el cristianismo escindió la doble naturaleza de Mercurio,[40] reduciendo así a la figura del demonio a lo unilateralmente negativo. La visión aplanada cristiana de los potenciales psíquicos mercuriales paradójicos y creativos, reverbera con la manera profundamente ego-distónica en que los pacientes en análisis tienden a experimentar las riquezas de los potenciales accesibles al trabajo analítico. Esto se da a través de factores psíquicos que permiten la formación de proyecciones, complejos, defensas, etcétera. Uno de los desafíos en el trabajo clínico es contener y trabajar con la *materia,* de tal manera que se acceda, acepte, desafíe y potencialmente transforme tanto la escoria como el oro. Como afirma Jung en el Capítulo XI de *Liber Secundus*: "Eres absolutamente incapaz de vivir sin el mal".[41] El proceso psíquico depende de la doble naturaleza de la psique. En *Liber Primus*, Jung se refiere a esta bivalencia, esta "terrible ambigüedad",[42] en términos de la relatividad del Dios nuevo que es más global e incluye los dos polos de los opuestos. Jung reflexiona de manera profunda y con gran preocupación: "¿Cómo puede el hombre vivir en el seno de Dios si la propia divinidad sólo se ocupara de una mitad de Sí mismo?"[43] ... "Esa es la ambigüedad del Dios ...Lo inequívoco es sencillez y conduce a la muerte, pero la ambigüedad es la forma de vivir la vida".[44]

De esta manera, el terrible aspecto negativo de la doble naturaleza de la psique, proporciona todas esas expresiones psíquicas que mapeo dentro del arco de lo negativo. Para la expresión es necesaria la negativización de la miríada de expresiones del nivel de la fuente original/la divinidad atrapada en la materia, es decir, la divinidad manifestada en lo limitado y lo vivido. La falta de correspondencia entre lo ilimitado y lo limitado, entre lo espiritual y lo concretamente vivido, requiere del sufrimiento psíquico. Sin embargo, esta falta de correspondencia en sí misma, la conjunción de los opuestos en la psique (incluyendo el bien y el mal), es lo que permite que se dé el proceso y, en última instancia, que se realice lo paradójicamente existente-no-existente en forma materializada, a pesar de que se trate de una forma que se caracterice por una naturaleza dual. Esta realidad apoya el proceso de individuación. En un nivel radical, esto reverbera con la realización del Dios viviente, el hombre completo, a pesar de que esto nunca se llegue a realizar en su totalidad. Es evidente que en la práctica clínica hay que darle su lugar a la valoración de todas aquellas expresiones que conforman el polo de lo común, lo mundano, la maldad y lo falso. Como exhortara el alquimista Gerhard Dorn: "¡Transfórmense en piedras filosofales vivientes!"[45]

Material clínico: el caso de Mara

Entender la paradójica dualidad en la unidad contenida en el material clínico, nos permite conectar con el misterio del potencial psíquico mercurial. A pesar de que es fácil quedar irremediablemente atrapados en las "pilas de estiércol" psíquico, entender de manera práctica la conjunción del oro y la escoria en la *materia* psíquica funciona como una brújula confiable que nos orienta hacia la complejidad mercurial y su potencial en la sesión clínica. Los conceptos clave que operan en *Liber Novus*, elaborados a lo largo de la vida de Jung, también me proporcionaron un lente clínicamente aplicable a través del cual ver el proceso analítico de una paciente de 62 años a quien llamaré Mara.

Cuando Mara llegó a análisis, atravesaba por una profunda crisis, sentía una gran desesperación, posterior a una mastectomía radical requerida por un cáncer de mama. A pesar de que ella era una artista profesional, había dejado de pintar un año antes de empezar su análisis conmigo. Mara es la segunda esposa de un hombre mayor de edad y económicamente próspero con quien había tenido una relación extramarital durante cinco años, hasta que su esposa le pidió el divorcio. Mara se casó con él y tuvieron tres hijos. Los cuatro hijos de él con su primera esposa, temiendo que pudieran perder su herencia, hostigaban a Mara permanentemente. Mara intentaba congraciarse con los hijos de su marido de una manera inconscientemente manipuladora. Su posición consciente de que se tratara por igual a los siete hijos, estaba en consonancia con los valores espirituales que Mara había asumido conscientemente. Mara buscaba ganarse el amor de sus hijastros, sin ver el aspecto sombreado de la forma en que ella se manipulaba a sí misma y manipulaba a los demás. El valor positivo de su espiritualidad y los medios negativos a los que recurría formaron una conjunción inconsciente entre la semilla de oro y el "estiércol"/la escoria.

A pesar de que sus padres la rechazaban, la controlaban y abusaban de ella de manera sádica y tiránica, Mara los idealizaba y se sometía ciegamente a ellos. Como consecuencia, Mara internalizó tanto la impronta de la negligencia de los padres, como una tendencia compensatoria a maladaptarse al abuso y a sus abusadores a costa de sí misma. Al mismo tiempo, ella reaccionaba en contra de las restricciones que le imponían sus padres y las figuras de autoridad tanto externa como internamente. Su reactividad se manifestó de manera sintomática, compulsiva y autodestructiva. Cuando Mara era adolescente, tuvo un sinfín de amoríos destructivos y abusaba crónicamente del alcohol y el cannabis. Su reactividad no nada más era defensiva, sino además la exponía a situaciones peligrosas y demoníacas, literalmente "una vuelta equivocada" en su vida. Sin embargo, esa misma conducta destructiva y demoniaca conservaba, en forma de semilla, el aspecto daimónico, es decir el camino hacia su autoestima y autoafirmación.

En su matrimonio, Mara estaba sobreidentificada unilateralmente con su patrón de sumisión y tenía una tendencia crónica a negar e idealizar con gran ingenuidad el abuso y la negligencia de su esposo. Ella mantenía un patrón de devoción hacia su esposo, esperándolo con la cena lista hasta la madrugada, mientras él iba de fiesta en fiesta y de bar en bar, sin avisarle. A lo largo de su proceso analítico y en la medida en que nos enfocamos en analizar y trabajar sus patrones de abuso y sus defensas, Mara tomó conciencia de que su tendencia a distorsionar la realidad encubría sus esfuerzos desesperados por crear armonía y protegerse a sí misma y a sus hijos. Esta toma de conciencia, también la desafió a cuestionar la narrativa distorsionada, que por largo tiempo había mantenido, de que sus padres la amaban y la protegían incondicionalmente. Entretejido en un genuino apego a sus valores espirituales, se encontraba un sentido ego-sintónico inconscientemente distorsionado de su poder personal. En otras palabras, la semilla de oro inherente en sus valores espirituales se encontraba enterrada en el "estiércol" del auto-sacrificio de incorrecto orden y en una ilusión de poder personal.

A través de cuidadosos procesos de circunambulación y la conciencia que resultó de la disyuntiva entre los aspectos positivos y negativos de este patrón de abuso y negación, Mara se dio cuenta de que tanto sus valores espirituales esenciales como la destructividad de su negación y manipulaciones no protegían a nadie. Gradualmente, Mara llegó a ver el valor dual (positivo y negativo) entretejido en este patrón que por años había estado "conteniendo" su supervivencia psíquica. Esta toma de conciencia, le permitió a Mara desarrollar la capacidad de tolerar y valorar de manera diferenciada el amalgamiento inconsciente que hasta entonces había existido entre lo positivo y lo negativo. El material inicial de Mara, evidencia claramente la proverbial "mano de Dios ... en el excremento".[46]

Jung articula el inconsciente como un punto de entrada para acceder al oro contenido en la *prima materia.* En su conversación con la serpiente en *Liber Secundus*, habla de la necesidad de lo diabólicamente tangible.[47] En términos psíquicos, la piedra tangible, es todo aquello que yace dentro del arco de expresión del *lapis exilis.* En el proceso clínico, se deben valorar las "*desviaciones fatídicas*" marcadas por la relación dinámica entre el oro y la escoria (el daimón/el demonio). El estado paradójico de la *prima materia* como unidad pre-diferenciada conlleva el potencial de la diferenciación. En parte, se accede a este patrocinio a través de este apoyo al potencial dual de lo mercurial.

Las misteriosas y complejas raíces de la figura del diablo (daimón/ demonio), requieren de un análisis de la figura del diablo (daimón/demonio) en sí mismo, así como de la etimología de la palabra. La estructura y la dinámica de la figura del diablo, proporcionan una llave para acceder a procesos del potencial psíquico. La figura del diablo, al igual que la de Mercurio, corresponde a lo más alto de lo alto, así como lo más bajo de lo bajo. En su raíz, el diablo y lo Divino tienen el mismo origen: es el nivel pre-diferenciado dual de la fuente original, que de esta manera permite que se dé el proceso. Una y otra vez, vemos este misterioso y paradójico potencial en el trabajo clínico. Etimológicamente, el arco de palabras -incluyendo demonio, daimón y diablo- expresan potenciales que están en resonancia con procesos separativos de importancia crítica. Muchas palabras que empiezan con di-, de-, dis-, dai se relacionan con lo dual, lo doble, la duplicidad, lo falso, lo separativo, el desmembramiento, lo ego-distónico y, psíquicamente pertenecen a los procesos de desintegración y reintegración que son esenciales para la individuación. En el proceso clínico, el aspecto "negativo" de este potencial bi-direccional, se manifiesta a través de lo limitado y lo concreto. Para la realización de lo Divino en la vida concreta, es necesaria la manifestación bajo esta forma. Trabajar con la omnipresente "pila de estiércol", nos conecta con su potencial calórico/energético y nos permite acceder a la semilla de oro en el estiércol. Típicamente, el material clínico se presenta en forma pre-diferenciada, como una especie de estratificación monolítica de capas del inconsciente en las que los opuestos se encuentran como una unidad. Las energías magnéticas "compulsivas", abundante y energéticamente nutridas por la emoción, apoyan el enfocarse directamente, durante la sesión clínica, en el potencial contenido en lo "negativo". En mi experiencia, a pesar de la realidad de lo que Liliana Wahba llama "las expresiones de la maldad incurable e inalterable",[48] resulta casi ubicua la presencia de lo positivo dentro de lo negativo. Como analistas, trabajamos arduamente para "... sacar la sustancia arcana a la superficie con el fin de utilizarla para preparar el *filius philosophorum* [la piedra filosofal], el lapis [la piedra]".[49]

En Mara, las formas conjuntas de lo positivo y lo negativo (incluida la forma monstruosa de la conjunción), sufrieron cambios sucesivos. A través de valorar la expresión emocional, incluyendo el cálido "estiércol" gestacional en el que encontramos tanto las energías mercuriales repulsivas y hediondas como los huevos ocultos de los dioses, logramos conectar con los potenciales psíquicos duales en cada una de las etapas sucesivas de diferenciación.

Cuando nos encontramos con una unidad paradójica de los opuestos, ya sea en forma pre-diferenciada o amalgamada, yacen latentes los potenciales inherentes para que se dé el proceso dentro de la estructura y dinámica de la psique.

En las sesiones iniciales, Mara describió una larga y repetitiva búsqueda de significado, que según describió, ella había buscado a través de asistir una "serie interminable de talleres de autoayuda". El uso por parte de Mara de la palabra "interminable" me informaba que se estaba desgastando el mecanismo unilateral de defensa que utilizaba para cuidarse. Después de la mastectomía, Mara, con gran desesperación, incremento su asistencia a estos talleres, pero esto no le fue de gran ayuda. Quedaba claro que el calor emocional de su sufrimiento estaba invalidando su adaptación defensiva.

La "mano de Dios" se hizo visible tanto en su devastador sufrimiento, como en el apego a sus valores espirituales. Su sufrimiento reverberaba con la expresión de Jung en "Descenso al infierno en el futuro": era un "veneno infernal y una muerte agonizante".[50] Este sufrimiento en el camino de Mara implicaba una conexión con lo sagrado a través del lado oscuro de la dualidad entre el daimón y el demonio. La dinámica entre el daimón y el demonio, entre lo positivo y lo "negativo", entre lo verdadero y lo falso en la expresión psíquica es compleja, muchas veces aterradora y profundamente desafiante. Al citar a los Ebionitas, Jung señala: "Aseveran que dos fueron creados por Dios, uno es Cristo, el otro el diablo".[51] Los potenciales estructurales y dinámicos dentro de la dualidad en la unidad proporcionan una herramienta clínica práctica. Este entendimiento me guió en el delicado trabajo que oscila entre el símbolo y el síntoma, entre la imagen y la activación. Además, apoyó el proceso de navegar el peligro y el potencial positivo. En la quinta sesión, Mara narró el siguiente sueño inicial:

> Soñé que me meto al mar y puedo ver que en el fondo del mar se encuentra una botella. Adentro de la botella, está atrapada una serpiente. Está muy lastimada, con llagas y heridas en la piel. Parece que lleva mucho tiempo ahí. La botella tiene un hoyo por el cual puede salir la serpiente. Hay una mano con una pequeña vara. Esta mano -no sé si es la tuya o la mía- busca guiar a la serpiente para que pueda salir por el hoyo de la botella.

Mi respuesta inicial y tentativa fue ver cómo la figura de la serpiente mercurial en el sueño era una confirmación de las profundas heridas de Mara y expresaba cómo se encontraba atrapada su energía psíquica. Vi la figura de la serpiente mercurial como expresión de un potencial que apoya el proceso y presiona de manera propositiva hacia la totalidad, aunque con frecuencia de una forma aún indiferenciada, amenazante y/o peligrosa. La imagen de la serpiente representa la psique de Mara, tanto históricamente como en la actualidad. A pesar del poder de su idealización defensiva, de manera tentativa vi el sueño como una prognosis positiva. El sueño expresa energías que guían, la posibilidad de escapar y una doble eficiencia ambigua en la asociación de Mara a la mano que guía como "tuya o mía", que es expresión de un potencial mercurial. Sugiere tanto el potencial positivo en la transferencia, como la reverberación de su latente capacidad interna para orientarse. Además expresa potencial a través de la ambigüedad/contradicción en la imagen de la serpiente atrapada que es capaz de salir de su confinamiento.

Al circunambular el material del sueño, lo primero que dijo Mara fue que este expresaba que ella estaba al borde de una profunda e inmediata sanación y renovación mágica, en vez de verlo como información sobre un proceso potencial. Su inconsciencia de las heridas y del atrapamiento de la imagen de la serpiente informaron sobre la importancia de enfocar en lo "negativo".

Tanto en el texto del sueño como en las asociaciones de Mara, la psique presenta expresiones críticamente importantes de lo mercurial: ambigüedad, contradicción y paradoja. Este apoyo mercurial, expresado de esta manera implícita, es esencial para producir la "medicina espagírica"[52] con su significado de desarmar y volver a armar. La activación y sanación de la capacidad de cambiar de forma de la potencialidad mercurial herida resultó ser de primordial importancia en el proceso. La apoyó a gradualmente renunciar a su dependencia de su patrón de defensa basado en la idealización y a potencializar la relación de diálogo entre los recursos del ego y del no ego. El texto del sueño contradice la negación operativa en Mara de sus potenciales personales, así como su proyección de Dios completamente afuera, tan evidente en la *prima materia*. El trabajo analítico se centró inicialmente en la consolidación y diferenciación del ego, las estructuras defensivas y la sombra. La afirmación de Murray Stein referente a la sombra que dice que: "las semillas de la renovación psicológica y de las posibles direcciones futuras para la vida yacen ocultas en su interior",[53] también se puede aplicar de igual manera al arco más amplio de la expresión psíquica negativa.

En la medida en que circunambulamos el material, mi postura fue apoyar la capacidad emergente de Mara de tolerar e incluso valorar las manifestaciones de lo negativo. Este fue el inicio de una desafiante y novedosa dinámica entre el ego y el no ego. El diálogo de Jung en *El libro rojo* es un modelo de este desafío. Para Mara, este sería un proceso prolongado. El que Mara invirtiera su ego en una transformación inmediata y su suposición de que yo era una sanadora mágica, tuvo una utilidad provisional. Mara tenía grandes esperanzas, a las que protegí mientras que al mismo tiempo apoyaba cuidadosamente el proceso de abrirse al valor de lo limitado y lo ilimitable, lo positivo y lo negativo, lo demoníaco y lo daimónico en su interior. Su transferencia idealizada abrió el espacio para que Mara cambiara la compleja relación entre el ego y el no ego.

Con esto en mente, pasaré a explicar el texto del sueño y la multiplicidad de patrones y dinámicas expresadas a través de lo simbólico/arquetípico.

En el texto del sueño, el ego soñante entra en el ámbito del inconsciente y se le ofrece una vista del fondo del mar sin poner a Mara en riesgo. Esta posición del ego soñante, me dio una perspectiva para la cual, en ese momento, Mara no estaba preparada. Esta perspectiva dual (pese a que estaba contenida en la relación analítica) mapea el inicio para Mara del espacio mercurial intermedio, tan esencial para los procesos de separación. Los primeros pasos de Mara hacia una conexión genuina y ego-sintónica entre el ego y el no-ego se expresaron a través del campo analítico. A pesar de que algunas veces los procesos separativos (como en el caso de Mara) en un primer momento los carga el analista, se les accede principalmente a través de expresiones de "falsa imaginación" que van desde la simple diferenciación hasta un horrendo desmembramiento. En el sueño, una serpiente gravemente herida está atrapada en una botella de vidrio transparente. Las estructuras de defensa de Mara no le permitieron ver las heridas de la serpiente. En *El libro rojo*, Jung vincula la separación y la unificación como funciones de la energía arquetípica de la serpiente[54] tanto con Mercurio como con el diablo. Él/ella es "la serpiente que se fecunda, se mata, se consume y se vuelve a engendrar a sí misma".[55]

Como su analista, recayó en mí sostener la monstruosa conjunción de la serpiente terriblemente lastimada, y las idealizaciones de Mara. La activación de las dolorosas chispas de emoción que resultaron de su enfermedad y desmembramiento, así como de su conocimiento inconsciente suprimido del peligro al que estaban expuestos sus hijos, liberaron en ella un potencial, un deseo ardiente (*vinum ardens*), que todavía estaba atrapado en su patrón de negación.

En la medida en que la oscuridad en sus estructuras defensivas inconscientes comenzaron a diferenciarse, Mara experimentó la pérdida de la ilusión de estar protegida y un golpe al sentido idealizado de sí misma. En ese punto del proceso, me sentí alentada por las palabras de Jung en *Liber Primus*: "Por lo tanto, en tu viaje, asegúrate de llevar copas de oro llenas del dulce elixir de la vida, vino tinto, y dárselo a la materia muerta, para que pueda recuperar la vida nuevamente. La materia muerta se transformará en serpientes negras. No tengas miedo, las serpientes apagarán inmediatamente el sol de tus días, y una noche con maravillosos fuegos fatuos descenderá sobre ti".[56] En el proceso de Mara, el potencial mercurial no extinguió de inmediato el principio rector de la conciencia anteriormente vigente. La fragancia del "dulce elixir de la vida" estaba entremezclada con el gran sufrimiento que Mara seguía sintiendo por sus deseos frustrados de ser una "totalidad", de contener y de proteger. El requerimiento de Jung de no tener miedo, de estar preparado para las dificultades que se avecinan, es relevante en este punto de cambio en el proceso. "*Los fuegos fatuos*"*, una luz que atrae magnéticamente a los viajeros en la oscuridad alejándolos de la seguridad del camino establecido, también conocido como *ignus fatus* (fuego fatuo), que quiere decir "fuego absurdo", es una referencia apta para la etapa en la que la energía del daimón/demonio se vuelve accesible.

Para Mara, esta forma de la energía mercurial le resultaba tanto una amenaza como una guía. Necesitaba que la sacaran del viejo "camino fatídico" hacia lo desconocido, para conducirla hacia el valor positivo contenido en el anterior valor negativo en el que previamente había dependido.

---

* Ignus fatus definición en latín: son pequeñas luces fantasmas atmosféricas que se ven arder en el aire a poca distancia de la superficie del agua en lugares pantanosos. Se asemeja a una lámpara parpadeante.

La atracción mercurial magnética hacia la totalidad dentro de Mara, había sido suprimida por los patrones de ponerse en peligro y estructuras defensivas compensatorias. En la medida en que Mara fue cobrando conciencia de estas estructuras, el recurso de sus deseos irrumpió a través del estado en que estaban conservados dentro de las defensas constrictivas establecidas. La conjunción entre la vitalidad y las heridas bajo el apoyo mercurial quedó disponible para la diferenciación en el trabajo analítico. Con una mayor consolidación del ego, comenzamos a extraer el valor positivo inherente y a valorar la protección de la defensa anterior.

Uno de los significados centrales de las energías de la serpiente mercurial, como el de Hermes, es la capacidad para cambiar de forma, con el propósito de alcanzar la meta de lograr la totalidad, ya sea a través del bien o del mal. De acuerdo con el texto del sueño, la serpiente en el sueño tiene la capacidad de salir de la botella. Sin embargo, en términos psíquicos la serpiente estaba atrapada. El potencial mercurial tenía que permanecer inactivo con el fin de proteger a Mara.

A esta altura del proceso analítico, quedaba claro que la agonía y la amenaza que estaba experimentando Mara, en parte eran responsables de la activación de la capacidad mercurial para cambiar. En esta etapa temprana de su proceso analítico, Mara estaba experimentando simultáneamente un intenso dolor emocional demoníaco y la agitación de los potenciales psíquicos positivos y accesibles.

El hecho de que la serpiente herida estuviera atrapada dentro de la botella, me llevó a enfocarme en la contención y el restablecimiento de los potenciales mercuriales. La reverberación de la vasija alquímica, como *vas bene clau sum*, enfatiza la función de la contención.

Con el fin de favorecer el proceso, le sugerí a Mara que dibujara el sueño. Con entusiasmo ella dibujó una botella que contenía una serpiente. Como en el sueño, la botella tenía un hoyo perfectamente redondo, con el borde parejo y tan pequeño que a pesar de la extrema delgadez de la serpiente herida, no podía salir. Aún con la ayuda de la "mano guía", sería necesario restablecer la capacidad para cambiar de forma de la provisión mercurial.

Al discutir el dibujo con Mara, ella no hizo mención de las heridas de la serpiente. Leí esto como una necesidad de trabajar con sus complejos y defensas y honrarlos, mientras que al mismo tiempo me informaba de las capacidades dentro del potencial mercurial que seguía herido. De forma gradual y cuidadosa, le reflejé a Mara los puntos sombreados de la dimensionalidad psíquica en la narrativa, mientras fui apoyando sus auténticos valores espirituales.

La asociación que hizo Mara con la mano que guiaba en el dibujo y sostenía una pequeña vara, fue la misma que en el texto del sueño: Mara no sabía si era mi mano o la de ella. Esto me informó que la disponibilidad del potencial de la duplicidad mercurial dentro del campo analítico, era más ego cercana que en la brecha contradictoria entre el atrapamiento de la serpiente y su capacidad para salir por el hoyo (función de cambio de forma).

Estas primeras expresiones del potencial mercurial mapearon un precursor fundacional y un camino hacia el desarrollo de un diálogo genuino y seguro entre el consciente y el inconsciente. Su actual aflicción extrema, paradójicamente, la empujó a renunciar a las defensas que ya no le eran suficientes, para avanzar hacia una mayor potencialidad que le permitiera alcanzar la totalidad.

Una tarea de primer orden con Mara, era mantener dentro de mí, la realidad de la semilla de oro dentro de la escoria. Me enfoqué tanto en los bloqueos como en las capacidades expresadas en las heridas en su habilidad para tolerar la capacidad de abarcar la totalidad de manera realista, así como también liberar y desarrollar el apoyo mercurial inherente al proceso. Nuestro enfoque alternaba entre reflexiones de los aspectos positivos ego sintónicos y conectarse con los recursos para diferenciarlos dentro de la escoria misma. El valor de aquello que Mara característicamente "pateaba" para alejarlo de ella, ahora estaba presionando para que ella pudiera acceder a ese potencial.

Así, el sueño, el dibujo y el proceso analítico fortalecieron el ego de Mara y abrieron las potencialidades que eran parte de las "vueltas equivocadas" que había dado en su proceso. Mara fue desafiada a desarrollar la habilidad de tolerar e incluso acoger lo indeseable y lo difícil. Gradualmente llegó a percibir y valorar lo positivo dentro de lo negativo, y a involucrarse tanto en extraer el oro de la escoria como en trabajar con el material de la escoria. Paso a paso, fue capaz de encontrar/crear un centro psíquico dentro del cual ella podía tolerar lo demoníaco y lo daimónico en sus patrones.

Al inicio de nuestro trabajo juntas, Mara se había identificado unilateralmente como una persona profundamente espiritual e idealista, sin embargo, misteriosamente era objeto de maltrato y victimización. De forma gradual desarrolló comprensión y compasión por sí misma. Desarrolló cada vez más su capacidad de discutir, afrontar e incluso valorar lo negativo en sí misma. Por ejemplo, comenzó a darse cuenta de su comportamiento manipulador inconsciente en sus intentos por relacionarse con sus hijastros. Gradualmente, se volvió evidente su negación, su tendencia a distorsionar la realidad y su identificación unilateral con sus ideales. Mara se dio cuenta de que inconscientemente había estado tratando de manipular a su hijastros para proteger a sus propios hijos. También reconoció conscientemente la clara evidencia de que sus hijastros la odiaban y deseaban manipular a su padre para desheredarla. A pesar de que estas realizaciones la habían impactado profundamente, no obstante pudo apropiarse de su deseo de proteger a sus propios hijos y aun así brindar un trato justo a sus hijastros. Al tomar conciencia de su negación frente al odio de sus hijastros, Mara empezó a asumir la responsabilidad del papel que ella misma jugaba en los patrones de victimización en su vida. Mara sacrificó su ingenuidad y enraizó sus valores diferenciados en acciones concretas y discriminadas. Ella retomó la pintura y volvió a exhibir su obra artística en galerías. Dejó de invitar a los hijastros diariamente a cenar en su casa para congraciarlos. Confrontó y desafió a su esposo a tratar a todos los hijos de manera equitativa. A Mara no le bastó simplemente aceptar la palabra de su esposo con respecto al testamento, sino que, además, contrató a un abogado y participó junto con él para la elaboración de un documento testamentario que le asegurara que se les hiciera justicia a todos (los tres hijos con ella y sus cuatro hijastros). Mara logró extraer las semillas de oro de su energía protectora amorosa hacia sus hijos, así como el valor espiritual de la integridad y justicia para todos, contenidas en su anterior comportamiento engañoso inconscientemente sombreado.

Para Mara fue un gran sufrimiento darse cuenta de que inconscientemente había estado viviendo comportamientos y actitudes que eran profundamente contrarios a sus valores espirituales. También llegó a entender y diferenciar tanto la forma negativa a la que se había sometido, como el valor inherente en lo negativo. Desarrolló una humildad receptiva e incluso renunció a la falsa obediencia residual que tenía.

Para Mara, entender la conjunción inconsciente de lo obscuro y lo luminoso en su posición anterior, le permitió darse cuenta de su patrón sombrío de manipulación de sí misma y de los demás, sino que además se permitió rescatar la semilla de oro inherente a sus valores espirituales principales. El resultado fue una relación dialéctica gradualmente enriquecida, aunque desafiante, tanto dentro del campo analítico como en el campo intrapsíquico. La suficiente contención en la relación analítica (el *vas* clínico) apoyó su dimensionalidad para aceptar y trabajar con la complejidad de los potenciales psíquicos mercuriales sin sufrir ningún daño ni caer en la reactividad. Después de ocho años de análisis, Mara había alcanzado la madurez para autorregularse. Ella adquirió una base sólida y segura desde la cual logró aceptar y trabajar con los altibajos de la vida a través del apoyo del diálogo entre el ego y el no-ego.

Conclusión

Las experiencias psíquicas que Jung registrara en *El libro rojo* tienen una expresión de gran alcance en su articulación teórica. Sus elaboraciones teóricas, cargadas de un profundo significado e interrelacionadas entre sí, dejan al descubierto el encuentro de su ego con diversas personificaciones de energías psíquicas y voces, tanto ego sintónicas como ego distónicas. Las expresiones de este encuentro mapean experiencialmente, el desarrollo de una reciprocidad entre el ego y el no ego. Las energías de la multiplicidad y la unidad, la paradoja, las energías mercuriales, el *lapis exilis/lapis philosophorum*, lo daimónico/demoníaco, la sustancia arcana, la elaboración de la "medicina" y la destilación circular, son evidentes en su proceso. Las experiencias de Jung y cómo las pulió para que formaran parte de su teoría, me han informado e inspirado a lo largo de mi trabajo clínico. El desarrollo de una relación dialéctica entre el ego y el no-ego se basa en una técnica analítica enraizada en la intrincada interrelación estructural y dinámica de los aspectos polarizados de la vida y la psique (con y sin valor). De importancia clave para este proceso es el reconocimiento y reconexión con el profundo valor de la semilla de oro inherente en lo negativo, así como el valor energético del calor mercurial del "estiércol" mismo. Esto se pone al descubierto en la temprana y arrepentida aceptación por parte de Jung, de la necesidad de valorar lo negativo, tal cual se refleja en su afirmación hecha en 1916: "Quisiera patear la basura lejos de mí, si no fuera por la semilla de oro que se encuentra en el corazón vil de lo deforme". La inclusión y el uso de estos aspectos oscuros de los recursos psíquicos, informan a la columna vertebral de la técnica junguiana. La realización psíquica de la divinidad interior en la propia vida depende de la importantísima danza entre lo puramente psíquico y lo concreto vivido (incluyendo la emoción) entre lo material y lo inmaterial, entre lo limitado y lo ilimitado. Valorar el material psíquico tal como se presenta en su totalidad en la hora clínica, abordar el material prediferenciado con el entendimiento paradójico de su naturaleza dual, así como apoyar la diferenciación en energías discretamente relacionadas entre sí o en energías que se oponen entre sí, requiere permanecer en una actitud clínica de aceptar y valorar toda manifestación psíquica desde una postura de discriminación sintonizada. Este método está diseñado para acceder a la semilla de oro en el "estiércol" y utilizar el valor de lo energético en el calor mercurial del "estiércol" como tal.

Notas finales

[1] Jung, *El libro rojo*: *Liber Novus*, ed. Sonu Shamdasani, edición castellana a cargo de Bernardo Nante, trads. Romina Scheuschner y Valentín Romero (Buenos Aires: El hilo de Ariadna), p. 394.

[2] Aunque la danza entre el ego y el no-ego es compleja e intrincada, incluyo todo el arco de expresiones que proviene predominantemente del nivel de la fuente original, ya sea a través de imágenes, sueños, visiones, sincronicidades, constelaciones, la activación de defensas, o la formación de síntomas y proyecciones. El término "no-ego", se refiere a lo que se pueden considerar como los potenciales y apoyos al nivel de la fuente original, ya sea que se expresen en las proximidades del polo arquetípico del arco del arquetipo del instinto, o bien en las proximidades del polo instintivo de ese mismo arco. Utilizo la noción de no-ego como ese potencial al que Jung se refiere, en el tomo 9/2, como "lo inmortal" (párr. 348-49), el potencial fuera del ego consciente que promueve, dirige, nos mueve fuera del ámbito del ego dirigido. Elegí utilizar los términos ego y no-ego con el fin de promover una diferenciación práctica entre aquellos potenciales que provienen de las inmediaciones del polo del inconsciente con respecto a los que provienen de las inmediaciones del polo del ego consciente.

[3] C. G. Jung, "La función transcendente" (1916/1958), en *La dinámica del inconsciente, Obra Completa, Vol. 8.* (Madrid: Editorial Trotta, 2004), *Apéndice para la edición inglesa de la Obra Completa*, p. 71.

[4] C. G. Jung. (1944). "Introducción a la problemática psicológica religiosa de la alquimia", en *Psicología y alquimia, Obra Completa, Vol. 12*, trad. Rafael Fernández de Maruri (Madrid: Editorial Trotta, 2015), párr. 6.

[5] C. G. Jung, "El problema de los tipos en la historia del pensamiento antiguo y medieval", (1920), en *Tipos psicológicos, Obra Completa, Vol. 6*, trad. Ramón de la Serna (Madrid: Editorial Trotta, 2013), párr. 78.

[6] C. G. Jung, *El libro rojo*, p. 497.

[7] C. G. Jung, *Aion: Contribución a los simbolismos del sí mismo, Obra Completa, Vol. 9/2*, trad. Carlos Martín Ramírez (Madrid: Editorial Trotta, 2011), párr. 20.

[8] C. G. Jung, *Mysterium Coniunctionis: Investigación sobre la separación y la unión de los opuestos anímicos en la alquimia*, (1955), *Obra Completa, Vol. 14*, (Madrid: Trotta, 2002), párr. 153.

[9] C. G. Jung, "Los dos tipos de pensamiento", (1916), en *Símbolos de Transformación, Obra Completa, Vol. 5*, trad. Rafael Fernández de Maruri (Madrid: Editorial Trotta, 2012), párrs. 4-46.
[10] *Ibid.*, párr. 20.
[11] C. G. Jung, *Tipos psicológicos, Obra Completa, Vol. 6*, párr. 78
[12] *Ibid.*, párr. 93.
[13] *Ibid.*
[14] C. G. Jung, *Aion, Vol. 9/2*, párr. 234.
[15] "El "Aurelia occulta" da una descripción gráfica de Mercurio: "....*Los filósofos me llaman Mercurio; mi consorte es el oro [filosófico]; soy el viejo dragón, que se encuentra por doquier en la Tierra, padre y madre, joven y anciano, muy fuerte y muy débil, muerte y resurrección, visible e invisible, duro y blando; desciendo a la tierra y asciendo a los cielos, soy lo más alto y lo más bajo... Soy el carbúnculo del sol, la más noble tierra purificada, mediante la cual puedes transformar el cobre, el hierro, el estaño y el plomo en oro"*. Jung, *Estudios sobre representaciones alquímicas, Obra Completa, Vol. 13*, trad. Laura S. Carugati, (Madrid: Editorial Trotta), párr. 267.
[16] C. G. Jung, *El libro rojo*, pp. 496-97. En el original en alemán: *"Ich möchte von mich den Unrat stossen, wenn das goldene Korn nicht wäre im eklen Herzen der Missgestalt. Das Rote Buch*, p. 318. Murray Stein proporciona una traducción alternativa del alemán que amplía el espectro de significado: *"Me gustaría empujar la inmundicia lejos de mí, si no fuera porque el detestable corazón de la monstruosidad contiene un grano de oro"*.
[17] C. G. Jung, *El libro rojo*, El mago, p. 393.
[18] *Ibid.*
[19] C. G. Jung, "El espíritu Mercurius", (1948), en *Estudios sobre representaciones alquímicas, Obra Completa, Vol. 13*, párr. 271.
[20] C. G. Jung, "Las conferencias Tavistock" (1935), en *Obra Completa, Vol. 18*, trad. Jorge Navarro Pérez, (Madrid: Editorial Trotta, 2009), párr. 396.
[21] *Ibid.*, párr. 397.
[22] C. G. Jung, *Psicología y alquimia, Obra Completa, Vol. 12*, párr. 219.
[23] *Ibid.*
[24] C. G. Jung, *El libro rojo*, El mago, p. 393.
[25] C. G. Jung, *Mysterium Coniunctionis, Obra Completa, Vol. 14*, (Madrid: Trotta, 2002), párr. 36-103.
[26] "En la alquimia, la serpiente purificada y nutrida es la serpiente mercurial, el uroboros, que está conectado con lo redondo. Es uno de

los símbolos básicos en la alquímia y se refiere a Mercurio, no como mercurio ordinario o azogue, sino al dios o espíritu Mercurio. La serpiente es un símbolo gnóstico de la médula espinal y los ganglios basales, ya que la serpiente es principalmente una columna vertebral. Las serpientes son raras y extrañas, y por este motivo se les ha utilizado, desde tiempos antiguos, como símbolo del inconsciente. Si se puede ubicar el inconsciente en algún lugar, es en los ganglios basales, y tiene el mismo carácter misterioso. La serpiente en verdad representa la psique vegetativa, la base de los instintos, si lo podemos expresar de esta manera. Es aquí (y en este lugar en el ser humano) que se encuentra el mayor secreto, la panacea, la medicina universal; y, según el texto, afortunado en verdad quien lo encuentre". C. G. Jung, Conferencia XI en el Instituto Federal Suizo de Tecnología (ETH), p. 97.

[27] C. G. Jung, *Mysterium Coniunctionis, Vol. 14*, párr. 36.

[28] *Ibid.*

[29] C. G. Jung, *El libro rojo*, p. 464-5.

[30] *Ibid.* p. 470.

[31] *Ibid.*

[32] C. G. Jung, "El espíritu Mercurius", *Vol. 13*, párr. 256.

[33] *Ibid.*, párr. 267.

[34] *Ibid.*, párr. 269.

[35] *Ibid.*, párr. 256, incluyendo nota de pie 8.

[36] C. G. Jung, *Aion, Vol. 9/2*, párr. 212.

[37] C. G. Jung, "El espíritu Mercurius", *Vol. 13*, párr. 284.

[38] "Los alquimistas solían representar su *opus* como un proceso de circulación, ya sea como una destilación circular, o bien como un *ouróboros* o serpiente que se muerde la cola" (Jung, *Aion, Obra Completa, Vol. 9/II*, párr. 418).

[39] C. G. Jung, "El espíritu Mercurius", *Vol. 13*, párr. 284.

[40] C. G. Jung, *Mysterium Coniunctionis, Vol. 14*, párr. 117.

[41] Jung, *Liber Novus*, "La apertura del huevo", p. 312.

[42] *Ibid.*, p. 243.

[43] *Ibid.*

[44] Jung, *El libro rojo*, p. 202.

[45] C. G. Jung, *Acerca de la psicología de la religión occidental y de la religión oriental, Obra Completa, Vol. 11*, trad. Rafael Fernández de Maruri (Madrid: Editorial Trotta, 2016), párr. 154.

[46] von Franz, Marie-Louise, "What Happens When We Interpret Dreams?" en Mahdi, L.C. (ed.) *Betwixt and Between: Patterns of Masculine and Feminine Initiation.* (La Salle y Londres: Open Court, 1987), p. 434.

[47] Jung, *El libro rojo*, p. 395.

[48] Liliana Liviano Wahba, "La imaginación y el mal," en Murray Stein y Patricia Michan, eds., *El libro rojo de Jung para nuestros tiempos: en busca del alma bajo condiciones posmodernas*, Vol. 1 (Asheville, NC: Chiron Publications, 2022), pp. 125-140.

[49] C. G. Jung, *Aion, Obra Completa, Vol. 9/2*, párr. 239.

[50] Jung, *El libro rojo*, p. 188.

[51] C. G. Jung, "El espíritu Mercurius", *Vol. 13*, párr. 271, nota de pie 150.

[52] C. G. Jung, *Mysterium Coniunctionis, Vol. 14*, párr. 663.

[53] Murray Stein, *In Midlife: A Jungian Perspective* (Dallas, TX: Spring, 1983), p. 83.

[54] Jung, *El libro rojo*, pp. 209-210.

[55] C. G. Jung, "La psicología de la transferencia," *La práctica de la psicoterapia. Obra Completa, Vol. 16*, trad. Jorge Navarro Pérez (Madrid: Editorial Trotta, 2013), párr. 409.

[56] Jung, *El libro rojo*, p. 202.

La cristología subversiva de C. G. Jung en *El libro rojo* y su significado para nuestros tiempos

Christine Maillard

> Leo los evangelios y busco su significado, significado que aún está por venir. Conocemos su significado tal como se presenta ante nosotros, mas no conocemos su significado oculto que apunta hacia el futuro".[1]
>
> C. G. Jung

Introducción: *Liber Novus* de Jung, una reflexión sobre la figura de Cristo

Jung empezó a escribir *El libro rojo*, al que titula *Liber Novus*, a partir de 1914 y se le publicó póstumamente en 2009. Es un documento extraordinario, rico en contenido y bellamente elaborado, lo cual lo hace un libro único entre las obras posteriores de Jung. *El libro rojo* cobró vida en circunstancias especiales, las cuales Sonu Shamdasani, editor de la publicación de *El libro rojo*, intentó reconstruir en su extensa introducción al libro en la cual presenta, en parte, la experiencia visionaria que tuvo Jung.[2]

En artículos anteriores, he estudiado el papel que desempeñó *Liber Novus* en expandir nuestra conciencia de la obra de Jung, tanto desde la perspectiva psicológica como desde el punto de vista del pensamiento religioso.[3]

Aunque se trata de un libro de diferente tipo, *Liber Novus* se acerca cronológicamente a otros textos en los que Jung intentó definir su idea de lo que es la individuación, es decir, su perspectiva del desarrollo psicológico y espiritual; sus postulados sobre la adaptación a las normas colectivas y la libertad, además de sus consideraciones sobre el género y sus consecuencias para el proceso de individuación.[4] Hoy en día, en nuestro mundo globalizado, estos temas son de más actualidad que nunca.

Un siglo nos separa de la creación del texto de *Liber Novus*, que fue escrito en tiempos de grandes crisis colectivas. Al igual que las obras de muchos autores de la época, como las de Hermann Hesse (1877-1962), Alfred Döblin (1878-1957) y Hermann Broch (1886-1951), a inicios del siglo XXI, el texto de Jung sigue siendo una fuente de inspiración. Examinar el significado que tiene para nuestros tiempos una obra como *Liber Novus* es, por lo tanto, de gran trascendencia.

En los análisis que se han realizado de *El libro rojo*, la historia de las religiones ha desempeñado un papel extremadamente importante. Muchos de los personajes que aparecen en *El libro rojo*, pertenecen a un mundo religioso, ya sea cristiano o de otro origen. Como se formula en el diálogo entre el narrador y Amonio el ermitaño: "Cada forma de religión subsiguiente carga el significado de la religión que le antecede.[5] En toda la obra de Jung, la temática de la religión, tanto en sus aspectos confesionales como personales, es uno de los temas dominantes. *Liber Novus* evoca "el don de la religión" como uno de los principales temas desarrollados en esta obra.[6]

En este contexto, el discurso sobre la figura de Cristo que permea todo *El libro rojo* como eje central, no sólo es un elemento clave para entender esta obra, sino también es de relevancia para nuestros tiempos. La figura de Cristo aparece como un elemento del discurso del narrador en las dos primeras partes, *Liber Primus* y *Liber Secundus*, y aparece brevemente al final de la tercera parte ("Escrutinios") como un personaje que habla con Filemón, una de las figuras principales de *El libro rojo* encargado de exponer una forma específica de conocimiento, a la que se le podría denominar "la gnosis" de *Liber Novus*.

Los textos recopilados en *Liber Novus* representan los pensamientos de un intelectual profundamente influenciado por los movimientos místicos alemanes, en particular por las obras de Meister Eckhart (1260-1328), Jacob Boehme (1575-1624) y Angelus

Silesius (1624-1677), aunque también por las religiones de la India y el Lejano Oriente. Más aún, la intensa preocupación de Jung por la figura de Cristo fue parte de una discusión más amplia sobre la cristología, desarrollada en los siglos XIX y XX por varios filósofos cuyo proyecto era criticar el cristianismo, como son Ludwig Feuerbach (1804-1872), Søren Kierkegaard (1813-1855) y Friedrich Nietzsche (1844-1900). Entre ellos, se encontraba otro filósofo menos conocido pero muy importante, Max Stirner (1806-1856), cuya visión de Cristo en su obra principal, *Der Einzige und sein Eigentum* (literalmente, *El único y su propiedad*; traducido al inglés como *The Ego and His Own*, El ego y lo suyo), se asemeja a la que Jung expresa en *Liber Novus*, y que se relaciona con la idea de la individuación radical, que rompe con las normas y valores transmitidos por una sociedad o incluso por toda una civilización. David Friedrich Strauss (1808-1874) ya había publicado en 1835 y 1836 los dos volúmenes de su obra principal, *Das Leben Jesu, kritisch bearbeitet* (*La vida de Jesús, examinada críticamente*), en la que explora el mito de Cristo.

Jung era hijo de un pastor zwingliano y estuvo profundamente influenciado, durante su infancia, por un trasfondo cristiano muy específico. En su edad adulta -y después de más de 150 años de deconstrucción de la religión, sobre todo del cristianismo en Europa- sugirió una nueva reflexión sobre la religión y el episodio del cristianismo en la historia de las religiones en una colección de obras escritas en las décadas de los años treinta y cuarenta y que se extendieron hasta principios de los años cincuenta: *Psicología y Religión*, un ensayo sobre el enfoque psicológico al dogma de la Trinidad, así como otro ensayo sobre el símbolo de la transustanciación en la misa católica, una colección de textos sobre gnosticismo bajo los títulos de *Aión* y *Respuesta a Job.*[7] La mayoría de los temas principales de estas obras aparecen de manera tanto germinal como literaria en las tres partes de *Liber Novus.*[8] La tercera parte contiene los *Siete sermones a los muertos*, texto elaborado en 1916, el único texto que estaba disponible antes de la publicación de *El libro rojo.*[9]

La figura de Cristo aparece en cada una de las tres partes de *El libro rojo* y se conecta con un complejo conjunto de personajes simbólicos; los principales personajes relacionados con el patrón de

Cristo, son: Salomé, que representa a Eros; la Serpiente, que representa al Mal, y Filemón, expositor de un conocimiento de tipo gnóstico. La figura del "Yo", que está relacionada con la propia experiencia de Jung y es el tema de la narrativa de *El libro rojo*, aparece como un personaje cuya misión es exponer las ideas de Jung.

El libro rojo muestra una crítica y una deconstrucción de los sistemas de valores que rigen a las sociedades, tanto presentes como pasadas. En *El libro rojo*, por ejemplo, se hace una crítica al heroísmo, a los modelos del rol masculino y a la virtud (*Tugend* en alemán). También se re-evalúan los valores colectivos, incluyendo aquellos heredados de la cultura cristiana occidental. Además de la crítica, surge la idea de una necesaria "subversión de todos los valores" (*Umwertung der Werte*), como lo expresara y desarrollara Nietzsche en *Así hablaba Zaratustra*, una enorme fuente de inspiración para Jung.[10] Sigue en pie la pregunta de si acaso es posible identificar en *El libro rojo* la expresión de nuevos valores que sentarían las bases para crear una ética para el futuro. Este es un tema crucial, ya que *El libro rojo* evoca ante todo el "camino de lo que está por venir" (*der Weg des Kommenden*) y pertenece, en ese sentido, al género visionario, casi profético.[11]

Entre los nuevos valores que abraza *Liber Novus*, se encuentra el del sujeto individual que se espera se convierta en lo que el texto llama "el ser único" (Einzelsein), anticipando las concepciones de Jung de la individuación y el *self*. El otro valor es colectivo, y viene acompañado de la noción de "hospitalidad" (*Gastfreundlichkeit*), que se refiere a una forma particular de lidiar con la otredad.[12] En la última parte de este ensayo, se discuten estos valores a mayor profundidad. La enunciación de nuevos valores apela a la figura de Cristo y a la cuestión de su condición como modelo a seguir. Más adelante, se trata este tema. *Liber Novus* describe la visión del Dios que está por venir, siguiendo la concepción nietzscheana de la "muerte de Dios" como un nuevo valor que viene después de la pérdida del valor más elevado, en el creciente proceso de secularización de la cultura y las sociedades.[13]

Dividiré la reflexión sobre Cristo en *El libro rojo* en tres pasos principales: (1) el mandato de "no imitar a Cristo", sino de (2) "convertirse en un Cristo", que finalmente conducirá a (3) "trascender el cristianismo". Cada uno de estos pasos parece dar forma a un mensaje que enfatiza la naturaleza profundamente subversiva que Jung le asigna al momento cristiano de la civilización, lo cual parece sigue teniendo vigencia hasta el día de hoy.

(No) imites a Cristo

Una parte central de la discusión sobre Cristo en *Liber Novus* está dedicada al tema de "imitar a Cristo" (*imitatio Christi*), como un mandamiento de la Iglesia para sus creyentes. Cristo como ideal ético, que encarna virtudes capitales como la modestia, el amor al prójimo y la caridad, es ciertamente el mensaje fundamental de los Evangelios. Sin embargo, su difusión se realizó principalmente a través de un libro devocional de finales de la Edad Media: *La imitación de Cristo*, supuestamente escrito por Tomás de Kempis (1380-1471). Esta breve obra que data de finales del siglo XIV, fue escrita para los clérigos con el fin de alentarlos a apartarse de las vanidades mundanas y dedicarse exclusivamente a Cristo. De hecho, tuvo un gran éxito, obtuvo una audiencia mucho mayor que el clérigo regular, y es muy probable que haya llegado a ser el segundo libro con el mayor tiraje después de la Biblia.[14] Jung dedica dos capítulos completos de *Liber Secundus* a un debate sobre este texto: La figura del "Yo" lo menciona mientras habla con dos personajes secundarios, el bibliotecario y el cocinero.[15] En el capítulo titulado "Locura divina" (en *Liber Secundus*), el narrador le pregunta a un bibliotecario si le puede prestar *La imitación de Cristo* para leerlo. Se produce un breve diálogo en el que el bibliotecario expresa su asombro ante esta petición. El narrador ("Yo") le explica cómo apreciaba ese libro corto, no tanto como fuente de conocimiento sino como una forma de evocar los valores del alma,[16] lo que *Liber Novus* llama "el espíritu de las profundidades" (*der Geist der Tiefe*), en contraposición al "espíritu de este tiempo" (*der Geist dieser Zeit*). Esta oposición, como se expresa en el trabajo teórico de Jung, hace una diferenciación entre el inconsciente colectivo y la conciencia colectiva.[17]

Los valores del intelecto, que se encuentran en los cimientos de la ciencia y todo lo que de ella se deriva en la vida moderna, se oponen aquí a otro valor: la "misericordia" (*Gnade*). Lleva la vida del individuo a otra dimensión, diferente a la que determina la conciencia colectiva y los valores dominantes de la época, permitiendo ver las cosas desde una perspectiva diferente:

> La 'imitación de Cristo' me condujo al maestro mismo y a su asombroso reino. No sé lo que quiero allí; sólo puedo seguir al maestro que gobierna este otro reino en mí. En este reino son válidas otras leyes diferentes de los lineamientos que guían mi sabiduría. Aquí, la 'misericordia de Dios', de la que nunca había dependido, por buenas razones prácticas, es la ley suprema de acción.[18]

En ese momento, el lector rápidamente se da cuenta de que, en esos capítulos, el elogio recibido por "imitar" a Cristo da un giro especial. A Cristo se le da el valor de un individuo que se levantó en contra del orden establecido, de los valores de la sociedad y del mundo religioso en el que nació. "Infringió las leyes"[19] de su sociedad. La acción más importante que logró realizar fue "derribar valores" para abrirle el camino a otros valores que no fueran impuestos por "el espíritu de este tiempo", sino que él hubiera creado en contra del espíritu de su tiempo. *Liber Novus* recomienda a cada individuo crear sus propios valores y no vivir la vida de otro, ni siquiera la vida de Cristo, sino que viva su propia vida. Cada quién debe andar su propio camino, el cuál no deberá ser el camino del otro. El pensamiento de Jung se encuentra muy cerca de la idea del individualismo radical que expusiera Max Stirner (1806-1856) a mediados del siglo XIX. En su único y magistral libro, *Lo único y su propiedad* (*The Unique and Its Property -Der Einzige und sein Eigentum*, 1845), Stirner recomendó que se aboliera cualquier imitación de valores alienantes, ya fueran sociales o religiosos, y que cada individuo debería crear sus propios valores.[20]

Según Jung, la lucha contra la enajenación incluye el mandato de "romper al Cristo" en uno mismo, para encontrarse a uno mismo, en tanto "individuo único", como dijera Stirner. El individualismo radical que él defendía establecía una sola regla a cada individuo: que sea "único".

> Ya que Cristo sólo fue uno y sólo uno podía violar las leyes como él lo hizo. … Rompe el Cristo en ti mismo, para que puedas llegar a ti mismo".[21]

No imitar a Cristo no significa alejarse de los valores cristianos en sus resultados más avanzados para la humanidad u oponerse a ellos por completo, sino más bien renunciar a cualquier postura imitativa que esclavice a los individuos a través de moldearlos con el mismo patrón colectivo. ¡No imites a nadie! No encajes en ningún molde. ¡Esa es la "verdadera" *imitatio Christi*!

> Si imito a Cristo, él siempre está por delante de mí y nunca podré alcanzar la meta, a menos que la alcance en él … … Sin embargo, si he de comprender en verdad a Cristo, entonces debo de tomar conciencia de cómo sólo ha vivido realmente su propia vida y no ha imitado a nadie. No emuló a ningún modelo.[22]

Prosigue con la reflexión: "Si así imito verdaderamente a Cristo, no imito a nadie, no emulo a nadie, sino que sigo mi propio camino, y además dejaré de llamarme cristiano."[23]

La idea es no conformarse con un mensaje predeterminado transmitido por una religión institucional y sus aspectos confesionales, sino más bien vivir el aspecto más radical del mensaje cristiano, es decir, una subversión de los valores, tal cual la practicó y enseñó Cristo. La idea es crear y seguir un camino personal, no el camino colectivo.

"Transformarse en Cristo": la individuación y la "cristificación"

El capítulo titulado "La locura divina" también incluye una crítica a la crítica que le hace Nietzsche al cristianismo. Mediante su crítica radical, el filósofo alemán había rechazado al cristianismo por completo. En lo que respecta a Jung, deja que su narrador diga que estamos lejos de haber terminado con el cristianismo y que hay mucho más que encontrar en esta religión de lo que se ha visto.

Una vez que se hace a un lado el principio de una imitación servil de un modelo, por muy prestigioso que sea, la pregunta es cómo es que la figura de Cristo puede contribuir a la creación de nuevos valores a principios del siglo XX, que es cuando se creó *Liber Novus*, así como a principios del siglo XXI, que es otra pregunta que hay que abordar aquí. *Liber Novus* proporciona una respuesta radical: no "imiten" a Cristo, más bien "transfórmense" en un Cristo; no se conviertan en *christiani*, es decir, en cristianos devotos y sometidos a una doctrina decretada colectivamente; más bien, transfórmense en *christi*, individuos que vivan su propia vida tal como lo hizo Cristo y crean nuevos valores para su comunidad: "... deberían ser él mismo, no cristianos, sino Cristo, de lo contrario no le serán útiles para el Dios que está por venir."[24] La imagen de Cristo que Jung crea refuta así al "espíritu de este tiempo" (*Geist dieser Zeit*), que condujo a los individuos a caer en el conformismo. Por el contrario, encarna la inspiración del "espíritu de las profundidades" (*Geist der Tiefe*), permitiendo a las personas acceder a la individuación mediante la incorporación de contenidos del inconsciente.

Se podría decir que a partir de ahí, las cosas se vuelven más complejas. La cuestión de la relación con el Mal, otro tema clave de *Liber Novus*, aparece aquí por primera vez en la obra de Jung, y permanece en el centro del debate con el cristianismo hasta el final de sus días, en textos como *Respuesta a Job*, una de sus obras posteriores. Jung creía que a lo largo de la era cristiana, el valor supremo se encarna en la figura de Cristo, a quien se identifica con el Bien Soberano (*summum bonum*). Según Jung, Cristo representa un ideal unilateral basado en la ignorancia de la realidad del Mal. En *Liber Novus* se presenta de diferentes maneras el tema de un Cristo que es de alguna manera u otra "unilateral"; primero a través de reflexiones sobre un Dios identificado con el amor: "Cristo enseñó: Dios es amor. Pero debes saber que el amor también es terrible".[25] En segundo lugar, el Cristo "unilateral" emerge en el tema de la tentación, que también está muy presente en la *Imitación de Cristo* de Tomás de Kempis, quien le recomienda al individuo piadoso que se mantenga alejado lo más posible de las tentaciones que ofrece el mundo. En *Liber Novus*, el tema de la tentación se subvierte y se aplica tanto al Bien como al Mal:

> Cristo vence la tentación del diablo por completo, mas no la tentación de Dios por dejarnos capturar por el bien y la razón. Así, Cristo sucumbe al impulso de proferir maldiciones. Eso es algo que todavía tienes que aprender a no sucumbir a ningún tipo de tentación, sino hacer todo por tu propia libre voluntad; entonces serás libre e irás más allá del cristianismo".[26]
>
> Aquí se interpreta la Última Cena, uno de los principales episodios del mito cristiano, como un "sacrificio de sangre": "¿No reinstauró el mismo Cristo el sangriento sacrificio humano, que mejores tradiciones ya habían expulsado de la práctica sagrada desde antaño? ¿No restableció él mismo la práctica sagrada de comer sacrificios humanos?"[27]

Ya en *Liber Novus*, aparece la cuestión de la relatividad del Bien y el Mal, un tema central en las últimas obras de Jung, y la conjunción de opuestos, que estructura la totalidad de *El libro rojo*, y se aplica aquí a la figura de Cristo y su viaje al Infierno:

> Por lo tanto, después de su muerte, Cristo tuvo que viajar al infierno, de lo contrario, la ascensión al cielo le hubiera resultado imposible. Cristo primero tuvo que convertirse en su Anti-cristo, su hermano inframundano.[28]

Cristo -como explica Jung en diversos ensayos sobre el cristianismo, de manera más específica en *Respuesta a Job*- debido a su identificación con el Bien, es tan solo un paso en el proceso al que se le podría denominar "la individuación de la humanidad". Otro punto de vista sobre la posición del individuo, incluyendo el Mal y, por tanto, su trascendencia, representaría un nuevo paso, para el cual *El libro rojo* ofrece una declaración profética:

> Lo que Cristo ha mantenido separado en sí mismo y a través de su ejemplo en los otros, yo lo mantengo unido, pues cuanto más una mitad de mi ser busca avanzar hacia el bien, tanto más la otra mitad viaja hacia el infierno.[29]

Se espera que la persona "individuada" renuncie a las certezas que se transmiten colectivamente sobre el Bien y el Mal, para llegar a un código ético personal, que implique enfrentar el Mal de forma personal y directa.

La "cristificación" del sujeto individual alcanzó su clímax en *Liber Novus* con la temática de la identificación del "Yo" con el crucificado: "Transformarse en Cristo" implica la experiencia individual de la Pasión y la Crucifixión. Aquí, Jung se alinea con una tradición medieval. El simbolismo de estos elementos del mito cristiano se aplica, en este texto, a la experiencia humana. El vocabulario de *Liber Novus* presenta extraordinarias imágenes que expresan la experiencia fantasmagórica de la Crucifixión tal cual la experimenta el narrador. Va un paso más allá con la experiencia de la Serpiente enroscada en el sujeto Crucificado, tal cual se narra en el diálogo entre el "Yo" y Salomé:

> S*:* 'Tú eres Cristo'. Estoy de pie con los brazos extendidos hacia los lados como alguien crucificado, mi cuerpo en tensión máxima con la serpiente horriblemente enroscada..."[30]

Liber Novus postula la "cristificación" de cada individuo, simbolizando a través de esta metáfora, la evolución de la personalidad humana a la que Jung denomina "individuación", que finalmente llevaría al individuo a ir más allá del cumplimiento de cualquier sistema de valores, incluidos los valores cristianos, considerados como un sistema dogmático y denominacional.

Más allá del cristianismo: ¿una "religión del futuro"?

Las consideraciones mencionadas anteriormente muestran la posición paradójica de Jung en *Liber Novus*. Por un lado, acepta y aboga por el cristianismo como herencia. Por otro, proclama un poscristianismo que permita a los individuos, liberados de cualquier forma de presión colectiva, vivir una religión personal como ya lo había pedido Goethe: Quien posee arte y ciencia, tiene religión. Quien no los posee, necesita religión.[31] Superar el cristianismo también implica lidiar con las demás religiones principales y los mensajes que transmiten. Un elemento en *El libro rojo*, resulta particularmente revelador del significado que tenían las religiones asiáticas sobre Jung en la primera década del siglo XX: aunque hay escasas referencias a la figura del Buda, son particularmente significativas dentro del marco temático de una nueva religión que superaría al cristianismo. Jung desarrolló este tema de manera poderosa en *Los siete sermones a los muertos*, un componente clave de la tercera parte de *El libro rojo*, "Escrutinios", que Filemón recita en presencia del narrador. En los Comentarios a *Liber Novus*, Jung hace una breve comparación entre Cristo y Buda:

> Cristo trascendió el mundo a través de cargar con su sufrimiento. Sin embargo, Buda trascendió tanto el placer como el sufrimiento del mundo a través de deshacerse de ambos. Así, pasó al no ser, una condición de la que no hay retorno. Buda es un poder espiritual supremo, que no obtiene placer alguno de controlar la carne, ya que ha ido por completo más allá del placer y el sufrimiento. La pasión, cuya conquista, en el caso de Cristo, sigue exigiendo un esfuerzo incesante y cada vez mayor, ha abandonado a Buda y lo rodea con un fuego abrasador que ni lo afecta ni lo toca.[32]

Entre las religiones que se originaron en Asia, el budismo parece haber captado con más fuerza la atención de Jung. En Buda, Jung vio la figura que le abre el camino espiritual al mundo entero[33] y que representa la religión de lo que está por venir o del futuro. En la época en que Jung escribió *El libro rojo*, ya existía esta forma de ver las cosas. ¿Acaso Jung quiso decir que el mundo occidental debería volverse budista? Ciertamente no. Durante toda su vida, Jung desconfió de cualquier proceso de transculturación e identificación con una forma de otredad cultural, sobre todo la colectiva. Según Jung, Buda, quien frecuentemente aparecía en la literatura de habla alemana entre 1900 y 1930, no representaba una denominación religiosa, sino más bien un símbolo, una figura de emancipación radical que va más allá de cualquier identificación ilusoria.

En la última parte de *Liber Novus* (*"Escrutinios"*), se escenifica un diálogo final entre Filemón y Cristo, que aparece sólo brevemente en el texto. Filemón se dirige a una "sombra azul" que entró en su jardín. En el *Libro negro 6*, este personaje se relaciona con Cristo.[34] Tras las preguntas de Cristo sobre el Reino de los Cielos y del Espíritu, es decir, su Reino, Filemón le informa sobre la apertura de una nueva era religiosa:

> Oh Maestro, aquí estás en el mundo de los hombres. Los hombres han cambiado. Ya no son los esclavos ni los estafadores de los Dioses y ya no lamentan en tu nombre, sino que les brindan hospitalidad a los Dioses.[35]

"Los hombres han cambiado". ¿Qué significa esto? Que a partir de ese momento podrán adoptar una actitud diferente hacia la religión. No lo rechazarían simplemente en nombre de la razón o la ciencia, no se someterían a los mandatos dogmáticos o morales de las denominaciones, sino que más bien podrían experimentar una pluralidad de figuras divinas, de ahí el tema del politeísmo desarrollado por Jung en *Septem Sermones ad Mortuos*, es decir, un "politeísmo del alma" y un "politeísmo de los valores".[36]

Aunque Jung siguió siendo cristiano, favoreció el cristianismo esotérico, o incluso la gnosis cristiana.[37] Según Jung, la gnosis era "una forma especial de conocimiento" que hacía posible la formulación del dogma. Era un conocimiento esotérico que reconocía que el dogma contenía una expresión simbólica, accesible en términos de lo exotérico. Jung expresó la idea de que la función de las denominaciones religiosas era "reemplazar" la experiencia inmediata de la religión a través de proporcionarle al individuo una gran colección de elementos simbólicos codificados en el ritual y el dogma. El dogma "debe su existencia continuada y su forma, por un lado, a las llamadas experiencias 'reveladas' o inmediatas de la 'gnosis', por ejemplo, el Dios-hombre, la Cruz, el Nacimiento Virginal, la Inmaculada Concepción, la Trinidad, y así sucesivamente. Sin embargo, por el otro lado, debe su existencia a la colaboración incesante de muchas mentes a lo largo de muchos siglos".[38] Sin embargo, el dogma fue "purgado de cualquier elemento extraño, insuficientemente elaborado o perturbador de la experiencia individual".[39]

Según Jung, los gnósticos tuvieron muchas experiencias religiosas directas que se reflejaron directamente en sus mitos, y es probable que una persona contemporánea tenga la misma experiencia a través del encuentro con los arquetipos del inconsciente colectivo, una fuente moderna de conocimiento "gnóstico". "El camino de lo que está por venir" (*der Weg des Kommenden*) mencionado en *Liber Novus* se inspira también en la utopía escatológica expresada por Joaquín de Fiore, quien describe una Trinidad cuyas "personas" serían las tres fases de desarrollo psicológico de la humanidad. Este mitologema se utilizó ampliamente en la historia del pensamiento alemán desde Jacob Boehme hasta la "religión del futuro" de Eduard von Hartmann.[40]

Así como los discípulos de Cristo reconocieron que Dios había encarnado y vivía entre ellos como hombre, ahora reconocemos que el ungido de estos tiempos es un Dios que no aparece en la carne; no es hombre y, sin embargo, es un hijo de hombre, pero en el espíritu y no en la carne; por lo tanto, sólo puede nacer a través del espíritu de los hombres en tanto matriz engendradora de Dios.[41]

Según Jung, el mensaje cristiano no perdió vigencia por las sucesivas deconstrucciones del cristianismo realizadas por la Ilustración, por la filosofía de la religión de los pos-hegelianos del siglo XIX o por Nietzsche, aunque se inspiró en esos autores y sus críticos. Jung sentía que el mensaje cristiano seguía vivo y era duradero. El mito es particularmente fuerte y como tal no puede morir. Analizando este mito, la consideración de Jung sobre el cristianismo, tal como se presenta en *El libro rojo* y en su trabajo posterior como psicólogo de la religión, tiene un profundo significado para nuestros tiempos, tanto para el individuo como para la vida colectiva y los problemas que enfrentan nuestras sociedades. Es parte de nuestra "vida simbólica".[42]

Liber Novus trata sobre la individuación, la liberación individual, así como la hospitalidad, el valor de abrirse a la comunidad. Ofrece una interpretación especial del símbolo de Cristo, transmitiendo el valor de la libertad individual en contraposición al dogmatismo. El tema de la "hospitalidad" hacia los dioses, el reconocimiento de la diversidad y la manera en la que se le acoge son temáticas muy actuales para nuestros tiempos. En efecto, si la figura de Cristo no es un personaje principal de *El libro rojo*, en contraposición a otros personajes como Filemón, Salomé, el Alma y el "Yo", su discreta presencia como figura en los últimos capítulos del libro es un recordatorio sobre la importancia que tiene el mito cristiano para nuestros tiempos.

Notas finales

[1] C. G. Jung, *El libro rojo: Liber Novus*, ed. Sonu Shamdasani, edición castellana a cargo de Bernardo Nante, trads. Romina Scheuschner y Valentín Romero (Buenos Aires: El hilo de Ariadna, 2012), p. 268.

[2] Sonu Shamdasani, "*Liber Novus: El libro rojo* de C. G. Jung", en C. G. Jung, *El libro rojo*, pp. 77-161.

[3] Ver Christine Maillard (ed.), "Arts, sciences et psychologie: Autour du Livre Rouge de Carl Gustav Jung (1914-1930)/Kunst, Wissenschaft und Psychologie. Über das Rote Buch von C.G. Jung (1914-1930)". *Recherches Germaniques,* No. 8, 2011. En este volumen, ver en particular: Karl Baier, "Das Rote Buch im Kontext europäischer Spiritualitätsgeschichte", pp. 13-40.

[4] Sobre este aspecto, ver Christine Maillard, *Au coeur du Livre Rouge: Les Sept Sermons aux Morts. Aux sources de la pensée de C. G. Jung* (París: Imago/La Compagnie du Livre Rouge, 2017).

[5] Jung, *El libro rojo*, p. 268.

[6] Jung, *El libro rojo*, p. 356.

[7] C. G. Jung, "Psicología y religión", "Ensayo de interpretación psicológica del dogma de la Trinidad", "El símbolo de la transustanciación en la misa", y "Respuesta a Job", en *Obra Completa,* Vol. 11, trad. Rafael Fernández de Maruri (Madrid: Editorial Trotta, 2016).

[8] Shamdasani, "*Liber Novus: El libro rojo* de C. G. Jung", en C. G. Jung, *El libro rojo*, p. 80.

[9] Sobre "Septem Sermones ad Mortuos", ver Maillard: *Au coeur du Livre Rouge.*

[10] Sobre este aspecto, ver Paul Bishop, *The Dionysian Self. C. G. Jung's Reception of Friedrich Nietzsche* (Berlín/Nueva York: De Gruyter, 1993); Martin Liebscher, *Libido und Wille zur Macht. C. G. Jungs Aus einandersetzung mit Nietzsche* (Basilea: Schwabe, 2012).

[11] Sobre los aspectos proféticos, ver Christine Maillard, "La voie de l'à-venir. Du discours prophétique dans le Livre Rouge de Carl Gustav Jung", en *Cahiers jungiens de psychoan*alyse 54, 2011, pp. 119-132.

[12] Jung, *El libro rojo*, p. 553.

[13] *El libro rojo*, 164ff.

[14] Sobre el contexto de la *devotio moderna*, ver Karl Baier: "Das Rote Buch im Kontext europäischer Spiritualitätsgeschichte", pp. 13-40.

[15] Jung, *El libro rojo*, caps. XV, XVI, XVII.

[16] *El libro rojo*, p. 337.
[17] Ver Maillard, *Au coeur du Livre Rouge*.
[18] Jung, *El libro rojo*, p. 332.
[19] Ibid., p. 335.
[20] Max Stirner, *Der Einzige und sein Eigentum* (Stuttgart: Reclam, 2011).
[21] Jung, *El libro rojo*, p. 335.
[22] Ibid., pp. 326-327.
[23] Ibid., p. 327.
[24] Ibid., p. 179.
[25] Ibid., p. 180.
[26] Ibid.
[27] Ibid., p. 336.
[28] Ibid., p. 200.
[29] Ibid., p. 380.
[30] Ibid., p. 197.
[31] J. W. Goethe, "Zahme Xenien IX", en *Goethes Werke*, ed. Erich Trunz, Hamburger Ausgabe, vol. 1: Die weltanschaulichen Gedichte (Múnich: Dt. Taschenbuch Verlag, 1998), p. 367 (traducido del alemán por Christine Maillard).
[32] Ibid., p. 570.
[33] C. G. Jung, *Recuerdos, sueños, pensamientos*, ed. Aniela Jaffé, trad. Ma. Rosa Borras (Buenos Aires: Editorial Seix Barral, 2002), p. 228ss.
[34] Jung, *El libro rojo*, p. 385 n276. Con respecto a los *Libros negros*, ver Shamdasani, "Liber Novus: '*The Red Book*' of C. G. Jung."
[35] Ibid., p. 496.
[36] Ver Maillard, *Au coeur du Livre Rouge*, p. 163f.
[37] Ver Christine Maillard, "La pensée de Carl Gustav Jung et les courants néo-gnostiques de la première moitié du XXème siècle", en Christine Maillard, ed., *Art, sciences et psychologie*, pp. 99-116.
[38] Jung, "Psicología y religión", en *CW 11*, párr. 81.
[39] Ibid.
[40] Ver Henri de Lubac, *La postérité spirituelle de Joachim de Flore*, 2 vol. (París/Namur: Lethellieux, Culture et Vérité, 1979/1980).
[41] Jung, *El libro rojo*, p. 343.
[42] C. G. Jung, "La vida simbólica", en *Obra Completa*, vol. 18 1/2, Trad. Jorge Navarro Pérez (Madrid: Editorial Trotta, 2016/2009).

Jung como artesano

Linda Carter

> Mientras estaba anotando estas fantasías, me pregunté: '¿Qué es lo que realmente estoy haciendo? Ciertamente, esto no tiene nada que ver con la ciencia, pero entonces, ¿qué es?' En ese momento, desde mi interior, una voz dijo: 'Es arte'. Me quedé azorado. Nunca me había pasado por la mente que lo que estaba escribiendo tuviera alguna conexión con el arte. Luego pensé: 'Quizás mi inconsciente está formando una personalidad que no soy yo, pero que insiste en manifestarse'. Sabía con certeza que la voz provenía de una mujer. La reconocí como la voz de una paciente, una psicópata talentosa que tenía una fuerte transferencia hacia mí. Ella se había convertido en una figura viviente en mi mente. Era evidente que lo que estaba haciendo no era ciencia. ¿Qué otra cosa podía ser entonces sino arte? ... Le dije muy enfáticamente a esa voz que mis fantasías no tenían nada que ver con el arte y sentí una gran resistencia interna. Sin embargo, ya no escuché la voz y seguí escribiendo. Luego vino la siguiente irrupción, y una vez más la misma afirmación: 'Eso es arte'. Esta vez no dejé que se me escapara y le dije: '¡No, no es arte! Al contrario, es naturaleza ...'[1]
>
> C. G. Jung

Ahora sabemos, con base en la investigación de Sonu Shamdasani, que la mujer en cuestión en el pasaje anterior era Maria Moltzer, una mujer holandesa que estudió enfermería, con quien Jung estuvo involucrado en ese entonces.[2] Jung le atribuye a Moltzer haber descubierto la función intuitiva, un descubrimiento muy importante ya que el sistema tipológico inicial de Jung consistía únicamente en la extroversión y su afiliación con el sentimiento y la introversión con su conexión concomitante con el pensamiento.[3] Moltzer,[4] en sus presentaciones de 1916 en el Club de Psicología Analítica en Zúrich, expresa su preocupación con respecto al reduccionismo junguiano limitado a la extroversión y la introversión y sugiere una tercera vía de adaptación a través de la intuición.[5] Desde el punto de vista de Moltzer, la intuición es la función más antigua y emerge del instinto, lo que permite que la adaptación a la vida se dé a través del entendimiento. Incluso insinúa que la intuición funciona para ligar el consciente con el inconsciente y quizás con el pensamiento y el sentimiento a través del arte, las visiones y las prácticas religiosas[6] de forma tal que está en resonancia con las ideas de Jung acerca de "La función trascendente", también escrita alrededor de 1916, aunque no fuera publicada sino hasta 1958.[7] En retrospectiva, uno se pregunta sobre la influencia mutua entre este doctor y una paciente brillante y extremadamente intuitiva cuyas ideas han sido relegadas a una mera mención en la historia de la psicología analítica (se pueden encontrar paralelismos en la minimización de la influencia que tuvo Spielrein sobre el concepto de instinto de muerte de Freud).[8]

Estoy ofreciendo estos antecedentes de la investigación de Shamdasani con el fin de argumentar que Jung era más bien un artesano antes que un artista; un artesano cuyas manos tenían una especie de conocimiento corporal natural implícito, así como una intuición extraordinaria que podía transformar el espíritu en materia de manera creativa. Jung tenía un buen ojo para los detalles y la especificidad, como se evidencia en la precisión de la rotulación de las letras y las imágenes en *El libro rojo*.[9] El gran volumen encuadernado en piel proporcionó un receptáculo sustancial para dar peso y validez a lo que podría haberse considerado como experiencias efímeras. Trabajando con una profunda concentración y gran seriedad, Jung se involucró profundamente con la tinta, la vitela, los colores y, al mismo tiempo, con su imaginación. Como si fuera un monje medieval, utilizó el formato de un manuscrito ilustrado como medio de trabajo, proporcionando así una estructura y un método que podrían ayudar a albergar la profundidad de su mundo interno. Aprovechó sus habilidades extraordinarias como un medio para intuitivamente seguir la parte afectiva en las experiencias fantasiosas que unen cuerpo, mente y corazón. Él estaba elaborando su alma como una artesanía, a la vez que su alma lo elaboraba a él mismo como artesanía. En *Recuerdos, sueños, pensamientos*, Jung habla de su confrontación con el inconsciente (1913-1919) como un experimento científico cuyo resultado a él le interesaba de manera vital, aunque el proyecto era "… un experimento científico que se estaba realizando en mí mismo."[10] Jung mismo era la piedra que estaba siendo tallada, labrada, formada, moldeada en el *lapis*, el *self.*

Los artesanos diestros han desarrollado una especie de "saber" a través de sus manos. Pueden discriminar cuando algo "se siente bien" y quizás a nivel consciente, no puedan explicar con palabras lo que quieren decir. Trabajando dentro de las limitaciones de su medio, método, tamaño del proyecto, nivel de experiencia y límites de tiempo, siguen un hilo inefable a través de un laberinto de posibilidades. De muchas maneras, este proceso se parece mucho al marco analítico que tiene que ver con horarios, cuotas, la formación del analista y lo que cada individuo de la díada aporta al encuentro. Las limitaciones de un proyecto artesanal y los límites del análisis proporcionan contención y un entorno que abraza para permitir que emerjan posibilidades creativas.

Cuando Jung empezó a hacer mandalas en el campo de internamiento de Château d'Oex como Comandante de la Región Inglesa de Prisioneros de Guerra (Commandant de la Région Anglaise des Internés de Guerre) en 1918-19, su intención no era mejorar sus habilidades o técnicas artísticas, así como tampoco era este su objetivo durante todo el proceso de creación de *El libro rojo*. No tenía la intención de vender su obra ni de exhibirla en museos o galerías. Más bien, estaba aprovechando una destreza artística dentro del estilo de la tradición de manuscritos ilustrados que se remonta a la Edad Media cristiana junto con el diseño de mandalas circunscritos de influencia asiática. Utilizó estas modalidades artísticas tan específicas como vehículos sincréticos para manifestar las partes disociadas de sí mismo. Eran las herramientas del oficio de un artesano que explora su propio inconsciente en busca de metales preciosos que más tarde despertarían su interés en la alquimia medieval, un sistema metafórico que utilizó para profundizar aún más en la psique humana. Aunque Jung veía el linaje del que descendía como algo muy personal, de manera consistente volteaba a mirar el pasado y el futuro, para encontrar tanto la posibilidad de generalizar como un sentido de pertenencia, algo que no se había establecido firmemente en su familia de origen (lo que se discutirá más adelante en este ensayo).

Los descendientes de Jung tienen en su poder dibujos, paisajes en acuarela y bocetos que Jung realizara durante su infancia que muestran un talento significativo, pero los intereses de Jung comenzaron a alejarse de *El libro rojo* en algún momento alrededor de 1920, cuando empezó a construir la torre en Bollingen y se alejaron aún más cuando inició sus estudios de alquimia aproximadamente en 1928. A través de construir la torre, Jung sentía que:

> ... tenía que lograr una especie de representación en piedra de mis pensamientos más íntimos y del conocimiento que había adquirido. O, en otras palabras, tuve que labrar una confesión de fe en piedra. Ese fue el comienzo de la 'Torre', la casa que me construí en Bollingen.[11]

Una vez más, vemos un *modus operandi* similar al que utilizó en *El libro rojo*. Jung no era arquitecto, diseñador, paisajista, cantero ni escultor. A través del oficio artesanal y de trabajar con las manos, Jung estaba buscando los medios para encarnar y materializar un conocimiento profundo que había conseguido con tanto esfuerzo y que exigía que siguiera evolucionando de manera continua. En su ensayo sobre la función trascendente, Jung se refiere a una sabiduría intuitiva que no se descubre a través de seguir el intelecto, sino a través de seguir los instintos de las manos:

> A menudo es necesario aclarar un contenido ambiguo a través de darle forma visible. Esto se puede lograr por medio del dibujo, la pintura, o el modelado. *Muchas veces las manos saben resolver un acertijo con el que el intelecto ha estado luchando en vano* (cursivas de la autora). A través de darle forma, se sigue soñando el sueño con mayor detalle en el estado de vigilia, y el evento, inicialmente incomprensible y aislado, se integra en la esfera de la personalidad total, aunque en un principio permanezca inconsciente para el sujeto.[12]

Vemos en este pasaje que el impulso de crear no es arte por el arte en sí mismo, sino que es lo que ya se encuentra en la naturaleza, la inclinación hacia la auto-sanación.

Al igual que Jung, los alquimistas no destacaban por su perfeccionismo como artistas; estaban experimentando con materiales que se encuentran en la naturaleza con el fin de entender (en el sentido antes mencionado que le da Moltzer) y obtener algo que tuviera significado y valor gracias a las interacciones químicas que se dan. De forma similar a los monjes que también usaban sistemas de aprendizaje, los alquimistas emplearon el estudio, la observación, la toma de notas y el dibujo junto con el método de ensayo y error para registrar de manera creativa su trabajo extremadamente elaborado y detallado que, como podemos ver en retrospectiva, intuitivamente está en resonancia con los experimentos del propio Jung, en los que utilizó métodos artesanales, como pintar mandalas, construir la torre y esculpir piedra. Jung tuvo la intuición y la visión para reconocer paralelismos con el proceso de individuación y para articular, aunque en ocasiones de formas intricadas, la apreciación psicológica que tenía por la obra alquímica.

Como se puede ver aquí a través de su involucramiento con los manuscritos ilustrados y la alquimia, a lo largo de su vida, Jung tuvo un gran interés en la Edad Media y en jugar con piedras. Jung afirma:

> Mi primer recuerdo concreto de los juegos que jugaba data de mis siete u ocho años. Me apasionaba jugar con ladrillos y construía torres que luego destruía con gran entusiasmo mediante un 'terremoto'. Entre los ocho y los once años, dibujaba sin cesar: escenas de batallas, asedios, bombardeos, combates navales.[13]

Posteriormente, entre los siete y los nueve años, se dio el famoso incidente en el que Jung se pregunta: "¿Soy yo el que está sentado sobre la piedra o soy la piedra sobre la que él está sentado?" A los 10 años, Jung esculpió su muñequito secreto que escondía en un estuche de lápices, acompañado de "un guijarro del río Rin, liso y negruzco que había pintado con pintura de acuarela para que pareciera dividida en una mitad superior y otra inferior. Esta piedra la llevé mucho tiempo en el bolsillo de mis pantalones. Esa era su piedra [del muñequito]".[14] Más adelante en su vida, después de un viaje a Inglaterra en 1920, Jung interpretó el muñequito como un cabiro, envuelto en una capa y escondido en un *kista* (cofre) "la piedra negra alargada con una gran carga de fuerza vital".[15] En el mismo pasaje, observa las similitudes entre los rituales de su niñez y aquellos que presenció mientras viajaba, y comenta sobre los africanos: "ellos actúan primero y no saben lo que están haciendo. Sólo mucho después reflexionan sobre lo que han hecho".[16] Según cuenta el mismo Jung, desde la primera infancia hasta la vejez, la forma en la que Jung jugaba con materiales naturales y artísticos lo abrieron a una profundidad de sentimientos que, con el tiempo y cierta distancia, se podría analizar con reflexión y formular a través de pensamientos e interpretaciones conscientes. (Los analistas experimentados muchas veces interactúan con sus pacientes a través de la intuición o el conocimiento implícito y solo más tarde, a través de la auto-supervisión, llegan explícitamente a una comprensión e interpretación cognitiva).

Al interior de los contenedores de *El libro rojo*, la torre de Bollingen y la alquimia, Jung siguió un método importante en sus auto-exploraciones llamado imaginación activa, que puede o no ser parte de un proceso analítico junguiano, según dónde se haya formado el analista. En resumen, a lo largo de los años Jung utilizó el término imaginación activa de manera intercambiable con una variedad de otros descriptores, aunque la primera vez que lo presentó como tal fue en el contexto de las Conferencias de Tavistock en Londres en 1925.[17] Joan Chodorow señala que tiene que ver con la sanación natural de la psique[18] y que "... es un método único, pero... se expresa a través de muchas formas diferentes"[19] que incluyen la pintura, el dibujo, la escritura, la escultura, la danza y una variedad de otras modalidades expresivas. La imaginación activa es un medio para que el ego consciente invite y entre en relación con una multiplicidad de *selfs* que emergen del inconsciente, generalmente a través de la fantasía intencional diurna. Jung discute diferentes formas en las que se puede comunicar el inconsciente con un ego receptivo, como sería a través de una voz audible o una imagen visual (no patológica), según la personalidad del individuo.[20] Más aún, señala que hay algunas personas cuyos sistemas de comunicación toman una ruta diferente.[21] La siguiente descripción parece relevante para nuestro tema:

> Hay también otras personas, que ni ven ni oyen nada en su interior, *pero cuyas manos tienen la habilidad de dar expresión a los contenidos del inconsciente* (cursivas de la autora). Estas personas le pueden sacar provecho a materiales artísticos[22].

Con la técnica de la imaginación activa, se sintetiza un símbolo y cobra existencia a través de la conjunción del consciente con el inconsciente de la que emerge como función trascendente.

En este punto, vale la pena revisar el procedimiento que Jung recomendó para trabajar con la imaginación activa. Jung veía a la psique, al igual que al cuerpo, como un sistema que se autorregula en el que el inconsciente irracional compensa el pensamiento dirigido del consciente.[23] Para unir los dos en un movimiento hacia la formación de símbolos y encontrar el equilibrio en una mente perturbada, Jung sugiere entrar a la imaginación activa a través de "la eliminación de la atención crítica, con lo que se produce un vacío del consciente."[24] El punto de partida es el estado afectivo mismo. Luego, Jung pasa a recomendar lo siguiente:

> [El individuo] debe cobrar la mayor consciencia posible del estado de ánimo en el que se encuentra, sumergirse en él sin reservas y anotar en papel todas las fantasías y asociaciones que vayan surgiendo. A la fantasía, se le debe permitir la mayor libertad posible ...[25]

Jung pasa a enfatizar que la fantasía no debe salirse de la órbita de su objeto, a saber, el afecto. Más aún, advierte contra la distracción causada por lo que a mí me parece que él ve como el enfoque más reflexionado o cognitivo de Freud, ya que podría alejarnos de la centralidad de lo afectivo. Jung dice claramente aquí que las fantasías, en su nivel más profundo, se alimentan de los afectos que pueden encontrar expresión en símbolos o de manera concreta en creaciones artísticas.[26] Además, afirma que: "Todo el procedimiento [la imaginación activa] es una especie de enriquecimiento y esclarecimiento del afecto, por el cual el afecto y sus contenidos se acercan a la conciencia, volviéndose al mismo tiempo más impresionantes y más fáciles de entender", y se logra un efecto re-energetizante.[27] El afecto anteriormente no relacionado, con la ayuda de la conciencia, se convierte en una idea articulada, y esta coordinación es el inicio de la función trascendente.[28] A través del juego y de darle forma visible a los afectos a través de modalidades expresivas: "... se crea un producto que está influenciado por el consciente y el inconsciente, que encarna la lucha del inconsciente por salir a la luz y la del consciente por obtener sustancia".[29]

A continuación se presentará el argumento de que la creación del *El libro rojo*, la construcción de Bollingen y las investigaciones sobre alquimia, contienen el uso por parte de Jung de la imaginación activa en la fantasía inconsciente. Más aún, sus relaciones intersubjetivas, las actividades de la vida diaria y el desarrollo de habilidades en múltiples áreas fueron de vital importancia para mantener unida una mente que potencialmente se podía disociar y fragmentar debido al trauma de la primera infancia. Estos aspectos críticos emergieron del dominio procedimental implícito, diferente del inconsciente descrito por Freud como el trauma reprimido o bien del inconsciente descrito por Jung como el territorio personal de los complejos y del inconsciente colectivo donde residen los arquetipos. Los hallazgos de la neurociencia y la investigación en desarrollo infantil, ayudarán al lector a apreciar la sutil importancia del no consciente en las relaciones intersubjetivas y en el desarrollo de habilidades, ya que opera en un segundo plano para apoyar la confrontación de Jung con el inconsciente a través de la imaginación activa.

Jung generalizó sus propios experimentos con la imaginación activa de tal manera que vio el potencial que esta tenía para sanar la psique como un método sintético y prospectivo que se enfoca en el propósito y el significado de los símbolos al abrirle el camino a la individuación futura y a la totalidad psíquica. Aunque tenía un interés particular en la historia personal, recurrió a los mitos, las historias y los cuentos de hadas para expandir y elaborar la experiencia de un individuo dentro de un contexto cultural más amplio. Esto, por supuesto, se contrapone con el enfoque reductivo y causal de Freud que a través de la libre asociación lleva de vuelta a la infancia. Tomando evidencia de los datos históricos en la autobiografía de Jung y en la investigación de Deirdre Bair, los críticos han interpretado el modelo que Jung desarrolla como defensivo.[30] Su anamnesis personal llevaría a la mayoría de los clínicos capacitados a imaginar la inseguridad del apego relacionado con la depresión de su madre, Emilie. Antes de que naciera Jung, ella tuvo dos bebés que nacieron muertos y un tercer bebé que sólo vivió cinco días; posterior al nacimiento de Jung, Emilie tuvo varias estadías prolongadas en "casas de descanso".[31] En su autobiografía, Jung nos informa que a lo largo de su infancia sufrió múltiples eventos adversos, incidentes traumáticos y enfermedades. Siempre que oía la palabra amor, Jung sentía desconfianza, ya que asociaba a la mujer con poca fiabilidad innata, y la palabra padre para él significaba fiabilidad, aunque la asociaba con falta de poder.[32] Él y su madre, junto con miembros de generaciones anteriores del lado materno de su familia, sentían una fascinación por los fantasmas; y en la escuela de medicina Jung hizo investigaciones en torno a las experiencias mediumísticas de su prima, las cuales posteriormente, a través del lente del Experimento de Asociación de Palabras, entendió que tenían que ver con la disociabilidad de la psique. También, reveló las extrañas escisiones internas que tanto él como su madre tenían entre una personalidad diurna y una nocturna, conocidas como la "personalidad No. 1" y la "personalidad No. 2". Así, a través de experiencias inquietantes que tuvo en el seno de su familia, el interés en el espiritismo de la época y como resultado de los hallazgos de la Prueba de Asociación de Palabras, Jung creó una teoría de complejos, subpersonalidades o, en el lenguaje contemporáneo, la multiplicidad de *selfs*.[33]

Desde una perspectiva psicopatológica, podríamos decir que Jung era susceptible a la fragmentación psíquica y a la disociación (ver Winnicott, Sedgwick y Meredith-Owen).[34] Hoy en día, sabemos por medio de la investigación actual de la neurociencia y por las investigaciones en desarrollo infantil, lo que Jung no pudo haber sabido en ese momento de la historia: los síntomas disociativos y la fragmentación en la edad adulta se correlacionan con lo que se denomina "trauma relacional temprano", también conocido como "trauma oculto" que tiene que ver con alteraciones en las primeras fases pre-verbales de la vida.[35] Los patrones de apego desorganizados que se cree surgen cuando los padres, que deberían ser una fuente de consuelo, sienten miedo y generan miedo, son particularmente problemáticos.[36] Por otro lado, algunos padres de familia (debido a sus propios antecedentes de apego y/o a sus propias historias de trauma, psicopatología, etcétera) tienden a retraerse de los intentos del bebé de apegarse en momentos de sobre-excitación y se presentan como indefensos de modo que no le brindan al bebé o no le pueden brindar el consuelo esencial que necesita. Además, el bebé puede inferir que está asustando a un padre o madre, que de por sí ya tiene miedo. La internalización de estos modelos contradictorios puede llevar a fallas en la integración de estrategias para buscar consuelo y protección cuando se encuentra bajo estrés y resultan en lo que Giovanni Liotti describe como una vulnerabilidad a los procesos disociativos en la vida adulta.[37] De Karlen Lyons-Ruth y sus colegas, aprendemos que esta vulnerabilidad tiene que ver con las limitaciones por parte de las figuras de apego para modular la excitación temerosa a través del diálogo receptivo en el día a día. Karlen Lyons-Ruth y sus colegas, nos enseñan que esta vulnerabilidad tiene que ver con las limitaciones por parte de las figuras de apego para modular el miedo que les despierta el bebé a través de un diálogo cotidiano receptivo. Puede que tales patrones persistentes de interacción afectiva problemática sean sutiles y difíciles de detectar ya que tienden a escenificarse de manera no-verbal, fuera del conocimiento consciente que se despierta hasta la etapa adulta. También es cierto que los eventos traumáticos específicos son significativos, pero las fallas no conscientes en los padres de consolar al bebe se entrelazan con la identidad, y la regulación del estrés (la respuesta de luchar / huir / congelarse), lo que consecuentemente hace que las luchas subyacentes sean menos evidentes y requieran de un mayor tiempo de terapia para poder establecer una relación basada en la confianza.[38]

Entonces, uno puede imaginar que Jung y los pacientes que tienen historias similares, incluyendo patrones internalizados de fracasos relacionales, abuso a una edad temprana, negligencia, abandono, o que hayan sufrido desventuras relacionadas con desastres naturales o guerras, necesitarían contar con una base segura dentro de una relación empática y de contención antes de que puedan emerger, experimentarse y finalmente integrar los afectos traumáticos. Considerando la historia familiar de Jung, la ruptura con Freud y la pérdida de Sabina Spielrein, no es de sorprender que en el año de 1912 Jung haya tenido visiones de Europa cubierta de sangre y estuviese preocupado de "caer en una esquizofrenia". Con el estallido de la Primera Guerra Mundial, Jung llegó a entender esta visión como una premonición del desastre cultural colectivo que estaba a punto de desenvolverse. Sin embargo, la ansiedad sobre su propia estabilidad mental parece haber estado bien fundada. Aunque Jung sintió que era relevante analizar lo que llamó el "inconsciente personal" o "el inconsciente freudiano", a mí me parece que él sabía que no podría sobrevivir la regresión hacia el hoyo negro de la patología. En consecuencia, a través de mitologías colectivas, ubicó de manera creativa historias y personajes alternativos que mostraban heroísmo y auto-dominio o auto-agenciamiento con los cuales se pudiera identificarse. En este sentido, Jung señala:

> El punto de vista causal simplemente indaga cómo es que esta psique llegó a ser lo que es, tal como la vemos hoy en día. El punto de vista constructivo, en cambio, se pregunta cómo desde la psique actual, se puede construir un puente hacia su propio futuro.[39]

En un esfuerzo por cruzar el puente y avanzar hacia la salud y la totalidad, dada la historia de su infancia de lo que parecería como fragmentación y un posible trauma relacional temprano, no es de sorprender que Jung buscara modelos sintéticos que le ayudaran a formar un sentido coherente del *self*. Él intuitivamente buscó relaciones y métodos basados en las artes expresivas para ayudar a reparar las dolorosas escisiones en su psique. El método constructivo en desarrollo le dio esperanza a Jung en ese entonces (y ahora nos da esperanza a nosotros) de que se pudiera dar un futuro nuevo sin condenarlo a él (ni a nosotros) a seguir repitiendo patrones patológicos del pasado a través del concepto psicodinámico de la compulsión a la repetición, o dicho de otra manera, a través de senderos neuronales que están firmemente instalados en el cerebro. Un verdadero involucramiento con casi cualquier forma de arte puede ayudar a sacar a la luz partes del *self* hasta entonces desconocidas por la conciencia. Si se toman en serio, se atestiguan y se reconocen estos nuevos aspectos emergentes se les podrá promover y alentar con el fin de que comiencen a formar una base sólida o contenedores sustanciales para albergar los elementos vulnerables y las heridas que a veces pueden dominar en la psique. Con la repetición, estas experiencias constructivas abren la posibilidad de que autopercepciones alternativas generen nuevas redes en el cerebro.

Los psicoterapeutas conocen muy bien la importancia de la estructura y el valor que tiene la relación terapéutica cuando los pacientes enfrentan aspectos difíciles de la conmoción interna. Durante el período comprendido entre 1912 y 1919, cuando Jung estaba enfrentando el inconsciente, de hecho, se encontraba inmerso dentro de un estilo de vida organizado y contenido dentro de múltiples matrices relacionales substanciales.

En tiempos de crisis, muchas veces se dice que las "actividades de la vida cotidiana" se vuelven esenciales e incluyen comer bien, dormir, hacer ejercicio y un buen cuidado personal, en general. Jung no estaba agobiado por el cuidado de los niños o las tareas del hogar, ya que estas tareas caían dentro del dominio de Emma y la pareja contaba con tres personas a su servicio para ayudarles. Se sabe que era de buen comer, le atribuía un efecto estabilizador al hábito de comer con la familia y trabajar con pacientes dentro de un horario regular.

La rutina de la que dependía Jung incluía pasar las mañanas a orillas del lago construyendo pueblos, torres, iglesias y muros con piedras que encontraba cerca de la casa Küsnacht. A veces, permitía que se le uniera su hijo Franz. En cierto modo, se podría ver como una especie de terapia de juegos con arena (sandplay) en un entorno natural. Este tipo de juego que requiere mucha concentración puede resultar extremadamente relajante y servir para calmar una mente alterada, como lo entienden muy bien aquellos con experiencia en trabajar con niños. Este método tridimensional de contacto con la arena, el agua y las figuras en miniatura en el consultorio, o en el caso de Jung, en la tierra, las olas del lago y los objetos que se encontraba, puede haber servido para estimular sensaciones táctiles y permitir la manipulación de materiales sólidos en un espacio determinado donde las historias podían comenzar a desenvolverse de manera natural. Este proceso aparentemente sencillo de jugar en silencio con el ritmo de las mareas, el aire fresco y los sonidos de aves y animales, probablemente fue no nada más bastante reconfortante, sino también una oportunidad para la construcción de estructuras tanto externas como internas, a medida que cobraban vida las historias de las pequeñas aldeas que iba creando. Aquí se trata de otra variedad de imaginación activa a través del contacto con el mundo natural.

Con base en la literatura reciente de la neurociencia, hemos aprendido que involucrarse en el juego con metáforas y narrativas ayuda a coordinar e integrar el funcionamiento de los hemisferios derecho e izquierdo del cerebro. Regina Pally señala que tanto Fred Levin (1997) como Arnold Modell (1997) creen que el uso de la metáfora también sirve a la coherencia bilateral integrativa. Ella continúa: "Al contener dentro de ellas elementos sensoriales, ricos en imágenes y elementos emocionales y verbales, se cree que las metáforas activan múltiples centros cerebrales simultáneamente"[40]. Son formas de percibir, sentir y existir. Puede que esta simultaneidad sea una correlación neurofisiológica, que facilita la función trascendente, relacionando el consciente con el inconsciente y el afecto con la introspección y la cognición.[41] Dan Siegel señala que: "las narrativas coherentes se crean a través de la integración interhemisférica" e incluyen la interpretación del "hemisferio izquierdo y la mentalización del hemisferio derecho".[42]

Por lo tanto, la base sólida de conocimientos de Jung, enraizada en una educación clásica, le proveyó recursos que abarcaron diferentes religiones y culturas del mundo, la historia griega, romana y europea, estudios en ciencias, filosofía e idiomas, junto con habilidades de escritura que puso en práctica en cartas y diarios personales; este trasfondo fundado en historias y el registro de narrativas probablemente no sólo tuvo beneficios psicológicos y emocionales, sino también beneficios neurobiológicos. Jung estaba lo suficientemente equipado con capacidades metafóricas accesibles y la formación para articular sus pensamientos de manera organizada. (Ver James Pennebaker y Joshua Smyth sobre el valor curativo de la escritura narrativa, el trauma y el sistema inmunológico).[43] Parece seguro asumir que, intuitivamente, Jung estaba haciendo uso del juego acompañado de cuentos y escritura, como un medio para autosanarse más allá del pensamiento consciente.

Las generaciones anteriores de analistas junguianos han tendido a enfocarse en el descenso intrapsíquico de Jung mientras que él trabajaba en su *Libro Rojo* o construía Bollingen como si experimentara una soledad monacal, aunque la evidencia presentada en este ensayo aboga por la importancia esencial de un campo interactivo. El poder sanador de la intersubjetividad se ha convertido en un tema central y controvertido en el psicoanálisis contemporáneo además de estar en resonancia con los hallazgos de la neurociencia y la teoría del apego (algunos descritos anteriormente). Ha habido un viraje que se aleja del modelo psicológico unipersonal freudiano más tradicional, donde el análisis se enfoca en los conflictos intrapsíquicos del paciente, hacia un modelo psicológico de dos personas que incluye el análisis del mundo interno, pero también la dinámica del campo interpersonal del tercero co-creado como la relación, o como se diría en el lenguaje junguiano: la función transcendente. En la misma tónica, Jung utilizó la metáfora de un contenedor alquímico como recipiente del análisis como una manera de amplificar la relación mutuamente co-construida. Lamentablemente, la metáfora premonitora de Jung de mezclar dos sustancias químicas que usó para visualizar la influencia bidireccional emergente en la relación entre el analista y el paciente no ha sido mencionada ni incluida en la conversación psicoanalítica actual a pesar de que es anterior por décadas a perspectivas actuales similares. De hecho, se puede argumentar que Jung es proto-intersubjetivista. (Un análisis más detallado de la intersubjetividad está más allá del alcance de este ensayo).[44]

Así, por un lado, podemos decir que Jung probablemente experimentó la función trascendente a través de conjunciones en las relaciones intersubjetivas vividas y, por otro, podemos ver *El libro rojo* de Jung como una síntesis encarnada de sus fantasías provenientes de la imaginación activa. Es en sí mismo un objeto elaborado que incluye el texto y las imágenes que surgieron a través de un proceso de elaboración artesanal a partir de la interacción de su mente, materiales y manos. Para lograr la excelencia en la caligrafía e imágenes que hoy en día observamos en el libro producido en masa, Jung debió haber desarrollado un nivel significativo de destreza a través de la práctica repetitiva. A los escribanos e ilustradores de los manuscritos medievales, se les exigía que pasaran por diferentes niveles de aprendizaje como aprendices, que involucraba aprender a copiar, a diseñar libros y, a veces, a dibujar. Según Edward Bruce Robertson, es muy probable que Jung haya adquirido sus habilidades de artista aficionado a través de la educación clásica que obtuviera en las escuelas de su época. Al igual que los monjes de la antigüedad, es probable que Jung haya consolidado sus destrezas caligráficas por medio de copiar libros fácilmente disponibles.[45]

Aunque ya se ha establecido la importancia de los dominios de lo declarativo y de lo procedimental dentro del contexto del campo intersubjetivo, también es relevante profundizar en nuestro entendimiento de Jung como artesano. Cualquier habilidad nueva, como tocar el piano, requiere al principio de una atención concentrada y consciente en el dominio explícito conocido como conocimiento declarativo, discutido anteriormente. Una vez que se domina un cierto nivel de maestría, entra en juego el dominio implícito del conocimiento procedimental y, por ejemplo, ya no es necesario centrarse de manera específica en cómo encontrar las teclas y cómo usar los pedales. Se desvanece la concentración explícita y consciente y toma su lugar un conocimiento no consciente. El pianista de jazz toca a través de su manera de sentir la música, su estado emocional en ese momento y el conocimiento implícito de sus manos al entrar en contacto con el instrumento. El Grupo de Estudios sobre el Proceso de Cambio de Boston (Boston Change Process Study Group) señala que "la mayor parte de la literatura sobre el conocimiento procedimental se refiere al conocimiento de las interacciones entre nuestro propio cuerpo y el mundo inanimado".[46] En tanto *homo faber*, u "hombre creador",[47] interactuamos con el entorno físico a través de la técnica, un término francés derivado del griego *technikos*, que tiene sus raíces en cómo hacer o realizar cosas.[48] Howard Risatti señala que "para el oficio artesanal, la práctica es esencial para que la mano adquiera la habilidad manual técnica necesaria para procesar el material y que adquiera forma funcional".[49] Risatti procede a decir:

> ... si bien el músico no crea un objeto físico, la adquisición de la técnica por parte del músico y el artesano es esencial ya que ambos deben de ser capaces de ejecutar su trabajo tan fácilmente que la mente no se atoré en los problemas relacionados con la ejecución física, sino que tenga la libertad de concentrarse en los problemas más intelectuales, abstractos y conceptuales relacionados con la forma y la expresión.[50]

A través del conocimiento implícito, tomamos conciencia de que la mano como órgano sensorial es mucho más que un apéndice del cuerpo físico; más bien, es un reflejo de todo el organismo humano y una extensión de la mente.[51] Como dijo John Ruskin en 1859, tenemos en nuestras manos, la "más sutil de todas las máquinas".[52] Así que, con destreza manual (la palabra "manual" proviene de la raíz latina que significa "a través de la mano, o bien de la mano"[53]), el artesano puede inconscientemente, fuera de la conciencia externa explícita entrar en un estado de resonancia o ensoñación creativa que permite la conjunción entre la imaginación y el mundo material. El resultado es un objeto que puede representar un tercero simbólico sintetizado.

En el caso de Jung, podríamos imaginar que a través de la educación y la práctica, él contaba con notables destrezas accesibles a través del conocimiento procedimental. Puede que la capacidad de trabajar fuera de la conciencia explícita lo haya liberado para participar en fantasías de imaginación activa que surgen del inconsciente personal y colectivo. La mano con conocimiento en contacto con materiales como la tinta, el papel y la página, podría abrir el camino para jugar con la fantasía nutrida de afecto. Sonu Shamdasani cita a Erika Schlegel, quien acertadamente señaló en 1921 que Jung "había caído en el arte, por así decir. Mas el arte y la ciencia no estaban más que al servicio del espíritu creativo, que es a lo que se debe servir."[54] Impulsado por la necesidad espiritual con acceso a un conocimiento procedimental bien desarrollado, Jung pintó mandalas y registró cuidadosamente fantasías que expresaban una gran profundidad de significado. Dicho de otra manera, sus matrices intersubjetivas y sus habilidades significativas en múltiples áreas formaron un andamiaje para que Jung accediera a diferentes capas del inconsciente y reconociera aspectos de sí mismo representados metafóricamente que nunca antes había concientizado. A través de crear *El libro rojo* de manera artesanal, le estaba dando forma y sustancia a su propio mito psicológico/religioso, tendiendo un puente hacia el futuro.

De maneras asombrosas, *El libro rojo*, tal como lo experimentamos actualmente, transmite una profundidad del alma que atraviesa el tiempo. A lo largo de la historia, los libros han sido un medio funcional para organizar información, registrar la historia, transmitir prácticas culturales y religiosas, y actuar como vehículo de las conexiones entre individuos y entre generaciones. Se piensa que los manuscritos ilustrados han perpetuado el mensaje cristiano a pesar de las invasiones de grupos no cristianos; sirvieron para incluir a un público no alfabetizado que pudiera escuchar historias y apreciar imágenes bellas. La ornamentación y el cuidado que se puso en la realización de los manuscritos ilustrados y su conservación en el transcurso de los siglos, nos comunican el profundo significado que han conservado. *El libro rojo* de Jung cobró vida con este tipo de cuidado, atención y valor.

A través de crear *El libro rojo* como un manuscrito ilustrado, Jung evitó utilizar la imprenta y la tecnología moderna y se remontó hacia el pasado, yendo más atrás de su familia de origen, hacia lo que él podría haber visualizado como una época más romántica, una época de caballeros andantes, castillos, amor cortesano, caballería, la leyenda del Rey Arturo y la magia de Merlín. Se puede ver a Bollingen como un castillo y un retorno al mundo natural y a un estilo de vida más sencillo; o como un contenedor materno tan necesario; o como una estructura defensiva; o como un remanso de paz y soledad; o bien como un acto de imaginación activa tridimensional hecha por sus propias manos. El interés de Jung en la Edad Media, comenzó en su infancia; como se evidencia en los dibujos de caballeros andantes y batallas, y hasta el día de hoy, sigue existiendo el castillo de piedra que él mismo construyó en el lago detrás de la casa Küsnacht. Shamdasani cita a Jung diciendo: "Tengo que recuperar una parte de la Edad Media, en mi interior".[55] Tal vez, Jung estaba luchando por construir puentes hacia este período anterior de la historia, yendo más atrás de su familia natal, para que él pudiera dar a luz a un *self* dentro de un tipo diferente de historia.

Pasando del contexto personal a un contexto cultural, Jung era un anglófilo que tendría que haber estado muy consciente de la influencia de la época medieval sobre el Movimiento de Artes y Oficios (1888-1920) desarrollado por John Ruskin y William Morris, entre otros. Ruskin escribió sobre su preocupación por los trabajadores en una sociedad industrializada, quienes, con la división del trabajo, quedaron separados del proceso significativo de transformar la materia prima en productos acabados. Él también anhelaba regresar a una época idealizada en la cual se manufacturaban a mano objetos funcionales de calidad, los cuales a diferencia de los objetos producidos en serie estaban imbuidos con un sentido diferente de valor y significado. Ruskin veía las máquinas como una amenaza para el alma del trabajador y para el tejido mismo de la vida británica.[56] Ruskin y sus colaboradores afines en el Movimiento de Artes y Oficios pusieron "un énfasis sobre el verdadero valor de un objeto o edificio derivado del placer de crearlo ..."[57] Junto con Ruskin y Morris, la Hermandad Prerrafaelita era un grupo libremente afiliado de artistas apasionados y prolíficos comprometidos con la naturaleza y con metas espirituales. Al igual que Jung, se inspiraban en una conexión del alma con la poesía romántica y las leyendas de la Edad

Media, y sus obras de arte son reflejo de la poderosa influencia de un pasado mágico e idílico.

Sin embargo, en contraste con los prerrafaelitas, Jung no era un gran artista que luchaba por desarrollar su talento como pintor en busca de reconocimiento por su manera estética de representar la naturaleza. Más bien, como artesano estaba recurriendo a sus destrezas perfectamente bien afinadas, para expresar lo que encontraba en la naturaleza, es decir, la intuición, los afectos, la imaginación y una innata inclinación humana hacia la autosanación. Dibujar, pintar, escribir y esculpir sirvieron para encarnar y manifestar las complejidades del mundo interior, como un mundo de la naturaleza, no diferente de la lluvia o las estrellas. El uso que hizo Jung de sus manos y su elección de modalidades lo identificaron con ancestros que recurrieron a destrezas semejantes durante periodos anteriores del desarrollo humano colectivo.

Sorprendentemente, la palabra *craeft* [la raíz etimológica de la palabra oficio en inglés] "apareció por primera vez en inglés escrito hace más de mil años".[58] El *craeft*, u oficio artesanal, diferente de las bellas artes, es un aspecto esencial de la existencia humana cotidiana, ligado históricamente a la funcionalidad y utilidad, que surge de la incesante lucha de los seres humanos por sobrevivir cuando la naturaleza los confronta.[59] Los oficios, por lo tanto, de manera persistente cargan un sentido de propósito que proviene de manera primordial y emergente de la necesidad fisiológica y muy probablemente es un innato rasgo humano esencial.[60] Jung sintió que su trabajo no era arte sino la expresión innata de la naturaleza desde los inicios de los tiempos. Desde una intensa necesidad psicológica de alcanzar la individuación, Jung recurrió a destrezas artesanales para conjugar la imaginación y el cuerpo con el mundo material. Era un hombre con una mente curiosa, abierta a sorprenderse y asombrarse; un hombre que se aventuraba a recorrer las fronteras de territorios desconocidos. Este sentido de asombro está inserto en el término del griego antiguo *poiein*, que es la raíz etimológica de la palabra hacer.[61] En el texto filosófico de Platón titulado *El simposio*, también conocido como *El banquete*, aprendemos que: "todo lo que pase de no ser a ser, es poesis", es causa de azoro.[62] En este momento, en el aquí y ahora, podemos tener un encuentro con la manifestación de la imaginación de Jung e inspirarnos para seguir nuestros propios hilos que nos llevan con fe y asombro a crear desde el fondo del alma en comunión con nosotros mismos y el gran territorio que nos rodea.

Notas finales

[1] C. G. Jung, *Recuerdos, sueños, pensamientos*, ed. Aniela Jaffé, trad. Ma. Rosa Borras (Buenos Aires: Editorial Seix Barral, 2002), p. 221.

[2] Sonu Shamdasani, "The Lost Contributions of Maria Moltzer to Analytical Psychology: Two Unknown Papers," en *Spring Journal of Archetype and Culture* (Woodstock, Connecticut: Spring Publications, 64, 1998), pp. 103-106.

[3] Ibid., Sonu Shamdasani cita a C. G. Jung, *Tipos psicológicos, Obra Completa, Vol.* 6, trad. Rafael Fernández de Maruri (Madrid: Editorial Trotta, 2013), párr. 773.

[4] Maria Moltzer, "On the Conception of the Unconscious", presentado inicialmente en alemán ante el Club Psicológico en Zúrich y publicado en inglés con una introducción de Sonu Shamdasani en *Spring Journal of Archetype and Culture* (Woodstock, Connecticut: Spring Publications, 64, 1998), p. 114.

[5] Ibid., pp. 116-117.

[6] Ibid., p. 117.

[7] C. G. Jung, "La función trascendente", en *La dinámica de lo inconsciente, Obra Completa, Vol.* 8, trad. Dolores Ábalos (Madrid: Editorial Trotta, 2011).

[8] Coline Covington y Wharton, B., eds., *Sabina Spielrein: Forgotten Pioneer of Psychoanalysis*, Segunda edición (Londres: Routledge, 2015), p. 11.

[9] C. G. Jung, *El libro rojo: Liber Novus*, ed. Sonu Shamdasani, edición castellana a cargo de Bernardo Nante, trads. Romina Scheuschner y Valentín Romero (Buenos Aires: El hilo de Ariadna, 2012).

[10] Jung, *Recuerdos, sueños, pensamientos*, p. 221.

[11] Ibid., p. 264.

[12] Jung, "La función trascendente", párr. 180.

[13] Jung, *Recuerdos, sueños, pensamientos*, p. 33.

[14] Ibid., p. 37.

[15] Ibid., p. 39.

[16] Ibid.

[17] Joan Chodorow, ed., *Jung on Active Imagination* (Princeton: Princeton University Press, 1997), p. 1.

[18] Ibid.

[19] Ibid., p. 4.

[20] Jung, "La función trascendente", en *La dinámica de lo inconsciente, Obra Completa, Vol.* 8, párr. 170.

[21] Ibid., párr. 171.

[22] Ibid.

[23] Ibid., párr. 159.

[24] Ibid., párr. 155.

[25] Ibid., párr. 167.

[26] Ibid.

[27] Ibid.

[28] Ibid.

[29] Ibid., p. 168.

[30] Deirdre Bair, *Jung: a Biography* (Boston, Massachusetts: Little, Brown, 2003).

[31] Ibid., pp. 18 y 21.

[32] Jung, *Recuerdos, sueños, pensamientos*, p. 22.

[33] Ibid.

[34] Sobre la escisión en Jung, ver la siguiente reseña y artículos: Donald W. Winnicott, "Review of *Memories, Dreams, Reflections* by C.G. Jung", en *International Journal of Psycho-Analysis*, 1964, No. 45, pp. 450–455; también David Sedgwick, "Winnicott's dream: Some reflections on D.W. Winnicott and C.G. Jung", en *Journal of Analytical Psychology*, 2008, No. 53, Vol. 4, pp. 543–60; y William Meredith-Owen, "Winnicott's invitation to 'further games of Jung-analysis'," en *Journal of Analytical Psychology*, 2015, No. 60, pp.12-31.

[35] Para referencias adicionales sobre "el trauma oculto", ver: Marcus West, *Into the Darkest Places: Early Relational Trauma and Borderline States of Mind* (Londres: Karnac, 2016), pp. 61-62.

[36] Mary Main y Hess, E., "Parents' unresolved traumatic experiences are related to infant disorganized attachment status: Is frightened and/or frightening parental behavior the linking mechanism?" En Greenberg, M., Cummings, E., eds., *Attachment in the Preschool Years: Theory, Research and Intervention* (Chicago, Illinois: University of Chicago Press, 1990), pp. 161-184.

[37] Ver Giovanni Liotti, "Disorganized/disoriented attachment in the etiology of the dissociative disorders", en *Dissociation*, 1992, 4, pp. 196-204 en Karlen Lyons-Ruth, Dutra, L., Schuder, M., Bianchi, L., "From Infant Attachment to Adult Dissociation: Relational Adaptations or Traumatic Experiences?" en *Psychiatric Clinics of North America*, 2006, p. 29.

[38] Karlyn Lyons-Ruth, Dutra, L., Schuder, M. y Bianchi, L,. "From Infant Attachment to Adult Dissociation: Relational Adaptations or Traumatic Experiences? *Psychiatric Clinics of North America*, 2006, p. 29.

[39] C. G. Jung, "Psicogénesis de las enfermedades mentales", en *Obra Completa, Vol.* 3, trad. Luciano Elizaincín (Madrid: Editorial Trotta, 2015), párr. 399.

[40] Regina Pally, *The Mind-Brain Relationship* (Londres y Nueva York: Routledge, 2000), p. 132.

[41] Para las referencias específicas citadas aquí, ver Joseph Cambray y Carter, L., "Chapter 5: Analytic Methods", en *Analytical Psychology: Contemporary Perspectives in Jungian Analysis* (Nueva York: Routledge, 2004).

[42] Dan Siegel, *The Developing Mind, Second Edition: How Relationship and the Brain Interact to Shape Who We Are* (Nueva York: Guilford Press, 2012).

[43] Ver la reseña del artículo escrita por Bridget Murray, "Writing to Heal", en *APA Monitor on Psychology*, junio de 2001, Vol. 33, No. 6, p. 1. Cita el trabajo de los investigadores James Pennebaker y Joshua Smyth que documentan cómo mejora el sistema inmunológico a través de la escritura después de haber vivido un trauma. Murray también cita literatura que argumenta lo contrario.

[44] Linda Carter, "Bidirectional Influence in the Matisse/Picasso Relationships and Clinical Practice," *ARAS Online* (2009). Además, como parte de una mesa redonda con Andrew Samuels y David Sedgwick titulado: "The analyst is as much 'in the analysis' as the patient: Jung as Pioneer of Relational Psychoanalysis", en *The Legacy of Stephen Mitchell Sustaining Creativity in Our Psychoanalytic Work,* X Congreso Anual patrocinado por International Association of Relational Psychoanalysis and Psychotherapy, The Roosevelt Hotel. Nueva York, 2012.

[45] Dr. E. Bruce Robertson, Director del Museo de Diseño de Arte y Arquitectura, Universidad de California en Santa Bárbara (UCSB), comunicación personal, marzo de 2018.

[46] D. N. Stern et al., "Non-interpretative Mechanisms in Psychoanalytic Therapy: The 'Something More' Interpretation," en *The International Journal of Psychoanalysis*, Vol. 79, p. 904.

[47] Howard Risatti, *A Theory of Craft: Function and Aesthetic Expression* (Chapel Hill, Carolina del Norte: University of North Carolina Press, 2007), p. 78.

[48] Ibid., p. 99.
[49] Ibid., p. 101.
[50] Ibid.
[51] Ibid.
[52] John Ruskin citado en Alexander Langlands, *Craeft: Inquiry into the Origins and True Meaning of Traditional Crafts* (Nueva York: W.W. Norton, 2018), p. 24.
[53] La definición de la palabra manual proviene de: (www.vocabulary.com/dictionary/manual). Recuperado en el mes de marzo de 2018, p. 54.
[54] Erika Schlegel, 11 de marzo de 1921, Notebooks, Schlegel papers. Citada por Sonu Shamdasani, "Liber Novus: The 'Red Book' of C.G. Jung," en *C. G. Jung, The Red Book: Liber Novus: A Reader's Edition* (Nueva York: W.W. Norton, 2012), p. 37.
[55] Jung, *The Red Book: Liber Novus: A Reader's Edition*, p. 78.
[56] En el libro de Alex Langlands, *Craeft: Inquiry into the Origins and True Meaning of Traditional Crafts,* pp. 32-33, se describen las perspectivas de Ruskin.
[57] Ibid., p. 28.
[58] Ibid., p. 9.
[59] Howard Risatti, *A Theory of Craft: Function and Aesthetic Expression*, p. 56.
[60] Ibid., p. 57.
[61] Richard Sennett, *The Craftsman* (New Haven, Connecticut: Yale University Press, 2008), p. 211.
[62] Ibid.

El libro rojo de Jung como símbolo de sanación para nuestro tiempo

Maria Helena R. Mandacarú Guerra

Si pudiéramos recibir al "espíritu de nuestro tiempo" en nuestro consultorio, tendríamos enfrente a un paciente que sufre profundamente.[1] Crónicamente ansioso, vive a un ritmo frenético y tiene poca tolerancia a la frustración; depende del juicio de los demás y se siente reconfortado cuando se le reconoce en las redes sociales. Predominantemente extrovertido, este paciente cree que la autorrealización se logra a través de obtener dinero, éxito y estatus social. Su extroversión exagerada lo lleva a intentar, infructuosamente, resolver sus problemas a través del consumo, ya sea de mercancías o de medicamentos. Dado que el alivio es sólo temporal, esta necesidad de consumir surge una y otra vez en un esfuerzo desesperado de llenar el vacío que lo aísla. En ocasiones, la compulsión a la repetición se manifiesta a través de consumir alcohol, alimentos y sustancias ilícitas de manera exagerada y abusiva. A veces pierde el contacto con su naturaleza religiosa o la vive a través del fanatismo, permaneciendo casi siempre inconsciente de la experiencia profunda de Dios.[2]

Sus funciones de pensamiento y sensación están bien desarrolladas, lo que implica que tiene habilidades tecnológicas adecuadas. Sin embargo, presenta dificultades con su función del sentimiento: mantiene relaciones sociales superficiales, transitorias y cada vez más confinadas al ámbito de lo virtual. Su ética es cuestionable, ya que hace un mal uso de la tecnología para mentir, omitir y difundir noticias falsas. Al vivir bajo presión, siente que su propia existencia está amenazada: le tiene miedo al futuro y comienzan a perder de vista el sentido de la vida. Está deprimido.

Incluso si se muestra abierto y receptivo al cambio, acepta las diferencias y se preocupa por el planeta, su inseguridad defensiva lo lleva a regresionar y a aferrarse a principios obsoletos y rígidos, que buscan reemplazar el diálogo por la fuerza y el respeto al otro, por el poder y la obediencia.

Imaginar a un paciente así es una forma de introducir algunos de los principales problemas que nos desafían hoy en día y, al reconocerlos, presentar como contrapunto *El libro rojo*, el cual consideramos un símbolo de sanación para nuestro tiempo.

No podemos negar los siguientes avances evidentes que ha logrado la humanidad: mayores posibilidades de comunicación que favorecen y mejoran los intercambios que se dan entre personas y culturas; el aumento de la longevidad gracias a los avances médicos; el desarrollo lento y constante de la conciencia colectiva que está más abierta a la diversidad de género, así como la necesidad de considerar vivir una vida más sustentable, en lugar de una vida de consumismo.

Sin embargo, los avances tecnológicos que, por un lado, nos permiten permanecer conectados a través de la red dondequiera que nos encontremos en el planeta y nos aportan muchos beneficios, también son portadores de algunos aspectos sombreados. La dependencia que tienen las personas del mundo virtual es evidente a través de su práctica de acceder constantemente a las redes sociales; publicar fotografías, seguir a personalidades públicas o privadas, "chatear" o participar en juegos. Las conexiones entre personas se viven ahora, en gran medida, de forma virtual; las relaciones, las amistades e incluso la sexualidad encuentran un lugar en este espacio virtual. Uno de los efectos perniciosos del exceso de estímulos virtuales es la atracción exagerada a la extroversión.

Esta extroversión defensiva lleva a la superficialidad, impidiendo que profundicemos en nosotros mismos y en nuestras relaciones y haciendo que nos resulte difícil elaborar nuestra subjetividad propia, la cual se evidencía en deseos narcisistas inmaduros, baja tolerancia a la frustración y falta de autoconocimiento. Los individuos tienden a evitar la subjetividad profunda, ya que entrar en el mundo interior significa experimentar sufrimiento al trabajar los contenidos de la sombra. En ocasiones, el contacto con la subjetividad se produce mediante el uso de sustancias lícitas o ilícitas que producen una alteración de la conciencia y los usuarios corren el peligro de caer en una adicción. Esta falta de profundidad hace que sea difícil, si no imposible, conectar con el propósito de la vida, lo que resulta en vidas vacías y enajenadas, que en un sistema de retroalimentación alimentan el consumismo y se alimentan del consumismo.

El consumismo también se disfraza de autorrealización; haciendo que la sociedad crea que los ganadores son quienes tengan dinero, poder y estatus social. En las sociedades en donde se considera que el consumismo es un bien mayor, se le presenta como "terapia de compras" o incluso como una afirmación de la existencia misma ("compro, luego existo"[3]) y los objetos adquiridos encubren experiencias de frustración y dolor (aunque sean efímeros estos objetos), dando la ilusión de llenar el vacío interior. Cuando no basta con ir de compras, siempre se ofrecen antidepresivos y ansiolíticos que prometen un bienestar instantáneo sin la necesaria elaboración simbólica y la participación en experiencias íntimas y significativas, contribuyéndo así a enriquecer a la industria farmacéutica.[4]

El atractivo que tiene el consumismo y la unilateralidad exagerada de la extroversión enajena a los individuos, los lleva a la normopatía, lo cual hace que las personas se sientan bien por ser uno más en la multitud, alguien como todos los demás que recibe el apoyo de las masas. Recibir *likes* de cientos de amigos virtuales (a quienes quizá ni siquiera conozca fuera de la red) o tener muchos seguidores, reconforta el alma superficial y brinda la ilusión de pertenencia a aquellos que de otra manera podrían sufrir de aislamiento y sentimientos de abandono. En vez de compartir experiencias, difunden una publicación y cuando -por cualquier motivo- el otro ya no sea de su interés, siempre lo pueden bloquear o eliminar. La conexión se deshace de forma mágica, exponiendo la fragilidad del vínculo y transformando las relaciones o incluso a las personas en bienes de consumo.

Este comportamiento se acompaña de un sentido de urgencia que con frecuencia impide saborear y disfrutar momentos y experiencias, y puede generar angustia y ansiedad. Vivimos en la era de la velocidad. Tenemos que caminar rápido, comer rápido, movernos rápido y las conexiones de datos deben ser cada vez más veloces y, nuevamente, los medicamentos aparecen como una forma de "resolver" rápidamente el malestar. Además de la depresión, la ansiedad y la angustia se encuentran entre los síntomas más frecuentes de nuestro tiempo.

Quisiera recalcar que en nuestra sociedad consumista con su énfasis en lo material y la consiguiente enajenación del Ser, a Dios lo reemplaza el mercado al que todos deben venerar y someterse, aunque no basta con el mercado para guiar a quienes buscan trascender. Por el contrario, los lleva hacia el nihilismo, la falta de propósito y la depresión, entre otros síntomas, todo lo cual sólo puede superarse a través de la integración de los opuestos.[5]

El libro rojo ofrece muchas contribuciones a nuestro tiempo. El simple hecho de que Jung se sumergiera en sus experiencias y se dedicara a ellas con paciencia y persistencia, es un modelo sano para nuestros tiempos. Si no hubiera sido por la gran introversión que tenía Jung, no hubiera creado su *Libro rojo.*

El libro rojo es un texto único ya que Jung lo escribió a partir de sus experiencias personales, teniendo como eje su propio proceso de individualización. Como tal, es diferente de cualquiera otra de sus obras, incluyendo *Recuerdos, sueños, pensamientos*, porque ahí escribe sobre eventos del pasado, mientras que las experiencias anotadas inicialmente en sus diarios, los *Libros negros*, estaban vivas y quedaron registradas tan pronto como emergieron. Es verdad que Jung dedicó 16 años de su vida a las transcripciones de *El libro rojo*, pero esta obra vino después de la primera descripción que hizo mientras observaba y anotaba el fluir de su imaginación.[6] En este sentido, Jung es como una partera, que asiste y le da la bienvenida al recién nacido.

El registro de sus sueños y de las asociaciones y amplificaciones que los acompañan, las expresiones pictóricas y la presentación detallada de contenidos psíquicos a través de la técnica de la imaginación activa, demuestran el camino utilizado por Jung en su búsqueda del autoconocimiento, el cual él mismo propuso posteriormente como recurso terapéutico. Jung le da a la experiencia, a lo que está más allá de la expresión verbal racional y que se abre a la dimensión metafórica de los símbolos, una importancia invaluable.

El libro rojo también tiene otra característica importante. Aunque el material que se originó en su mundo interno era, naturalmente, en extremo personal, Jung reconoció su dimensión colectiva, lo que justifica que utilice un lenguaje casi profético, una caligrafía gótica, dibujos e ilustraciones, además de que ofrezca una variedad de amplificaciones y teorías. De hecho, no sería una exageración considerar que se pueda encontrar el origen de la psicología analítica en *El libro rojo.*

Algunas consideraciones teóricas

El libro rojo comienza con el capítulo "El camino de lo que está por venir". Sus primeras palabras son citas tomadas de la Biblia: Isaías 53:1-4; 9:6; Juan 1:14; y nuevamente Isaías 53:1-4. Luego, Jung escribe: "Si hablo desde el espíritu de este tiempo, debo decir: nada ni nadie puede justificar lo que debo proclamarles".[7] Unas cuantas líneas más adelante plantea: "Ese es el Dios que está por venir".[8]

Las primeras líneas escritas por Jung en *El libro rojo* revelan que de alguna manera él sabía que las experiencias a presentar apuntaban hacia el futuro y tenían un carácter religioso, y que lo que él estaba por proclamar no correspondía al espíritu de su tiempo. El enfrentamiento entre el espíritu de su tiempo y el espíritu de las profundidades, revela claramente dos dimensiones distintas, complementarias pero distintas. Por un lado, el espíritu de su tiempo apuntaba a convenciones, tradiciones, preceptos, reglas y normas recomendadas por la sociedad que debían seguirse para adaptarse al colectivo. Por el otro, el espíritu de las profundidades lleva a la búsqueda de la originalidad, la innovación, la espontaneidad, la transgresión, y es impulsado por la búsqueda de la identidad profunda, el significado y propósito mayor de la vida, el alma y su naturaleza íntima. El primero es más formal, racional y lógico; el segundo, por el contrario, ofrece la lógica del corazón, de las imágenes y de las metáforas. Jung experimentó profundamente el conflicto entre el espíritu de su tiempo y el espíritu de las profundidades, y este fue el desafío de su vida: integrar estos opuestos. El propio Jung afirma la importancia de las experiencias vividas durante ese período cuando escribe:

> Los años de los que les he hablado, cuando me dediqué a las imágenes internas, fueron la época más importante de mi vida.
>
> Todo lo demás debe derivarse de esto. Comenzó en ese momento, y los detalles posteriores casi no importan. Toda mi vida ha consistido en elaborar lo que brotó del inconsciente y me inundó como un río enigmático que amenazó con quebrarme. Ese era material para más de una sola vida. Todo lo que vino después fue tan solo la mera clasificación externa, la elaboración científica y su integración a la vida. Mas el inicio numinoso que contenía todo, se dio en ese momento.[9]

Para investigar teóricamente el proceso de Jung y su relación con el espíritu de esa época y con el espíritu de las profundidades, es fundamental considerar algunos conceptos de la psicología simbólica junguiana, creada por el analista junguiano brasileño Carlos Byington, los cuales esbozo a continuación.

Utilizando los escritos de Erich Neumann[10] como base, Carlos Byington describe los siguientes cuatro patrones arquetípicos de conciencia que constituyen el cuaternio arquetípico regente:

El arquetipo matriarcal se diferencia de la famosa noción de Neumann en que Byington[11] considera que este arquetipo representa la sensualidad, la espontaneidad, el espíritu lúdico, el deseo y el placer. Este arquetipo pertenece no sólo a las mujeres sino también a los hombres y a las culturas. Cuando predomina, la relación entre las polaridades se da en una posición insular, es decir, en islas, lo que significa que la experiencia en uno de los polos se puede trasladar rápidamente al polo opuesto. Un ejemplo común es el infante que pasa fácilmente del llanto a la risa. El arquetipo matriarcal no es exclusivo de los niños y, como todos los demás, nos acompaña a lo largo de nuestra vida, aunque pueda ser dominante o no. En muchas de las sociedades que Jung llamó "primitivas",[12] prevalece la conciencia matriarcal, con su pensamiento mágico-mítico y su religión animista.

El arquetipo patriarcal es el arquetipo del orden, la organización, la ley, las reglas y la planeación. Estimula una jerarquía entre las polaridades, estableciendo así un fuerte antagonismo entre ellas. En consecuencia, el arquetipo patriarcal opera en la posición polarizada, estableciendo clara y rígidamente, por ejemplo, las polaridades de bien-mal, correcto-equivocado, amigo-enemigo, jefe-empleado, etcétera. El arquetipo patriarcal está presente en las mujeres, los hombres y en las culturas y se expresa, por ejemplo, en el sistema piramidal de una organización, en el sistema binario informático, así como en las relaciones, instituciones o sociedades que se comportan, predominantemente, de manera jerárquica.

El diálogo entre Jung y el Rojo es una buena ilustración de estos dos patrones de conciencia, en donde Jung dice: "Eres ... lo suficientemente latino", y recibe la respuesta de: "Tú eres ... demasiado alemán".[13] La cultura latina, extrovertida, exuberante y abierta a las demostraciones de afecto, es decir, más matriarcal, es en este sentido muy diferente de la tradición suizo-alemana que es más patriarcal, en la que las emociones permanecen más ocultas y las personas son más serias.[14]

El arquetipo de la alteridad es el que promueve una relación dialéctica entre las polaridades, incluyendo -sobre todo- el arquetipo matriarcal y el arquetipo patriarcal. En este patrón de conciencia, se considera que el arquetipo matriarcal y el arquetipo patriarcal tienen la misma importancia, lo que permite, por ejemplo, una actitud espontánea pero responsable, organizada pero placentera. Es el arquetipo que enraiza las paradojas y le permite al sujeto reconocer que algo que es bueno en una situación, puede no serlo en otra.

El arquetipo de la alteridad nos permite ponernos en el lugar del otro y como tal es la raíz de la compasión, la consideración por los demás, la solidaridad y la democracia. Al igual que los otros patrones arquetípicos de conciencia, está presente en hombres, mujeres y culturas.

El arquetipo de la totalidad prevalece cuando uno resuelve una situación o una experiencia; opera en la posición contemplativa, lo que permite que el individuo considere la situación como un todo. El arquetipo de la totalidad está presente cuando intentamos cerrar una gestalt, o cuando reflexionamos sobre nuestro día, un trabajo, e incluso sobre nuestra vida como una totalidad; cuando nos damos cuenta de que el tiempo que está por delante, es menor que el que ya hemos vivido.

Con estas herramientas proporcionadas por la psicología simbólica junguiana, podemos concluir que el espíritu que gobernaba en la época de Jung era predominantemente patriarcal. Nacido en Suiza, en el último cuarto del siglo XIX, en el seno de una familia donde la austeridad religiosa desempeñaba un papel predominante - su padre era pastor- y se casó con Emma, la heredera de una gran fortuna, Jung vivió dentro de un contexto sociocultural rígido. En la época de Jung, el matrimonio también era una institución de dominio patriarcal, que expresaba la autoridad del hombre sobre la mujer en prácticamente todos los ámbitos de la vida. La vida de las mujeres se enfocaba en la crianza de los hijos y en el cuidado del hogar. Tradicionalmente, los hombres eran los jefes de familia, aplicaban las reglas y la ley y se les consideraba la máxima autoridad a la que debían de someterse las esposas y los hijos. Los matrimonios, con roles bien definidos para cada género, eran indisolubles y se acompañaban de la común institucionalización de las amantes, ¡para los hombres, evidentemente!

Cuando domina el arquetipo patriarcal se deben seguir las reglas establecidas, independientemente de lo que signifiquen para el individuo y su proceso de individuación. La tendencia dominante y represiva -característica del arquetipo patriarcal- con frecuencia eclipsa al arquetipo matriarcal, que es reprimido, descalificado y sometido. Por su propia naturaleza, el arquetipo patriarcal privilegia la jerarquía entre las polaridades e incluso puede intentar eliminar uno de los polos. De esta manera, es un arquetipo más propenso a formar la sombra, ya que el polo reprimido o excluido se desplaza hacia la sombra y tiende a aparecer de manera inadecuada.

Para que se exprese el arquetipo de la alteridad, es necesaria la presencia del arquetipo matriarcal junto con el arquetipo patriarcal. El arquetipo de la alteridad nos permite lograr una síntesis entre la tesis y la antítesis. Es la base del proceso de individuación, el cual busca el significado y la autorrealización y ocurre cuando las polaridades se empiezan a integrar, es decir, cuando se consideran igualmente importantes y se pueden relacionar de manera dialéctica. Desde la perspectiva de la psicología simbólica junguiana, el conflicto que Jung vivió entre el espíritu de su tiempo y el espíritu de las profundidades se entiende como un conflicto entre el dominio del arquetipo patriarcal y un intento de vivir su vida como una expresión del arquetipo de la alteridad, que incluye la capacidad de lidiar con el arquetipo matriarcal sin reprimirlo. De esta manera, Jung nos enseña que el mayor desafío de nuestro tiempo es basar nuestra vida en el arquetipo de la alteridad, en el equilibrio entre el arquetipo matriarcal y el arquetipo patriarcal.

El proceso de Jung

Como hombre de su tiempo, Jung trató de oponerle resistencia al espíritu de las profundidades y de permanecer dentro del marco de los valores de su época, sin darse cuenta de que esto sería inútil.

> Me resistí a reconocer que lo cotidiano pertenece a la imagen de Dios. Huí de esta idea, me escondí detrás de las estrellas más altas y más frías. Pero el espíritu de las profundidades me alcanzó y forzó la bebida amarga entre mis labios.[15]

En mi libro *El drama de amor de C. G. Jung*, traté de demostrar que la relación amorosa entre Jung y Toni Wolff jugó un papel central en las experiencias conflictivas, dolorosas y redentoras que presenta en *El libro rojo*. Debido a que ese tema no es el propósito de este texto y dado que mi libro está disponible, no me enfocaré en este asunto aquí. Sin embargo, creo que es importante resaltar que cuando leemos las reflexiones de Jung sobre el amor en *El libro rojo*,[16] en *Recuerdos, sueños, pensamientos*,[17] en su entrevista con Miguel Serrano,[18] así como en otras fuentes; y cuando acompañamos la interpretación de Jung en *El libro rojo* de su enantiodromia tipológica, que fluye en dirección hacia la función del sentimiento,[19] así como cuando entendemos -como Lance Owens- que las cuatro últimas grandes obras de Jung (*Psicología de la transferencia, Aion, Respuesta a Job* y *Mysterium coniunctionis*) fueron la profundización de sus experiencias en *El libro rojo*,[20] no hay forma de negar la importancia del amor en su vida y del proceso de individuación. Por eso nos preguntamos cómo debe haber sido para un hombre con su exuberancia amorosa y creadora lidiar con el espíritu de su tiempo que, al identificar al hombre con el arquetipo patriarcal, lo asocia con el Logos y lo aleja del Eros.

Si el espíritu de su tiempo estimuló a Jung a mantenerse dentro de las expectativas sociales y los patrones colectivos de adaptación, entonces, abrirse al amor implicó entregarse al espíritu de las profundidades, que lo condujo a la verdad del alma a través de experiencias únicas, que eran profundas y transgresoras, ya que se vio empujado a ir más allá de las normas convencionales y establecer lo que Neumann posteriormente llamaría la ética de la individuación.[21]

En el proceso de transformar la conciencia basada predominantemente en el arquetipo patriarcal hacia aquella en donde prevalece el arquetipo de la alteridad, Jung muestra un camino: abrirse al arquetipo matriarcal, acoger su imaginación y dejar que fluyan sus contenidos.

Jung va más allá de esto. Reconoce la dimensión sagrada que acompaña las expresiones profundas del alma e incluso pregunta: "¿Eres Dios?"[22]

Jung fue testigo del comienzo de la gran transformación cultural resultante de la represión decreciente del arquetipo matriarcal, que se expresó inicialmente a través de la liberación sexual y el movimiento hippie. [Jung murió en 1961. Esto sucedió en la década de 1960 después de su muerte.] Esta etapa cultural, que comenzó con el descubrimiento de las píldoras anticonceptivas y los estudios realizados por Masters y Johnson y Shere Hite, abrió el camino hacia la liberación de las mujeres quienes comenzaron a expresar su fuerza intelectual y productiva, su creatividad y autonomía en los más diversos ámbitos de la sociedad, y este movimiento les permitió aceptar y reconocer su sexualidad como legítima.

Jung luchó en contra de ser sometido por el espíritu de su tiempo y a favor de liberarse de la sombra del arquetipo matriarcal. La exuberante presencia de este arquetipo en la personalidad de Jung se expresa en su naturaleza apasionada,[23] en su interés por las reuniones sociales, la organización de fiestas, cenas y juegos en el Club de Psicología;[24] en su amor por navegar en velero, y en su placer estético, que también se evidencia en *El libro rojo*, en donde dejó fluir su imaginación y se dejó llevar por el torrente creativo e "ilógico" del inconsciente. El arquetipo matriarcal también es evidente cuando Jung busca refugiarse en lo lúdico, actividad a la que se retiraba en este período de emociones turbulentas.[25]

En su búsqueda por integrar el arquetipo matriarcal y el arquetipo patriarcal, Jung revela su llamado a vivir el arquetipo de la alteridad, y la presencia de este arquetipo marcó su experiencia personal y profesional y tuvo un impacto significativo en su trabajo.

A pesar de que actualmente existen ciertos movimientos retrógrados que revelan la sombra del arquetipo patriarcal a través del autoritarismo, el abuso de poder, la falta de consideración por las minorías e incluso por la naturaleza, y que además está la presencia colectiva de la sombra del arquetipo de la alteridad expresada por la demagogia, las mentiras, la corrupción e incluso los intentos de socavar la democracia, es este último arquetipo el que alienta el proceso de individuación, ya que es el que permite la integración de las polaridades.

El proceso de Jung tal como se revela en *El libro rojo* es, por lo tanto, de suma importancia ya que nos ofrece un modelo para lograr la conciencia de la alteridad, e ilustra, entre otros aspectos, su capacidad de sostener una tensión extrema, así como de tolerar y reconocer conscientemente su sombra, pues sólo de esta manera se puede transformar. Un buen ejemplo de este proceso es Jung, colgando de las ramas del árbol divino durante tres días y tres noches,[26] una metáfora de una situación de conflicto de la que no podemos escapar sin mutilar parte de nuestra personalidad.

El sufrimiento de Jung demuestra que su transgresión de la moral existente -sin la cual la individuación no sería posible- no fue intrascendente, sino que fue parte de un profundo proceso de elaboración. Vivir un conflicto de tales dimensiones y soportar las consecuencias, contribuye a fortalecer y desarrollar la personalidad. Jung no solo lo vivió, sino que también desarrolló un marco teórico consistente y profundo basado en sus experiencias personales.

La "función trascendente" descrita por Jung en 1916, demuestra la capacidad de la psique para producir un símbolo unificador cuando un conflicto se vive a su máxima expresión. Este proceso expresa metafóricamente el arquetipo de la alteridad: trabajar a través de los opuestos hasta que surja una tercera alternativa.

> Cuando mi príncipe había caído, el espíritu de las profundidades me abrió la visión y me permitió tomar conciencia del nacimiento del nuevo Dios. El divino niño se acercó a mí desde la terrible ambigüedad, lo detestable-bello, lo malo-bueno, lo risible-serio, lo enfermo-sano, lo inhumano-humano y lo impío-piadoso.
> Entendí que el Dios que buscamos en lo absoluto no se encontraría en la belleza, la bondad, la seriedad, las alturas, la humanidad o incluso en la devoción absolutas. Alguna vez el Dios estuvo allí.
> Entendí que el nuevo Dios estaría en lo relativo.[27]

Las experiencias basadas en el arquetipo de la alteridad son mucho más valiosas, pero mucho más difíciles de vivir, que las basadas en el arquetipo patriarcal. Este último, debido a que establece reglas claras, permite hacer predicciones y determinar qué está bien y qué está mal, y qué se puede o no se puede hacer, que se debe o no se debe hacer. Sin embargo, por otra parte, es mucho más restrictivo, ya que las reglas son generalmente las mismas para todos, y lo que está o no está permitido pertenece al consenso colectivo. La facilidad con la que se puede ejercer el arquetipo patriarcal ocurre en detrimento de lo más valioso: la posibilidad de seguir nuestro propio camino y elegir desde nuestra verdad más profunda.

El camino guiado por el arquetipo de la alteridad nos permite reconocer y respetar nuestra propia verdad, aunque vaya en contra de las reglas y la moral imperantes. Como afirma Jung:

> Así, el vicio también, si se entra en él con sinceridad como un medio para encontrar y expresar el *Self*, no es vicio, porque la sinceridad intrépida lo elimina como vicio. Sin embargo, cuando nos limita una barrera artificial, o las leyes y moralidades que han entrado en nosotros, entonces se nos impide encontrar, o incluso ver, que existe una barrera real del *Self* más allá de esta barrera artificial ... Si estamos conscientes, la moralidad deja de existir. Si no estamos conscientes, seguimos siendo esclavos, y se nos condena si no obedecemos la ley.[28]

El arquetipo de la alteridad no tiene una respuesta única y universal para enfrentar experiencias desafiantes e intrépidas, pero seguirlo exige un gran valor. Este arquetipo nos desafía a integrar las polaridades y también es la base de muchas de las experiencias de Jung descritas en *El libro rojo*. Por ejemplo, cuando intenta integrar el espíritu de su tiempo y el espíritu de las profundidades; cuando, como Cristo, tolera el sufrimiento como camino de transformación,[29] cuando pone un pie en la arena caliente del desierto y el otro en el hielo;[30] cuando ve en Filemón, el que ama, la representación de la sabiduría;[31] cuando escribe la oda a Fanes.[32] Hay tantas imágenes en *El libro rojo* que expresan la lucha entre las polaridades en búsqueda de integración, que podríamos considerar *El libro rojo* como un Libro de paradojas.

> El espíritu de las profundidades tomó mi entendimiento y todos mis conocimientos y los puso al servicio de lo inexplicable y lo paradójico. Me robó el habla y la escritura para todo lo que no estaba a su servicio, a saber, la fusión del sentido y el sinsentido, lo que produce el significado supremo.[33]

Jung también escribió lo siguiente sobre la ambigüedad:

> La ambigüedad, sin embargo, es el camino de la vida. … Dices: el Dios cristiano es inequívoco, Él es amor. No

> obstante, ¿qué es más ambiguo que el amor? El amor es el camino de la vida, mas tu amor es el camino de la vida sólo si este tiene una izquierda y una derecha.
> Nada es más fácil que jugar a la ambigüedad y nada es más difícil que vivir la ambigüedad".[34]

De hecho, la ambigüedad es difícil de aceptar porque el ego quiere una vida sin paradojas, una vida bidimensional, unilateral, adaptada, a menudo mediocre, contraria a la vida impulsada por la búsqueda de la individuación. El proceso de individuación, anhelado, teorizado y vivido por Jung en su experiencia, y revelado en *El libro rojo*, no acepta concesiones, no cede al deseo de adaptarse al *status quo*. Su ambigüedad se experimentó en el amor.

Carlos Byington enfatiza la importancia de los símbolos para estructurar la conciencia, llamándolos, por lo tanto, símbolos estructuradores.[35] Se refiere a aquello que activa e impulsa a los símbolos en tanto su función estructurante/estructuradora, ya que opera junto con el símbolo en la estructuración de la conciencia. Se pueden vivir todas, o prácticamente todas las funciones estructurantes/estructuradoras en los diferentes patrones de conciencia.[36] Más aún, es importante recordar que todas las experiencias pueden conducir a la conciencia si se les elabora y acepta como parte del desarrollo y fortalecimiento de la personalidad, o bien se pueden convertir en una fijación y crear la sombra.[37] A partir de estos conceptos, es importante resaltar que las funciones estructuradoras de la audacia y la transgresión, frecuentes en individuos que van más allá de las reglas establecidas por el colectivo en la búsqueda de la conciencia de la alteridad, no garantizan que se viva o experimente este patrón de conciencia de manera sana. Para que esto ocurra, se deben acompañar estas funciones de la función estructuradora de la ética, como lo propone Neumann en su libro *Psicología profunda y nueva ética*.[38]

Jung acogió la angustia, el miedo y el sufrimiento, y enfrentó lo que él consideraba tan terrible como la pasión de Cristo —"Nadie sabe lo que sucedió en los tres días que Cristo estuvo en el infierno. Yo lo he experimentado"—[39] y soportó todo en nombre de la verdad del corazón, del alma, del ánima y del espíritu de las profundidades.

Así, al apuntar hacia el futuro, Jung nos brinda elementos fundamentales, incluso para la supervivencia de nuestra especie: la importancia de desarrollar la conciencia y el proceso de individualización de cada uno de nosotros; la medida en que este proceso está asociado con la capacidad de simbolizar; la importancia que se le da al amor y al Eros, como una función de la relación; y todo esto enraizado en el arquetipo de la alteridad. Estos aspectos apuntan a una dimensión extremadamente nueva e incluso revolucionaria. En otras palabras, si somos capaces de amar y tratar a los demás como nos tratamos a nosotros mismos y también de sobrellevar nuestro sufrimiento y permitir que nos conduzca hacia el camino del autoconocimiento y a un profundo entendimiento de nuestro Ser, sin olvidar jamás que todos tenemos el mismo derecho a la vida, el futuro de la humanidad parece más posible.

Conclusión

Vivir una paradoja es uno de los aspectos que dificulta mantener la conciencia dentro del patrón de la alteridad. En el mundo occidental, fue gracias al mito cristiano que se aceptó el arquetipo de la alteridad.[40] Sin embargo, más de 2000 años después, sigue siendo muy difícil para la humanidad reconocer que todos los seres tienen el mismo derecho a existir: alguien de otra raza, de otra religión, de otro género, e incluso de otra especie, ya sea animal o vegetal. El planeta Tierra necesita con urgencia que elaboraremos el arquetipo de la alteridad, por eso considero importante reconocer a Jung como símbolo de un hombre que buscó vivir bajo la égida de este arquetipo, buscando desarrollar su conciencia y reflejando esta lucha en su obra.

Si nuestros hipotéticos pacientes reconocieran que, como Jung al inicio de *El libro rojo*, también habían perdido el alma y pudieran experimentar este libro como un símbolo de sanación, aprenderían a dedicar tiempo al autoconocimiento y a conectarse con el ritmo de su naturaleza. Podrían darse cuenta de que este libro es un llamado a la introversión y podrían también aprender algunas técnicas - imaginación activa, pintar, observar y anotar sus sueños, amplificaciones- que les ayudarían en su viaje y apuntarían hacia un equilibrio entre la extroversión y la introversión, entre el mundo exterior y el interior.

Encontrarían en *El libro rojo* un apoyo ético para enfrentar su propia sombra; aprenderían que "sacrificar no es destruir",[41] y encontrarían el valor para tolerar la frustración y el conflicto hasta que emerja un símbolo unificador, activando su función trascendente, que los ayudaría a integrar los contenidos de su sombra a la conciencia. Este proceso les ayudaría en la búsqueda de un mayor propósito en la vida, "el sentido supremo",[42] facilitando una conexión consciente con el *self*, la imagen psíquica de la deidad, que posiblemente podría reemplazar al consumismo desenfrenado y patológico. La vida dejaría así de carecer de sentido y se volvería rica y plena, cual corresponde a quienes llevan una vida simbólica.

La función del sentimiento se consideraría importante y se equipararía con la función del pensamiento, y el amor y el respeto por los demás reemplazarían los deseos narcisistas y egoístas.

Gracias a la inteligencia, dedicación, honestidad, seriedad, y sensibilidad de Jung, pero sobre todo, a su búsqueda de la verdad y a su espíritu científico, Jung no se guardó sus vivencias para sí mismo o para quienes pertenecían a su círculo íntimo, sino que intentó elaborarlas como realidades del alma a la luz de la psicología profunda.

En su búsqueda por integrar lo personal con lo colectivo, conectando la experiencia práctica con la teoría, desarrollando una síntesis entre los opuestos y basando esta integración en su propio proceso de individuación, Jung apunta hacia un nuevo patrón de conciencia. Su naturaleza apasionada, la exuberancia de su imaginación y su capacidad de entregarse a ella, junto con su búsqueda por integrar las polaridades y su vocación por desarrollar teóricamente sus vivencias, sugieren que tenía una conciencia de la alteridad con un predominio matriarcal. Como tal, apunta a algo todavía muy nuevo incluso en la actualidad, sobre todo con respecto a los hombres, a quienes tradicionalmente se les asocia con el patrón patriarcal de la conciencia. Por lo tanto, lo considero un símbolo de lo que está por venir y a su *Libro Rojo* como un símbolo de sanación para nuestros tiempos.

Notas finales

[1] Me imagino que este espíritu además es occidental.

[2] La importancia de Dios se basa en la afirmación de Jung que dice: "… psicológicamente, Dios siempre significa el máximo valor, o sea la máxima cantidad de libido, la máxima intensidad de vida, el óptimo de la actividad vital psicológica". Ver C. G. Jung, *El libro rojo: Liber Novus*, ed. Sonu Shamdasani, edición castellana a cargo de Bernardo Nante, trads. Romina Scheuschner y Valentín Romero (Buenos Aires: El hilo de Ariadna, 2012), p. 571 n135.

[3] Frase escrita en la obra "Bolsa para compras" creada por Barbara Kruger para el museo Kölner Kunstverein, 1990. Exhibida en el Museo de Artes Aplicadas (MAK), Viena—mayo/junio de 2019.

[4] Robert Whitaker, *Anatomía de una epidemia: Medicamentos psiquiátricos y el asombroso aumento de las enfermedades mentales*, trad. José Manuel Álvarez (Madrid: Capitan Swing Libros, 2015).

[5] Carlos A.B. Byington, *Jungian Symbolic Psychopathology* (Asheville, NC: Chiron Publications, 2012).

[6] Jung, *El libro rojo*, p. 498.

[7] Ibid., p. 167.

[8] Ibid.

[9] Ibid., p. 11.

[10] Erich Neumann, *Los orígenes e historia de la conciencia*, trad. Huan Brambilla Vega (Lima: Editorial Traducciones Junguianas, 2017).

[11] Carlos A. B. Byington, *Psicología simbólica junguiana: el viaje de humanización del cosmos en búsqueda de la iluminación* (Sao Paulo: Editora Lineal, 2008).

[12] C. G. Jung, "Complicaciones de la psicología americana" en *Obra Completa, Vol.* 10, trad. Carlos Martín Ramírez (Madrid: Editorial Trotta, 2014), párrs. 956 y 958.

[13] Jung, *El libro rojo*, p. 231.

[14] Maria Helena R. M. Guerra, *El libro rojo: El drama de amor de C. G. Jung* (Buenos Aires: Del Nuevo Extremo, 2015), p. 24.

[15] Jung, *El libro rojo*, p. 168.

[16] Guerra, *El libro rojo: El drama de amor de C. G. Jung.*

[17] C. G. Jung, *Recuerdos, sueños, pensamientos*, ed. Aniela Jaffé, trad. Ma. Rosa Borras (Buenos Aires: Editorial Seix Barral, 2002), p. 412ss.

[18] Miguel Serrano, *El círculo hermético: de Herman Hesse a C. G. Jung – Cartas originales de dos amistades*, trad. Marcelo Corção (Buenos Aires: Editorial Kier, 1973), 76ss.

[19] Jung, *El libro rojo*, p. 633.

[20] Lance S. Owens, *Jung in Love: The Mysterium in Liber Novus* (Los Ángeles, California y Salt Lake City, Utah: Gnosis Archive Books, 2015), p. 8.

[21] Erich Neumann, *Psicología profunda y una nueva ética*, trad. Juan Pérez Ruiz (Madrid: Alianza Editorial, 2007).

[22] Jung, *El libro rojo*, p. 175.

[23] "Estoy buscando una persona que sea capaz de amar al otro sin castigarlo, sin hacerlo prisionero o desangrarlo; busco ese tipo de persona que aún no existe que logre separar el amor de las ventajas o desventajas sociales, para que el amor sea siempre un fin en sí mismo y no sólo un medio para lograr otro fin. ... Mi desgracia es que no puedo prescindir de la felicidad del amor, del amor tormentoso, eternamente cambiante / Para mi desgracia, mi vida no significa nada para mí sin el gozo del amor, de amor tormentoso, eternamente cambiante". (Carta de Jung a Spielrein, 4 de diciembre de 1908) en Aldo Carotenuto, *A Secret Symmetry – Sabina Spielrein between Jung and Freud* (Nueva York: Pantheon Books, 1984).

[24] Barbara Hannah, *Jung vida e obra – Uma memória biográfica* (Porto Alegre, RS: Artmed Ed, 2003), 203f. [Jung, His Life and Work (Wilmette, IL: Chiron Publications, 1999)].

[25] Jung, *Recuerdos, sueños, pensamientos*, p. 207ss.

[26] Jung, *El libro rojo*, p. 410.

[27] Ibid., p. 200.

[28] "From Esther Harding's Notebooks", en C. G. Jung, *C. G. Jung Speaking: Interviews and Encounters*, eds. W. McGuire & R.F.C. Hull (Princeton: Princeton University Press, 1977), pp. 28-29, en Lance Owens, *Jung in Love*, p. 47.

[29] Ver, por ejemplo, el sacrificio que culmina en la recuperación de la vista de Salomé. Jung, *El libro rojo*, p. 221.

[30] Ibid., p. 284.

[31] Ibid., p. 382.

[32] Ibid., p. 585 n209.

[33] Ibid., p. 167.

[34] Ibid., pp. 202-203.

[35] Byington, *Jungian Symbolic Psychology*, p. 63ss.

[36] Ibid., p. 82.
[37] Ibid., p. 83.
[38] Neumann, *Psicología profunda y una nueva ética.*
[39] Jung, *El libro rojo*, p. 200.
[40] Carlos A. B. Byington, "Uma teoria mitológica da história. O mito cristão como o principal símbolo estruturante do padrão de alteridade na cultura ocidental", en *Junguiana, Revista da Sociedade Brasileira de Psicologia Analítica 1*, 1983, pp. 120-177.
[41] Jung, *El libro rojo*, p. 169.
[42] Ibid., p. 216.

Bibliografía

A

Adler, Gerhard. *C. G. Jung Letters*. 2 vols. Trad. R. F. C. Hull. Vol. 1 y Vol. 2. Princeton, NJ: Princeton University Press, 1973 y 1975.

Aeschylus, *The Seven Against Thebes*, ed. y trad. David Grene, Richmond Lattimore, Mark Griffith y Glenn W. Most. Chicago IL: University of Chicago Press, 2013.

Allen, Chris. *Islamophobia*, Farnham, Surrey: Ashgate, 2011.

Anidjar, Gil. ed., *Jacques Derrida: Acts of Religion*. Londres y Nueva York: Routledge, 2002.

Arendt, Hannah. *Los orígenes del totalitarianismo*. Madrid: Alianza Editorial, 2006.

Athar, Shahid. "Inner Jihad: Striving Toward Harmony", *The Sufism Journal* 10:3, 2010, disponible en: www.sufijournal.org/practice/practicejihad.html

B

Bailie, Gil. *Violence Unveiled: Humanity at the Crossroads*. Nueva York: Crossroad Publishing, 1996.

Bair, Deirdre. *Jung: A Biography*. Boston, Massachusetts: Little, Brown, and Co., 2003.

Barker, Margaret. *The Great Angel: A Study of Israel's Second God*. Louisville, Kentucky: Westminster/John Knox, 1992.

Bayman, Henry. *The Secret of Islam: Love and Law in the Religion of Ethics*. Berkeley, California: North Atlantic Books, 2003.

Beck, Roger. *Planetary Gods and Planetary Orders in the Mysteries of Mithras*. Leiden: Brill, 1988.

Benz, Ernst. "Norm und Heiliger Geist in der Geschichte des Christentums", en Rudolf Ritsema y Adolf Portmann (eds.), *Norms in Changing World*. Eranos 43-1974 (Leiden: E.J. Brill, 1977), pp. 137-182.

Berman, Marshall. *All That Is Solid Melts into Air. The Experience of Modernity*. Nueva York: Verso, 1983.

Biblia, Versión moderna, 1929.

Biblia, Versión Reina-Valera, 1960, Sociedades Bíblicas Unidas, 1988.

Beck, Roger. *The Religion of the Mithras Cult in the Roman Empire.* Oxford: Oxford University Press, 2006.

Betz, Hans Dieter (ed. y trad.). *The "Mithras Liturgy": Text, Translation and Commentary.* Tübingen: Mohr Siebeck, 2003.

Biegel, Rebekka Aleida. *Zur Astrognosie der alten Ägypter.* Göttingen: Dieterichsche Universitäts-Buckdruckerei, 1921.

Bishop, Paul. "Jung and the Quest for Beauty", en Thomas Kirsch y George Hogenson (eds.), *The Red Book: Reflections on C. G. Jung's Liber Novus.* Londres: Routledge, 2014.

Bishop, Paul. *The Dionysian Self. C. G. Jung's Reception of Friedrich Nietzsche.* Berlín/Nueva York: De Gruyter, 1993. Martin Liebscher, *Libido und Wille zur Macht. C. G. Jungs Aus einandersetzung mit Nietzsche* (Basilea: Schwabe, 2012).

Blavatsky, H. P. *Isis Unveiled: A Master-Key to the Mysteries of Ancient and Modern Science and Theology,* 2 volumes. Londres: Theosophical Publishing Co., 1877.

Blavatsky, H. P. *The Secret Doctrine: The Synthesis of Science, Religion, and Philosophy,* 2 vols. Londres: Theosophical Publishing Co., 1888.

Blom, Philipp. *Años de vértigo: cultura y cambio en Occidente, 1900-1914,* trad. Daniel Najmías Bentolila. Barcelona: Editorial Anagrama, 2010.

Byington, Carlos A.B. *Jungian Symbolic Psychopathology.* Asheville, NC: Chiron Publications, 2012.

Byington, Carlos A. B. *Psicología simbólica junguiana: el viaje de humanización del cosmos en búsqueda de la iluminación.* Sao Paulo: Editora Lineal, 2008.

Byington, Carlos A. B. "Uma teoria mitológica da história. O mito cristão como o principal símbolo estruturante do padrão de alteridade na cultura ocidental", en *Junguiana, Revista da Sociedade Brasileira de Psicologia Analítica 1*, 1983, pp. 120-177.

C

Cambray, Joseph y Carter, Linda. "Chapter 5: Analytic Methods", en *Analytical Psychology: Contemporary Perspectives in Jungian Analysis.* Nueva York: Routledge, 2004.

Campion, Nicholas. *Astrology and Cosmology in the World's Religions*. Nueva York: NYU Press, 2012.

Campion, Nicholas. *Astrology and Popular Religion in the Modern West*. Farnham: Ashgate, 2012.

Campion, Nicholas. *What Do Astrologers Believe?* Londres: Granta Publications, 2006.

Capitaine, N., Wallace, P. T. y Chapront, J., "Expressions for IAU 2000 precession quantities," en *Astronomy & Astrophysics*, 2003.

Carotenuto, Aldo. *A Secret Symmetry – Sabina Spielrein between Jung and Freud*. Nueva York: Pantheon Books, 1984.

Carter, Linda. "Bidirectional Influence in the Matisse/Picasso Relationships and Clinical Practice," *ARAS Online* (2009).

Cheetham, Thomas. *The World Turned Inside Out: Henry Corbin and Islamic Mysticism*. Nueva Orleans: Spring Journal Books, 2003.

Chodorow, Joan, ed., *Jung on Active Imagination*. Princeton: Princeton University Press, 1997.

Coleman, William Emmette. "The Sources of Madame Blavatsky's Writings", en Vsevolod Sergyeevich Solovyoff, *A Modern Priestess of Isis*. Londres: Longmans, Green, and Co., 1895.

Copenhaver, Brian P. (ed. y trad.), *Hermetica: The Greek Corpus Hermeticum and the Latin Asclepius in a New English Translation*. Cambridge: Cambridge University Press, 1992.

Covington, Coline y Wharton, B., eds., *Sabina Spielrein: Forgotten Pioneer of Psychoanalysis*, Segunda edición. Londres: Routledge, 2015.

Cumont, Franz. *Textes et monuments figurés relatifs aux mystères de Mythra*. Bruselas: Lamertin, 1896.

Cumont, Franz. *Los misterios de Mitra y doce estudios más sobre la religión del Dios Invicto en el Imperio Romano*. Madrid/Salamanca: Signifier Libros, 2017.

Franz Cumont. *The Mysteries of Mithra*, trad. Thomas J. McCormack. Chicago, IL: Open Court, 1903.

Cutner, Herbert. *Jesus*. Nueva York: The Truth Seeker Co., 1950.

D

D'Ailly, Pierre. *Tractatus de imagine mundi Petri de Aliaco*, Lovaina: Johannes Paderborn de Westfalia, 1483.

Dawkins, Richard *The God Delusion*. Londres: Bantam Press, 2006.

De l'Aulnaye, François-Henri-Stanislas. *L'histoire générale et particulière des religions et du cultes*. París: J. B. Fournier, 1791.

de Lubac, Henri. *La postérité spirituelle de Joachim de Flore*, 2 vol. París/Namur: Lethellieux, Culture et Vérité, 1979/1980.

Demosthenes, *On the Crown*, trad. A. W. Pickard-Cambridge, en A. W. Pickard-Cambridge (ed. y trad.), *Public Orations of Demosthenes*, 2 volúmenes. Oxford: Clarendon Press, 1912.

Derrida, Jacques. "Faith and Knowledge: The Two Sources of 'Religion' at the Limits of Reason Alone" (1996), en Jacques Derrida y Gianni Vattimo, eds., *Religion*. Stanford, CA: Stanford University Press, 1998.

Dieterich, Albrecht. *Eine Mithrasliturgie*. Leipzig: Teubner, 1903.

Dourley, J. P. "Jung on the Moment of Identity and Its Loss as History", *International Journal of Jungian Studies*, 2017, Vol. 10, 1 de febrero de 2018.

Dourley, J. P. *Jung and his Mystics: In the End It All Comes to Nothing*. Londres y Nueva York, NY: Routledge, 2014.

Dourley, John. "The Jung-White dialogue and why it couldn't work and won't go away", *Journal of Analytical Psychology*, Vol. 52, No. 3 (2006): pp. 275-95.

Drob, Sanford L. *Reading the Red Book. An Interpretative Guide to C.G. Jung's Liber Novus*. Nueva Orleans: Spring Journal Books, 2012.

Dürckheim, Karlfried Graf. *Alltag als Übung*. Berna: Huber, 2012.

Dupuis, Charles. *Origine de tous les cultes, ou religion universelle*. París: H. Agasse, 1795.

Dupuis, Charles. *Planches de l'origine de tous les cultes*. París: H. Agasse, 1795.

E

Eckhart, Meister. "Sermon, 'Blessed Are the Poor,'" en Reiner Schurmann, trad. Bloomington: Indiana University Press, 1987.

Edinger, Edward. *The Aion Lectures. Exploring the Self in C.G. Jung's Aion*. Toronto: Inner City Books, 1996.

Edinger, Edward. *The Creation of Consciousness. Jung's Myth for Modern Man.* Toronto, Inner City Books, 1984.

Edinger, Edward F. *The New Image of God.* Wilmette, Illinois: Chiron Publications, 1996.

Edwards, M. J. "Gnostic Eros and Orphic Themes", *Zeitschrift für Papyrologie und Epigraphik* 88 (1991).

Enzensberger, Hans Magnus. *Mediocridad y delirio: Gesammelte Zerstreuungen,* trad. Michael Faber-Kaiser. Barcelona: Editorial Anagrama, 1992.

Euripides, *Heracleidae,* trad. Ralph Gladstone. Chicago, IL: University of Chicago Press, 1955.

F

Faracovi, Ornella Pompeo. *Gli oroscopi di Cristo.* Venecia: Marsilio Editori, 1999.

Fideler, David. *Jesus Christ, Sun of God: Ancient Cosmology and Early Christian Symbolism.* Wheaton, IL: Quest Books/Theosophical Publishing House, 1993.

Forshaw, Peter. "Curious Knowledge and Wonder-Working Wisdom in the Occult Works of Heinrich Khunrath", en R. J. W. Evans y Alexander Marr (eds.), *Curiosity and Wonder from the Renaissance to the Enlightenment.* Farnham: Ashgate, 2006.

Freud, Sigmund y Jung, C. G. *The Freud-Jung Letters,* ed. William McGuire, trad. Ralph Manheim y R. F. C. Hull. Londres: Hogarth Press/Routledge & Kegan Paul, 1977.

Freud, Sigmund. *El malestar en la cultura,* trad. Luis López Ballesteros. Biblioteca Libe OMEGALFA, 2010.

Freud, Sigmund. *El malestar en la cultura, Obras Completas de Sigmund Freud,* Vol. 21. trad. José L. Etcheverry. Buenos Aires: Amorrortu Editores, 1992.

Freud, Sigmund. "Psicología de masas y análisis del yo", trad. Luis López Ballesteros. Madrid: Alianza Editorial, 2013.

G

Giegerich, Wolfgang. "Islamic Terrorism", en *Soul-Violence, Collected English Papers, Vol. 3*. Nueva Orleans: Spring Journal Books, 2008.

Giegerich, Wolfgang. "*Liber Novus*, That is, The New Bible: A First Analysis of C. G. Jung's *Red Book*," *Spring: A Journal of Archetype and Culture*, No. 83 (primavera de 2010).

Giegerich, Wolfgang. "Psychology – The Study of the Soul's Logical Life", en A. Casement, ed., *Who Owns Jung?* Londres: Karnac Books, 2007.

Gieser, Suzanne. *The Innermost Kernel: Depth Psychology and Quantum Physics - Wolfgang Pauli's Dialogue with C. G. Jung*. Berlín: Springer, 2005.

Girard, René. *La violencia y lo sagrado*, trad. Joaquín Jordá. Barcelona: Editorial Anagrama, 2006.

Godwin, Joscelyn. *The Theosophical Enlightenment*. Albany, NY: SUNY Press, 1994.

Goethe, J. W. "Zahme Xenien IX", en *Goethes Werke*, ed. Erich Trunz, Hamburger Ausgabe, vol. 1: Die weltanschaulichen Gedichte. Múnich: Dt. Taschenbuch Verlag, 1998.

Greene, Liz. *Jung's Studies in Astrology*. Abingdon: Routledge, 2018.

Greene, Liz. *The Astrological World of Jung's Liber Novus*. Abingdon: Routledge, 2018.

Guardini, Romano. *The End of the Modern World*. Wilmington, Delaware: ISI Books, 1998.

Guerra, Maria Helena R. M. *El libro rojo: El drama de amor de C. G. Jung*. Buenos Aires: Del Nuevo Extremo, 2015.

Guggenbühl-Craig, Adolf. *Eros on Crutches*. Texas: Spring, 1980.

Gurdjieff, G. I. *Encuentros con hombres notables*. Ciudad de México: Gaia Ediciones, 2017.

H

Hammer, Olav. *Claiming Knowledge: Strategies of Epistemology from Theosophy to the New Age*. Leiden: Brill, 2004.

Hanegraaff, Wouter J. *New Age Religion and Western Culture: Esotericism in the Mirror of Secular Thought*. Leiden: Brill, 1996.

Hanegraaff, Wouter J. "Reconstructing 'Religion' from the Bottom Up," *Numen: International Review for the History of Religions*, 63 (2016), pp. 577–606.

Hannah, Barbara. *Jung vida e obra – Uma memória biográfica*. Porto Alegre, RS: Artmed Ed, 2003./*Jung, His* Life and Work. Wilmette, IL: Chiron Publications, 1999.

Heelas, Paul. *The New Age Movement*. Oxford: Blackwell, 1996.

Heidegger, Martin. *Einführung in die Metaphysik*. Gesamtausgabe, Bd. 40. Fráncfort/Main: Vittorio Klostermann, 1983.

Heindel, Max. *Concepto Rosacruz del Cosmos o ciencia oculta cristiana*. Oceanside, CA: Rosicrucian Fellowship, 1909.

Heindel, Max. *El mensaje de las estrellas: una exposición esotérica de astrología natal y médica explicando el arte de leer los horóscopos y diagnosticar las enfermedades*. Oceanside, CA: Rosicrucian Fellowship, 1918).

Heindel, Max. *Los Misterios Rosacruces*. Oceanside, California: Rosicrucian Fellowship, 1911.

Higgins, Godfrey. *Anacalypsis*, 2 vols. Londres: Longman, Rees, Orme, Brown, Green, and Longman, 1836.

Hitchens, Christopher. *God is Not Great: How Religion Poisons Everything*. Nueva York: Hatchette Book Group, 2007.

Hodges, Horace Jeffery. "Gnostic Liberation from Astrological Determinism", *Vigiliae Christianae* 51:4 (1997).

Hoeller, Stephan A. *Jung and the Lost Gospels: Insights into the Dead Sea Scrolls and the Nag Hammadi Library*. Wheaton, Illinois: Quest, 1989.

Hoeller, Stephan A. *The Gnostic Jung and the Seven Sermons to the Dead*. Wheaton, Illinois: Quest, 1982.

Holden, James H. "Early Horoscopes of Jesus", *American Federation of Astrologers Journal of Research* 12:1 (2001).

I

Irenaeus, *Irenaei episcopi lugdunensis contra omnes haereses*. Oxford: Thomas Bennett, 1702.

J

Jaffé, Aniela. ed., *C. G. Jung: Word and Image*. Princeton, NJ: Princeton University Press, 1979.

Jaffé, Aniela. *From the Life and Work of C. G. Jung*. Einsiedeln: Daimon Verlag, 1989.

Jaffé, Aniela. *Was C.G. Jung a Mystic?* Einsiedeln: Daimon Verlag, 1989.

Jensen, Ferne y Mullen, Sidney. *C. G. Jung, Emma Jung and Toni Wolff - A Collection of Remembrances*. The Analytical Psychology Club of San Francisco, 1982.

Juergensmeyer, Mark. *Terror in the Mind of God: The Global Rise of Religious Violence*. Oakland, California: University of California Press, 2017.

Jung, C. G. *Aion: Contribuciones al simbolismo del sí mismo, Obra Completa*, Vol. 9/2, trad. Carlos Martín Ramírez. Madrid: Editorial Trotta, 2011.

Jung, C. G. *Analytical Psychology: Its Theory and Practice*. Londres: Routledge & Kegan Paul, 1968.

Jung, C. G. *Analytical Psychology. Notes of the Seminar given in 1925*, ed. W. McGuire, Princeton, NJ: Princeton University Press, 1991.

Jung, C. G. *C. G. Jung Speaking: Interviews and Encounters*, eds. W. McGuire & R.F.C. Hull. Princeton: Princeton University Press, 1977.

Jung, C. G. "Comentario psicológico al 'Libro tibetano de la gran liberación'" (1939), en *Obra Completa*, Vol. 11, trad. Rafael Fernández de Maruri. Madrid: Editorial Trotta, 2016.

Jung, C. G. "Comentario sobre 'El secreto de la flor de oro,'" en *Obra Completa*, Vol. 13, trad. Laura S. Carugati. Madrid: Ediciones Trotta, 2015.

Jung, C. G. "Complicaciones de la psicología americana" en *Obra Completa*, Vol. 10, trad. Carlos Martín Ramírez. Madrid: Editorial Trotta, 2014.

Jung, C. G. "Consideraciones teóricas acerca de la esencia de lo psíquico" (1948), en *La dinámica de lo inconsciente, Obra Completa*, Vol. 8. Madrid: Editorial Trotta, 2004.

Jung, C. G. "El concepto de inconsciente colectivo", en *Obra Completa*, Vol. 9/1, trad. Carmen Gauger. Madrid: Editorial Trotta, 2015.

Jung, C. G. *El libro rojo: Liber Novus*, ed. Sonu Shamdasani, edición castellana a cargo de Bernardo Nantes, trads. Romina Scheuschner y Valentín Romero. Buenos Aires: El hilo de Ariadna, 2012.

Jung, C. G. "El espíritu Mercurio", *Obra Completa*, Vol. 13, trad. Laura S. Carugati. Madrid: Editorial Trotta, 2015.

Jung, C. G. "El mito moderno. De cosas que se ven en el cielo" (1958), *Obra Completa*, Vol. 10. Madrid: Editorial Trotta, 2014.

Jung, C. G. "El problema anímico del hombre moderno" (1933), *Civilización en tradición*, *Obra Completa*, Vol. 10. Madrid: Editorial Trotta, 2014.

Jung, C. G. "El problema de los tipos en la historia del pensamiento antiguo y medieval", (1920), en *Tipos psicológicos, Obra Completa*, Vol. 6, trad. Ramón de la Serna. Madrid: Editorial Trotta, 2013.

Jung, C. G. "El significado de la psicología para el presente" (1934), en *Obra Completa* Vol. 10, trad. Carlos Martín Ramírez. Madrid: Editorial Trotta, 2014.

Jung, C. G. *El Zaratustra de Nietzsche; notas del seminario impartido en 1934-1939*, 2 vols. Madrid: Editorial Trotta, 2019.

Jung, C. G. "Ensayo de interpretación psicológica del dogma de la Trinidad", en *Obra Completa*, Vol. 11, trad. Rafael Fernández de Maruri. Madrid: Editorial Trotta, 2008.

Jung, C. G. *Estudios de representaciones alquímicas*, *Obra Completa*, Vol. 13, trad. Laura S. Carugati. Madrid: Editorial Trotta, 2015.

Jung, C. G. "El bien y el mal en la psicología analítica" (1960), *Obra Completa*, Vol. 10, trad. Carlos Martín Ramírez. Madrid: Editorial Trotta, 2014.

Jung, C. G. "Glosas marginales a la historia contemporánea", *Obra Completa*, Vol. 18/II, trad. Jorge Navarro Pérez. Madrid: Editorial Trotta, 2009.

Jung, C. G. (1944). "Introducción a la problemática psicológica religiosa de la alquimia", en *Psicología y alquimia, Obra Completa*, Vol. 12, trad. Rafael Fernández de Maruri. Madrid: Editorial Trotta, 2015.

Jung, C.G. *History of Modern Psychology: Lectures Delivered at ETH Zurich. Volume 1, 1933-1934*, ed. Ernst Falzeder, trad. Mark Kyburz, John Peck y Ernst Falzeder. Princeton, NJ: Princeton University Press, 2018.

Jung, C. G. *Jung on Astrology*, selección e introducción de Keiron le Grice y Safron Rossi. Abingdon: Routledge, 2017.

Jung, C. G. "Jung y la fe religiosa", *Obra Completa,* Vol. 18/2, trad. Jorge Navarro Pérez. Madrid: Editorial Trotta, 2009.

Jung, C. G. "La aplicabilidad práctica del análisis de lo sueños", *Obra Completa,* Vol. 16, trad. Jorge Navarro Pérez. Madrid: Ediciones Trotta, 2006.

Jung, C. G. "La función transcendente", *La dinámica de lo inconsciente, Obra Completa,* Vol. 8. Madrid: Editorial Trotta, 2004.

Jung, C. G. "La estructura del inconsciente", *Obra Completa,* Vol. 7, trad. Rafael Fernández de Maruri. Madrid: Editorial Trotta, 1966.

Jung, C. G. "La psicología de la transferencia," *La práctica de la psicoterapia. Obra Completa,* Vol. 16, trad. Jorge Navarro Pérez. Madrid: Editorial Trotta, 2013.

Jung, C. G. "Las conferencias Tavistock" (1935), *Obra Completa,* Vol. 18, trad. Jorge Navarro Pérez. Madrid: Editorial Trotta, 2009.

Jung, C. G. "La vida simbólica", en *Obra Completa,* Vol. 18 1/2, Trad. Jorge Navarro Pérez. Madrid: Editorial Trotta, 2016/2009.

Jung, C. G. "Los arquetipos y lo inconsciente colectivo" (1954), *Obra Completa,* Vol. 9/1. Madrid: Editorial Trotta, 2003.

Jung, C. G. "Los símbolos y la interpretación de los sueños", *Obra Completa,* Vol. 18/I, trad. Jorge Navarro Pérez. Madrid: Editorial Trotta, 2009.

Jung, C. G. *Modern Psychology: Notes on Lectures Given at the Eidgenössische Technische Hochschule, Zürich by Prof. Dr. C.G. Jung, October 1933-July 1941*, 3 vols., trad. y ed. Elizabeth Welsh y Barbara Hannah. Zúrich: K. Schippert & Co., 1959-60. Vol. 5-6.

Jung, C. G. *Mysterium Coniuntionis, Obra Completa,* Vol. 14, trad. J. De Rivera y J. Navarro. Madrid: Editorial Trotta, 2002.

Jung, C. G. "Presente y futuro" (1958), en *Obra Completa,* Vol. 10, trad. Carlos Martín Ramírez. Madrid: Editorial Trotta, 2014.

Jung, C. G. "*Psicología del inconsciente,*" *Obra Completa,* Vol. 7, trad. Rafael Fernández de Maruri. Madrid: Editorial Trotta, 2013.

Jung, C. G. *Psicología y alquimia* (1935/1936), *Obra Completa,* Vol. 12, trad. Alberto Luis Bixio. Madrid: Editorial Trotta, 2015.

Jung, C. G. "*Psicología y religión*," *Obra Completa*, Vol. 11, trad. Rafael Fernández de Maruri. Madrid: Editorial Trotta, 2016.

Jung, C. G. "Psicogénesis de las enfermedades mentales", en *Obra Completa*, Vol. 3, trad. Luciano Elizaincín. Madrid: Editorial Trotta, 2015.

Jung, C. G. "Problemas generales de la psicoterapia", en *Obra Completa*, Vol. 16, trad. Jorge Navarro Pérez. Madrid: Editorial Trotta, 1966.

Jung, C. G. *Recuerdos, sueños, pensamientos*, ed. Aniela Jaffé, trad. Ma. Rosa Borras. Barcelona: Editorial Seix Barral, 2001.

Jung, C. G. *Respuesta a Job* (1952), *Acerca de la psicología de la religión occidental y de la religión oriental*, *Obra Completa*, Vol. 11, trad. Rafael Fernández de Maruri. Madrid: Editorial Trotta, 2016.

Jung, C. G. *Símbolos de transformación* (1952), *Obra Completa*, Vol. 5, trad. Rafael Fernández de Maruri. Madrid: Editorial Trotta, 2012.

Jung, C. G. "Sobre el arquetipo: con especial consideración del concepto de anima", en *Obra Completa*, Vol. 9/1, trad. Carmen Gauger. Madrid: Editorial Trotta, 2015.

Jung, C. G. "Sobre la relación de la psicoterapia con la cura de almas", *Obra Completa*, Vol. 11, trad. Rafael Fernández de Maruri. Madrid: Editorial Trotta, 2008.

Jung, C. G. "La sincronicidad como principio de conexiones acausales", *Obra Completa*, Vol. 8, trad. Dolores Ávalos. Madrid: Editorial Trotta, 2004.

Jung, C. G. *The Black Books of C.G. Jung (1913-1932)*, ed. Sonu Shamdasani, (Stiftung der Werke von C.G. Jung & W. W. Norton), por publicarse.

Jung, C. G. *Tipos Psicológicos*, *Obra Completa*, Vol. 6, trad. Rafael Fernández de Maruri. Madrid: Editorial Trotta, 2013.

Jung, C. G. *The Zofingia Lectures*. Princeton, NJ: Princeton University Press, 1983.

Jünger, Ernst. *An der Zeitmauer*. Sämtliche Werke, Bd. 8. Stuttgart: Klett-Cotta, 1981.

Jünger, Ernst. *Sobre el dolor* seguido de *La movilización total* y *Fuego y movimiento*. Barcelona: Tusquets Editores, 1995.

K

Kant, Emmanuel. "Respuesta a la pregunta: ¿Qué es la ilustración?" Disponible en: http://www.catedras.fsoc.uba.ar/mari/Archivos/HTML/KANT_ilustracion.htm

Kawai, Toshio. "The experience of the numinous today: from the novels of Haruki Murakami", en A. Casement y D. Tacey, eds., *The Idea of the Numinous: Contemporary Jungian and Psychoanalytic Perspectives.* Londres y Nueva York: Routledge, 2006.

Khan, Hazrat Inayat. *The Sufi Message*, Vol. 1. Delhi: Motilal Banarsidass Publishers, 2011.

Khunrath, Heinrich. *Von hylealischen, das ist, pri-materialischen catholischen, oder algemeinem natürlichen Chaos, der naturgemessen Alchymiae und Alchemisten.* Magdeburg, 1597.

Koch, Christopher, *The Year of Living Dangerously*. Londres: Michael Joseph, 1978.

Krystal, Henry. *Integration and Self-Healing: Affect, Trauma and Alexithymia.* Hillsdale, Nueva Jersey: Analytic Press, 1988.

L

Lammers, Ann Conrad y Cunningham, Adrian, eds. *The Jung-White Letters.* Londres: Routledge, 2007.

Langlands, Alexander. *Craeft: Inquiry into the Origins and True Meaning of Traditional Crafts.* Nueva York: W.W. Norton, 2018.

Leo, Alan. *Astrología esotérica.* Barcelona: Visión Libros, 1980.

Leo, Alan. *Astrology for All.* Londres: Modern Astrology Office, 1910.

Leo, Alan. *Diccionario de astrología*, ed. Vivian Robson. Barcelona: Modern Astrology Offices/L. N. Fowler, 1999.

Leo, Alan. "The Age of Aquarius," *Modern Astrology* 8:7 (1911).

Levinas, Emmanuel. "God and Philosophy," en Sean Hand, ed., *The Levinas Reader.* Oxford: Basil Blackwell, 1989.

Lings, Martin. *What is Sufism?* Londres: George Allen & Unwin, 1975.

Liotti, Giovanni. "Disorganized/disoriented attachment in the etiology of the dissociative disorders", en *Dissociation*, 1992, 4, pp. 196-204 en Karlen Lyons-Ruth, Dutra, L., Schuder, M., Bianchi, L., "From Infant

Attachment to Adult Dissociation: Relational Adaptations or Traumatic Experiences?" en *Psychiatric Clinics of North America*, 2006.

Lockhart, Russell A. *Psyche Speaks: A Jungian Approach to Self and World.* Wilmette, Illinois: Chiron Publications, 1987.

Long, A. A. *From Epicurus to Epictetus.* Oxford: Oxford University Press, 2006. Lyons-Ruth, Karlyn, Dutra, L., Schuder, M. y Bianchi, L,. "From Infant Attachment to Adult Dissociation: Relational Adaptations or Traumatic Experiences? *Psychiatric Clinics of North America*, 2006.

Lyotard, Jean-François. *La condición postmoderna: informe sobre el saber*, trad. Mariano Antolín Rato. Buenos Aires: Editorial R.E.I., 1991.

M

Maillard, Christine (ed.), "Arts, sciences et psychologie: Autour du Livre Rouge de Carl Gustav Jung (1914-1930)/Kunst, Wissenschaft und Psychologie. Über das Rote Buch von C.G. Jung (1914-1930)." *Recherches Germaniques,* No. 8, 2011.

Maillard, Christine *Au coeur du Livre Rouge: Les Sept Sermons aux Morts. Aux sources de la pensée de C. G. Jung.* París: Imago/La Compagnie du Livre Rouge, 2017.

Maillard, Christine. "La voie de l'à-venir. Du discours prophétique dans le Livre Rouge de Carl Gustav Jung", en *Cahiers jungiens de psychoanalyse* 54, 2011, pp. 119-132.

Main, Mary y Hess, E., "Parents' unresolved traumatic experiences are related to infant disorganized attachment status: Is frightened and/or frightening parental behavior the linking mechanism?" En Greenberg, M., Cummings, E., eds., *Attachment in the Preschool Years: Theory, Research and Intervention* (Chicago, IL: University of Chicago Press, 1990), pp. 161-184.

Main, Roderick. "New Age Thinking in the Light of C. G. Jung's Theory of Synchronicity", *Journal of Alternative Spiritualities and New Age Studies* 2 (2006), 8-25.

Malik, Kenan. *From Fatwa to Jihad: The Rushdie Affair and its Aftermath.* Nueva York: Melville House, 2010.

Massey, Gerald. "The Hebrew and Other Creations, Fundamentally Explained", en *Gerald Massey's Lectures.* Londres: edición privada, 1887.

Massey, Gerald. "The Historical Jesus and Mythical Christ", en *Gerald Massey's Lectures*, 1-26.

Maternus, Julius Firmicus. *Of the Thema Mundi*, en Taylor, Thomas, (trans.), *Ocellus Lucanus, On the Nature of the Universe; Taurus, the Platonic Philosopher, On the Eternity of the World; Julius Firmicus Maternus, Of the Thema Mundi; Select Theorems on the Perpetuity of Time, by Proclus*. Londres: John Bohn, 1831.

Massey, Gerald. *The Natural Genesis*, 2 volúmenes. Londres: Williams & Norgate, 1883.

May, Rollo. *Power and Innocence*. Nueva York, NY: W. W. Norton, 1972.

Mead, G. R. S. *A Mithraic Ritual*, Volumen 6 de *Echoes from the Gnosis*. Londres: Theosophical Publishing Society, 1907.

Mead, G. R. S. *Pistis Sophia*. Londres: Theosophical Publishing Society, 1896.

Meredith-Owen, William. "Winnicott's invitation to 'further games of Jung-analysis'," en *Journal of Analytical Psychology*, 2015, No. 60, pp.12-31.

Meyer, Marvin, ed., *The Nag Hammadi Writings: The International Edition*. San Francisco: Harper, 2007.

Mogenson, Greg. *The Dove in the Consulting Room. Hysteria and the Anima in Bollas and Jung*. Londres: Routledge, 2004.

Murakami, Haruki. *Kafka en la orilla*, trad. Lourdes Porta. Barcelona: Tusquets Editores, 2006.

Murray, Bridget. "Writing to Heal", en *APA Monitor on Psychology*, junio de 2001, Vol. 33, No. 6.

N

Neumann, Erich. *Los orígenes e historia de la conciencia*, trad. Huan Brambilla Vega. Lima: Editorial Traducciones Junguianas, 2017.

Neumann, Erich. *Psicología profunda y una nueva ética*, trad. Juan Pérez Ruiz. Madrid: Alianza Editorial, 2007.

Nietzsche, Friedrich. *Also sprach Zarathustra*. Chemnitz: Ernst Schmeitzner, 1883-84.

Nietzsche, Friedrich. *Así habló Zaratustra*, ed. Edu Robsy. Islas Baleares: Maison Carré, 2017.

Nietzsche, Friedrich. *La ciencia jovial*, trad. José Jara. Caracas: Monte Ávila Editores, 1990.

Noll, Richard. "Jung the Leontocephalus," en Paul Bishop (ed.), *Jung in Contexts: A Reader*. Londres: Routledge, 1999.

Noll, Richard. *The Jung Cult: Origins of a Charismatic Movement*. Princeton, NJ: Princeton University Press, 1994.

North, J. D. *Stars, Mind, and Fate*. Londres: Continuum, 1989.

O

Odajnyk, V. Walter. "Reflections on 'The Way of What is to Come,'" *Psychological Perspectives* 53:4 (octubre de 2010): pp. 437-454.

Orígenes, *Contra Celso*. Ed. Biblioteca de Autores Cristianos. Madrid, 2001

Orígenes, *Contra Celsum*, trans. Henry Chadwick. Cambridge: Cambridge University Press, 1953.

Otto, Rudolf. *Lo santo: lo racional y lo irracional en la idea de Dios*, trad. Fernando Vela. Madrid: Alianza Editorial, 1996.

Ouspensky, P. D. *Fragmentos de una enseñanza desconocida: En busca de lo milagroso*. Ciudad de México: Gaia Ediciones, 2012.

Owen, Alex. "Occultism and the 'Modern Self' in Fin-de-Siècle Britain", en Martin Daunton y Bernhard Rieger (eds.), *Meanings of Modernity* (Oxford: Berg, 201),

Owens, Lance S. y Hoeller, Stephan A. "Carl Gustav Jung and *The Red Book: Liber Novus*," en *Encyclopedia of Psychology and Religion*. Nueva York/Heidelberg /Dordrecht/Londres: Springer Reference, 2014.

Owens, Lance S. "Jung and Aion: Time, Vision, and a Wayfaring Man", *Psychological Perspectives: A Quarterly Journal of Jungian Thought*, C.G. Jung Institute of Los Angeles, 54:3 (2011), S. 275.

Owens, Lance S. *Jung in Love: The Mysterium in Liber Novus*. Los Ángeles, California y Salt Lake City, Utah: Gnosis Archive Books, 2015.

Owens, Lance R. "Prefacio" en Alfred Ribi, *The Search for Roots: C. G. Jung and the Tradition of Gnosis*. Los Ángeles: Gnosis Archive Books, 2013.

Owens, Lance S. "The Hermeneutics of Vision: C. G. Jung and *Liber Novus*", *The Gnostic: A Journal of Gnosticism, Western Esotericism and Spirituality*, Vol. 3 (julio de 2010).

P

Pally, Regina. *The Mind-Brain Relationship*. Londres y Nueva York: Routledge, 2000.

Panikkar, Raimon. "Christianity. The Christian Tradition", en *Opera Omnia*, Vol. III, parte I. Nueva York: Orbis Book, 2015.

Papadopoulos, Renos K. "The other other: when the exotic other subjugates the familiar other", *Journal of Analytical Psychology* 47, 2002.

Plotinus, *The Enneads*, trad. Stephen MacKenna, 6 volúmenes. Londres: Faber & Faber, 1956.

Porete, Marguerite. *The Mirror of Simple Souls*, ed., E. L. Babinsky. Nueva York: Paulist Press, 1993.

Porphyry, *De antro nympharum*, en Thomas Taylor (ed. y trad.), *Select Works of Porphyry*. Londres: Thomas Rodd, 1823.

Portmann, Adolf y Ritsema, Rudolf. *Norms in a Changing World*. Eranos 43-1974.

R

Radkau, Joachim. *Das Zeitalter der Nervosität. Deutschland zwischen Bismarck und Hitler.* Múnich: Propyläen, 1998.

Reeves, Marjorie. *Joachim of Fiore and the Prophetic Future*. Londres: SPCK, 1976.

Reitzenstein, Richard. *Die hellenistische Mysterienreligionen*. Leipzig: Teubner, 1910.

Reitzenstein, Richard. *Mysterienreligionen nach ihren Grundgedanken und Wirkungen*. Leipzig: Teubner, 1910.

Reitzenstein, Richard. *Poimandres: ein paganisiertes Evangelium: Studien zur griechisch-ägyptischen und frühchristlichen Literatur*. Leipzig: Teubner, 1904.

Rilke, Rainer Maria. "Elegía primera" en *Selección de poemas*, trad. Salvador Echavarría. México: Coordinación de Difusión Cultural,

Dirección de Literatura, Universidad Nacional Autónoma de México, 2009.

Rilke, Rainer Maria. "The Man Watching," en *Selected Poems of Rainer Maria Rilke*, trad. Robert Bly. Nueva York: Harper & Row, 1981.

Risatti, Howard. *A Theory of Craft: Function and Aesthetic Expression*. Chapel Hill, Carolina del Norte: University of North Carolina Press, 2007.

Rolfe, Eugene. *Encounter with Jung*. Boston, Massachusettes: Sigo Press, 1989.

Rosa, Hartmut, *Beschleunigung. Die Veränderung der Zeitstrukturen in der Moderne*. Fráncfort/Main: Suhrkamp, 2005.

Rudhyar, Dane. *Astrological Timing*. Nueva York, NY: Harper & Row, 1969.

Rümke, A. C. y de Rijcke, Sarah, *Rebekka Aleida Beigel (1886-1943): Een Vrouw in de Psychologie*. Eelde: Barkhuism, 2006.

S

Samuels, Andrew y Sedgwick, David. "The analyst is as much 'in the analysis' as the patient: Jung as Pioneer of Relational Psychoanalysis", en *The Legacy of Stephen Mitchell Sustaining Creativity in Our Psychoanalytic Work*, X Congreso Anual patrocinado por International Association of Relational Psychoanalysis and Psychotherapy, The Roosevelt Hotel. Nueva York, 2012.

Shamdasani, Sonu. *C. G. Jung: A Biography in Books*. Nueva York: W. W. Norton, 2012.

Shamdasani, Sonu. "Foreword to the 2010 edition, *Answer to Job*. Princeton, Nueva Jersey: Princeton University Press; re-edición, 2010.

Shamdasani, Sonu. "The Lost Contributions of Maria Moltzer to Analytical Psychology: Two Unknown Papers", en *Spring Journal of Archetype and Culture*. Woodstock, Connecticut: Spring Publications, 64, 1998.

Sedgwick, David, "Winnicott's dream: Some reflections on D.W. Winnicott and C. G. Jung", en *Journal of Analytical Psychology*, 2008, No. 53, Vol. 4, pp. 543–60.

Sellars, John. *Stoicism*. Berkeley, CA: University of California Press, 2006.

Sennett, Richard. *The Craftsman*. New Haven, Connecticut: Yale University Press, 2008.

Serrano, Miguel. *El círculo hermético: de Herman Hesse a C. G. Jung – Cartas originales de dos amistades*, trad. Marcelo Corção. Buenos Aires: Editorial Kier, 1973.

Siegel, Dan. *The Developing Mind, Second Edition: How Relationship and the Brain Interact to Shape Who We Are*. Nueva York: Guilford Press, 2012.

Sloterdijk, Peter. *Die schrecklichen Kinder der Neuzeit*. Berlín: Suhrkamp, 2014.

Sloterdijk, Peter. *Eurotaoismus. Zur Kritik der politischen Kinetik*. Fráncfort/Main: Suhrkamp, 1989.

Smith, E. M. *The Zodia, or The Cherubim in the Bible and the Cherubim in the Sky*. Londres: Elliot Stock, 1906.

Stearns, Mary Nurrie. "The Soul's Code: An Interview with James Hillman", ver http://www.personaltransformation.com/james_hillman.html

Stein, Murray. *In Midlife: A Jungian Perspective*. Dallas, Texas: Spring, 1983.

Stein, Murray. *Jung on Evil*. Princeton, NJ: Princeton University Press, 1995.

Steiner, Rudolf. *Evil*, ed. Michael Kalisch. Forest Row: Rudolf Steiner Press, 1997; publicación original, *Das Mysterium des Bösen* (Stuttgart: Verlag Freies Geistesleben, 1993).

Steiner, Rudolf. *Friedrich Nietzsche. Ein Kämpfer gegen seine Zeit*. Weimar: E. Felber, 1895.

Steiner, Rudolf. *The Reappearance of Christ in the Etheric*. Spring Valley, NY: Anthroposophic Press, 1983.

Stern, D. N. et al., "Non-interpretative Mechanisms in Psychoanalytic Therapy: The 'Something More' Interpretation," en *The International Journal of Psychoanalysis*, Vol. 79.

Stirner, Max. *Der Einzige und sein Eigentum*. Stuttgart: Reclam, 2011.

T

Tacey, David John. *Jung and the New Age.* Hove: Brunner-Routledge, 2001.

Tacey, David. *The Darkening Spirit. Jung, Spirituality, Religion.* Londres/Nueva York: Routledge, 2013.

Tarnas, Richard. *The Passion of the Western Mind: Understanding the Ideas that Have Shaped Our World View.* Nueva York: Random House, 1991.

U

Ulansey, David. *The Origins of the Mithraic Mysteries.* Oxford: Oxford University Press, 1991.

V

von Franz, Marie-Louise, "What Happens When We Interpret Dream?" en Mahdi, L.C. (ed.) *Betwixt and Between. Patterns of Masculine and Feminine Initiation.* La Salle y Londres: Open Court, 1987.

W

Wahba, Liliana Liviano. "La imaginación y el mal," en Murray Stein y Patricia Michan, eds., *El libro rojo de Jung para nuestros tiempos: en busca del alma bajo condiciones posmodernas*, Vol. 1. Asheville, NC: Chiron Publications, 2022.

West, Marcus. *Into the Darkest Places: Early Relational Trauma and Borderline States of Mind.* Londres: Karnac, 2016.

Whitaker, Robert. *Anatomía de una epidemia: Medicamentos psiquiátricos y el asombroso aumento de las enfermedades mentales*, trad. José Manuel Álvarez. Madrid: Capitan Swing Libros, 2015.

Winnicott, Donald W. Review of "Memories, Dreams, Reflections by C.G. Jung", en *International Journal of Psycho-Analysis*, 1964, No. 45, pp. 450–455.

Wuest, Patricia Viale. *Precession of the Equinoxes.* Atlanta, GA: Georgia Southern University, 1998.

Y

Yeats, William Butler. *La segunda venida* (1919), trad. Juan Carlos Villavicencio, *Revista Descontexto*, Santiago de Chile, 30 de octubre de 2008.

Z

Zambelli, Paola. *The Speculum astronomiae and its Enigma*. Dordrecht: Kluwer Academic, 1992.

Zizek, Slavoj. "The Desert of the Real: Is this the end of fantasy?" In These Times: Independent News and Views. 29 de octubre de 2001. Disponible en: https://inthesetimes.com/issue/25/24/zizek2524.html

Sobre nuestros contribuidores

Thomas Arzt recibió una formación en física y matemáticas en la Universidad de Giessen (Alemania). Fue asistente de investigación en la Universidad de Princeton (Estados Unidos) con un enfoque especial en física atómica, nuclear y de plasmas. En 1988, se certificó en Terapia Iniciática en la "Schule für Initiatische Therapie" de Karlfried Graf Dürckheim y Maria Hippius-Gräfin Dürckheim en Todtmoos-Rütte (Selva Negra, Alemania). En 2016, concluyó el Programa de Formación en Psicología Analítica en ISAP, Zúrich. Desde 1999, fue Presidente y Director Administrativo de la Compañía de Asesores Estratégicos para la Transformación, una empresa de consultoría internacional dedicada a la tecnología de consultoría de simulación, a la gestión de la complejidad y la "prospectiva estratégica bajo incertidumbre profunda" en Friburgo, Alemania. Entre sus principales publicaciones se encuentran: Varias publicaciones en *Naturphilosophie* en el contexto de *Wolfgang Pauli und C. G. Jung: Unus Mundus: Kosmos und Sympathie* (publicado en 1992), *Philosophia Naturalis* (publicado en 1996), *Wolfgang Pauli und der Geist der Materie* (publicado en 2002). Editor de la serie alemana *Studienreihe zur Analytischen Psychologie.*

Paul Brutsche estudió filosofía y teología en Friburgo, París e Innsbruck (1963-1971) y psicología antropológica en la Universidad de Zúrich (1971-1975). Obtuvo el diploma en psicología analítica en el Instituto C. G. Jung de Zúrich en 1975. Tiene su práctica como analista junguiano en Zúrich y funge como analista formador y supervisor en ISAP Zúrich. El doctor Brutsche es expresidente de SGAP, CGJI e ISAP Zúrich. Entre sus publicaciones se encuentra el libro *Creativity: Patterns of Creative Imagination as Seen through Art* (Spring Journal Books, 2018). Correo electrónico de contacto: paul.brutsche@gmx.net.

Linda Carter es una analista junguiana que tuvo su práctica privada en Boston y en Providence Rhode Island por más de 30 años. Actualmente, tiene su práctica en Carpinteria, California e imparte clases en el Pacifica Graduate Institute. Estudió en la Universidad de Georgetown y en la Universidad de Yale. Ha sido la editora de reseñas literarias y la editora en Estados Unidos de la revista *Journal of Analytical Psychology* (JAP). Fue co-editora del libro *Analytical Psychology, Contemporary Perspectives in Jungian Analysis* (2004) y co-autora de uno de los capítulos titulado "Métodos analíticos". Actualmente preside el Grupo de trabajo Arte y Psique, cuya misión es reunir a miembros del mundo del arte con terapeutas y con cualquier persona interesada en la psicología profunda. Correo electrónico de contacto: lcarter20@cox.net.

John Dourley se graduó del Instituto de C. G. Jung en Zúrich y tiene estudios en la Universidad de Fordham, en la ciudad de Nueva York (1971), la Universidad de Saint Michael College en Toronto (1966), la Universidad de Saint Patrick en Ottawa (1957) y en Saint Patrick College de la Universidad de Ottawa. Impartió clases en el Departamento de Religión de la Universidad de Carleton en Ottawa, en Saint Patrick College, de 1970 a 1979 y en el Departamento matriz en Carleton hasta el año 2001. Actualmente es profesor emérito. Ha escrito ampliamente sobre Jung y religión y tiene tres libros publicados por Routledge desde 2008: *Paul Tillich, Carl Jung and the Recovery of Religion* (2008), *On Behalf of the Mystical Fool: Jung on the Religious Situation* (2009), and *Jung and His Mystics: In the End It All Comes to Nothing* (2014). Es analista formador y supervisor de la Asociación de Analistas Junguianos de Ontario en Toronto y miembro de AGAP (Zúrick). Es sacerdote católico y miembro de la orden religiosa de los Oblatos de María Inmaculada. Correo electrónico de contacto: dourley@sympatico.ca.

Liz Greene tiene un doctorado en psicología e hipnoterapia de la Universidad de Los Ángeles/el Instituto de Hipnosis Motivacional (1971). Tiene un diploma en psicoterapia transpersonal del Centro para la Psicología Transpersonal en Londres (1978), un diploma de psicología analítica de la Asociación de Analistas Junguianos en Londres (1983), un doctorado en historia de la Universidad de Bristol (2010). Astróloga profesional desde 1967 hasta la fecha. Directora del

Centro para la Astrología Psicológica en Londres desde 1982 hasta la fecha. Psicóloga analítica de 1983 a 2013 (actualmente retirada). Tiene una maestría en astronomía cultural y astrología de la Universidad de Bath Spa y de la Universidad de Gales (2007-2014). Fue tutora del curso de formación de ISAP (la Escuela Internacional de Psicología Analítica) en Zúrich (2014). Fue tutora del curso de formación del Instituto Jung en Zúrich (1996). Fue tutora de la maestría en Psicología Humanista de la Universidad Antioch College en Yellow Springs, Ohio/Londres (1985-1987). Fue tutora del programa de formación de la Asociación de Analistas Junguianos en Londres (1983-2014). Entre sus principales publicaciones se encuentran: *The Horoscope in Manifestation: Psychology and Prediction* (2001); *The Dark of the Soul: Psychopathology in the Horoscope* (2003), *Jung's Studies in Astrology: Magic, Prophesy, and the Qualities of Time* (2018). Página web: www.cpalondon.com; correo electrónico de contacto: juliet@cpalondon.com.

Stephan A. Hoeller se educó en un seminario religioso en Hungría y en la Universidad de Innsbruck en Austria. Habiendo llegado a residir en Estados Unidos, fue profesor asociado de estudios religiosos en la Universidad de Estudios Orientales en Los Ángeles, California. Es obispo de la Iglesia Gnóstica y autor de cinco libros, dos de los cuáles se refieren a C. G. Jung: *The Gnostic Jung and the Seven Sermons to the Dead* (1982) y *Jung and the Lost Gospel* (1989).

Toshio Kawai es profesor del Centro de Investigación Kokoro en la Universidad de Psicología Clínica de Kioto. Es el actual presidente de la IAAP. Estudió psicología clínica en la Universidad de Kioto y psicología filosófica en la Universidad de Zúrich de donde se doctoró en 1987. Obtuvo su diploma del Instituto C. G. Jung de Zúrich en 1990. Ha publicado artículos, libros y capítulos de libros en inglés, alemán y japonés. En 2011, se involucró en trabajo de apoyo psicológico a damnificados del terremoto de 2011 en Japón. Entre sus publicaciones se encuentran: "The 2011 Earthquake in Japan: Psychotherapeutic Interventions and Change of Worldview", "Big stories and small stories in the psychological relief work after earthquake disaster", "Psychological Relief Work after the 11 March 2011 Earthquake in Japan: Jungian Perspectives and the Shadow of Activism", "Jung in the Japanese Academy", and "Jungian Psychology in Japan: Between mythological world and contemporary consciousness". Correo electrónico de contacto: kawai.toshio.6c@ kyoto-u.ac.jp.

Liliana Liviano Wahba tiene un doctorado en psicología clínica y un posdoctorado de la Escuela de Medicina de la Universidad de Sao Paulo. Es psicóloga, profesora a nivel doctorado del Centro de Estudios Junguianos de la Universidad Católica de Sao Paulo y coordinadora del Programa de Posgrado en Psicología Clínica. Es analista junguiana y expresidente de la Sociedad Brasileña para la Psicología Analítica (SbrPA). Su trabajo de investigación se enfoca principalmente en la creatividad, la cultura y el desarrollo psicológico. Publicó el libro *Camille Claudel: Criaçao e Loucura* (*Camille Claudel: Creación y locura*) y ha contribuido muchos artículos y capítulos en revistas y libros. También es Directora de Psicología de la Organización de Sociedad Civil de Interés Público – "Ser em Cena: Theatre for Aphasics". Página web: http://www.pucsp.br/pos-graduacao/mestrado-e-doutorado/psicologia- psicologia-clinica; correo electrónico de contacto: lilwah@uol.com.br.

Romano Màdera estudió filosofía y se doctoró en la Universidad de Milán (1971), se especializó en sociología en la Escuela de Sociología en Milán (1971-1973). Actualmente es profesor de filosofía moral y prácticas filosóficas en la Universidad de Milán-Bicocca desde el año 2001. Anteriormente enseñó filosofía de las ciencia sociales en la Universidad de Calabria (1977-1982) y antropología filosófica en la Universidad Ca'Foscari de Venecia (1982-2001). Es miembro de la Asociación Italiana para la Psicología Analítica (AIPA), la Asociación Internacional para la Psicología Analítica (IAAP), el Laboratorio Analítico de Imágenes (LAI), una asociación de analistas que hacen terapia de sandplay. Es fundador de los Seminarios Abiertos de Prácticas Filosóficas (en la Universidad de Venecia, la Universidad de Milán-Bicocca y de otras ciudades y de Philo, la Escuela de Prácticas

Filosóficas. También fundó SABOF (la Sociedad para el Análisis Biográfico con una Orientación Filosófica). Entre sus principales publicaciones se encuentran: *Identità e feticismo* (1977), *Dio il Mondo* (1989), *L'alchimia ribelle* (1997), *C.G. Jung. Biografia e teoria* (1998), *L'animale visionario* (1999), con L. V. Tarca *La filosofia como stile di vita* (2003) traducido al inglés como *Philosophy as Life Path: Introduction to Philosophical Practices* (2007), *Il nudo piacere di vivere* (2006), *La carta del senso* (2012), *Una filosofia per l'anima* (2013), parcialmente traducido al inglés como *Approaching the Navel of the Darkened Soul. Depth Psychology and Philosophical Practices* (2013), "The Missed Link. From Jung to Hadot and Vice Versa," publicado en *Spring,* Vol. 92, 2015, *C. G. Jung. L'Opera al Rosso,* Feltrinelli, Milano 2016. Correo electrónico de contacto: romano.madera@libero.it.

Christine Maillard, doctora en letras, es profesora de estudios alemanes e historia de las ideas en la Universidad de Estrasburgo y directora de la institución interdisciplinaria "*Maison interuniversitaire des Sciences de l'Homme-Alsace*" (CNRS/ Universidad de Estrasburgo). Entre sus principales campos de investigación se encuentra el trabajo de C. G. Jung, la historia de las teorías psicológicas y la recepción de las culturas y religiones orientales (India, Persia, Japón) en la literatura y la cultura alemana del siglo XVIII al siglo XX. Tradujo *El libro rojo* de Jung al francés (2011) y publicó y co-publicó varios libros y numerosos artículos sobre Jung en francés, alemán e inglés. Sus obras incluyen: *Arts, sciences et psychologie: Autour de Livre Rouge de Carl Gustav Jung,* (con Veronique Liard) *Pour une réévaluation de l'oeuvre de Carl Gustav Jung, Au coeur du Livre Rouge: Les Sept Sermons aux Morts. Aux sources de la pensé de C. G. Jung.* Christine Maillard supervisa varias tesis de doctorado sobre la obra de Jung en la Universidad de Estrasburgo. Es miembro honorario de la Asociación Internacional de Psicología Analítica (IAAP). Correo electrónico de contacto: christine.maillard@unistra.fr.

Maria Helena R. Mandacarú Guerra es psicóloga, graduada en 1976 de la Universidad Católica de Sao Paulo (PUC-SP) con una especialización en psicoterapia junguiana. Obtuvo la maestría en psicología clínica en 1980 de la Universidad Católica de Sao Paulo (PUC-SP) y el doctorado en 1988 del Instituto de Psicología - Universidad de Sao Paulo. Desde 1982, ha sido maestra de Psicología Analítica en el Instituto de Sedes Sapientiae (Sao Paulo). Es autora de *The Love Drama of C.G. Jung: As Revealed in His Life and in His Red Book* (Toronto: Inner City Books, 2015). Vive en Sao Paulo, Brasil, donde practica como psicóloga junguiana. Correo electrónico de contacto: mhrmguerra@gmail.com.

Patricia Michan es psicoanalista junguiana certificada en 1995. Tiene su práctica privada en la Ciudad de México desde 1985. Es fundadora y directora del Centro Mexicano C. G. Jung y editora asistente del Consejo Editorial de la revista JAP. Ha publicado ampliamente sobre la relación entre la psicología analítica y los mitos de las culturas antiguas de México, incluyendo: "Reiterative Disintegration: Historical and Cultural Patterns and the Contemporary Mexican Psyche" en *Confronting Collective Trauma: Jungian Approaches to Treatment and Healing*, editado por Grazina Gudaite y Murray Stein; "Analysis and Individuation in the Mexican Psyche: Culture and Context" en *The Journal of Jungian Theory and Practice*; "Analysis and Individuation in Latin Cultures and Contexts: The Mexican Psyche" en *Proceedings of the Fifteenth International Congress for Analytical Psychology*; y "Dismemberment and Reintegration: Aztec Themes" en *Journal of Analytical Psychology*. Correo electrónico de contacto: pgmichan@gmail.com

Lance S. Owens es médico en práctica clínica e historiador con un interés enfocado en C. G. Jung y las tradiciones gnósticas. Desde que se publicó *El libro rojo: Liber Novus* en 2009, el doctor Owens ha publicado varios estudios históricos que se enfocan en la relación íntima entre los escritos recopilados de Jung y las experiencias registradas en *El libro rojo* y los diarios de *Los libros negros*. Entre sus principales publicaciones se encuentran: "The Hermeneutics of Vision: C. G. Jung and Liber Novus", *The Gnostic: A Journal of Gnosticism, Western Esotericism and Spirituality* (2010). "Jung and Aion: Time, Vision and a Wayfaring Man", *Psychological Perspectives*,

(2021) y *Jung in Love: The Mysterium in Liber Novus* (2015). Es creador y editor administrador de *The Gnostic Archives*, gnosis.org, el principal archivo de fuentes gnósticas clásicas, incluyendo los textos de Nag Hammadi. Correo electrónico de contacto: lance.owens@comecast.net.

Murray Stein estudió la licenciatura en literatura inglesa en la Universidad de Yale. Obtuvo la maestría en teología en la Escuela de Teología de Yale y el doctorado en religión y estudios psicológicos de la Universidad de Chicago. Se formó como psicoanalista junguiano en el Instituto C. G. Jung de Zúrich. De 1976 a 2003, fue analista formador de analistas del Instituto C.G. Jung de Chicago, del cual fue miembro fundador y Presidente de 1980 a 1985. En 1989, se unió al Comité Ejecutivo de IAAP como Secretario Honorario bajo la presidencia del doctor Thomas Kirsch (1989-1995) y fungió como Presidente de IAAP de 2001 a 2004. Fue presidente de ISAP Zúrich de 2008 a 2012 donde se desempeña como analista formador y supervisor. Vive en el cantón de Goldiwil en la ciudad de Thun en Suiza. Tiene un interés especial en la psicoterapia y la espiritualidad, en los métodos junguianos de tratamiento psicoanalítico y el proceso de individuación. Entre sus principales publicaciones se encuentran: *In Midlife, El mapa del alma según Jung, Minding the Self, Soul: Retrieval and Treatment, Transformation: Emergence of the Self* y *Outside, Inside and All Around.* Página web: www.murraystein.com; Correo electrónico de contacto: murraywstein@gmail.com.

David Tacey es un académico interdisciplinario que trabaja en los campos de filosofía continental, estudios sobre la espiritualidad, psicología analítica, literatura y sociología. Tacey creció en el centro de Australia al lado de culturas aborígenes y tiene un interés de toda la vida en asuntos indígenas. Es especialista en estudios junguianos y miembro fundador de la Asociación Internacional de Estudios Junguianos. Entre sus principales publicaciones se encuentran: *Gods and Diseases, How to Read Jung, The Jung Reader, The Idea of the Numinous, Jung and the New Age, Remaking Men,* y *The Darkening Spirit: Jung, Spirituality, Religion.* Su libro más reciente es *Religion as*

Metaphor, una lectura junguiana de la historia de Jesús. Sus libros se han publicado internacionalmente y se han traducido al chino, al coreano, al español, al portugués y al francés. Es profesor emérito de humanidades en la Universidad de La Trobe, en Melbourne, Australia, y profesor investigador de teología pública en la Universidad de Charles Sturt en Canberra, también en Australia. Correo electrónico de contacto: D.Tacey@latrobe.edu.au.

www.ingramcontent.com/pod-product-compliance
Lightning Source LLC
LaVergne TN
LVHW050917080826
845145LV00001B/111

* 9 7 8 1 6 8 5 0 3 1 2 5 1 *